Kathryn Solisti
Michael Tobias
Ich spürte die Seele der Tiere

Kathryn Solisti
Michael Tobias

Ich spürte die Seele der Tiere

Kosmos

Das englische Manuskript übersetzte Dr. Hans-Georg Türstig, Dortmund. Das Vorwort der Herausgeber und den Beitrag »Bint Gulida« von Linda Tellington-Jones übersetzte Sigrid Eicher, München; den Beitrag von Jim Nollmann und die Kurzbiografien von Alice Fitch, Shelley Donnelly und Red Levesque übersetzte Verena Krüpe, Frankfurt.

Mit zwei Originalbeiträgen von Reinhart Brandau und Dorit Feddersen-Petersen.

Umschlaggestaltung von Atelier Reichert, Stuttgart, unter Verwendung einer Aufnahme von ZEFA/Wegler.

Zu einigen Beiträgen aus diesem Buch liegen ausführliche Literaturlisten mit überwiegend englischsprachigen Büchern und Quellen vor, die beim Kosmos-Verlag angefordert werden können. Bitte senden Sie einen mit DM 3,– frankierten Rückumschlag an:

Kosmos-Verlag
Lektorat Heimtiere
Postfach 10 60 11
D-70049 Stuttgart

Die Deutsche Bibliothek – CIP-Einheitsaufnahme

Ich spürte die Seele der Tiere / Kathryn Solisti/Michael Tobias. [Das engl. Ms. übers. Hans-Georg Türstig … Mit 2 Orig.-Beitr. von Reinhart Brandau und Dorit Feddersen-Petersen]. –
Stuttgart : Kosmos, 1997
ISBN 3-440-07274-6

Inhalt

Vorwort der Herausgeber

Die wunderbaren Tiergeschichten von Beatrix Potter und Hugh Lofting haben alle Herzen berührt. Die meisten Wissenschaftler jedoch lehnen persönliche Eingebungen und Gefühle, sofern sie sich auf Tiere beziehen, immer noch als reine »Vermenschlichungen« ab. Für unser Buch »Ich spürte die Seele der Tiere« haben wir ganz bewußt außergewöhnliche Geschichten ausgesucht, Anekdoten und Erlebnisse aus dem reichen Schatz von Begegnungen zwischen Menschen und anderen Lebensformen, die den Dialog von Art zu Art erheblich bereichern und beschleunigen.

Die ausgewählten Geschichten – Offenbarungen, Streitgespräche, Forschungsberichte und wunderbare Ereignisse – haben sich tatsächlich ereignet. Die Begegnungen fanden an den exotischsten, entlegensten Orten statt und in ganz normalen Haushalten. Daß sie gesammelt und hier veröffentlicht werden, weist auf eine Woge von neuem, kritischem Verständnis hin, das bei Menschen mit Herz in aller Welt immer mehr Fuß faßt. Ihre Ansichten über Bewußtheit, Erkennungsvermögen und Kommunikation bei Tieren bilden das Rückgrat eines neuen Bewußtseins, das genau in dem Augenblick seinen Ausdruck findet, in dem mehr Tierarten denn je zuvor vom Aussterben bedroht sind, in dem Millionen von Tieren jeden Tag für das menschliche Vergnügen gequält und geschlachtet werden.

Ziel dieses Buches ist es, ein für allemal klar zu machen, daß Freude und die tiefe Bedeutung der Beziehungen zwischen den Arten, und zwar durch Kommunikation, Einfühlungsvermögen und gegenseitiges Verständnis, die Richtschnur zu sein hat für das menschliche Verhalten – jetzt und für alle Zeiten. Wir hoffen, daß diese ganz persönlichen und subjektiven Geschichten dazu beitragen werden, Verhalten, Denkvermögen und Gefühle unserer Mitgeschöpfe und vielleicht sogar die Biosphäre insgesamt in neuem Licht erscheinen zu lassen.

Die Beiträge zu »Ich spürte die Seele der Tiere« kommen aus Deutschland, Großbritannien, Australien, Frankreich sowie Nord- und Südamerika. Zusammen erheben wir unsere Stimme, um die Grenzen dessen, was von der Wissenschaft und den derzeit anerkannten Normen für möglich erachtet wird, nach außen zu verschieben. Dafür bieten wir alternative Erklärungen für unsere persönlichen Erfahrungen und Erlebnisse mit den Pflanzen und Tieren um uns herum an. Wir sind für vorbehaltlose Gemeinschaft und Verbindung mit Tieren, wildlebenden wie domestizierten, was für die traditionelle Sicht von animalischer Intelligenz und emotioneller Verfeinerung eine Herausforderung bedeutet. Jeder von uns enthüllt in seinem Bericht Augenblicke in seinem Leben, in denen das Unerklärliche geschah und ihn auf den Weg führte zu einem neuen Bewußtsein, einen Weg, der unsere Herzen dem Ursprünglichen und unsere Gemeinschaft (so sie gewillt ist zuzuhören) der ökologischen Vernunft näherbringt. Sie könnten die menschliche Art dazu bringen, ihre eigene Humanität anzunehmen – so sie gewillt ist aufzuwachen.

Soll das entsetzliche Ausmaß des Schmerzes, der anderen Lebensformen zugefügt wird, beendet und die Flut von Umweltzerstörungen und ausgelöschten Tierarten in den nächsten Stunden, Tagen und Jahren zum Stillstand gebracht werden, müssen menschliches Verhalten, menschliche Ethik und Wissenschaft ihren bescheidenen Platz in der Welt akzeptieren. Wir haben keine andere Wahl. Unsere Muskelmann-Mentalität ist ein Anachronismus, unsere Ausbrüche von Gewalt werfen uns in einen Siedekessel der Evolution zurück, den wir längst hinter uns hätten lassen müssen. Nicht die Evolution diktiert die Möglichkeiten für richtiges Verhalten und Mitgefühl; das bleibt ganz allein unserer individuellen Wahl überlassen. Die Verwandtheit mit allen anderen Lebensformen, wie sie in diesem Buch deutlich wird, eröffnet uns einen Weg nach vorn und nach allen Seiten: den Weg der Einfühlung und Kommunikation von Art zu Art.

Wir brauchen keine Einzeller tief auf dem Meeresgrund von Jupiters Mond zu suchen, um uns daran zu erinnern, daß wir nicht allein im Weltall sind. Auf der Erde mögen derzeit an die 50 Millionen verschiedener Lebewesen zusammen existieren, von denen *Homo sapiens* noch keine 1,6 Millionen identifiziert hat. Die Möglichkeiten, neue Freundschaften zu schließen, sind atemberaubend. Bei der derzeitigen Rate von zwischen 70 und 800 Arten, die jeden Tag ausgerottet oder vom Aussterben bedroht werden – wobei sich die Geschwindigkeit immer weiter erhöht –, bleibt für die Renaissance von Mitgefühl und sanfter Forschung allerdings nur noch wenig Zeit.

Wir, die Herausgeber und Autoren von »Ich spürte die Seele der Tiere«, glauben daran, daß noch Zeit ist, und wir bitten unsere Freunde und Leser, darüber nachzudenken, wie sich neue Wege des Mitgefühls und der Gewaltlosigkeit erschließen lassen, Wege der Liebe für unsere Verwandten aus der Tier- und Pflanzenwelt, die alle vor uns da waren. Wir alle sind abhängig vom verletzlichen Wohlwollen dieses wundersamen

Planeten, der gegenwärtig von einer einzigen Art beherrscht – um nicht zu sagen überrollt – wird.

Widmung

Allen Kindern dieser Erde, damit wir lernen, uns in Freundschaft zu umarmen und die verschiedenen Fähigkeiten und Geschenke zu schätzen, die wir unserem Planeten, unserer Mutter, und uns gegenseitig anzubieten haben.

Danksagung

Michael Tobias' besonderer Dank gilt Jane Gray Morrison, einem seltenen Menschenkind, deren tiefes Mitgefühl für alles Lebendige die älteste Universität auf Erden widergibt, und Kate Solisti, verwandter Seele unter so vielen wunderbaren Wesen.

Kathryn Solisti möchte sich ganz besonders bei Michael Tobias bedanken, weil er sie eingeladen hat, bei diesem wunderbaren Projekt mitzuarbeiten, und bei allen Tieren und Menschen, die zu dieser Reise beigetragen haben.

Dank auch Ihnen, dem Leser, dafür, daß Sie Herz und Sinn geöffnet haben und bereit sind, Tiere als ebenbürtig anzuerkennen und sie in ihrer Ganzheit anzunehmen.

Teil 1
Beziehungen jenseits der Wissenschaft

JANE GOODALL

Das Geschenk der Libelle

Ich glaube, es begann, als ich ungefähr ein Jahr alt war. Doch habe ich es erst vor kurzem herausgefunden, als meine Mutter einen Bericht über meine Kindheit verfaßte. Sie schrieb, ich sei, seitdem ich krabbeln konnte, von Tieren fasziniert gewesen. Als ich ungefähr achtzehn Monate alt war, hatte ich Regenwürmer mit ins Bett genommen. Als meine Mutter sah, daß ich aufmerksam beobachtete, wie sie sich auf meinem Kopfkissen ringelten und wanden, erklärte sie mir, sie würden bald sterben, wenn ich sie nicht der Erde wiedergäbe. Da rannte ich schnell mit ihnen zurück in den Garten.

Einmal – ich kann mich nur noch vage daran erinnern – war ich zu Besuch auf einem Bauernhof. Er gehörte der Familie meines Vaters, und für ein kleines Mädchen aus der Großstadt London, das Tiere liebte, war es etwas ganz Besonderes: Kühe, Schweine, Pferde – und die Hühner! Jeden Tag sammelte ich die Eier in den Hühnerställen ein. In jener Zeit gab es noch keine Legebatterien. Damals habe ich immer gefragt, wo die Eier eigentlich herauskommen, denn ich konnte an den Hühnern keine Öffnung entdecken, die groß genug dafür war. Da es mir niemand erklären wollte, versteckte ich mich in einem der engen, stickigen Hühnerställe im Stroh und wartete, wartete und wartete. Über vier Stunden lang! Und dann beim Einbruch der Dämmerung, als meine Familie schon überall nach mir suchte, sah meine Mutter eine aufgeregte, kleine, mit Stroh bedeckte Gestalt auf das Haus zurennen. Welch ein Glück, daß mich niemand ausschimpfte, weil ich einfach so verschwunden war und damit allen große Sorgen bereitet hatte! Meine Mutter sah nämlich die Erregung in meinen Augen und setzte sich zu mir, um die Geschichte zu hören, wie ein Huhn ein Ei legt. Ich kann mich noch heute an das Huhn erinnern, wie es sich ein wenig aufrichtete, mit dem Rücken zu mir, so daß ich genau beobachten konnte, wie das weiße Ei langsam herauskam, bis es – plop! – im Stroh landete.

Doch das Wichtigste geschah, als ich knapp ein Jahr alt war. Ich saß in meinem Kinderwagen vor einem Laden. Unser alter Bullterrier bewachte mich, während mein Kindermädchen drinnen einkaufte. Plötzlich umschwirrte mich eine Libelle. Ich schrie auf, und ein wohlmeinender Passant schlug das große Insekt mit einer Zeitung zu Boden und zertrat es. Doch ich schrie immer weiter, den ganzen Weg nach Hause. Jetzt war ich geradezu hysterisch, und meine ratlose Mutter mußte mir ein Beruhigungsmittel geben, was sie normalerweise nie tat.

Fünfundvierzig Jahre später, als ich den Bericht meiner Mutter las, fühlte ich mich plötzlich in diese Zeit zurückversetzt. Ich erinnerte mich, daß ich einmal in meinem Kinderzimmer lag und eine Libelle beobachtete, die zum Fenster hereinflog. Mein Kindermädchen scheuchte sie hinaus und erklärte mir, sie habe einen Stachel so lang wie ihr »Schwanz«. Und das ist ganz schön lang! Kein Wunder, daß ich ängstlich wurde, als die Libelle um meinen Kinderwagen herumschwirrte. Aber wenn wir uns vor etwas fürchten, bedeutet das noch lange nicht, daß wir es umbringen wollen. Wenn ich meine Augen schließe, sehe ich noch heute mit geradezu unerträglicher Klarheit die herrlichen, leicht zitternden Flügel, den blauen, in der Sonne glitzernden »Schwanz« und den auf dem Bürgersteig zerquetschten Kopf. Meinetwegen mußte sie sterben, vielleicht unter großen Schmerzen! Ich schrie in hilfloser Empörung und aus einem furchtbaren Schuldgefühl heraus.

Während meiner ganzen Kindheit lernte ich mehr und mehr über Tiere und notierte meine eigenen Beobachtungen. Tarzan und Dr. Doolittle waren meine Helden, und ich träumte davon, unter Tieren in Afrika zu leben.

Mein Lehrer war Rusty, mein bester Freund und Begleiter während meiner Kindheit – eine faszinierende Mischung aus einem Cocker Spaniel und einem Pudel. Zumindest vermutete ich das, seit ich einmal einem Hund begegnet war, der wie Rusty aussah und dessen Besitzer mir versicherte, er wäre eine derartige Mischung. Von Rusty lernte ich sehr viel über das Verhalten von Tieren. Jeden Tag demonstrierte er die erstaunlichen Erkenntnisfähigkeiten eines Hundes aufs Neue. Rusty war eine lebhafte und unvergeßliche Persönlichkeit. Auch heute noch, 40 Jahre später, sehe ich ihn, wie er am Fußende meines Bettes liegt, mir eine Leiter hinauf folgt und mit mir in den wilden Klippen herumklettert. Er zeigte mir immer wieder, daß Hunde auch etwas planen können. Beispielsweise lief er an einem heißen Tag allein zum Meer, eine Strecke von zehn Minuten. An der Straße machte er halt, paßte auf den Verkehr auf, und trottete dann zum Strand hinunter, um zu schwimmen. Danach schüttelte er sich ordentlich und kam abgekühlt und erfrischt zurück. Er liebte Versteckspiele wie das Hütchenspiel und merkte meistens sehr sehr schnell, unter welchem Hütchen die Münze verborgen war. Wenn ich ihm befahl wegzuschauen, bevor ich mich in den Büschen versteckte, und ihn dann aufforderte, mich zu suchen, konnte er sogar so tun, als ob er mich tatsächlich suchen würde. Natürlich wußte er ganz genau, wo ich war – schließlich hatte er ja seine Nase, seine Augen und seine Ohren. Aber er rannte immer ganz aufgeregt hin und her, lief oft sogar direkt an mir vorbei, bis er schließlich nach etwa drei Minuten beschloß, daß es jetzt in Ordnung war, mich zu finden. Einmal mußte ich für eine Woche wegfahren und ließ ihn humpelnd zurück. Rusty hatte sich am Fuß verletzt und bekam deswegen von mir jede Menge Extra-Streicheleinheiten. Als ich zurückkam, stellte ich schockiert fest, daß er immer noch hinkte. »Oh, armer Rusty!« sagte ich voller Mitgefühl und kniete mich zu ihm. Da bemerkte ich, daß die ganze Familie lachte. Er hatte seit Tagen nicht mehr gehumpelt, aber sofort wieder damit angefangen, als er mich sah.

Rusty war mein erster richtiger Mentor bei meinen andauernden Bemühungen, die wahre Natur der Tiere zu verstehen. Er vermittelte mir ein intuitives Verständnis für die Feinheiten des Verhaltens der Tiere. Und das war etwas ganz anderes als das, was ich später auf der Universität lernte. Der unlängst verstorbene Louis Leakey gab mir bereits 1960 die Möglichkeit, wilde Schimpansen im Gombe National Park in Tansania zu beobachten, also noch ehe ich auf der Universität angefangen hatte. Auf diese Weise begann ich mit meinen Studien unbeeinflußt von der damaligen Verhaltensforschung. Ich lernte die verschiedenen Schimpansen kennen und gab ihnen Namen anstatt Nummern. Das wäre wissenschaftlicher gewesen, erfuhr ich später. Als ich bemerkte, wie stark sich die Schimpansen voneinander unterschieden, beschrieb ich ihre verschiedenen Persönlichkeiten, obwohl nach der damaligen wissenschaftlichen Auffassung Tiere keine Persönlichkeiten hatten. Ich sprach von ihnen als Personen, ließ ihnen die Fähigkeit der Vernunft und beschrieb ihre Gefühle. Schließlich hatte mir Rusty genau dies demonstriert, und das Gehirn eines Schimpansen gleicht dem unsrigen ja noch viel mehr als das eines Hundes.

Rusty war für mich mehr als nur ein Hund unter Hunden. Sein Gegenstück in der Welt der Schimpansen war David Greybeard. Ich werde oft gefragt, ob ich einen Lieblingsschimpansen hätte. Die Antwort lautet: »David Greybeard«. Für mich wird es nie wieder so einen Schimpansen geben, mit seinem breiten intelligenten Gesicht, mit seinen weit auseinanderliegenden braunen Augen und seinem ruhigen, sanften Wesen. Aber er hatte durchaus einen starken Willen und schaffte es normalerweise auch, sich durchzusetzen. Er öffnete mir das Tor zu einer Zauberwelt, die niemand zuvor erkundet hatte – die Welt der Schimpansen. Als ich das erste Mal in Gombe eintraf, hatten die Schimpansen panische Angst vor dem seltsamen »weißen Affen«, der in ihr Territorium eingedrungen war. Aber aus irgendeinem Grunde fürchtete sich David Greybeard weniger vor mir als die anderen Schimpansen. Wenn sie flüchteten, blieb er oft sitzen, vorausgesetzt, ich kam ihm nicht zu nahe. So war es auch nicht weiter überraschend, daß er zu jener kleinen Gruppe gehörte, an die ich zum ersten Mal näher herankommen konnte. David und sein engster Freund Goliath hoben den Kopf, als ich aus den Büschen heraustrat. Aber anstatt wegzurennen, fuhren sie fort, sich gegenseitig das Fell nach Flöhen abzusuchen und putzten sich einfach weiter. Sie hatten mich akzeptiert! Die reine Ekstase dieses Momentes ist mir heute noch genau so gegenwärtig und klar wie damals und wie all die langen Jahre hindurch.

Sehr oft lernte ich von David Greybeard neue und aufregende Dinge über das Leben der Schimpansen in Gombe. Er war auch der erste Schimpanse, den ich dabei beobachten konnte, wie er Werkzeuge benutzt: Mit Grashalmen fischte er Termiten aus ihren unterirdischen Bauen heraus. Verblüfft sah ich, wie er Zweige aufhob und die Blätter abstreifte oder Grashalme zurechtstutzte: Er veränderte Objekte in einer Weise, daß sie seinen Zwecken dienten. Er stellte Werkzeuge her. Und nach damaliger Auffassung war es ausschließlich den Menschen vorbehalten, Werkzeuge herzustellen, ja, es galt als die wichtigste Unterscheidung zwischen den Menschen und der übrigen Tierwelt. Als ich meinem Mentor Louis Leakey daraufhin ein Telegramm schickte, erklärte er strahlend: »Jetzt müssen wir entweder den Begriff Mensch oder den Begriff Werkzeug neu definieren oder aber Schimpansen als Menschen anerkennen!«

David war der erste Schimpanse, den ich Fleisch fressen sah. Er teilte sich ein junges Wildschwein mit einem erwachsenen Weibchen, das ihn angebettelt hatte. Und einige Monate später gehörte er zu einer Gruppe, die außergewöhnlich geschickt beim Jagen zusammenarbeitete.

Nach und nach stellte David mir alle seine Kameraden vor. Neben Goliath war er oft mit Mike und JB, mit Mr. McGregor, Leaky und Mr. Worzle zusammen. Weitere Mitglieder der Gruppe waren Melissa, Olly, Marina und Sophie und ihre Familien und viele andere; und dann natürlich Flo: die Matriarchin, die durch die Veröffentlichungen im National Geographic weltberühmt wurde. Flo und ihre häufigste Begleiterin Olly waren die ersten Weibchen, die meine Nähe duldeten, und von ihnen lernte ich, daß Familienbande in der Schimpansengesellschaft eine äußerst wichtige Rolle spielen. Ich war stundenlang bei ihnen, beobachtete sie, machte Aufzeichnungen und staunte. Dabei lernte ich auch, daß die Mutter und die Familie bei Verhaltensprägungen der Jungen eine sehr wichtige Rolle spielen. Ich stellte fest, daß ein ausgewachsener Sohn (wie Flos Sohn Faben) zwar eine wichtige Funktion bei der Erziehung seiner jüngeren Geschwister erfüllt, daß es in der engen Familiengruppe jedoch kein Äquivalent zu unserem traditionellen menschlichen Vater gibt. Statt dessen verbrachten alle Männer der Gemeinschaft Zeit miteinander und verteidigten die Ressourcen ihres Territoriums für die Weibchen und Jungtiere ihrer Gemeinschaft.

Ein anderer Moment aus den Anfangstagen, den ich nie vergessen werde, war das erste Mal, als ich einen wilden Schimpansen berührte. Und natürlich war es wieder David Greybeard: Er saß einfach da und putzte Flos Fell, und da traute ich mich eines Tages, auf seinem Rücken vorsichtige Putzbewegungen auszuführen. Er blickte mich kurz an und setzte Flos Fellpflege fort. Es war wie ein Wunder: Ein voll ausgewachsener männlicher Schimpanse erlaubte mir, ihn zu putzen! Bald schob er sanft meine Hand beiseite, aber er gestattete mir diese Freiheit noch zu anderer Gelegenheit und auch über einen längeren Zeitraum hinweg.

Als Flos Sohn Flint ungefähr fünf Monate alt war und gerade anfing selbständig herumzuklettern, erlaubte sie ihm eines Tages, zu mir zu kommen. Er streckte seine Hand aus und berührte mein Knie. Dabei sah er mich mit großen, fragenden Augen an. Flo hielt ihn zwar an der Hand zurück, ließ ihn aber dennoch zu mir. Kurz danach ließen mich ihre beiden älteren Jungen, Figan und Fifi, gelegentlich bei ihren Spielen mitmachen. Beide waren monatelang sehr ängstlich gewesen; sie mieden mich und versteckten sich vor mir im Gestrüpp. Doch jetzt hatte ich ihr Vertrauen gewonnen.

Mit der Zeit erkannte ich jedoch, daß Kontakte dieser Art aufhören mußten. Hugo van Lawick war von der National Geographic Society geschickt worden, um die Schimpansen zu filmen. Geldmittel wurden uns für die nächsten Jahre zugesichert, und Studenten waren zu uns gekommen, um bei der Datenerhebung zu helfen. Es war offensichtlich, daß wiederholte Interaktionen mit Menschen das Verhalten der Schimpansen ernsthaft beeinflussen würden. Doch selbst wenn ich die Gelegenheit hätte, alles noch einmal zu machen, würde ich nichts anders machen. Diese freundlichen Kontakte waren ein phantastischer Lohn für all die langen harten Monate, die ihnen vorausgegangen waren.

Mit der Zeit stellte ich interessanterweise fest, daß ich mit den Schimpansen in Gombe gar keinen körperlichen Kontakt mehr wollte. Meine Beziehung zu diesen erstaunlichen Wesen läßt sich nur schwer erklären.

Die Leute fragen mich manchmal:»Kommen die Schimpansen Ihnen nicht wie Ihre eigene Familie vor?« Nein, nicht wie meine Familie. Aber auch nicht wie Haustiere. Vor kurzem war einer meiner Hunde sehr krank, und ich machte mir große Sorgen.»Wenn Sie so für einen Hund empfinden«, sagte ein Mann, der das Haus in Dar es Salaam besuchte (und er meinte damit»nur« für einen Hund),»dann möchte ich nicht dabei sein, wenn einer Ihrer Schimpansen krank wird.« Aber es ist wichtig, daß es nicht»meine« Schimpansen sind. Sie sind in keiner Weise von mir abhängig. Sie sind wild und frei. Ich helfe ihnen, wenn sie krank sind und ich die Möglichkeit dazu habe, aber sie erwarten es nicht. Es beunruhigt mich zwar, wenn sich einer von ihnen verletzt, aber ich fühle mich nicht verantwortlich. Darin besteht der Unterschied zwischen einem freien, wilden Tier und einem Haustier. Wenn mein Hund Schmerzen hat und ich ihm nicht helfen kann, ist das ein Verrat, denn ein guter Besitzer ist in den Augen seines Hundes ein Gott. Ich bin aber keine Gottheit für die Schimpansen in Gombe. Meine Beziehung zu ihnen basiert auf gegenseitigem Respekt und Vertrauen. Einige von ihnen liebe ich – ich liebte David Greybeard und Flo, Olly und Gilka, so wie ich heute Gremlin und Galahad, Prof und Pax und Skosha liebe. Aber sie erwidern die Gefühle nicht. Es ist einfach eine andere Beziehung. Doch die Hunde, die ich liebe, lieben auch mich.

In Gombe bin ich am glücklichsten, wenn ich bei einer Gruppe von Schimpansen sitze, unbeachtet und ignoriert, während sie um mich herum ihr Leben führen. Ich höre geradezu auf zu existieren. Ich gleiche einer Mittlerin, die einfach das, was passiert, beobachtet und aufzeichnet. Außerhalb ihrer Gesellschaft, und doch zugleich irgendwie in ihr lebend, sind alle meine Sinne auf die Nuancen ihres Verhaltens ausgerichtet. Sobald ein anderer Mensch erscheint, verschwindet dieses Gefühl, und der Bann ist gebrochen. Dann bin ich wieder einfach nur ein Mensch, der eine Gruppe von Schimpansen beobachtet.

Über die Jahre hin haben immer mehr Forscher Zeit in Gombe verbracht, Daten gesammelt, beobachtet, gelernt, nachgedacht. Früher war dort ein Team junger Leute aus Nordamerika und Europa. Jetzt beobachten dort hauptsächlich Tansanier aus den benachbarten Dörfern. Sie sammeln genaueste Informationen, benutzen 8 mm Videokameras, sind stolz auf ihre Arbeit und sprechen mit ihren Familien und Freunden darüber. Aber am wichtigsten ist, daß sie die Schimpansen als Individuen mögen und sich um sie kümmern. Es gibt keine Wilderei in Gombe. Dank der Unterstützung meiner Arbeit durch die Regierung von Tansania und dank der Tatsache, daß Tansania seit seiner Unabhängigkeit der politisch stabilste Staat Afrikas ist, befinden wir uns heute, wo ich dies niederschreibe (Juni 1995), einen Monat vor dem 35. Jahrestag meiner Ankunft in Gombe. Welch einen riesigen und reichhaltigen Schatz an Informationen haben wir seitdem gesammelt!

Wir haben aufgezeichnet, wie fünf bis zehn Jahre alte Junge, Jugendliche und Heranwachsende sich nach dem Tod der Mutter um ihre kleinen Geschwister kümmerten. Ein junger, männlicher Schimpanse kann sich ausgezeichnet um ein verwaistes Junges kümmern. Er kann es tragen, seine Nahrung und sein Nest mit ihm teilen und es vor Gefahren beschützen. Auf diese Art adoptierte Prof den vier Jahre alten Pax. Und Sniff versuchte, sich um seine kleine Schwester zu kümmern, aber sie war selbst erst ein Jahr alt, als ihre Mutter starb, und daher selbst noch vollkommen abhängig von der Muttermilch. Und so überlebte sie nur zwei Wochen.

Adoptionen sind nicht immer nur Familienangelegenheiten. Ein Weibchen mittleren Alters, Gigi, die ihr ganzes Leben lang steril gewesen war, kümmerte sich um nicht weniger als drei kleine Waisenjunge, als deren Mütter bei einer Epidemie starben. Jahrelang hatte sie versucht, sich erst mit einer Mutter, dann mit einer anderen anzufreunden, anscheinend um mit deren Säuglingen zu spielen und sie tragen zu dürfen. Jetzt hatte sie endlich die volle Verantwortung für drei Junge. Eine der rührendsten Geschichten ist die eines zwölfjährigen männlichen Schimpansen namens Spindle, der ein kränkelndes Junges von etwas über drei Jahren adoptierte. Wir alle glaubten, Mel würde sterben, als er seine Mutter verlor. Denn er war nun ganz allein auf der Welt. Aber Spindle kümmerte sich Tag für Tag um ihn, trug ihn, teilte seine Nahrung und sein Nest mit ihm und beschützte ihn vor Gefahren. Es war so gut wie sicher, daß Spindle Mels Leben rettete. Dennoch waren sie nicht miteinander verwandt. Warum hatte Spindle diese Aufgabe übernommen? War es möglich, daß Spindle es tat, weil er seine Mutter in derselben Epidemie verloren hatte wie Mel die seine? Gab es in seinem Leben trotz seines Status als Heranwachsender eine Leere, die er irgendwie mit der engen Beziehung zu einem abhängigen Jüngeren füllte? Vielleicht werden wir es nie wissen. Es gibt viele unbeantwortete Fragen, viele Geheimnisse.

Warum begannen Passion und Pam, Mutter und Tochter, die Neugeborenen anderer Weibchen der Gemeinschaft zu töten? Vier Jahre lang war es für junge Affenmütter gefährlich, allein in den Wäldern Gombes herumzustreifen. Elf Junge wurden in diesen Jahren in der Gemeinschaft geboren, und zehn von ihnen starben. Fünf davon waren fraglos Opfer dieser mordenden Weibchen. Doch wir nehmen an, daß auch die anderen dasselbe Schicksal ereilte. Erst als jede von ihnen selbst ein Junges zur Welt gebracht hatte, hörte das Töten auf. Abweichendes Verhalten, dachten wir. Aber war es das wirklich? Vor nicht allzu langer Zeit schlossen sich drei der älteren Weibchen, die immer sehr respektabel erschienen und um die Aufzucht der Jungen besorgt waren, gegen Gremlin (die zufällig mein Liebling war) zusammen und versuchten (zum Glück erfolglos), ihr Neugeborenes wegzuschnappen. Die vier Weibchen kannten einander seit Jahren, ihre Kinder hatten miteinander gespielt. Ein plötzlicher und schrecklicher Ausbruch von Gewalt. Aber dann, zwei Tage nach der Attacke, sah man sie wieder zusammen, und Gremlin war offensichtlich ganz ruhig. Ja, wir haben noch viel zu lernen.

Weil sich Schimpansen und Menschen so sehr gleichen, gibt es eben Individuen, die ich liebe, und andere, die ich überhaupt nicht leiden kann. So mochte ich Passion ganz und gar nicht. Als sie allerdings kurz vor ihrem Tod sehr krank wurde, furchtbare Schmerzen hatte und sich trotzdem noch um ihren vier Jahre alten Sohn Pax kümmerte, da habe ich ihr vergeben. Schließlich war sie ein Schimpanse und kein Mensch. Gewiß ist sich ein Schimpanse des Leidens eines Opfers weniger bewußt als wir? Ihr Verhalten war doch weniger absichtlich, weniger berechnend? Oder nicht? Solche Fragen quälen unseren Verstand in den finsteren Stunden der Nacht, wenn wir über das Geheimnisvolle nachsinnen, über den Sinn des Lebens auf der Erde und die Rolle, die wir Menschen spielen.

Über die Jahre haben mich die Schimpansen vieles über ihren Platz in der Natur gelehrt, und vielleicht ebensoviel über unseren eigenen. Die wichtigste Lektion, die ich gelernt habe, ist Demut. Wir Menschen unterscheiden uns letzten Endes gar nicht so sehr von den anderen Tieren, wie wir immer geglaubt haben. Die schrittweise Enthüllung der komplexen Natur der Schimpansen, unserer engsten lebenden Verwandten, hat dabei geholfen, die angebliche Kluft zwischen »Mensch« und »Tier« zu überbrücken. Jetzt scheint es so, als gäbe es eine kontinuierliche Evolution von Geist und Struktur. Schließlich wurde nachgewiesen, daß Schimpansen intellektuelle Fähigkeiten besitzen, von denen wir einmal glaubten, sie seien uns Menschen vorbehalten. Man kann ihnen beispielsweise beibringen, Zeichen zu benutzen und zu verstehen (ähnlich der ASL, American Sign Language, die taube Menschen benutzen), oder Lexigramme oder die Computertastatur, und jede dieser Fähigkeiten bedeutet etwas anderes. Sie können dies dann in einem neuen Zusammenhang und in unterschiedlichen Kombinationen sinnvoll anwenden. Ob diese Forschung nun Beweise für linguistische Fähigkeiten liefert oder nicht, sie lehrt uns jedenfalls viel über die Erkenntnisgrenze der Schimpansen, demonstriert ihre Fähigkeit, bei der Kommunikation abstrakte Symbole anzuwenden und zu verstehen sowie Verallgemeinerungen und Abstraktionen vorzunehmen. Man hat auch nachgewiesen, daß Schimpansen einen Sinn für Humor und eine Vorstellung von sich selbst haben.

In der Wildnis kommunizieren Schimpansen mit einer Vielzahl von Rufen und auch mit einer ganzen Reihe von Haltungen und Gesten, von denen viele den unsrigen unheimlich nahe kommen und in vergleichbaren Zusammenhängen ausgeführt werden. Schimpansen halten sich bei der Hand, klopfen sich gegenseitig auf den Rücken, küssen und umarmen sich zur Begrüßung oder wenn sie einander bestätigen oder beruhigen wollen. Sie können wunderbar herumstolzieren, um andere einzuschüchtern. Sie stoßen, schlagen und treten beim Kämpfen. Und sie kämpfen aus vielen Gründen, aus denen auch wir kämpfen – um Nahrung, Sex und Territorien und um ihre Familie und Freunde zu beschützen. Sie haben eine lange Kindheit, in der es, wie auch bei Menschenkindern, wichtig ist zu lernen. Und genauso wie ihre menschlichen Verwandten lernen junge Schimpansen sehr viel durch Beobachtung und Nachahmung von Verhaltensweisen anderer. Man hat Schimpansen in ganz verschiedenen Gegenden beobachtet und unterschiedliche Verhaltensweisen festgestellt. Manchmal kann man das als kulturelle Unterschiede bezeichnen – Verhaltensweisen, die durch Beobachten gelernt und so von einer Generation zur nächsten weitergegeben werden. Auch in anderer Hinsicht gleichen sie uns. Liebevolle Bindungen zwischen Familienmitgliedern und Freunden können ein ganzes Leben von 50 oder mehr Jahren andauern. Schimpansen sind zu Mitgefühl, Altruismus und Liebe fähig. Und wie wir Menschen, so haben auch die Schimpansen eine Schattenseite: Wie wir sind sie fähig zu Brutalität und Konflikten zwischen einzelnen Gruppen, die gelegentlich zu einer Art primitiver Kriegführung eskalieren können.

Schimpansen sind uns in der Tat sehr ähnlich. Sie teilen mit uns etwa 90 Prozent des genetischen Aufbaus. Die Zusammensetzung des Blutes und die Reaktionen ihres Immunsystems sind denen der Menschen erstaunlich ähnlich, und die Anatomie des Gehirns der Schimpansen und ihres zentralen Nervensystems gleicht der unsrigen mehr als die aller anderen Lebewesen. Deshalb hält man sie in medizinischen Forschungslaboratorien gefangen, damit sie uns bei der Erforschung bestimmter Krankheiten als lebendige Versuchsobjekte dienen, die andere, uns unterlegene Primaten weniger oder gar nicht bekommen können, wie beispielsweise AIDS und Hepatitis. Hunderte von Schimpansen sind hinter Gittern in Käfige gesperrt, 1,50 Meter x 1,50 Meter groß und 2,10 Meter hoch. Sie sind soziale Tiere und hier ganz allein eingesperrt – und das in der Regel auf Lebenszeit. Der erste ausgewachsene Schimpanse, dem ich in einem US-amerikanischen Laboratorium begegnete, hieß Jojo. Ich kniete mich hin und schaute ihm in die Augen. Er schaute zurück, aber nicht mit Zorn oder Haß, wie ich erwartet hatte und was ich nicht hätte ertragen können, sondern mit einem Ausdruck vollkommener Bestürzung und Resignation. Schon seit zehn Jahren war er in diesem kleinen Käfig eingesperrt. Ich dachte an die Schimpansen in Gombe, an ihr reiches Leben voller Aufregungen, Anregungen und Abwechslung. Die Freiheit des Waldes, die Siestas im Schatten, ausgestreckt auf einem Boden voller Blätter oder in ihren weichen, federnden Betten in den Baumwipfeln. Ganz sanft streckte er seine Hand nach mir aus, durch die Gitterstäbe hindurch, und berührte die Träne, die unter meiner Maske heraussickerte. Dann starrte er mich an. Heute ist Jojo mit dem HIV-Virus infiziert. So gut wie sicher wird er die Symptome von AIDS nicht entwickeln – Schimpansen sind dagegen immun – doch wird er wahrscheinlich für den Rest seines Lebens eingesperrt bleiben, als »schmutziger« Schimpanse.

Da man Schimpansen so viele Dinge beibringen kann, die auch wir Menschen tun, werden sie als Haustiere verkauft, dienen als Kindersatz oder müssen im Zirkus oder in anderen Unterhaltungsinstitutionen auftreten. All das ist äußerst grausam, sowohl das Trainieren als auch das endgültige Schicksal dieser hilflosen und ausgebeuteten Geschöpfe. Denn im Alter von vier bis sieben Jahren sind sie so stark wie ein erwachsener Mensch, lehnen Disziplin ab und sind potentiell sehr gefährlich. Was wird aus ihnen werden? Zoologische Gärten wollen solche Individuen nicht aufnehmen, da sie sich nicht wie normale Schimpansen verhalten. Sie hatten keine Gelegenheit, das zu lernen. So enden sie meistens in medizinischen Laboratorien.

In Afrika kämpft eine dauernd wachsende menschliche Bevölkerung erbittert um ständig schrumpfende begrenzte Ressourcen und damit um ihr Überleben. Dort verschwinden Schimpansen überall, entweder weil ihre Wälder abgeholzt werden oder weil sie gejagt werden oder aus beiden Gründen. Häufig werden weibliche Schimpansen absichtlich erschossen, damit man ihre Jungen an Händler verkaufen kann, die sie per Schiff aus Afrika herausbringen – für die Unterhaltungsindustrie oder für medizinische Forschungsinstitute. Der Verkauf solcher Jungtiere auf den Märkten ist normalerweise ein Nebenprodukt des Handels mit dem Fleisch von Tieren aus dem Busch. Ihre Mütter wurden (oft illegal) der Nahrung wegen getötet. Nicht nur, um die Familie und Freunde im Dorf zu ernähren wie früher, sondern um zerhackt, geräuchert und mit Lastwagen in die Städte transportiert zu werden.

Der kleine Jay war der erste junge Schimpanse, den ich mit eigenen Augen auf einem großen Touristenmarkt in Zentralafrika zum Verkauf angeboten sah. Er war in einem winzigen Käfig angebunden, stand in der heißen Sonne, umgeben von einer lärmenden Menge, und schien dem Tod nahe, ausgetrocknet, mit glasigen, stumpfen Augen. Doch als ich mich hinkniete und den schwachen hechelnden Laut der Begrüßung machte, setzte er sich auf, starrte mich an und streckte dann seine Hand aus, um mein Gesicht zu berühren. Wenn man eines von diesen erbärmlichen Jungtieren kauft, begeht man nach den offiziellen Handelsvorschriften ein Verbrechen. Doch wie hätte ich ihn dort seinem Schicksal überlassen können? Glücklicherweise konnten wir einen Regierungsbeamten dazu überreden, ihn zu beschlagnahmen (es gab ein Gesetz, nach dem es verboten war, Schimpansen ohne Genehmigung zu verkaufen, doch hatte man dieses Gesetz nie durchgesetzt). Dann bot sich eine Frau aus Belgien, Graziella Cotman, an, ihn wieder gesundzupflegen. Heute repräsentiert Graziella JGI im Kongo, und da die Regierung jetzt mitarbeitet und andere illegal gefangene Jungtiere beschlagnahmt, wächst ihre »Familie«. Sie und unsere Mitarbeiter im Kongo versuchen, für 48 Schimpansen mit einem etwa 35 Quadratkilometer großen Schutzgebiet auszukommen, das uns von Conoco errichtet wurde, eine der wenigen Ölfirmen, die eine sehr starke, umweltbewußte Moral besitzt, selbst bei der Arbeit in Ländern der dritten Welt.

Ich werde auch nie vergessen, wie ich Gregoire zum ersten Mal sah. Er war ein ausgemergeltes Gerippe aus Haut und Knochen, fast ohne Haare. Er saß seit 1944 in einem nackten, düsteren Käfig im Zoo von Brazzaville. Wie kam es, daß er immer noch lebte, und warum? Ich schaute in seine alten Augen, und er streckte seine Hand nach mir aus, mümmelte mit seinem Kiefer wie ein alter Mann und versuchte, einen Knopf an meinem Ärmel aufzumachen. Wir gründeten eine Gruppe, die Zoofreunde, und Gregoire wurde richtig mollig, und die meisten seiner Haare wuchsen wieder nach. Ganz allmählich verbesserten sich dann auch die Bedingungen für die anderen erbarmungswürdigen Gefangenen des Zoos.

Sollten wir weiterhin die Herausforderung annehmen und uns um die jungen Jays und Gregoires in Afrika kümmern? Viele Naturschützer sind der Ansicht, es sei unverantwortlich, Geld für ein paar Individuen zu »verschwenden«. Wir sollten lieber unsere begrenzten Ressourcen dazu verwenden, diese Gattung in der Wildnis zu schützen. Andere Leute stellen die Frage, wie ich es rechtfertigen könne, Geld für Tiere auszugeben, wenn Menschen verhungern.

Wir tun was wir können auf dem Gebiet des Naturschutzes. Wir arbeiten mit Dorfleuten und Regierungen zusammen. Schaffen Arbeitsplätze. Wir benutzen unsere Schimpansenwaisen, um Touristen anzulocken und deren harte Währung zu bekommen. Wir verwenden unsere Schimpansen als Mittelpunkt für eine umweltbewußte Erziehung, so daß Einheimische, besonders Kinder, allmählich erkennen, daß wir alle in einem Boot sitzen. Verschwinden die Wälder und die Tiere, wird sich die Wüste über das Land ausbreiten, und die Menschen werden ebenfalls dem Untergang geweiht sein.

Aber abgesehen von all den Rechtfertigungen, stimmt es wirklich: Ich kann den Individuen nicht den Rücken kehren. Meine Forschung konzentrierte sich immer auf die Bedeutung und den Wert des Individuums. Sind wir erst einmal bereit zu akzeptieren, daß nicht nur wir Menschen Persönlichkeiten haben, daß nicht nur Menschen vernunftbegabt sind und vor allem, daß nicht nur Menschen Gefühle haben und geistige und körperliche Schmerzen empfinden können, dann wird sich unsere Einstellung zu vielen nichtmenschlichen Lebewesen, mit denen wir diesen Planeten teilen, ändern. Und dieses neue Verständnis wird zu einem neuen Respekt führen. Dies wiederum wird viele schwierige Fragen der Moral aufwerfen, die sich darauf beziehen, wie wir so viele Lebewesen in unserem täglichen Leben benutzen und mißbrauchen (und darin sind, nebenbei bemerkt, die Menschen auch eingeschlossen). Diese Fragen muß jeder für sich beantworten.

Neulich hielt ich in einem Zoo einen Vortrag. Am Schluß fragte mich ein Student ziemlich aufgebracht, ob ich denn nicht etwas unverantwortlich handelte, mich dem Wohlergehen so vieler Schimpansen zu verpflichten, und ob mir nicht klar wäre, daß dies eine langfristige Verpflichtung sei? Als ich mich auf die Antwort vorbereitete, ging die Tür auf, und eine junge Frau mit einem kleinen Schimpansen im Arm kam herein. Seine Mutter hatte ihn abgelehnt, und so war er unter Menschen aufgewachsen. Natürlich drängten sich alle um ihn herum, wollten seine Hände berühren, in seine Augen schauen, sein glänzendes schwarzes Haar streicheln. Als sich alle wieder gesetzt hatten, nahm ich den Kleinen, ging zum Podium zurück, schaute langsam in die Runde und fragte dann, ob jemand da sei, der diesen kleinen Schimpansen töten würde. Denn wenn die Regierungen mit uns zusammenarbeiten und Schimpansen beschlagnahmen, haben wir nur die Wahl, sie zu nehmen und uns um sie zu kümmern oder sie zu nehmen und zu töten. Da war es totenstill, und ich bemerkte so manche Träne.

Eigentlich haben wir keine Wahl. Ich jedenfalls habe bestimmt keine. Denn schließlich muß ich ja die Schuldgefühle des einjährigen Kindes beschwichtigen, das den Tod einer Libelle verursacht hatte.

Tierliebe in der Wissenschaft

Es ist ein Privileg, Tiere zu studieren, und das sollten wir nie vergessen! Ein Kollege von mir hatte einen meiner Artikel über die Fürsorge für Tiere gelesen und fragte mich daraufhin:»He, versuchen Sie etwa, uns das Geschäft zu verderben?« Andere Kollegen kommen dagegen vielleicht zu dem Schluß, daß ich mit aller Gewalt versuche, meine Karriere als Wissenschaftler zu beenden und auch ihre eigene Arbeit zu behindern. Doch ich möchte ihnen allen versichern, daß dies keineswegs der Fall ist.

Ich schätze mich glücklich und sehe es als ein Privileg an, daß ich in der Lage war, mit vielen verschiedenen Tieren vertraut zu werden und mich von ihrem Wesen und ihrer Gegenwart berühren zu lassen. Doch in einigen Fällen hatten sie nicht so viel Glück: Für sie war es kein Privileg, mich kennenzulernen, da ich ihr Leben bestimmt negativ beeinflußt habe.

Alle Tiere, die selbstlos und vertrauensvoll ihr Leben mit mir teilten, haben mich beeinflußt. Ich bin mir sicher, daß sie mich in einigen Fällen ebenso beobachteten, berochen, belauschten und studierten wie ich sie. Ihr Einfluß zeigt sich deutlich bei meinen Ansichten über die Natur des Geistes der Tiere, über die Fürsorge für Tiere und über Wissenschaft im allgemeinen: Ich bin der Meinung, daß man den Standpunkt der Tiere einnehmen und Respekt, Mitgefühl und Bewunderung für sie an erste Stelle setzen sollte. Wenn man nicht genau weiß, ob die Tiere Schmerzen empfinden oder leiden, sollte man im Zweifelsfall immer auf ihrer Seite stehen. Fast jede Methode, die zum Studium der Tiere angewendet wird, selbst in freier Natur, bedeutet eine Störung ihres Lebens, und ein großer Teil der Forschung dient lediglich der Ausbeutung. Ansichten über bestimmte Tierarten, die sich mit verschwommenen Begriffen wie Intelligenz oder kognitive und mentale Komplexität beschäftigen, sind oft fehlgeleitet. Darauf basierend sollte man keine Aussagen über das Wohlergehen der Tiere machen. Es ist wichtig, sich auf die große Bedeutung und den Wert von Persönlichkeiten zu konzentrieren: Man muß die individuellen Unterschiede und die Verschiedenheiten des Lebens einzelner Individuen in den Welten, in denen sie leben, anerkennen. Als leitende Prinzipien sollten dabei weit ausgelegte

Regeln der Treue und Nichteinmischung gelten. Ich berufe mich auf Praktiken, die manche für fragwürdig halten und die daher keinen Platz im wissenschaftlichen Vorgehen haben, zum Beispiel gesunder Menschenverstand und Einfühlungsvermögen.

Obwohl ich mich immer um das Wohlergehen von Tieren gekümmert habe, habe ich doch bei meiner eigenen Forschung nicht immer diese Verhaltensregeln beachtet. Ich habe Experimente zum Raubtierverhalten an jungen Kojoten durchgeführt, bei denen Mäuse und Hühner als Köder benutzt wurden. Das würde ich heute nicht mehr tun. Ich frage mich jetzt auch, warum überhaupt irgend jemand solche Forschungen durchführen sollte.

Meine Einschätzung, daß die Tiere mich manchmal genauso studierten wie ich sie, ist zwar simpel, aber gewiß nicht trivial. Ich weiß noch, wie wir unseren ersten wilden Kojoten begegneten. Ich erinnere mich daran zu spüren, daß sie aufmerksam und neugierig darauf achteten, wer mein Forschungsteam und ich waren und was wir machten. (Ich hatte dasselbe Gefühl wie damals, als ich meinen ersten Pinguin in der Antarktis sah: »Was um alles in der Welt mache ich hier eigentlich? Was mache ich mit diesen Tieren, die mich gar nicht gebeten haben, hierherzukommen?«)

Die Augen der Kojoten waren durchdringend und weit geöffnet, sie hielten ihre Nasen hoch und nahmen deutlich unseren Geruch wahr. Ihre Ohren standen aufrecht und bewegten sich. Sie wollten uns mit ihren gut entwickelten Sinnen geradezu aufsaugen, um etwas über uns zu erfahren. Auch waren sie wahnsinnig neugierig und beobachteten jede unserer Bewegungen. Verließen wir eine Gegend, die zu ihrem Revier gehörte, dann kamen sie und untersuchten alles ganz genau. Noch heute denke ich oft, daß diese Tiere, wenn sie ihre Gefühle aufzeichnen könnten, einen bedeutenden Beitrag zum Wissen über das Verhalten der Menschen leisten würden!

Breit angelegte, vergleichende und evolutionäre Studien zum Verhalten der Tiere sind sehr wichtig: Diese Studien helfen, mehr über die Welt der einzelnen Tiere zu erfahren und Vorgehensweisen anzuwenden, die mit den Bedürfnissen der individuellen Mitglieder der untersuchten Arten mehr im Einklang stehen

Menschen sind stark visuell ausgerichtete Tiere. Vielleicht sollten wir mehr auf die Tatsache achten, daß man Tieren zugleich helfen und schaden kann, wenn man sie beispielsweise Gehör- und Geruchsreizen aussetzt.

Ich lehne die Vorstellung einer Artenlehre ab, nach der Tiere entsprechend der biologischen Art behandelt werden, der sie zugeteilt wurden. Ich halte die moralische Berücksichtigung der Individuen bei jeder Debatte darüber, wie Menschen ihre Mitlebewesen aus dem Tierreich betrachten und behandeln, für extrem wichtig. Menschliche Aktivitäten, die zum Tod von Individuen führen, müssen sehr aufmerksam verfolgt werden: Meiner Ansicht nach ist es nicht in Frage zu stellen, daß Tiere eine verwundbare Klasse von Individuen darstellen, die beschützt werden muß.

Im Zweifel für die Tiere

Manches, was ich schreibe, mag naiv oder unwissenschaftlich klingen. Aber es ist das, was ich wirklich fühle, wenn ich mich im positiven Sinne gehen lasse und mich freimache von den Zwängen einer angeblich objektiven und wertfreien Wissenschaft. Öffentlich zeigen Wissenschaftler nur selten, was sie wirklich über die Beziehungen zwischen Menschen und Tieren und über die Welt im allgemeinen denken. Vielleicht wäre das Wissenschaftsgeschäft heute eher respektiert, wenn mehr Leute, die Wissen schaffen, auch zum Ausdruck brächten, daß sie tief über ihre Handlungen und Behauptungen nachdenken. Ich sammle gern Anekdoten und Zahlen, erstelle gern Statistiken, Tabellen und Graphiken, aber ich habe auch große Freude daran, mit den Tieren, die ich studiere, eng verbunden zu sein.

So widersprüchlich es auch erscheinen mag: Ich zweifle nicht daran, daß man gleichzeitig »gute Wissenschaft« machen und die Tiere, mit denen man arbeitet, respektieren und mit ihnen eine enge Beziehung eingehen kann. Man sollte immer wieder darauf hinweisen, daß es den Menschen nicht zusteht, einem Menschen oder einem Tier absichtlich Schaden zuzufügen, ob es sich nun um Seepferdchen handelt oder Ameisen, Bienen, Würmer, Ratten, Mäuse, Vögel, Katzen, Hunde, Hühner, Kühe oder Primaten. Das mag etwas radikal erscheinen – aber ich glaube, wenn man es als Richtlinie ansieht, dann sind alle, die Tiere benutzen und mißbrauchen können, gezwungen, sich jedesmal genau zu überlegen, was sie tun, wenn sie sich entscheiden, ein Individuum zu gebrauchen.

Wenn es um mögliche negative Auswirkungen auf Tiere durch vorsätzliche menschliche Handlungen geht, sollte man im Zweifelsfall immer die Partei der Tiere ergreifen. Dabei spielt es keine Rolle, ob es sich dabei nun um Forschung, Bildung, Unterhaltung oder Nahrung handelt.

Die Freuden des Anthropomorphismus

In meinen Studien vermenschliche ich freizügig und frage mich, warum manche meiner Kollegen den Anthropomorphismus als Krankheit ansehen. Manche Kritiker tun gerade so, als gäbe es nur die zwei Alternativen: die unkontrollierte und schwammige Anwendung von Anthropomorphismus oder seine vollkommene Eliminierung. Aber es gibt einen Mittelweg, den sie ignorieren. Anthropomorphismus kann sich als nützlich erweisen, wenn er dazu dient, die Aufmerksamkeit auf Fragen zum Verhalten von Tieren zu lenken, die sonst ignoriert werden würden.

Ich erinnere mich noch gut daran, wie ein Rudel von Kojoten ein Weibchen, das Mutter und Gefährtin war, ganz offensichtlich vermißte, nachdem es die Gruppe freiwillig verlassen hatte. Als sie das Rudel zu immer längeren Raubzügen verließ, schauten einige Kojoten sie neugierig an, und manche folgten ihr sogar. Als sie zurückkehrte, begrüßten alle sie ausgiebig und leckten ihre Schnauze – sie hatten sie vermißt, während sie fort war. Eines Tages verließ sie das Rudel und kam nie wieder. Die Gruppe wartete Tag für Tag. Die Tiere liefen in die Richtung, in die sie gegangen war, schnüffelten, um festzustellen, wo sie gewesen war, und heulten, als wollten sie sie nach Hause rufen. Über eine Woche lang schien bei ihnen der Lebensfunke geradezu ausgelöscht. Sie vermißten sie. Ich weiß, das klingt anthropomorph, aber das stört mich nicht. Ich weiß, daß Kojoten sehr tiefe und differenzierte Gefühle haben.

Die Loslösung von traditionellen Vorstellungen und die Sorge für Tiere

>*Damals arbeitete ich mit Tintenfischen, und ich finde, Tintenfische sind die schönsten Tiere der Welt. Und gerade darum fing es an, mir zu schaffen zu machen: Ich hatte das Gefühl, daß keines meiner Forschungsergebnisse es wert war, auch nur einen einzigen weiteren Tintenfisch zu töten.*<
Ruth Hubbard

Meinen Eltern zufolge habe ich mich schon immer um Tiere gekümmert, sie respektiert und umsorgt, Mitgefühl empfunden und den einzelnen Individuen Bewußtsein zugesprochen. Ich fragte mich immer, was

Tiere bei ihren täglichen Aktivitäten wohl denken oder fühlen. Seit ich mit meiner Arbeit mit Tieren begann, habe ich viel Zeit damit verbracht, über die Beziehungen von Mensch und Tier nachzudenken. Jetzt bin ich oft von den schrecklichen Dingen, die Menschen den Geschöpfen antun, mit denen sie diesen Planeten teilen, geradezu besessen. Ich weiß natürlich genau, daß die meisten Menschen, die Tieren zum Zweck der Forschung, Bildung oder Unterhaltung Schaden zufügen, bei anderer Gelegenheit Tieren auch Freude machen. Kein vernünftiger Mensch – hoffe ich zumindest – würde jemals Aktivitäten behindern, die dem Wohl der Tiere dienen. Aber viele würden – so fürchte ich – es nicht für notwendig erachten, gegen Aktivitäten vorzugehen, die Tieren Schmerzen, Leiden und grobe Respektlosigkeit bescheren.

Mit der Zeit stelle ich fest, daß ich immer »radikaler« werde. Ich setze das Wort radikal in Anführungsstriche, denn es kommt mir pervers vor, daß es für manche »radikal« ist, sich auf die Seite der Tiere zu stellen, wenn es darum geht, ob sie leiden und Schmerzen empfinden können, anstatt der Verwendung von Tieren durch Menschen gegenüber eine offenere Haltung einzunehmen.

Am Anfang meiner wissenschaftlichen Ausbildung war ich fest davon überzeugt, daß Wissenschaft eine Tatsachen sammelnde und wertfreie Tätigkeit ist. In Bezug auf die Notwendigkeit wissenschaftlicher Objektivität war ich arrogant und stark indoktriniert. Darum hat es einige Zeit gedauert, bis ich erkannte, daß Wissenschaft nicht wertfrei ist. Heute bin ich geradezu begeistert, daß ich die Gelegenheit hatte, die Herrschaft gefühlloser Nüchternheit zu zerschlagen und mit den Tieren, die in mein Leben kamen und die es mir erlaubten, in ihr Leben zu kommen, in eine enge Beziehung zu treten. Kaum jemand sorgte sich, und schon gar nicht öffentlich, um das Schicksal und Wohlergehen der Tiere, die für den Unterricht und zu Forschungszwecken gebraucht wurden. Fragen zur Moral und Ethik kamen selten auf, und wenn, dann wurden sie immer schnell beiseite geschoben, indem man sich auf etwas berief, was ich inzwischen einen »vulgären« oder »oberflächlichen« Utilitarismus nenne. Danach werden lediglich die erwarteten Kosten und Vorteile aus menschlicher Sicht betrachtet, ohne jegliche Berücksichtigung der nichtmenschlichen Perspektive. Oder aber es wird schlicht und ergreifend behauptet, daß die Tiere eigentlich gar nicht richtig wissen, was vor sich geht, daß es ihnen egal ist, daß es sie nicht stört oder wie immer man die angebliche Gleichgültigkeit der Tiere ausdrücken will. Ich erinnere mich nur an eine Gelegenheit, bei der jemand ganz verschwommen andeutete, bei einem bestimmten Forschungsprojekt könnte möglicherweise ein Vorteil für die Tiere herauskommen.

Eines Nachmittags schlenderte einer meiner Professoren seelenruhig in den Kursraum und verkündete mit einem breiten Grinsen, daß er jetzt für uns ein Kaninchen töten werde, um es in einem Experiment zu gebrauchen. Dabei werde er eine Methode anwenden, die nach dem Kaninchen selber benannt wurde, nämlich den »rabbit punch«. Dann tötete er das Kaninchen, indem er ihm mit einem Handkantenschlag das Genick brach. Ich war überrascht und zugleich war mir ganz schlecht von diesem Schauspiel. Ich weigerte mich, bei dieser Laborübung mitzumachen, und beschloß, daß das, was ich da zur Zeit machte, einfach falsch für mich war. Dann dachte ich ernsthaft über Alternativen nach. Mir machte die Wissenschaft Spaß, aber ich nahm an, daß es andere Arten wissenschaftlichen Arbeitens gab, bei denen der Respekt vor den Tieren im Mittelpunkt stand und die Raum boten für die unterschiedlichen Ansichten der einzelnen Wissenschaftler darüber, wie man Wissenschaft betreiben sollte.

Meine Erfahrungen im Labor und im Feld haben mir deutlich gezeigt, daß jede Verhaltensforschung in das natürliche Verhalten der Tiere eingreift, selbst wenn es sich scheinbar nur um eine einfache Beobachtung handelt. Diese Tatsache müssen alle Forscher sehr ernst nehmen. Immer mehr erkenne ich entscheidende Verbindungen zwischen der evolutionären Biologie, der kognitiven Verhaltensforschung, der Moralphilosophie, der Philosophie des Geistes und der Fürsorge für Tiere. Viele bedeutende Wissenschaftler haben unlängst alle angegriffen, die ein Interesse an den Rechten und dem Wohlergehen von Tieren haben. In einem Aufsatz darüber, wie Wissenschaftler angeblich selektiv von Vertretern der Tierrechte angegriffen werden, kann man einen interessanten und militanten Ton im Untertitel bemerken (»Munition für Wissenschaftler für einen Gegenangriff«). Man könnte meinen, sie kämpften einen Weltkrieg. Nun, vielleicht glauben sie das sogar, aber das wäre zu schade, denn es stimmt nicht. Ich bin nicht und war niemals gegen Wissenschaft, ich bin kein Maschinenstürmer und gewiß will ich nicht die Tierforschung zum Stillstand bringen, zumindest jetzt noch nicht. Es ist wirklich möglich, als Wissenschaftler tätig zu sein, die wissenschaftlichen Praktiken in Frage zu stellen und zugleich den Prinzipien der Fürsorge für Tiere zu folgen.

Wenn ich über Fragen der Ethik und Moral nachdenke und darüber, wie Menschen und Tiere miteinander umgehen sollten, ist es für mich sehr schwer, mich nicht in Widersprüche zu verwickeln. Manchmal komme ich zu dem Schluß, daß man jegliche Tierforschung einstellen und auch Tiere im Zusammenhang mit Bildung, Unterhaltung und Nahrung überhaupt nicht mehr benutzen sollte. Dann wieder, wenn ich beispielsweise an Forschungen denke, die sowohl Menschen als auch Tieren Vorteile bringen, ziehe ich mich auf einen sehr einschränkenden, gemäßigten, von Prinzipien bestimmten Standpunkt zurück. Mir geht es um folgendes: Jeder sollte akzeptieren, daß es so gut wie immer falsch ist, anderen Tieren Schaden zuzufügen, denn wir können davon ausgehen, daß alle Individuen ungeachtet ihrer Spezies bis zu einem gewissen Grad leiden. Es sollten auch nur so wenig Tiere wie unbedingt notwendig benutzt werden und nur dann, wenn es wirklich keine andere Alternative gibt. Dabei sollte es selbstverständlich sein, daß man die humansten Methoden anwendet, die man kennt, und sicherstellt, daß man sich dem Wohlergehen aller Tiere eingehend widmet, nachdem man sie benutzt hat. Allen potentiellen Lesern von wissenschaftlichen Artikeln muß mitgeteilt werden, wie die Tiere durch die Forschungsarbeit negativ beeinflußt wurden, damit andere dieselben Fehler vermeiden können. Wir müssen erkennen, daß Menschen notwendigerweise anthropozentrisch sind und daß man den Standpunkt der Tiere in die Berechnungen niemals vollkommen miteinbeziehen kann, egal wie wohlmeinend die einzelnen Personen sein mögen. Im besten Fall sollte man Tiere überhaupt nicht benutzen. Mangel an Zeit, Geld, Energie und Motivation sind keine Entschuldigung dafür, Tiere zu benutzen, wenn Alternativen zur Verfügung stehen oder entwickelt werden können.

Geben wir den Tieren Namen und schließen mit ihnen Freundschaft

>*Einer der großen Menschheitsträume muß es sein, einen Platz zwischen den Extremen von Natur und Zivilisation zu finden, an dem man ohne Bedauern leben kann...*«
Barry Lopez

>*In der Tat ist es eine schmutzige Machenschaft, mit Geschöpfen, die dazu fähig sind, in eine Beziehung von Vertrauen und Zuneigung zu treten, und dann an ihrer absichtlichen und vorzeitigen Vernichtung beteiligt zu sein.*«
Johnson

Ich möchte es noch einmal betonen: das Studium nichtmenschlicher Tiere ist ein Privileg, das man nicht mißbrauchen darf. Wir müssen dieses Privileg sehr ernst nehmen. Viele Prinzipien wurden aufgestellt, die uns möglicherweise beim Umgang mit Tieren helfen können: auf Nützlichkeit ausgerichtete, solche, die auf Rechten und Interessen basieren, und so weiter. Wissenschaftler arbeiten häufig auf der Basis unausgesprochener Prinzipien und Richtlinien, die meist nirgendwo diskutiert werden. Alle diese Prinzipien müssen ans Tageslicht gebracht und ausdrücklich besprochen werden.

An erster und wichtigster Stelle bei allen Überlegungen im Zusammenhang mit anderen Tieren muß die Sorge und der Respekt für ihr Leben und die Welt, in der sie leben, stehen – Respekt vor dem, was sie in ihrer Welt sind, und nicht Respekt vor der Rolle, die wir ihnen gern in unserem anthropozentrischen Weltbild geben wollen. Beim Umschalten vom Anthropozentrismus auf einen Biozentrismus, bei dem die menschliche Überlegenheit eingehend geprüft wird, müssen wir uns voraussichtlich moralisch völlig neu orientieren (nach Paul Taylor). Glauben wir denn wirklich, daß wir die einzige Spezies sind mit Gefühlen, Überzeugungen, Wünschen, Zielen, Erwartungen, mit der Fähigkeit, über Dinge nachzudenken, Schmerzen zu spüren und leiden zu können?

Wir müssen zu den Tieren sprechen und sie zu uns sprechen lassen. Überraschungen hinsichtlich der kognitiven Fähigkeiten von Tieren kommen immer wieder zum Vorschein, und es ist ganz wesentlich, daß Leute, die über die Angelegenheiten von Tieren schreiben, diese Ergebnisse klar zum Ausdruck bringen. Ich kann mir nicht vorstellen, daß man irgendwelche kohärenten Gedanken zu moralischen und ethischen Aspekten der Benutzung von Tieren hervorbringen kann, ohne biologisch-evolutionäre, ethologische und philosophische Informationen zu benutzen. Verhaltensforscher müssen philosophische Schriften lesen, und Philosophen müssen nicht nur Bücher über Verhaltensforschung lesen, sondern auch selber Tiere beobachten.

Ich bin der Ansicht, daß wir eine tiefsinnige und nachdenkliche Verhaltensforschung benötigen, um den Leuten mehr bewußtmachen zu können, was sie Nichtmenschen antun, und ihnen ihre moralische und ethische Verpflichtung den Tieren gegenüber bewußtzumachen. Die Menschen müssen erkennen, daß sie nicht nur ein integraler Bestandteil der Natur sind, sondern darüber hinaus noch eine einzigartige Verantwortung der Natur gegenüber haben. Die meisten Menschen, die ernsthaft über schwierige Probleme der Fürsorge für Tiere nachdenken, würden zustimmen, daß die Verwendung von Tieren für die Forschung, Bildung, Unterhaltung und Nahrung stark eingeschränkt und in einigen Fällen kurzerhand beendet werden muß. Unsere einzigartige Verantwortung für die Welt verlangt meiner Ansicht nach eine Politik der Nichteinmischung, und das sollte unser Ziel für die Zukunft sein. Es ist wesentlich, daß wir akzeptieren, daß die meisten Tiere Schmerzen fühlen und leiden, wenn es sich auch nicht notwendigerweise um denselben Schmerz und dasselbe Leiden handelt, wie es die Menschen oder wieder andere Tiere erleben. Darauf aufbauend müssen wir ganz rigoros bestimmen, wie sehr die meisten Tierforschungen in das Leben dieser Tiere eingreifen.

Wenn wir den Standpunkt des gesunden Menschenverstandes einnehmen und uns dann nicht nur die kognitiven Fähigkeiten von Tieren bewußtmachen, sondern auch ihre Schmerzen und ihr Leiden, dann schaffen wir damit eine bessere Welt, in der Menschen und Tiere im Einklang miteinander leben können. Die Einstellung, die man zur Frage der kognitiven Fähigkeiten von Tieren hat, zeigt, was der oder die Betreffende von der Fürsorge für Tiere hält. Unterschiedliche Einstellungen bringen Menschen dazu, Tiere in ganz bestimmter Weise zu betrachten. Den Tieren Absichten und andere kognitive Fähigkeiten zuzuschreiben, ist dann nicht länger ein fragwürdiges Unterfangen, wenn moralische Konsequenzen folgen. Und sie folgen! Trotzdem bleibe ich in Übereinstimmung mit dem Philosophen Jeremy Bentham dabei, daß Schmerzen und Leiden – und nicht kognitive Fähigkeiten – die Richtschnur sind, von denen sich die Menschen bei der Benutzung von Tieren leiten lassen sollten.

Wir und die Tiere, die wir benutzen, sollten uns als Partner in einem gemeinsamen Abenteuer sehen. Die Nobelpreisträgerin Barbara McClintock bemerkt, daß wir ein Gefühl für die Organismen haben müssen, mit denen wir privilegiert sind zu arbeiten. So sind Beziehungen zu Tieren und ihnen Namen zu geben Schritte in die richtige Richtung. Es erscheint unnatürlich, wenn sich Menschen weiterhin dagegen sträuben, mit den Tieren, die sie erforschen, in Beziehung zu treten. Dabei braucht man keine Angst zu haben, daß der Standpunkt der Tiere außer acht gelassen wird. Im Gegenteil – die Freundschaft mit den Tieren wird zu einer genaueren Erforschung und einem tieferen Verständnis des Standpunktes der Tiere führen, und dieses Wissen wird für die weiteren Forschungen über die Natur der Interaktionen zwischen Menschen und Tieren von großer Bedeutung sein.

Wenn wir aber vergessen, daß Menschen und Tiere Teil derselben Welt sind, wenn wir vergessen, daß Menschen und Tiere auf vielen Ebenen ganz tief miteinander verbunden sind, wenn etwas nicht stimmt bei unseren Interaktionen mit Tieren, was bestimmt vorkommen wird, und wenn Tiere weiterhin von Menschen getrennt und notwendigerweise als den Menschen unterlegen angesehen werden, dann werden wir gewiß die Tiere mehr vermissen, als die überlebenden Tiere uns. Die globale Verbundenheit und der Geist der Welt werden für immer verlorengehen, und diese Verluste werden zu einem deutlich verarmten Universum führen.

KELLY STEWART

Andere Völker

»Denn ein Tier soll vom Menschen nicht beurteilt
werden. In einer Welt, älter und vollkommener
als die unsrige, bewegen sie sich, fertig und vollen-
det, mit erweiterten Sinnen begabt, die wir längst
verloren oder nie erlangt haben, und sie leben
nach Stimmen, die wir niemals hören werden. Sie
sind keine Brüder, sie sind keine Untergebenen,
sie sind andere Völker, mit uns gefangen im Netz
von Leben und Zeit, Mitgefangene der Pracht und
der Mühen dieser Erde.«
H. Boston (1928)

Charismatische Megafauna – so werden Gorillas im gegenwärtigen
Sprachgebrauch genannt. In einfachem Deutsch bedeutet das, sie sind
große, schöne Tiere, die unsere Phantasie fesseln und unsere Herzen
brechen. Vielleicht hat das etwas mit der langsamen und würdevollen
Art zu tun, in der sie sich bewegen. Was immer auch der Grund sein
mag, einem wilden Gorilla zum ersten Mal nahe zu sein, ist ein Erlebnis,
das Ihre Seele verwandelt. Sie werden niemals die Ehrfurcht und Hoch-
achtung dieser Begegnung vergessen. Doch wie sieht es aus, wenn Sie zu
den Menschen gehören, die Stunde um Stunde, tagein, tagaus, in der
Gegenwart von Gorillas verbringen? Forscher, die das Verhalten und die
Ökologie wilder Tiere studieren, tun genau das. Welche Gefühle hegen
Wissenschaftler für ihre Studienobjekte, und welche Gefühle haben die
Tiere ihnen gegenüber?
Die Wissenschaft wird normalerweise als eine unästhetische Disziplin
angesehen, die Menschen gefühllos macht. Gerade neulich erst las ich
in einer angesehenen Literaturzeitschrift: »Die Wissenschaft raubt uns
die Fähigkeit zu staunen.« In dieses Bild paßt die Vorstellung, daß Wissenschaftler, die Tiere erforschen, von diesen emotional distanziert
seien und sie lediglich als Punkte für grafische Darstellungen und Nahrung für Theorien betrachteten. Man glaubt eigentlich nicht, daß ein
wissenschaftliches Verständnis wirklich »wahr« oder »tief« ist. Die Öffentlichkeit betrachtet bahnbrechende Forscher wie Jane Goodall und
Dian Fossey nicht als Wissenschaftler, sondern als Heldinnen und Helden, deren Liebe zu ihren Tieren zu einzigartigen Einsichten und zu
einem besonderen Verständnis führte. Ja, viele glauben, daß diese Hel-

dinnen ihre Ziele *trotz* der Wissenschaft erreicht haben. Im Grunde genommen gilt diese Forschung als unvereinbar mit einer emotionalen Bindung an Tiere. Wissenschaftliche Erkenntnis zerstört Empathie[1]. Dieses Klischee ist geradezu das Gegenteil von der Wahrheit. Ich kenne keine guten Biologen, die nicht von einer Liebe und Bewunderung zur Natur getrieben wären. Und ich kann mir keinen besseren Kandidaten vorstellen, der diese Liebe und diese Bewunderung anderen vermitteln kann, als wissenschaftliche Erkenntnis.

Ich studierte mehrere Jahre lang das Verhalten wilder Berggorillas in Dian Fosseys Forschungsstation in Ruanda. Monatelang verbrachte ich jeden Tag damit, einer Gruppe von Gorillas durch den Wald zu folgen – mit Manuskripthalter, Kugelschreiber und einer Stoppuhr in der Hand. Ich hatte Formulare mit Spalten für verschiedene Verhaltensweisen und Zeilen für Zeitabschnitte. In diesem Gitter notierte ich sorgfältig, sekundengenau, das Verhalten meiner Studienobjekte, die ich mit ihren Initialen kennzeichnete: »Ef geht bis auf fünf Meter an Pu heran; Pu reagiert nicht; Pu frißt wilden Sellerie; Ef knurrt und Pu antwortet mit Knurren; Bv geht bis auf zwei Meter an Pu heran, Pu geht fort« – dieser Eintrag beschreibt eine halbe Minute. So geht es weiter, Seite für Seite, Stunde für Stunde. Diese mühselige Tätigkeit mag einem weit von dem entfernt erscheinen, was man ein »Gespräch mit der Natur« nennen könnte. Dennoch hat diese objektive, detaillierte Methode einen ganz besonderen Einblick in das Leben der Gorillas geliefert, indem sie die Gorillas in den Brennpunkt setzt und meine eigene Realität verschwimmen läßt. Wenn ich mich einer Gorillagruppe näherte, trat ich damit in ihre Welt ein und ließ das meiste menschliche Gepäck am Eingang zurück. Jetzt war es nur noch wichtig, daß ich sie als das würdigte, was sie waren, und nicht, weil sie in mir bestimmte Gefühle erweckten. Das ist die Schönheit und die Stärke objektiver, wissenschaftlicher Beobachtung. Sie ermöglicht es uns, die Natur zu ihren Bedingungen zu sehen oder, wie Thoreau es ausdrückte: »sich eine von Menschen unbewohnte Gegend vorzustellen«.

Gorillas haben eine Sozialstruktur entwickelt, in der die Menschen keinen Platz haben, und wir versuchen, dieses System zu verstehen. Die Wissenschaft verbannt keine Einsichten, die auf persönlicher Intuition beruhen (man nennt solche Einsichten »Anthropomorphismen«), aber sie verlangt eine Unterscheidung zwischen »es ist« (ein schlechter Anthropomorphismus) und »es ist als ob« (ein guter Anthropomorphismus).

---

1 Die Fähigkeit, sich in andere hineinzufühlen

Eine wissenschaftliche Perspektive zerstört emotionale Reaktionen auf Tiere nicht, sondern erlaubt vielmehr ein Verständnis, das jenseits solcher Reaktionen liegt, zum Beispiel das Töten von Jungtieren.

Ausgewachsene männliche Gorillas, die Silberrücken genannt werden, weil ihnen grauweiße Haare auf dem Rücken wachsen, sind sehr tolerant und fürsorglich gegenüber Jungtieren, die möglicherweise ihre eigenen oder nahe Verwandte sind. Dabei handelt es sich also um Junge, die die Weibchen ihrer Gruppe geboren haben. Es ist nicht ungewöhnlich, daß ein Silberrücken beim Ausruhen von spielenden Jungtieren umringt ist, während die Mütter nirgendwo zu sehen sind – fort, um ungestört zu fressen oder für eine Zeit der Ruhe und des Friedens. Die Jungen jagen einander, immer um das große Männchen herum, während sich dieses ausruht. Sie klettern an seinem Kopf hoch und rutschen dann seinen silbergrauen Rücken hinunter. Stirbt eine Mutter, dann sucht ihr Junges Trost bei dem Silberrücken, und er schenkt ihm besondere Beachtung, »adoptiert« das Kleine gewissermaßen.

Im krassen Gegensatz dazu verwandelt sich solch ein männlicher Gorilla in einen Killer, wenn er auf Junge stößt, die nicht mit ihm verwandt sind, mit anderen Worten, Junge von unbekannten Weibchen. Wann kommt es dazu? Stellen Sie sich vor, daß der Silberrücken einer Gruppe stirbt und es in der Gruppe keinen anderen männlichen Erwachsenen gibt, der seine Führungsrolle übernehmen kann. In diesem Fall werden sich alle Weibchen, einschließlich der Mütter mit Jungtieren, zerstreuen und sich zu anderen Gruppen oder einzelnen Männchen gesellen. Der neue Silberrücken wird die neu dazukommenden Weibchen willkommen aufnehmen, aber bewußt alle Jungtiere töten, die jünger als zwei Jahre sind.

Die meisten Menschen können sich so eine Kindestötung nur als pathologisches Verhalten ohne jegliche Funktion vorstellen, als wäre das tötende Männchen plötzlich verrückt geworden oder vorübergehend vom Bösen besessen. Aber spiegelt das nicht unsere eigene Gefühlsreaktion auf das Töten von Säuglingen wider? Beurteilen wir damit nicht die Gorillas? Betrachten wir die Kindestötung dagegen objektiv und stützen uns dabei auf über Jahre hinweg gesammelte Beweise, dann kommen wir zu einem ganz anderen Ergebnis, bei dem der Silberrücken nicht als Psychopath dargestellt wird.

Wenn ein männlicher Gorilla ein Jungtier tötet, dann wird die Mutter dadurch erneut empfängnisbereit. Denn während der Stillzeit kann sie kein Junges bekommen. Eine Gorillamutter stillt ihr Junges normalerweise bis zum 3. Lebensjahr. Doch wenn sie ihr Baby verliert, wird sie innerhalb von zwei Wochen wieder empfängnisbereit. Indem er die nicht mit ihm verwandten Jungtiere tötet, vergrößert ein Silberrücken seine Chancen zur Paarung und kann dadurch seine eigene Nachkommenschaft zeugen. Das ist eine Erklärung, die vom Standpunkt der Evolution ausgeht, nach der das Töten von fremden Jungtieren die Wahrscheinlichkeit erhöht, die eigenen Gene an die nächste Generation weiterzugeben. Diese Verhaltensweise hat sich auch bei vielen anderen Tierarten entwickelt, von Löwen bis zu Mäusen, und tritt unter ähnlichen Umständen auf, mit dem gleichen Resultat wie bei den Gorillas. So gesehen erscheint diese Strategie nicht mehr unsinnig. Wir können vorhersagen, wann es zur Kindestötung kommen wird, welches Männchen sie durchführen wird und welche Jungtiere getötet werden. Wäre Kindestötung pathologisch, würde es willkürlich und unvorhersehbar auftreten. Es ist sicher schrecklich und herzzerreißend, ein Gorillababy zu sehen, das von einem Silberrücken brutal zerbissen und getötet wurde, aber hinter solch einer Kindestötung steckt eine Logik, die – wie so oft in der Natur – wunderbar ist. Es ist ein wichtiger Teil des Lebens der Gorillas, und man kann ihr soziales System nicht wirklich verstehen, ohne dieses Phänomen zu begreifen, losgelöst von menschlichen Gefühlsregungen und moralischer Verurteilung.

Mit »losgelöst« meine ich nicht distanziert. Es ist für mich schwer vorstellbar, daß jemand Gorillas beobachten kann und sich mit ihnen nicht psychologisch und emotional verbunden fühlt. Zusätzlich zu ihrer »Megafauna-Mystik« sind sie mit uns auch so nah verwandt, daß zwischen uns eine natürliche Zuneigung besteht. Beinahe alles, was sie tun, erinnert uns an etwas in unserem eigenen Verhalten – wie sie ihre Hände bewegen, der Ausdruck ihrer Augen. Wir teilen mit ihnen dieselbe Welt. Beim Hinein- und Herausklettern aus den steilen Schluchten benutzte ich dieselben Vorsprünge als Halt für meine Füße und Hände. Als der Fluß in der Regenzeit anschwoll, überquerten wir ihn an denselben wenigen Stellen, an denen es möglich war.

Mein Gefühl der Kameradschaft mit den Gorillas verstärkte sich jedesmal, wenn wir denselben Schwierigkeiten begegneten. Stellen Sie sich einmal folgendes vor: Eine lange Ruhepause neigt sich dem Ende zu, die Gorillas bewegen sich und knurren und bereiten sich darauf vor, loszuziehen, um zu fressen. Plötzlich verfinstert sich der Himmel, ein kalter Wind bläst, und ein Wolkenbruch überschüttet uns mit Hagel. Die Gorillas und ich ducken uns, um uns vor dem Angriff des Wetters zu schützen. Wir benutzen dieselben Bewegungen und nehmen dieselbe Stellung ein: die Beine unter uns gebeugt, die Arme über der Brust verschränkt, die Schultern hochgezogen und den Kopf nach vorn gebeugt. In dieser Stellung bin ich etwa genau so groß wie ein ausgewachsenes Weibchen. Die Hagelkörner sammeln sich auf den gekrümmten Armen, und wir alle haben Hunger und frieren. Kameraden im Unglück.

Bei solchen Gelegenheiten spürte ich nicht nur eine große Zuneigung zu den Gorillas als Gleichgesinnte, sondern fühlte mich auch geschmeichelt, daß sie mich in ihren inneren Kreis aufgenommen hatten. Das war natürlich Einbildung und beruhte auf der Annahme, daß meine Gefühle erwidert würden. Unsere Spezies fand die Vorstellung schon immer verführerisch, daß wir von wilden Tieren geliebt und verehrt würden. Das ist der besondere Reiz, der Geschichten wie »Tarzan« und »Mowgli« ausmacht. Manchmal fragen mich Leute, ob die Gorillas sich freuten, mich zu sehen, wenn ich nach einer Zeit der Abwesenheit in den Wald zurückkehrte. Dann sind sie enttäuscht, wenn ich »nein« sage. Es ist ein Paradox: Wir lieben sie wegen ihrer Wildheit und Freiheit, und doch wollen wir, daß sie uns vermissen, wenn wir nicht da sind.

Wilde Tiere brauchen unsere Gesellschaft nicht. Sie sind keine »Brüder«. Ich denke, daß die Gorillas mich wie ein anderes Tier betrachteten, mit vertrauten Handlungen und Reaktionen. Aber ich bezweifle, daß sie mich oder andere Beobachter als ihresgleichen ansahen. Es ist nicht so, daß sie uns »mögen« oder eine enge Verbindung zu uns suchen. Bei den wenigen Gelegenheiten, bei denen sie mit uns in Beziehung traten, ging es oft nur darum, uns die Botschaft zu vermitteln: »Geh mir aus dem Weg!« Wenn wir zum Beispiel neben einer Pflanze saßen, die sie essen wollten, dann brachten sie uns dazu, wegzugehen, indem sie leicht aggressiv knurrten. Oder wenn wir einem jungen Männchen im Wege standen, das sich zur Schau stellte und vor die Brust trommelte, dann gab es uns manchmal einen Stoß oder warf uns um. Gelegentlich stellten uns Jungtiere auf die Probe, um zu sehen, ob es Spaß machen würde, mit uns zu spielen, so wie sie es mit anderen Objekten machten, von Büschen bis zu den Füßen eines Silberrücken. Aber die Erwachsenen sahen solch freundschaftlichen Umgang gar nicht gern und setzten ihm mit einem groben Knurren oft ein Ende.

Sie akzeptierten uns in ihrer Gruppe in dem Sinne, daß sie unsere Nähe tolerierten. Am Anfang, als sie es nicht gewohnt waren, regelmäßig Menschen zu sehen, waren sie sehr mißtrauisch. Danach waren sie neugierig und versuchten herauszufinden, ob wir gefährlich seien oder nicht. Es ist sehr wichtig für wilde Tiere, zu wissen, was sie zu erwarten haben. Da wir immer dieselben eintönigen Sachen anhatten und uns immer in derselben ehrerbietigen Weise verhielten, gewöhnten sie sich allmählich daran, uns für sicher und vorhersehbar zu halten. Hatten sie einmal erkannt, daß wir keine Bedrohung für sie darstellten, ignorierten sie uns meistens.

Nicht gefürchtet zu werden – näher kann unsere Spezies wohl nicht an den Garten Eden herankommen. Ich war nie wieder so berührt von den Gorillas wie damals, als sie mir den Rücken zukehrten. Das gewiß bewegendste Foto eines Gorillas, das ich je gesehen habe, ist das von Bob Campbell, das auf dem Umschlag von Dian Fosseys Buch »Gorillas im Nebel« (englische Ausgabe) zu sehen ist. Es ist die Nahaufnahme eines sitzenden Männchens, mit glitzernden Regentropfen auf seinem Kopf und seinen Schultern. Wir sehen ihn von hinten, denn er schaut von der Kamera weg. Der Silberrücken auf diesem Photo, Onkel Bert, wurde viele Jahre später von Wilderern getötet.

Das Vertrauen wilder Tiere ist das höchste Privileg, aber es ist zugleich auch eine furchtbare Belastung. Sollte ich das intensivste Gefühl benennen, das ich jemals für Gorillas empfunden habe, würde ich Mitgefühl sagen, dieses herzzerreißende Mitleid, das daher rührt, daß man ein verwundbares Geschäpf liebt. Wurden Gorillas im natürlichen Lauf der Dinge verletzt oder getötet – Kindestötung eingeschlossen –, so war das zwar traurig, aber akzeptabel, denn das war nun einmal Teil ihrer Welt. Wenn den Tieren jedoch von Menschenhand Schmerz zugefügt wurde, war das verheerend. Das einzige, vor dem man sie beschützen muß, ist die Menschheit. Als Gegenleistung für ihr Vertrauen hatte ich Verantwortung übernommen, nicht nur für mein eigenes Verhalten, sondern auch für das meiner gesamten Spezies, und ich hatte sie verraten.

Wir Menschen schaden den Gorillas auf vielerlei Art. Wir ziehen sie in unsere Kriege hinein; wir jagen sie wegen ihres Fleisches und aus Profitgier; wir zerstören ihren Lebensraum, indem wir ihn für uns nutzen. Letzteres ist der weitreichendste und langfristigste Schaden, den wir anrichten. Denn das wird, wie auch bei anderen bedrohten Arten, schließlich zu ihrem Aussterben führen.

Immer wenn Menschen ein Unglück für die Gorillas verursachten, empfanden die Leute, die eng mit ihnen zusammenarbeiteten, die Last der Schuldgefühle. Vielleicht entstand deshalb die Sitte im Forschungszentrum, Gorillas, die von Wilderern getötet wurden, in gekennzeichneten Gräbern beizusetzen. Jedes Grab hat ein Kreuz mit dem Namen des Tieres. Dieser Friedhof nach christlichem Muster ist eine Gedenkstätte. Diese Gräber appellieren an unser Gewissen, und ich nehme an, daß dies angemessen und richtig ist, weil wir sonst vergessen; weil wir sonst unsere Wachsamkeit verlieren. Aber unsere Verpflichtung der Natur gegenüber sollte nicht in einem Gefühl von Sünde und Buße verwurzelt sein. Sie sollte vielmehr darauf beruhen, daß wir die Verantwortung akzeptieren, die zur Macht dazugehört.

Wir gehören nun einmal zu einer Spezies mit einem sehr großen Gehirn, das immer fortschrittlichere Technologien erfinden kann. Und das hat dazu geführt, daß wir Macht über andere Lebewesen bekamen – die Macht zu zerstören oder zu bewahren. Aufgrund dieser Macht trägt unsere Spezies die Verantwortung, nicht nur für die »charismatische Megafauna«, die uns mit ihrem Vertrauen gesegnet hat, sondern für die ganze Natur. Wir nehmen diese Verantwortung nur dann ernst, wenn wir lernen, die Existenz und Unterschiede anderer Lebensformen zu schätzen. Man kann nicht leugnen, daß unsere großen Gehirne schreckliche Zerstörungen auf diesem Planeten und an dem Leben, das sich auf ihm entwickelt hat, angerichtet haben. Aber vergessen Sie nicht, daß dieselben Gehirne sich »einen Ort vorstellen können, der nicht von Menschen bewohnt wird«. Wir müssen lernen, diesen Ort als etwas Heiliges zu bewahren; die »anderen Völker« dieser Erde zu pflegen und zu beschützen.

LORIN LINDNER

Lieben wie ein Vogel

Solange ich denken kann, habe ich Kühe geliebt. Geschichten von Kühen sind ebenso Teil meiner Familiengeschichte, wie Kühe als Stofftiere, Kleider mit Kuhmustern und Möbel mit Kuhformen. Jedes Jahr schleppten meine Eltern auf unserem Weg von New York nach Florida kartonweise Bonbons für die Bauernkinder mit. Nur wenige Familien verweigerten einem drei- bis vierjährigen Mädchen den Wunsch, mit ihren Kühen zusammenzusein – und damals gab es viele Kühe, die am Wegesrand weideten. Und wir mußten bei unserer Fahrt für diese »Kuh-Pausen« immer zusätzlich Zeit einplanen.

Niemand in meiner Familie teilte meine Schwärmerei für Kühe. Doch rückblickend glaube ich, daß meine Liebe zu Tieren und zur Natur nur wachsen konnte, weil sie mein Verhalten, das seltsam genug war für ein junges Mädchen aus New York City, tolerierten und sogar ermutigten. Sie verstanden das zwar nicht, und ich hörte oft, wie sie sich mit anderen Leuten wunderten: »Wo hat sie das nur her?« Aber es gab keine Mißbilligung, keine Spötteleien, und ich kam niemals auf die Idee, meine Schwärmerei aufzugeben.

Nur in einem ließ meine Familie Vorsicht walten, wenn nicht gar absichtliche Irreführung. Nämlich wenn es darum ging, meine geliebten Tiere zu essen. Mit beschönigenden Worten, die so gut wie jeden irreführen würden, verbarg meine Familie vor mir die Tatsache, daß ich Körperteile von Kühen aß wie Leber, Zunge, Schenkel, Rückenteile und so weiter.

Als ich fünf Jahre alt war, entwickelte ich eine neue Leidenschaft für Pferde, und wieder wunderte sich meine Familie, zeigte sich aber auch diesmal entgegenkommend. Und bald war ich auch Vögeln liebevoll zugetan. Was meine Familie jedoch nicht verstehen konnte oder wollte, war der Übergang von meiner starken Zuneigung zu Tieren zu meiner Weigerung, sie zu essen.

Bald wurde es meine Lieblingsbeschäftigung, nach der Schule die Tierhandlungen in der Nachbarschaft zu besuchen. Ich hielt hellrote Aras und Kakadus in meinen Händen und lernte so die Konturen ihrer Körper kennen, und die fühlten sich erschreckend ähnlich an wie die Hühner, die wir zu Mittag aßen. Als ich sieben war, entdeckte mich meine

Mutter in der Nacht vor Thanksgiving in der Küche, wie ich den auftauenden Truthahn in meinem Arm hielt. Ich war groß und schlaksig und weiß noch, daß meine Mutter sich wegen meiner »schlechten« Eßgewohnheiten Sorgen machte. Aber es war für mich sehr schwer, etwas zu essen, was so aussah, als wäre es einmal ein Tier gewesen. Sobald ich von zu Hause fort war und aufs College ging, traf ich die Entscheidungen bezüglich meines Speiseplans selbst, und darin kamen Tiere nicht mehr vor.

Auf dem College glaubte ich, daß mich das Hauptfach Ethologie den Tieren näher bringen könnte, indem es mir helfen würde, ihr Verhalten zu verstehen. Rückblickend war das eine wirklich egoistische Motivation. Ich liebte Tiere, aber auf eine besitzergreifende, anthropozentrische Art. Obwohl ich dem Professor der Abteilung für Biologie erklärte, daß ich keine Vivisektionen durchführen würde, fand ich es sehr schwer, nicht in die Welt wissenschaftlicher Gefühllosigkeit und Objektivierung hineingezogen zu werden.

Im Keller des Biologiegebäudes befand sich, wie in den meisten Universitäten, das Tierlabor. Die Primaten erschienen mir deshalb so interessant, weil sie uns so ähnlich sind – eine Ironie, nicht wahr? Aber es gab in diesem Forschungsinstitut auch Vögel, die mir Zeichen gaben. Viele von ihnen waren früher wohl Heimtiere gewesen, denn sie hockten an der Käfigtür und flehten um etwas liebevolle Aufmerksamkeit. Ihre Augen folgten mir, und sie versuchten so sehr, meine Aufmerksamkeit auf sich zu ziehen, daß ihre kleinen Herzen zu zerbrechen schienen. Aufgrund der Worte, die er häufig wiederholte, bekam ich einen gewissen Einblick in das frühere Leben eines Vogels: »Böser Vogel, böser Junge, hör auf damit«, und ich begann mir auszumalen, wie dieser Vogel wohl in das Labor gekommen war.

Ein weiblicher Gelbwangenkakadu – eine Art, der ich nie widerstehen konnte –, bettelte mich an, bis ich sie eines Tages, als alle anderen Forscher gegangen waren, durch die Gitterstäbe hindurch kraulte. Viele Jahre später rettete ich zwei Inkakakadus, die ein gutes Zuhause benötigten, und ich lernte, daß diese Vögel sehr anhänglich werden und viel Körperkontakt brauchen. Denke ich daran zurück, wie mich dieser kleine Gelbwangenkakadu angeschaut hat, wie sehr dieser kleine Vogel einmal die Gesellschaft von Menschen geliebt haben mußte, wieviel Angst er jetzt hatte und wie allein er jetzt war ... warum hatte ich so lange damit gewartet, ihn zu trösten? Warum habe ich nichts weiter gemacht?

Ich schwöre Ihnen, daß ich keines dieser ungeheuerlichen Experimente durchgeführt habe, daß ich mich einfach nur deswegen in diesen Labors aufhielt – so schmerzhaft es auch für mich war –, weil ich versuchen wollte, etwas zu ändern. Aber all diese Augen, die mich beobachteten, sagten mir, daß ich Schuld hatte, daß ich mit meinem Schweigen meine Zustimmung zu dem gab, was hier geschah. Ich habe dieses kollektive Trauma all dieser Lebewesen immer noch nicht vollkommen bewältigt. Der kleine Kakadu hat mir jedoch für die Qualen (die chirurgischen Eingriffe, die nie wieder heilen würden, die monotone Körnernahrung, den winzigen Käfig und vieles mehr) vergeben, und zwar in jenen wenigen Momenten, in denen er sein Köpfchen in meine Hand legte und ich ihm die Federhüllen an Stellen herauszog, die er mit seinem Schnabel selbst nicht erreichen konnte.

Aber natürlich machte man uns angehenden Wissenschaftlern Vorwürfe, wenn wir es unseren Gefühlen erlaubten, sich der »rationalen Beurteilung« in den Weg zu stellen. Wir wurden gewarnt, die »wissenschaftlichen Methoden« nicht zu stören und Bedingungen zu verändern, die die laufenden Experimente durchkreuzen könnten. Es war mir jedoch schleierhaft, wie jede Art des Studiums von Tieren in Käfigen als wissenschaftlich angesehen werden konnte, da es keine Möglichkeit gab, die zahlreichen verwirrenden und für Laboratorien endemischen Variablen zu kontrollieren.

Was natürlich am meisten Durcheinander erzeugt, ist allein schon der Gedanke, übergreifende Vergleiche von Tierarten vorzunehmen. Außerdem sind die Experimente schon aufgrund der unnatürlichen Umgebung von Isolation und Gefangenschaft zweifelhaft. Weitere Faktoren, die Veränderungen in der Chemie des Gehirns und der Verhaltensweisen hervorrufen können, sind unter anderem die unangenehmen Elektroden, die vielen chirurgischen Eingriffe und Wunden, das Fehlen von artgerechter Nahrung, Haltungsbedingungen, die den Tieren nicht erlauben, eine angemessene Hierarchie aufzubauen, was Nahrungsaufnahme, Pflege und andere Verhaltensweisen betrifft, die auf sozialen Beziehungen beruhen. All dies sind externe Variable, die bei einem Studium mitberücksichtigt werden müßten.

Die Vögel, die wir »betreuten«, fielen nicht unter das Tierschutzgesetz. In der Tat genießen Vögel auch weiterhin keinerlei gesetzlichen Schutz. Zu Versuchszwecken kann ein Forscher mit ihnen so gut wie alles machen[1]. Das Gesetz zur Tierfürsorge gewährt ohnehin nur einen minimalen

---

1 Bezieht sich auf die Verhältnisse in den USA

Schutz, meist im Hinblick auf die Unterbringung und die Möglichkeiten körperlicher Betätigung. Und das betrifft nur einen verschwindend kleinen Teil der Tiere, die für Forschungszwecke verwendet werden.

Schließlich ging ich aus diesen und anderen Gründen dazu über, das Verhalten von Menschen zu studieren, und begegnete einem immer wieder verblüffenden Paradox – der Prämisse hinter der psychologischen Forschung bei Tieren. Das bedeutet, wir beginnen damit, daß wir sagen, Tiere sind uns erstaunlich ähnlich. Sie brauchen artspezifische Gesellschaft, ziehen ihre Jungen auf, säugen, entwickeln eine Bindung zwischen Mutter und Kind, brauchen Liebe, Sicherheit, Spiel, Schlaf, sinnliche Stimulation, Herausforderung, Zuneigung, Befriedigung des Tast- und Geschmackssinns, Pflege, Sex. Sie teilen mit uns den Wunsch, ihren Lebensraum zu kontrollieren und versuchen, Schmerz zu vermeiden und Freude zu gewinnen. Außerdem gleichen sie uns auch in ihren emotionalen Reaktionen wie Angst, Depression, Eifersucht, Entsetzen und Wut. Und dann versuchen wir das, was man ihnen in psychologischen Experimenten antut, damit zu rechtfertigen, daß wir sagen, sie empfinden Schmerz nicht so wie wir.

Abgesehen von diesem Paradox wird die psychologische Forschung oft von äußerst fragwürdigen Methoden beherrscht. Manchmal geben Forscher den Tieren keine Narkosemittel und rechtfertigen das damit, daß sie behaupten, es sei vom Verfahren her notwendig. Und das ist auch noch nach den Richtlinien der American Psychological Association erlaubt! Zum Beispiel heißt es, daß schmerzstillende Mittel die Erforschung von Schmerzen behindern und deswegen nicht verwendet werden müssen.

In vielen Bereichen der psychologischen Forschung ist das Leiden der Tiere als solches wesentlicher Bestandteil des Experimentes: zum Beispiel bei Experimenten mit Nahrungs- und Wasserentzug, bei Folterexperimenten, bei Forschungsstudien zur Trennung von Mutter und Kind, zur Selbstverstümmelung und zur Drogenabhängigkeit und bei vielen anderen.

Was es für mich noch schmerzhafter macht, ist die Tatsache, daß ich die kindliche Unschuld dieser Tiere selbst erlebt habe, ihre emotionale Intelligenz, ihr Wohlwollen, ihre Gutmütigkeit, ihre schlichte Güte. Und ich habe oft mit ansehen müssen, wie all das in einen Zustand vollkommener Trostlosigkeit umgeschlagen ist.

Wenn Sie sich trauen, das anzuschauen und darüber nachzudenken, begreifen Sie allmählich, daß die Verwendung von Tieren für die psychologische Forschung im Grunde unlogisch ist. Psychologische Experimente an Tieren basieren ja eben gerade nicht auf menschlichen Phänomenen und können daher nichts über die Ursache der Störungen aussagen, die man untersuchen will. Die Entwicklung einer Symptomenlehre bei nichtmenschlichen Arten läßt keine Rückschlüsse auf den Krankheitsverlauf bei Menschen zu.

Klinische und epidemiologische Untersuchungen an Menschen haben nachweislich verläßlichere, anwendbare und effektivere Antworten geliefert. Zum Beispiel wurden die Wirkungen der meisten Psychopharmaka durch klinische Untersuchungen an Menschen entdeckt.

Warum ist es so einfach, ein Stipendium zu bekommen, um die Wirkungen des Entzuges der Mutter bei Affen zu erforschen, während andererseits keine Gelder für Kindertagesstätten zur Verfügung stehen? Warum machen wir Hunde und Katzen abhängig von Kokain, während viele Menschen nicht in Rehabilitationszentren für Drogenabhängige aufgenommen werden können? Aus welchem Grunde führen wir Experimente mit Kopfverletzungen an Schweinen aus, wenn wir gleichzeitig Zentren zur Behandlung von Traumata schließen? Wie können wir Experimente finanzieren, die einem pseudowissenschaftlichen Modell der Schizophrenie bei Affen dienen, wenn gleichzeitig geisteskranke Menschen obdachlos auf den Straßen leben? Irgend etwas stimmt hier ganz und gar nicht.

Bei der Ausbildung von Psychologen gibt ein weiteres moralisches Paradox. Wie können Sie Mitgefühl für eine Tierart entwickeln, wenn Sie gleichzeitig lernen, den Schmerz einer anderen Art zu ignorieren? Wo ziehen Sie die geistige Trennlinie für Mitgefühl? Wie können Sie der Ethik Grenzen setzen?

Unsere Suche nach Wissen verschlingt jedes Jahr Millionen von Geldern und Millionen von Tieren. Während sich die Anhänger des wissenschaftlichen Paradigma wegen ihrer intellektuellen Errungenschaften auf den Rücken klopfen, übergehen sie leider etwas ganz Wesentliches: Wir lernen nämlich mehr von Tieren, wenn wir mit ihnen auf diesem Planeten friedlich zusammenleben, als dadurch, daß wir sie im Labor untersuchen.

Salmon und Mango, meine beiden »Zimmergenossen«, wurden auf den Molukken-Inseln in Indonesien gefangen. Salmon (kurz »Sam« genannt) wurde vor etwa 20 Jahren seiner Heimat entrissen und Mango (»Manny«) vor ungefähr 12 Jahren. Zusammen haben sie bereits bei mindestens zehn verschiedenen Leuten gelebt. Und ich hoffe, mein

Heim wird ihr letztes Zuhause sein. Angesichts der Tatsache, daß diese Vögel 50 bis 80 Jahre alt werden können, habe ich für sie testamentarisch vorgesorgt.

Molukkenkakadus haben eine blasse Pfirsichfarbe. An ihrer Unterseite sind sie gelb und weiß gefärbt, und sie tragen eine lachsfarbene Haube. Sie sind wunderschön. Da sie keine geschlechtsspezifischen Merkmale aufweisen, werde ich oft gefragt, wie ich meine Vögel unterscheiden könne. Doch sie sind so unterschiedliche Persönlichkeiten, daß es überhaupt nicht schwierig ist, sie auseinanderzuhalten, wenn man sie nur ein bißchen kennt.

Die meisten Menschen haben vor diesen etwa 60 Zentimeter großen Vögeln mehr Angst als vor zwei großen, knurrenden Hunden. Es gibt viele falsche Vorurteile gegenüber Vögeln – sie sollen Krankheiten übertragen und sich, ohne provoziert zu werden, aggressiv verhalten, wie beispielsweise in dem Film »Die Vögel«. Aber Mango, das Männchen, lebt größtenteils nur dafür, daß man ihn streichelt. Und dafür tut er so gut wie alles. Er dreht und wendet seinen ganzen Körper, so daß ich jede nur mögliche Stelle berühren kann.

Leute, die mich besuchen, und andere, denen wir bei unseren Abenteuern draußen begegnen, sind erstaunt, daß »... ein Vogel gekrault werden möchte wie ein Hund«. Mango möchte so sehr gekrault werden, daß er Passanten, die an uns vorbeigehen wollen ohne ihn zu streicheln, zuruft: »Na komm, krauli krauli.« Kommen sie dann näher und fragen sich, was sie wohl mit einem Vogel machen sollen, läßt Mango sie das genau wissen, indem er seinen Kopf in ihre Hand legt. Ganz einfach. Manche haben zu viel Angst, um nahe genug heranzugehen. Dann streckt Mango seinen Kopf so weit wie nur irgend möglich vor und stellt sich sogar auf die »Zehenspitzen«, damit er seinen Kopf an ihre Brust lehnen kann. Und dann schaut er ihnen in die Augen – unverfroren flehend.

Vor kurzem hat Mango angefangen, mir zuzurufen, ich solle das Licht ausschalten, wenn es Zeit für ihn ist, zu schlafen. Er mag es nicht, wenn es dabei Abweichungen gibt. Ich muß es sofort machen. Da ich seiner Anweisung nicht immer so schnell folgen kann, wie er es möchte, hat er den Lichtschalter selbst ausfindig gemacht und schaltet das Licht jetzt selbständig aus. Ich habe es ihm nie direkt gezeigt. Er hat beides einfach von sich aus in Zusammenhang gebracht. Das ist seine neueste Entdeckung.

Mango benutzt auch Werkzeuge, und zwar auf sehr einfallsreiche Art. Er liebt es geradezu, den passenden Schlüssel für seine Spezialschlösser zu finden. Er steckt auch gern runde und quadratische Holzstücke in die entsprechenden Löcher und ist recht stolz auf sich, wenn er es geschafft hat. Dann lacht er laut auf. Mango liebt auch seinen großen, weißen Teddybären, der in seinem Käfig hängt. (Ich habe für beide Vögel große Käfige, die sie lediglich zum Schlafen benutzen.) Er setzt sich so nah wie möglich neben diesen Bären und knabbert mit halbgeschlossenen Augen sanft an ihm, bis er eingeschlafen ist.

Sam, das Weibchen, ist viel trotziger und wilder als Mango. Sie hat sich selbst zur Beschützerin unseres Haushalts ernannt und untersucht alle Besucher ganz genau. Hat sie Sie erst einmal akzeptiert, dann bringt Ihnen Sam ihr Spielzeug und legt es Ihnen in den Schoß. Von Sam akzeptiert zu werden ist eine Ehre. Ist diese Ehre Ihnen einmal zuteil geworden, wird Sam von sich aus zu Ihnen auf den Schoß kommen – sie neigt den Schnabel nach unten und »klickt«, womit sie darum bittet, gekrault zu werden. Dann hebt sie jeden Flügel einzeln hoch, um sicherzustellen, daß Sie auch alle ihre Lieblingsstellen streicheln.

Manchmal erscheint Sam in der Kommunikation mit mir etwas sarkastisch. Wenn sie das, was ich ihr zu essen gegeben habe, nicht mag, kommt sie ganz nahe an mein Gesicht heran und bewegt ihren Schnabel übertrieben, so als würde sie kauen. Damit deutet sie an, daß sie etwas anderes zu essen möchte. Doch wird sie jederzeit Essen und sogar Kraulen vergessen, wenn sie glaubt, daß ich statt dessen mit ihr spiele. Sie beginnt mit Spielen wie »Verstecken« und »Fang mich, wenn Du kannst«. Dies ist einer der Gründe, warum ich die Tiervorstellungen in Zoos und Unterhaltungsparks sehr fragwürdig finde. Diese Kakadus müssen wirklich fast verhungert sein, wenn sie allein für Nahrung etwas aufführen. Ich muß die beiden geradezu anbetteln, wenn ich sie zum Essen bewegen will.

Sam ist erstaunlich neugierig, und es macht ihr offensichtlich Spaß, ihre Umgebung zu erkunden. Sie kann mir genau mitteilen, wohin sie gehen möchte, indem sie darauf zeigt. Und sie tut dies recht beharrlich. Reagiere ich nicht schnell genug, stampft sie mit dem Fuß auf und schreit: »Komm her, komm schon, komm her«. Sie versteht erstaunlich viel von dem, was ich sage, und benutzt vieles davon selbst, vielleicht nicht immer mit den richtigen Worten, aber doch mit der richtigen Absicht. Wenn Mango sie putzt, schaut sie auf und sagt: »Ich liebe dich, Manny.« Kommen Vögel auf unseren Balkon geflogen, rennt sie hin und begrüßt sie mit den Worten: »Hallo, schöner Vogel, wie geht's?« Sie trainierte Mango, auf die Toilette zu gehen, indem sie ihm zeigte, wo er das machen sollte. Sie selbst lernte es in ein paar Stunden. Und sie besteht darauf, regelmäßig nach draußen zu kommen und auf Bäumen zu sitzen. Ich kenne jetzt ihre Lieblingsbäume – sie braucht sie mir nicht mehr zu zeigen.

Ich glaube nicht, daß diese beiden Vögel außergewöhnliche Tiere mit besonderen Fähigkeiten oder Eigenschaften sind. Zahlreiche andere Leute, die mit Vögeln zusammenleben, haben vergleichbare Erfahrungen gemacht. Ich bin vielen anderen Vögeln begegnet, die, wenn man ihnen erlaubt, ungehindert mit ihren menschlichen Begleitern zu kommunizieren, eine ähnliche Neugier, Zuneigung, Spielverhalten, Bindung und Liebe zeigen. Dies gehört einfach zur Natur dieser Tiere. Nur ein Vogel, der immer im Käfig gehalten wird, stellt sehr wenig sinnvollen Kontakt zu Menschen her, weil er in einem Zustand von Hoffnungslosigkeit und Hilflosigkeit lebt.

Ich weiß noch, wie ich einmal bei einem Treffen war, bei dem es darum ging, wohnungslosen Kriegsveteranen zu helfen. Es fand in der Wohnung einer Frau statt, die für ihr Mitgefühl bekannt war. In einer Ecke des Zimmers, in dem wir unsere Mäntel ablegten, entdeckte ich einen kleinen, mit einer alten Decke zugedeckten Käfig. Auf meine Nachfrage hin erfuhr ich, daß ein kleiner australischer Papagei seit über 20 Jahren in diesem Käfig lebte. Er hatte kein Spielzeug und bekam jeden Tag dieselben Körner zu essen. Die Frau erklärte mir, daß der Vogel kein Interesse daran habe, aus seinem Käfig herauszukommen, und auch nicht an anderen Formen von Nahrung, denn ab und zu öffnete sie den Käfig oder bot ihm eine Weintraube an. Im allgemeinen brauchen Vögel eine gewisse Zeit, bis sie sich an etwas Neues gewöhnt haben. Und es war unwahrscheinlich, daß dieser kleine Kerl auf Änderungen, gute wie schlechte, nach all den Jahren der immer gleichen Routine schnell reagieren würde. Zu Gunsten dieser Frau muß man jedoch sagen, daß sie diesem Vogel kurz nach unserer Begegnung einen Gefährten besorgte.

Als Teil meiner Ausbildung durch die Kakadus habe ich gelernt, eine besitzergreifende, patriarchalische und anthropozentrische »Liebe« von dem befreienden Gefühl einer biozentrischen Liebe zu unterscheiden. Nach biozentrischer Auffassung besitzen alle Lebewesen einen Eigenwert, der nichts mit dem Wert zu tun hat, den sie möglicherweise für die Menschen haben.

Ich begann, meinen Teil in der gegenseitigen Abhängigkeit allen Lebens zu erkennen. Allerdings sah ich mich nicht als Spitze einer Hierarchie, sondern als Gleichrangiger in einer größeren Gemeinschaft allseitiger Verbundenheit. In mir war eine überweltliche Erfahrung erwacht, die dazu diente, meine Entfremdung von der natürlichen Umgebung zu heilen. Ich spürte, wie sich meine Identität erweiterte und ein verstärktes Gefühl der Verbundenheit mit allen Lebensformen auf der Erde entstand, ebenso wie das daraus ganz natürlich resultierende Verantwortungsgefühl.

In der wissenschaftlichen Literatur findet man immer mehr Hinweise auf ein ökologisches Bewußtsein als Quelle emotionalen Wohlergehens. Selbst C.G. Jung sprach davon, daß der menschliche Embryo während seiner ontogenetischen Entwicklung die verschiedenen phylogenetischen Stadien der Wirbeltiere durchläuft. Er behauptete, daß nicht nur unser Körper diese Entwicklungsgeschichte wiederholt, sondern auch unsere Psyche. Wenn wir genau darauf achten, erkennen wir, daß dieser gesamte historische Hintergrund Teil unseres Selbstverständnisses ist. Der Wunsch, die Natur zu bewahren, entsteht dann ebenso instinktiv, wie der Wunsch nach unserer Selbsterhaltung.

So gehe ich also durch die Straßen von Los Angeles, mit zwei Kakadus auf den Schultern, und mir wird klar, daß sie eigentlich auf diesem Kontinent nichts zu suchen haben. Ich denke daran, wie sie hierher gekommen sind, wieviel Angst sie gehabt haben müssen, als man sie einfing, der Wildnis entriß und wahrscheinlich ihre Mütter tötete, um sich Zugang zum Nest zu verschaffen. Die überwiegende Mehrheit der gefangenen Tiere stirbt auf dem illegalen Transport in dieses Land, und die Quarantäne ist lediglich eine der vielen schrecklichen Stationen auf dem Weg. Ich denke über die grundlegenden Werte unserer Zivilisation nach und frage mich, was uns überhaupt noch heilig ist? Wirtschaftlicher Erfolg, materieller Besitz, technische Errungenschaften – was ist schiefgegangen?

Auf einem Spaziergang mit den Vögeln suchte ich nach dem richtigen Baum für Sam. Da hielt mich eine Frau aufgeregt an und fragte mich, wo ich die Kakadus gekauft hätte (als ob ich Vögel kaufen würde). Warum sie das wissen wolle, fragte ich sie. Weil sie farblich so wunderbar zu ihrer Wohnzimmereinrichtung paßten, sie müsse sie einfach haben, war die Antwort.

Manchmal habe ich das Gefühl, ich müßte mich verteidigen, wenn ich draußen mit den Vögeln spazierengehe, um sicherzustellen, daß die Leute nicht in die Tierhandlungen rennen, weil die Vögel einem offensichtlich so viel Freude bereiten. Ich habe das Gefühl, ich müsse so zu den Leuten sprechen, als wollte ich ihnen ausreden, Leben zu zerstören und diese Art der Sklaverei aufrechtzuerhalten. Ich bin zu der Überzeugung gelangt, daß zwischenartliche Beziehungen nur dann aufrechterhalten werden sollten, wenn sie aus nicht-anthropozentrischer Sicht heraus beiden Parteien Nutzen bringen.

Es ist schön, gefangene Vögel anzusehen und ihnen zuzuhören – sie unterhalten uns mit ihren Eskapaden. Aber zu welchem Preis? Alle Vögel, die mit Menschen zusammenleben, wurden entweder gefangen oder in Gefangenschaft geboren. Aber kein Vogel ist von Natur aus ein »Käfigtier«. Der Mißbrauch von Vögeln ist eine der häufigsten Tiermißhandlungen, schon allein dadurch, wie wir sie halten – eingeschlossen in Käfigen, meistens ihr ganzes Leben lang. Und das bei Tieren, die normalerweise Hunderte von Kilometern pro Tag fliegen. Und ironischerweise rauben wir ihnen diesen wichtigsten Aspekt ihrer Identität – die Fähigkeit zu fliegen.

Im Durchschnitt wird ein Vogel alle zwei bis drei Jahre weiterverkauft, verschenkt, verloren oder sogar ausgesetzt. Oder, und das ist noch viel schlimmer, sie werden in einer Ecke verstaut, in der Garage oder im Keller, und verbringen nun den Rest ihres Lebens allein in einem Käfig. Für Tiere, die daran gewöhnt sind, in einem Schwarm zu leben, ist das unerträglich.

Viele Menschen zahlen eine Menge Geld für Papageien und Kakadus. Aber ich habe festgestellt, daß mindestens ebenso viele ein gutes Zuhause für einen Vogel suchen, um den sie sich nicht länger kümmern können. Aufgrund der hohen Anzahl ausgesetzter Vögel sind überall im ganzen Land Rettungszentren für Vögel gegründet worden. Obwohl einige Leute solche Vögel als Sammlerstücke ansehen, die man fortgeben oder tauschen kann, sind viele doch auch verzweifelt, weil sie »ihre« Babys fortgeben müssen.

Einer der Gründe für den häufigen Besitzerwechsel liegt darin, daß die Vögel zugegebenermaßen viel Lärm und Schmutz machen und eines »aufwendigen Unterhaltes« bedürfen. Kakadus sind wie Zweijährige, die nie größer werden. Papageien können so gut wie alles durchkauen, so daß es schwierig ist, sie unbeaufsichtigt außerhalb ihres Käfigs zu lassen, ohne daß sie irgend etwas zerstören. Aber dieses Kauen ist etwas ganz Natürliches für sie und nicht etwas, was man ihnen abgewöhnen könnte oder sollte. Man muß schon ein Vogelliebhaber mit Grips sein, um einen angemessenen Ersatz für Telefonleitungen, Vorhänge und Möbel zu finden. Ein anderer Grund, warum viele Leute ihre Vögel wieder abgeben, liegt darin, daß sie von dem »Staub« der Vögel (diese pulverförmige Substanz, die von den Daunen kommt) Krankheiten der Atemwege und Allergien bekommen, besonders wenn sie für Asthma und chronische Lungenkrankheiten anfällig sind.

Im Idealfall sollte man meiner Ansicht nach den Kontakt mit Vögeln darauf beschränken, sie in ihrer natürlichen Umgebung zu beobachten. Natürlich sollten wir jetzt nicht alle unsere Vögel, mit denen wir zusammenleben, frei fliegen lassen. Soweit es Sam und Mango betrifft, habe ich versucht, ihnen das Aufgeben von nahezu allem, was ihrer Natur entspricht, so angenehm wie möglich zu machen. Ich forsche nach, wie sie normalerweise in der Natur leben, was sie in ihrer natürlichen Umgebung essen, welche Temperaturen für sie am geeignetsten sind, welche Paarungsbedürfnisse sie haben, welche Badegewohnheiten und vieles mehr.

(Natürlich habe ich auch gelernt, daß sie sich gern trockenfönen lassen, gekochtes, dampfendes Essen mögen und auf dem Staubsauger mitfahren möchten, und das hätte ich vor meinen Forschungen nicht erwartet.) Ich adoptierte Mango zwei Jahre nachdem ich Sam rettete, denn ich erkannte, daß alle Tiere, einschließlich der Menschen, mit Partnern der gleichen Art zusammenleben müssen. Und im Gegensatz zu den meisten Menschen gehen Molukkenkakadus lebenslange Paarbeziehungen ein.

Diese Vögel beanspruchen unglaublich viel meiner Zeit und Energie. Aber sie haben mir auch sehr viel gegeben. Insbesondere haben sie mir eine andere Perspektive für meine psychologische Praxis vermittelt. Wenn ich alle Patienten, die zu mir kommen, auf einen Nenner bringen wollte, dann würde ich sagen, das Grundübel liegt in einem Mangel an Einfühlungsvermögen. Dies geht meistens auf Kindheitserlebnisse zurück. Es manifestiert sich als enorme Schwierigkeit, auf effektive und angemessene Weise um die Befriedigung von Bedürfnissen zu bitten – eine wesentliche Voraussetzung für reife und gesunde Beziehungen.

An bestimmten Punkten ihres Lebens lernen manche Menschen dann, sich keine Mühe mehr zu geben oder gar nicht mehr darum zu bitten, weil sie glauben, daß sie ohnehin nicht das bekommen, was sie brauchen. Dies kann zu einem Erfüllungszwang führen, indem sie glauben, sie hätten es nicht verdient, und sich dann Beziehungen wählen, die diesen Glauben bestätigen. Das führt dann in der Regel zu einem starken Mangel an Selbstachtung. Außerdem ist es jetzt für Menschen, die ihre Bedürfnisse befriedigen wollen, sehr schwer herauszufinden, wie sie das erreichen können.

Andere Menschen lernen aus ihren früheren Erfahrungen, auf unangemessene Weise um die Erfüllung ihrer Bedürfnisse zu bitten, indem sie es einfach fordern, andere manipulieren oder sich in wunscherfüllende Phantasien flüchten. Insgesamt führen solche Verhaltensweisen dazu, daß wir keine Mittel haben, gesunde Beziehungen einzugehen, die uns heilen könnten und uns helfen würden, neue Überzeugungen zu entwickeln.

Es gibt kein größeres Geschenk, das wir unserem Selbstwertgefühl machen können, als anzuerkennen, daß uns jede Lebensform auf der Erde bei der Entwicklung unserer eigenen Identität helfen kann. Manchmal glaube ich, wir können von den Vögeln lernen, gesellschaftlich angepaßter zu leben. Wenn Sie jemals gesehen haben, wie ein Vogel Ihre Hand mit seinem Kopf hochhebt, um gekrault zu werden, dann wissen Sie, was ich meine. Vielleicht sollten wir lernen, so um die Befriedigung unserer Bedürfnisse zu bitten – ohne Vortäuschungen, ohne defensiv zu sein. Kein Gedankenlesen mehr, kein Raten, keine verpaßten Gelegenheiten, sondern einfach eine unmittelbare, aufrichtige Beziehung. Ja, ich glaube, wir alle können lernen, neu zu lieben – zu lieben wie ein Vogel.

CON SLOBODCHIKOFF

Präriehunde

Früh am Morgen taucht ein Kojote aus dem Wald auf in der Hoffnung, einen unvorsichtigen Präriehund zu erwischen. Langsam trottet er auf die Kolonie der Präriehunde zu und duckt sich soweit wie möglich hinter die Büsche. Plötzlich erschallt ein Chor von schrillem Bellen. Einer der Präriehunde hat den Kojoten entdeckt. Die Tiere, die eben noch friedlich gegrast haben, eilen nun zum Eingang ihrer unterirdischen Gänge, stellen sich auf die Hinterbeine, beobachten die Bewegungen des Raubtiers und bellen Alarm. Jeder in der Kolonie wird darüer informiert, daß sich ein Kojote nähert. Andere Tiere, die in ihrem Bau geschlafen haben, kommen an die Oberfläche, um zu sehen, wo der Kojote hingeht. Binnen weniger Augenblicke steht die ganze Kolonie gespannt am Eingang ihrer Gänge. Alle bellen alarmierend. Verdrossen trottet der Kojote durch die Kolonie und verschwindet. Zum Frühstück wird es heute morgen wohl keinen Präriehund geben.

Präriehunde leben in hoch organisierten Sozialverbänden in der nordamerikanischen Steppe. Man rechnet sie zu den Erdhörnchen, und im Gegensatz zu den Baumhörnchen haben sie kurze und gedrungene Körper mit kraftvollen Vorderbeinen zum Graben. Ein junger Präriehund hat leicht in einer Hand Platz. Doch ein ausgewachsenes Tier kann bis zu 30 Zentimeter lang werden und fast zwei Pfund wiegen. Der Gunnison-Präriehund lebt im höhergelegenen Grasland von Arizona, New Mexico, Colorado und Utah. Der Utah-Präriehund kommt nur in einigen wenigen Gegenden im Süden von Utah vor. Der Weißschwanz-Präriehund lebt in den Hügeln und Steppen von Wyoming und Montana, während der Schwarzschwanz-Präriehund die Ebenen des mittleren Westens bewohnt, von den Dakotas bis nach Texas und noch weiter westlich bis New Mexico und Colorado. Der Mexikanische Präriehund besiedelt Steppe im Norden von Mexiko. Alle diese Tiere bellen alarmierend, wenn sich ein Raubtier nähert.

Vor einem Jahrzehnt dachten Biologen, das Warngebell der Präriehunde wäre lediglich ein stimmhafter Ausdruck von Angst. Nach dieser Theorie verfolgen die Präriehunde damit keinerlei Absicht der Informationsübermittlung. Erscheint ein Raubtier, so glaubte man, bekommen die Präriehunde Angst und fangen an zu bellen, um damit ihre nervöse Anspannung zu lösen, die mit der Angstsituation einhergeht. Das Bellen wäre demnach nichts weiter als Lärm. Es enthielte keinerlei Information, abgesehen von der einfachen Tatsache, daß das Tier aufgeregt ist.

Heute wissen wir jedoch, daß der Warnruf eines Präriehundes Teil einer hochentwickelten Tiersprache ist. Viele Biologen haben immer noch große Schwierigkeiten, die Vorstellung von Tiersprachen zu akzeptieren. Am Beispiel der menschlichen Sprachen haben Linguisten eine Reihe von Merkmalen erarbeitet, die das Phänomen Sprache charakterisieren. Die meisten Merkmale beruhen auf der Kenntnis von Grammatik, d. h. von grundlegenden Gesetzen. Egal, ob jemand Französisch oder Farsi spricht, die grundlegenden Regeln der Sprache sind immer dieselben. Folgt man diesen Regeln, indem man beispielsweise im Englischen ein Adjektiv vor ein Substantiv stellt oder im Spanischen dahinter, dann können die Sprecher dieser Sprachen einander verstehen. Wenn jemand eine menschliche Sprache studiert, kann er einen Einheimischen nach diesen Regeln fragen. Bei Tieren ist das wesentlich schwieriger.

Trotzdem können wir die grundlegenden Komponenten von Sprache identifizieren, egal ob es sich um menschliche oder um tierische Sprachen handelt. Die beiden wichtigsten Elemente sind Semantik und Syntax. Bei der Semantik geht es um die Bedeutung von Wörtern. Sagt jemand »rot«, dann kann man sich eine ganz bestimmte Farbe vorstellen, selbst wenn nichts Rotes zu sehen ist. Das Wort vermittelt eine Information, die man als Zuhörer verstehen kann. Bei der Syntax handelt es sich um die Anordnung von Wörtern innerhalb eines Satzes. Wir können allein dadurch die Bedeutung eines Satzes ändern, daß wir die Wörter anders anordnen. Wir können beispielsweise sagen: Ein Mann raubte die Bank aus. Jetzt können wir die Wörter zu einem neuen Satz umordnen: Die Bank raubte einen Mann aus. In beiden Fällen benutzen wir dieselben Wörter, doch die Bedeutung ist verschieden. Wir können die Wörter jedoch nur in einer begrenzten, organisierten Art umordnen. Denn die Syntax reflektiert die zugrundeliegende Grammatik einer Sprache. Die lautlichen Äußerungen der Präriehunde enthalten beide Elemente dieses grundlegenden Musters von Sprache.

Meine Studenten, Kollegen und ich haben die letzten zehn Jahre damit verbracht, diese Sprache zu entschlüsseln. Durch Beobachtungen und Experimente in freier Natur haben wir immer mehr Informationen bekommen und festgestellt, daß unser jetziges Verständnis dieser Sprache erst einem Kratzen an der Oberfläche gleicht. Sehr wahrscheinlich können Präriehunde ganz differenziert miteinander kommunizieren.

Als ich begann, die Gunnison-Präriehunde zu erforschen, wußte ich, daß sie bellten, wenn sich ein Raubtier näherte. Das alarmierende Bellen war eine bekannte Tatsache, ja, der Name *Präriehund* stammte von den englischen Siedlern in den Ebenen des mittleren Westens, für die diese Warnrufe wie das Bellen eines Hundes klangen. Tatsächlich klingt es jedoch, wenn man es zum ersten Mal hört, eher wie das chi-chi-chi eines Vogels. Doch mit ein wenig dichterischer Freiheit können wir daraus auch ein Bellen machen. Aus der Entfernung klingt es ein bißchen wie eine Gruppe kläffender Chihuahuas.

Da Präriehunde sehr soziale Tiere sind und in großen Kolonien leben, bellen meistens mehrere Tiere gleichzeitig. Innerhalb einer Kolonie gibt es mehrere Territorien. Jedes Territorium wird von einer Gruppe von Präriehunden verteidigt. In einem Territorium kann es ganz unterschiedliche Kombinationen von Männchen, Weibchen und Jungtieren geben, die dort zusammenleben.

Das Warngebell eines Tieres kann man in der ganzen Kolonie hören, ein bis zwei Kilometer weit. Als ich mit der Erforschung dieser Warnrufe begann, dachte ich zunächst, es gäbe zwei verschiedene Arten. Damals wurde bekannt, daß verschiedene Arten von Backenhörnchen, die mit den Präriehunden verwandt sind, einen Warnruf für Landraubtiere hatten, wie Kojoten, und einen anderen für die Feinde aus der Luft, wie Habichte. Ich wollte die Laute der Präriehunde untersuchen, um festzustellen, ob es ähnliche Warnrufe gab. Mit einem meiner Studenten machte ich ein Experiment bei einer Kolonie von Präriehunden auf einer Bergwiese. Wir bauten eine turmartige Attrappe, hinter der wir uns vor Raubtieren und Präriehunden verstecken konnten, und warteten dort mit laufendem Tonband, Tag für Tag. Wir zeichneten die Warnrufe bei den verschiedenen Raubtieren auf, die Präriehunde jagten – Kojoten, Haushunde, Rotschwanzbussarde, Menschen.

Dann brachten wir die Aufnahmen ins Labor und wandelten die Tonaufzeichnungen in Sonagramme um. Diese Sonagramme machten die Frequenzen sichtbar – sie waren gewissermaßen ein Stimmabdruck – und zeigten, wie sich beispielsweise die Tonhöhe eines Rufes während der Rufzeit änderte. Dann maßen wir die Frequenzänderungen und analysierten die Messungen mit einem Statistikprogramm. Diese Sonogrammtechnik ähnelt der Technik, die man zur Analyse von Stimmstreß bei Menschen verwendet.

Die Analyse ergab, daß wir es tatsächlich mit verschiedenen Rufen bei

Raubtieren auf dem Land und aus der Luft zu tun hatten: Kojoten, Haushunde, Jäger und Rotschwanzbussarde. Doch etwas machte uns stutzig. Die strukturellen Unterschiede der Warnrufe bei Raubtieren, die über Land kamen, waren wesentlich größer als die bei denen, die aus der Luft kamen. War es möglich, daß die Präriehunde für jede einzelne Raubtierart einen eigenen Warnruf besaßen, anstatt einen für die Raubvögel und einen anderen für Landraubtiere? Wenn das stimmte, bedeutete es, daß Präriehunde zwischen Kojoten, Hunden und Menschen unterscheiden konnten. Außerdem, daß sie abstrakte Bezeichnungen formulieren konnten, ähnlich den Substantiven in der Sprache der Menschen, und damit richtig die Art eines Raubtieres benennen konnten. Drittens konnten sie diese semantischen abstrakten Konzepte anwenden, um den anderen Koloniemitgliedern Informationen zu übermitteln. Die Reaktion auf Raubtiere mag ursprünglich auf Angst zurückgehen, doch könnte der Präriehund diese Angst in eine Sprache übertragen, die eine ganz spezifische Information für andere Tiere enthielt, die das entsprechende Raubtier gar nicht gesehen hatten.

Die Daten, die wir gesammelt hatten, bestätigten diese Hypothese. Darüber hinaus stellte ich fest, daß es bei ein und demselben Ruf bei einer bestimmten Raubtierart noch andere große Abweichungen gab. Wir bereiteten also ein weiteres Experiment vor. Diesmal nahmen wir ein und denselben Menschen, mit einem blauen Hemd und Blue Jeans bekleidet, der durch jede der sechs verschiedenen Kolonien von Präriehunden hindurchging – jedesmal mit der selben Geschwindigkeit und auf der gleichen Route. Außerdem benutzten wir zusätzlich noch einen Hund, der ebenfalls durch jede Kolonie hindurchlief. In jeder Kolonie nahmen wir die Warnrufe verschiedener Präriehunde auf. Da wir in jeder Kolonie denselben Menschen und denselben Hund benutzten, erwarteten wir wenig Unterschiede bei den Warnrufen der verschiedenen Präriehunde für jede Kategorie, zum Beispiel für den Menschen, wenn es wirklich so war, daß die Präriehunde individuelle Züge der Raubtiere beschrieben. Andererseits, wenn die Unterschiede hauptsächlich auf den verschiedenen Stimmen der Präriehunde beruhten, müßten wir immer noch bedeutende Unterschiede in den Rufen erkennen können.

Zu meinem Erstaunen verschwanden die Unterschiede, die wir zuvor innerhalb einer Kolonie aufgezeichnet hatten, so gut wie vollständig. Wir hatten immer noch zwei deutlich verschiedene Warnsignale, eines für den Menschen und eines für den Hund. Doch innerhalb einer Kolonie sahen wir praktisch keine Unterschiede, was den Ruf der einzelnen Präriehunde beim Menschen anging. Ebenso gab es fast keine Unterschiede bei den Warnrufen beim Erscheinen des Hundes. Das Experiment legte ganz deutlich nahe, daß die Präriehunde beschreibende Informationen über die physischen Merkmale des Menschen und des Haushundes in ihre Rufe einarbeiteten.

Das Experiment belohnte mich auch auf eine unerwartete Weise: Es zeigte, daß Präriehunde aus verschiedenen Kolonien »Mensch« und »Hund« unterschiedlich aussprachen. Die beiden Kolonien, die am weitesten voneinander entfernt lagen, nämlich etwa 20 Kilometer, wiesen dabei starke Unterschiede in der Aussprache auf, vergleichbar mit regionalen Dialekten bei Menschen. Kolonien, die relativ nahe beieinander lagen, nur etwa ein bis zwei Kilometer entfernt, zeigten dagegen eine ziemlich ähnliche Aussprache. Das deutete darauf hin, daß Jungtiere die Rufe möglicherweise von ihren Eltern lernten und nicht aufgrund eines genetisch bestimmten Instinktes geprägt waren, auf ganz bestimmte Art zu rufen.

All dies war sehr interessant, aber wir mußten noch immer ein ganz zentrales Experiment durchführen. Wir mußten zeigen, daß die Präriehunde tatsächlich echte Informationen über die verschiedenen Raubtiere, die sie sahen, an andere Präriehunde weitergaben. Bis jetzt hatten wir nur gezeigt, daß sie den Unterschied zwischen Habichten, Menschen, Kojoten und Haushunden erkennen konnten, und daß sie als Reaktion auf das jeweilige Raubtier in der Lage waren, unterschiedliche Warnrufe zu erzeugen. Aber konnten die anderen Präriehunde diese verschiedenen Warnsignale wirklich verstehen? Wir mußten nachweisen, daß jeder Warnruf genügend spezifische Informationen über jedes Raubtier enthielt, so daß die Präriehunde, die ihn hörten, entsprechende Maßnahmen ergreifen konnten, um der Gefahr zu entrinnen.

Um das zu testen, filmten wir zunächst in einer Kolonie die Fluchtreaktionen von Präriehunden auf ihre natürlichen Feinde. Wir stellten fest, daß jede Raubtierart eine andere Fluchtreaktion auslöste. Erschien ein Mensch in der Nähe der Kolonie, rannten die Präriehunde alle zu ihrem Bau, sprangen hinein und kamen dann wieder halb heraus, um beobachten zu können, wo der Mensch hinging. Stürzte sich ein Habicht auf eine Kolonie herab, rannten alle Präriehunde, die sich in der Flugbahn des Habichts befanden, zu ihrem Bau, sprangen hinein und kamen danach aber nicht wieder halb heraus. Präriehunde, die sich nicht in der Flugbahn des herabstürzenden Habichts befanden, stellten sich auf die Hinterbeine und gafften, wie Zuschauer bei einem Unfall, um zu sehen, ob der Habicht irgend jemanden erwischt hatte. Erschien ein Kojote, rannten die Präriehunde alle zu den Eingängen ihres Baus, stellten sich auf die Hinterbeine und beobachteten den Kojoten ganz genau. Tauchte ein gewöhnlicher Hund auf, stellten sich die Präriehunde da, wo sie gerade fraßen, auf die Hinterbeine und beobachteten den Hund. Sie machten sich nicht die Mühe, zu ihrem Bau zu rennen, es sei denn, der Hund kam auf etwa zehn Meter an sie heran.

Diese Unterschiede im Fluchtverhalten erlaubten es uns, Experimente mit unseren Aufnahmen zu machen. Wir versteckten mitten in der Kolonie Lautsprecher im Gras, und am Rande der Kolonie bauten wir, unsichtbar für die Präriehunde, unsere Videokamera und unser Tonbandgerät auf. Dann spielten wir die verschiedenen Warnrufe auf die unterschiedlichen Raubtiere über die Lautsprecher ab und filmten die Reaktionen der Präriehunde auf diese Rufe.

Wie erwartet benutzten die Präriehunde die angemessenen Fluchtreaktionen auf die unterschiedlichen Warnrufe. Obgleich kein Raubtier zu sehen war, rannten sie zu ihrem Bau, als wir ihnen den Warnruf bei Kojoten vorspielten, und bei dem Warnruf »Mensch« rannten sie zu ihrem Bau und sprangen hinein. Spielten wir den Warnruf bei Hunden, stellten sie sich da, wo sie gerade waren, auf die Hinterbeine, rannten aber nicht fort. Das zeigte uns, daß die Präriehunde bei verschiedenen Raubtieren tatsächlich nicht nur unterschiedliche Warnsignale produzierten, sondern diese Unterschiede auch anderen Präriehunden erfolgreich übermittelten.

Wir hatten also ein recht weit entwickeltes Kommunikationssystem entdeckt. Die einzige Spezies, die ein ähnliches System von Stimmkommunikation besitzt, ist die südafrikanische Meerkatze. Diese Affenart lebt in der Baumsteppe Ostafrikas. Dort sind die Meerkatzen Beutetiere für Adler, Leoparden und Pythonschlangen. Wie unsere Präriehunde können auch die Meerkatzen die Ankunft verschiedener Raubtiere signalisieren, indem sie unterschiedliche Warnrufe ausstoßen. Und ebenso wie die Präriehunde zeigen sie bei jedem Raubtier ein anderes Fluchtverhalten. Solch ein hoher Entwicklungsstand scheint einer Affenart angemessen, doch hatten wir etwas Derartiges nicht von einem Nagetier wie dem Präriehund erwartet, den die meisten Leute im Abendland für einen blöden Schädling, für Ungeziefer halten.

Wir fanden jedoch schnell heraus, daß der Entwicklungsstand der Präriehunde den der afrikanischen Meerkatzen sogar noch übertraf. Wir waren neugierig, welche Einzelheiten über das jeweilige Raubtier die Präriehunde einander wohl mitteilten, und um das herauszufinden machten wir einige weitere Experimente. Bei einem Experiment benutzten wir vier Menschen, zwei Männer und zwei Frauen, die unabhängig voneinander durch die Kolonie der Präriehunde gingen. Sie trugen verschiedenfarbige T-Shirts – wir wußten aus früheren Untersuchungen, daß Präriehunde Farben sehr gut sehen können. Sonst waren alle gleich angezogen. Alle trugen Blue Jeans und eine dunkle Sonnenbrille. Sehr zu unserem Erstaunen konnten die Präriehunde die einzelnen Personen voneinander unterscheiden. Obgleich alle den Warnruf »Mensch« auslösten, war die Struktur dieser Signale abhängig von der Farbe des T-Shirts, das jeder einzelne trug. Bei einem dritten Experiment nahmen wir zwei dieser Versuchspersonen, nur trugen sie jedesmal ein anderes der beiden T-Shirts – eines war orange, das andere grau. Und wieder konnten die Präriehunde die beiden Menschen auseinanderhalten. Wir konnten sogar den Teil des Warnrufes identifizieren, der den Code für das jeweilige T-Shirt enthielt.

Diese Ergebnisse veranlaßten uns, ein Experiment mit Hunden unterschiedlicher Größe und Farbe durchzuführen. Wie bei dem Experiment mit den Menschen, die verschiedene T-Shirts trugen, ließen wir die Hunde einzeln und mit jeweils verschiedenfarbiger »Kleidung« durch die Kolonie laufen und nahmen die Warnrufe auf. Die Ergebnisse entsprachen denen bei den Menschen. Die Präriehunde konnten jeden einzelnen Hund erkennen und beschreibende Informationen über ihn in ihren Warnruf aufnehmen. Wir fanden heraus, daß die Präriehunde Informationen über die Größe und Form des jeweiligen Hundes übermittelten, aber auch über ihre Farbe. Diese Fähigkeit war wirklich eine Überraschung.

Vom Standpunkt der Evolution und Ökologie aus gesehen ist es vollkommen sinnvoll für Präriehunde, daß sie individuelle Raubtiere beschreiben können. Ihr ganzes Leben sind die Präriehunde an ein Stück Land gebunden. Tag für Tag, Monat für Monat kommen dieselben individuellen Raubtiere vorbei – beispielsweise Kojoten. Diese Raubtiere haben ganz unterschiedliche, individuelle Jagdgewohnheiten. Manche Kojoten gehen durch eine Kolonie und tun so, als bemerkten sie die Präriehunde gar nicht, die da an den Eingängen zu ihrem Bau auf ihren Hinterbeinen stehen. Entdecken sie dann ein Tier, das auch nur einen einzigen Augenblick wegschaut, springen sie darauf zu, um es zu schnappen, ehe es im Bau verschwinden kann. Andere Kojoten gehen auf einen Bau zu, legen sich daneben hin und warten, manchmal eine Stunde lang. Wird es einem Präriehund unter der Erde langweilig und streckt er seinen Kopf aus dem Bau um zu sehen, ob die Luft rein ist, springt der Kojote auf und schnappt sich das Tier. Indem die Präriehunde die individuellen Merkmale eines Raubtieres beschreiben, können sie Informationen über die einzelnen Jagdgewohnheiten übermitteln: dieser Kojote sitzt da und wartet, jener greift direkt an. Zu weiteren Unterschieden zwischen den einzelnen Raubtieren mag gehören, ob es sich um ausgewachsene oder Jungtiere handelt, Anwohner oder Besucher. Alle diese Informationen können in den Warnruf eingebaut werden.

Zusätzlich zu den Warnrufen äußern Präriehunde eine Anzahl von Lauten, die wir gesellschaftliches Schwatzen nennen. Ein Präriehund kann mitten im Fressen innehalten, sich auf die Hinterbeine stellen und eine Serie schneller, abgehackter Töne produzieren, oft auch mit unterschiedlichen Tonhöhen. Ein anderer Präriehund irgendwo in der Kolonie reagiert darauf mit einer etwas anderen Serie von Plapperlauten. Enthält dieses Geplapper sinnvolle Informationen, die ein Präriehund einem anderen übermittelt? Wir wissen es nicht. Wir haben keinen Schlüssel, mit dem wir diese Laute dekodieren könnten. Möglicherweise drücken diese Töne einfach die innere Stimmung eines Präriehundes aus und enthalten keine sinnvollen Informationen. Es könnte sich aber auch um Bemerkungen darüber handeln, wie schön der Tag sei.

Eines jedoch wissen wir: Dieses Geplapper folgt einer ganz bestimmten Syntax. Die einzelnen Laute haben keine willkürliche Reihenfolge, sondern ein Muster, so wie die Sätze der menschlichen Sprache. Es gibt neun unterschiedliche »Worte«, die wir identifizieren und beschreiben können. Diese Worte werden keineswegs willkürlich benutzt, vergleichbar mit den Worten in einem menschlichen Satz. Einige dieser Worte werden immer am Anfang, andere immer am Ende eines »Gespräches« benutzt. Wieder andere Worte tauchen stets in der Mitte auf. Gegenwärtig untersuchen wir den Verhaltenskontext, in dem dieses Geplapper stattfindet, um weitere Hinweise auf dessen Bedeutung zu bekommen.

Diese Nagetiere haben uns viel über die sprachlichen Fähigkeiten der Tiere zu sagen. Doch wird es immer schwieriger für uns, Kolonien zu finden, die von dem Treiben der Menschen ungestört sind. Die bestehenden Kolonien verschwinden mit rasanter Geschwindigkeit aufgrund des Triumvirats der ökologischen Katastrophe: Vergiftung, Bejagung und Zerstörung des Lebensraumes. Eine Kolonie nach der anderen, die wir untersuchen wollten, wird systematisch vergiftet oder zugunsten von Wohnsilos oder Einkaufszentren zerstört. Selbst Kolonien, die sich auf dem Land des Bundes befinden und deshalb vor der Vergiftung und Zerstörung geschützt sind, werden häufig von Jägern ausgerottet.

In dieser Hinsicht unterscheidet sich das Schicksal unserer Kolonien nicht sehr von dem der gesamten Spezies Präriehund in Nordamerika. In der Vergangenheit lebten die Präriehunde überall dort, wo einst die großen Büffelherden weideten. Tausende von Quadratkilometern offenes Weideland wurden von riesigen Kolonien von Präriehunden bevölkert. Heute sind die einst ausgedehnten Kolonien zu kleinen, verstreuten Resten geschrumpft. Ausrottungsprogramme von einzelnen Staaten und Bundesbehörden haben seit Anfang des Jahrhunderts das von Präriehunden bewohnte Land um 98 Prozent reduziert! Diese Ausrottungsprogramme werden in der Regel aufgrund der falschen Annahme durchgeführt, Präriehunde seien zu starke Nahrungskonkurrenten für Viehherden. Neueste Forschungen haben nämlich ergeben, daß sich das Futter für Präriehunde und Rinder nur zu etwa vier bis sieben Prozent überschneidet, und daß Rinder es sogar vorziehen, bei Präriehund-Kolonien zu weiden. Denn diese nagen die Pflanzen ab, was dazu führt, daß neue zarte und nahrhafte Triebe wachsen, die die Kühe gerne fressen. Trotzdem tritt die Lobby der Viehzüchter sehr stark für diese Ausrottungsprogramme ein, meist auf Kosten der Steuerzahler.

Eine andere Ursache für das langsame Aussterben der Präriehunde ist die Jagd. Jäger haben offenbar sehr viel Spaß daran, diese Tiere zu schießen. Bei organisierten Jagden, beispielsweise in Colorado, werden Tausende dieser Tiere abgeschlachtet. Und da Präriehunde im allgemeinen von den Behörden als Ungeziefer angesehen werden, kann man sie zu jeder Jahreszeit rücksichtslos jagen, wenn man einen Jagdschein besitzt. Ein Jäger erzählte uns, daß er Präriehunde zum Üben schießen würde, damit er andere größere Tiere wie Rehe und Elche sauberer und menschlicher töten könnte. Viele dieser Jäger, die aus scheinbar humanitären Gründen schießen, machen sich nicht einmal die Mühe, in den Kolonien nach den Auswirkungen ihrer Bemühungen zu schauen – verwundete Präriehunde bleiben einfach liegen und sterben einen langsamen und qualvollen Tod. Ein anderer Jäger erzählte mir, das Schießen von Präriehunden sei eine angenehme Samstagnachmittagsbeschäftigung.

Die Zerstörung ihres Lebensraumes ist eine weitere Ursache für ihr Sterben. Die Städte im Westen dehnen sich immer weiter aus, und immer mehr Wohnsilos und Einkaufszentren werden gebaut, meist auf flachen Wiesen, die von Präriehunden besiedelt werden. In Gebieten, in denen die Präriehunde ihren Winterschlaf halten, fängt das Bauen meist dann an, wenn die Tiere noch im Winterschlaf liegen, so daß sie und ihre Kolonien oft von riesigen Maschinen untergepflügt und in gewaltigen

Zementgräbern unter den Parkplätzen der Einkaufszentren eingeschlossen werden.

Dennoch besitzen Präriehunde eine Schlüsselfunktion für die Ökologie des Weidelandes des Westens. Zum einen sind sie Beutetiere für viele Raubtierarten. Zum andern bieten die Präriehund-Kolonien einen Lebensraum für ungefähr 170 verschiedene Arten von Tieren. Weideland, das von Präriehunden bewohnt wird, besitzt eine größere Artenvielfalt von Wirbellosen und Wirbeltieren als vergleichbare andere Weidegebiete, ebenso eine größere Vogeldichte. Präriehunde bevorzugen einheimische Pflanzennahrung, sie praktizieren also eine Art »Landwirtschaft«, indem sie die ungeliebten, nicht einheimischen Unkräuter vernichten und nur die einheimischen Grasarten wachsen lassen. Weidendes Vieh dagegen fördert das Wachstum von Unkraut und nicht von einheimischen Pflanzenarten. Besonders dann, wenn die Weiden von mehr Tieren abgegrast werden, als das Land ernähren kann. Die Aktivitäten der Präriehunde fördern also das Wachstum einheimischer Grasarten und Pflanzen und helfen dabei, abgegraste Gegenden wieder zu der Mannigfaltigkeit einheimischer Vegetation zurückzubringen, die dort vorher existiert hatte.

Ironischerweise geben der Bund und der Staat Millionen von Dollars dafür aus, den Schwarzfußiltis vor dem Aussterben zu retten, während gleichzeitig deren wichtigstes Beutetier, der Präriehund, systematisch ausgerottet wird. Nach einer Schätzung kostete 1991 das Programm zur Nachzüchtung und Wiederansiedlung des Schwarzfußiltis rund 1,5 Millionen Dollar. Dabei wurde nur ein einziger Ort pro Jahr neu besiedelt. Aber der Schwarzfußiltis lebt fast ausschließlich von Präriehunden. Unlängst hat sich der Fish and Wildlife Service, Region 6, der Vereinigten Staaten geweigert, die Präriehunde auf die Liste der vom Aussterben bedrohten Tierarten zu setzen, wahrscheinlich wegen des politischen Drucks von seiten der Viehzüchter-, Landwirtschaft- und Jäger-Lobbies. Wären sie auf die Liste gekommen, hätte damit das Ausrottungsprogramm aufgehört, und die Präriehund-Populationen hätten die Möglichkeit gehabt, sich zu erholen.

Wir können von den Präriehunden sehr viel über die Sprache der Tiere lernen. Aber wir haben nicht mehr viel Zeit. Wir Menschen töten und rotten diese Tiere mit rasender und verrückter Geschwindigkeit aus. Ein Tier, das eine der höchstentwickelten Lautsprachen besitzt, die die Wissenschaft kennt, und zugleich ein sehr wesentliches Element des Ökosystems der Weidelandschaft ist, wird vielleicht schon bald der Spur der Wandertauben gefolgt und ausgestorben sein.

Michael W. Fox

Der Kuß des Salamanders

Tiere besitzen tiefgründige und durchaus reale Kräfte, auch wenn diese von unserer modernen technokratischen Gesellschaft als reiner Aberglaube abgewertet werden. Menschen, die behaupten, daß sie aus dieser Quelle Kraft schöpfen und Respekt vor den angeborenen Eigenschaften haben, die manche die Geschenke oder Segnungen der Tiere nennen, werden entweder als primitiv oder heidnisch bezeichnet oder gar als Hexen, verrückte Schamanen, Perverse oder schlichtweg als geisteskrank abgeurteilt.

Menschen, die, wenn auch allzu oft nur unterschwellig, die Kräfte der Tiere würdigen, werden nicht nur mit bestimmten Tieren schlafen und träumen, sondern sie auch ehren. Ehrfurcht schließt Tiere mit ein, denn sie haben Anteil an der heilen Gesamtheit und göttlichen Heiligkeit der Schöpfung. Daß man manche Kreaturen zähmt und deshalb als Geschöpfe der Menschen ansieht, spielt dabei keine Rolle, denn ihre Heilheit, ihre Heiligkeit bleibt bestehen, außer für die, die sie anders wahrnehmen.

Vor dreißig Jahren erzählte mir ein Ire in einem englischen Pub von einem alten keltischen Mythos: »Wer einen Salamander geküßt hat, den kann kein Feuer verletzen.« Der betrunkene Erzähler nahm einen Schürhaken, den er im Feuer erhitzt hatte, und hielt das rotglühende Ende nahe an seine Zunge. »Wenn ich einen Salamander geküßt hätte«, sagte er, »könnte ich mir meine Zunge damit nicht verbrennen.«

Die Sage stammte aus einer Zeit, als die Menschen noch im Einklang mit der Natur lebten wie die Bauern- und Jäger-Sammler-Gemeinschaften des alten Irland und der meisten Teile des alten Europa. Die Menschen küßten einen Salamander nicht, um magische Kräfte zu erlangen, sondern aus Ehrfurcht und Respekt.

Im Sommer 1990 war ich mit meiner sechs Jahre alten Tochter Mara auf dem Rückweg durch das Wäldchen hinter unserem Haus. Wir hatten uns gemeinsam eine alte, hohle Eiche angesehen, und ich sagte zu Mara: »Wenn wir still sind und ein bißchen Glück haben, finden wir vielleicht eine Ringelnatter.«

Ich fand die Schlange schneller als erwartet und hoffte, sie würde sich von mir in die Hand nehmen lassen. Sanft und voll Ehrfurcht hob ich sie auf, und die Schlange ringelte sich langsam um meine Hand und starrte mich an. Ihre gespaltene Zunge schnellte aus ihrem geöffneten Maul, sie züngelte, um mich und meine Absichten zu erforschen. »Keine Angst« sagte ich zu Mara, »diese Schlange ist nicht giftig, sie frißt nur Insekten und Eidechsen. Ihre Haut ist nicht schleimig, sondern glatt, sie glänzt und ist wunderschön.« Ich machte meine Tochter auf die Augen der Schlange aufmerksam, in denen sich, obwohl sie starr blickten, Bewußtsein widerspiegelte. Und ich erklärte ihr, daß die Schlange mit ihrer Zunge riechen und schmecken könne, ohne uns dabei richtig zu berühren.

Dann fragte ich sie, ob sie Frau Schlange halten wolle, und Mara nahm das Tier vorsichtig in ihre Hand. Ich wandte mich ab und ließ sie einen Augenblick allein. In diesem Moment schloß Mara ihre Augen und küßte die Waldschlange auf den Mund.

Dann war sie bereit, sich zu verabschieden. Ich trat vor, nahm ihr die Schlange ab und küßte sie ebenfalls. Danach setzte ich sie auf den Boden und ließ sie frei, voll Dankbarkeit und mit unseren besten Wünschen für ihr Leben im Wald.

Gleich neben dem Wald gibt es eine Straße mit Häusern und künstlichen Rasenflächen. Der Bach, der durch den Wald fließt, ist ebenso verseucht wie der Säureregen, der auf ihn herabfällt: Alles ist verseucht mit Pestiziden und Unkrautvernichtungsmitteln und den Resten giftiger Schwermetalle, die von den Straßen von Washington DC hereinsickern.

Wir haben in diesem Wald bisher noch keinen Salamander gefunden. Ein Freund entdeckte neulich eine Dosenschildkröte und ein von einer Katze zerrissenes Beutelrattenbaby, das auch meine tierärztlichen Künste nicht wiederbeleben konnten. Und ich traf auf einen Einsiedler – ich konnte ihn bereits riechen, bevor ich ihn sah –, der auf dem stinkenden Haufen seines eigenen Abfalls lebte. Er trug ein langes grünes Armeetuch, in das er sich wie in einen Schal eingewickelt hatte. Aber er wußte nicht, ob es dort, wo er lebte, Salamander gab, oder Schlangen oder Schildkröten. Vielleicht brauchte er andere, die ihn küßten. Aber ich hatte keine Zeit wegen des Waldsterbens und des Gedankens, daß bald kein Kind mehr die Gelegenheit haben würde, eine wilde Schlange zu küssen.

Es ist unwesentlich, ob der Kuß eines Salamanders wissenschaftlich oder medizinisch widerlegt wird. Es besteht lediglich ein gradueller, kein wesentlicher oder rationaler Unterschied zwischen der materiellen, physischen Realität und der geistigen, metaphysischen Wirklichkeit. Aber eine intuitive und einfühlsame Verbindung beider Realitäten wird, zugunsten einer dualistischen Welt der kartesischen Wissenschaft und mechanistischen Medizin, als Illusion zurückgewiesen.

Für die Wissenschaft bedeutet es nichts, daß Menschen, die eine Kröte küssen, Gott sehen können, oder Engel und Dämonen, da Untersuchungen gezeigt haben, daß diese Kröten ein sehr wirksames Halluzinogen mit dem Schleim ihrer Haut absondern. Es ist etwas vollkommen anders, ob man eine Kröte ableckt, um high zu werden (oder sich Krötenschleim mit einem Einlauf zuzuführen, wie es die Azteken nachweislich taten, um Visionen zu bekommen) oder ob man einen Salamander küßt, um spirituelle Macht zu bekommen, oder eine Ringelnatter aus Liebe und Respekt.

Im Sommer 1960 küßte ich den berühmten Blarney-Stein in Irland. Ich war dort mit meinen Eltern in den Ferien und paukte für mein Abschlußexamen im Herbst am Royal Veterinary College in London. Mein Vater fuhr seine gebrauchte Austin-Limousine, und meine Mutter machte uns auf die Schönheit entlang der ruhigen Straße aufmerksam.

Nach einer irischen Legende erlangen diejenigen, die den Blarney-Stein küssen, die Kraft, überzeugend zu sprechen (deshalb wird ein religiöser Fanatiker häufig »voll von Blarney« genannt). Als ich den Blarney-Stein küßte, wünschte ich mir, die Kraft des Steines möge mich segnen, damit ich das Leiden der Tierwelt lindern könne. Vielleicht bin ich aber doch nur *voll von Blarney*.

In vielen Mythen des alten Europa spielen Steine eine große Rolle. Der Stein, aus dem König Arthur das Schwert Merlins zog, erzählt eine Geschichte. Viele Edelmänner und Kriegsherren von nah und fern versuchten, jenes Schwert herauszuziehen, das durch Zauberkräfte in dem Stein festgehalten wurde. Die Kraft des Steines konnte nur derjenige überwinden, der die Zauberkraft des Schwertes Excalibur dazu verwenden würde, den verwüsteten Lehen der späten Eisenzeit und den rivalisierenden Königtümern Avalons und seinem Hinterland Frieden, Gerechtigkeit und Einheit zu bringen; und nicht um Kriege zu führen, sei es aus Vergeltung oder um sich selbst zu erhöhen.

Die Kräfte der Natur, der Felsen, Bäume und Tiere, wurden von unseren Vorfahren seit Urzeiten gefeiert. Unsere Ahnen waren jedoch keineswegs primitiver als wir. Denn sie sehnten sich nicht nach der Macht, das Leben in seinen Abläufen so zu kontrollieren und auszubeuten wie wir, ihre angeblich »zivilisierteren« Nachfahren. Warum? Vielleicht weil sie weniger unsicher waren. Es gab damals weitaus weniger Menschen als heute, und sie hatten ihre unmittelbare Umgebung und ihre Ressourcen noch nicht erschlossen. Unsere Vorfahren machten sich nicht von einer Technologie abhängig, um ihre Ressourcen noch gieriger und verzweifelter ausbeuten zu können.

Einige nennen diese Ära das Goldene Zeitalter. Während dieser Epoche waren die Menschen überwiegend Sammler und Jäger. Damals waren wir vertraut mit den Kräften der Natur und der Tiere, den Segnungen und Geschenken, die in Legenden und Mythen von einer Generation an die nächste weitergegeben wurden. Diese Mythen wurden verschiedentlich romantisiert, objektiv analysiert und als heidnischer, abergläubischer Animismus, primitiver Totemismus und irrationaler Unsinn diskutiert.

Unsere Vorfahren waren voll Ehrfurcht vor den Kräften und Segnungen der Tiere. Wer zu dieser Weltanschauung zurückkehrt, wird als Ketzer verurteilt, als Anhänger einer heidnischen Ideologie und Götzenverehrung und daher als Verehrer des Teufels. Aber der Teufel – läßt man einmal alles christliche Beiwerk bei Seite – ist Pan, der gehörnte heidnische Gott, der sich um wilde wie zahme Geschöpfe kümmerte und alle mit *panischer Angst* erfüllte, die getrennt waren von und deshalb Angst hatten vor allem Wilden (Unzivilisierten), Bestialischen (Unmenschlichen) und anscheinend Nicht-rationalen.

Tiere sind authentisch und verkörpern diese Echtheit geradezu. Sie spiegeln unseren eigenen diesbezüglichen Mangel, unsere künstlichen Erfindungen und selbstsüchtigen Täuschungen.

Wenn wir anfangen, Schlangen und Spinnen zu akzeptieren und die ihnen innewohnende Göttlichkeit und ihren Platz in dem Ganzen zu sehen, dann können wir auch uns selbst wieder akzeptieren. Aber einigen Kindern wird beigebracht, vor diesen Kreaturen Angst zu haben und sie zu vernichten. Nur selten lernen sie, sie zu ehren und wirklich zu verstehen. Denn anders kann man ihre Rolle in dem Ganzen nicht erkennen.

Wilde wie gezähmte Tiere drücken Emotionen in einer Weise aus, die unserem eigenen Ausdruck von Gefühlen sehr nahe kommt. Sie können weinen und sich bei Schmerzen winden, sich zusammenrollen, wenn sie Angst haben, herumstolzieren und sich aufblasen, wenn sie selbstbewußt sind, und bei tiefer Befriedigung ihre Augen schließen oder gar zufrieden stöhnen. Wir teilen mit ihnen diese subjektiven Zustände und Ausdrucksweisen. Tiere spiegeln unsere Tiernatur.

Je klarer wir in diesen Spiegel schauen, den Staub der Jahrhunderte abwischen, ihn befreien von der karmischen Asche menschlichen Egoismus, um so eher bekommen wir Zugang zu den Geschenken und Kräften der Tiere. Gingen wir in einen Zoo und schauten uns die Tiere in solch einem Spiegel an, was würden wir sehen? Nackt, vor einem sehr großen Spiegel, sehen wir die Macht und arktische Aura des Polarbären; den Willen und die Weisheit des Wolfes; die Behendigkeit und Wachheit des Rehs. Aber wenn wir uns selbst ansehen, nackt, vor solch einem Spiegel, was sehen wir dann? Die Tierkräfte helfen uns wieder loszulassen, wir selbst zu sein, authentisch und natürlich. Vergleichen wir die Anmut, Vollkommenheit und Würde der Tiere mit unserem eigenen Spiegelbild, dann sehen wir die Unstimmigkeit und denken über die Wirklichkeit unserer Unterlegenheit nach. Das geht so lange, bis wir unsere Ängste und Überheblichkeit abgeschüttelt haben und in einer Weise stehen, gehen und reden, die ein wirklich menschliches Wesen wählen, anerkennen und freudig genießen würde.

Der Schneeleopard

Der Schneeleopard hat ein grauweißes Fell mit dunklen Leoparden-
flecken, mit verstreuten großen, offenen Rosetten und einen Schwanz,
der beinahe so lang ist wie sein ganzer Körper. Er lebt in den Bergen
Zentralasiens. Sein Verbreitungsgebiet umfaßt zwölf Länder, einschließlich der fast fünftausend Kilometer langen Gebirgskette des Himalaja in
Nepal, Indien, Bhutan und China sowie der windgepeitschten Hügel
der Mongolei und der steilen Hänge von Tien Shan in der ehemaligen
UdSSR. Obwohl sie nur knapp fünfzig Kilo wiegen, können Schneeleoparden wilde Schafe töten, die dreimal so schwer sind. Sie haben sehr
große Vorderpfoten, einen kurzen »heraldischen Kopf« und stehen in
dem Ruf, geschickte Jäger zu sein, die sich meisterhaft auf schmalen
Felsvorsprüngen bewegen können.

Unsere Untersuchungen an diesen Tieren glichen dem Versuch, einen
Geist zu finden, der in der frostigen Nacht des Himalaja immer wieder
an unseren Zelten vorbeischlich und uns doch nie mehr als einen flüchtigen Blick erhaschen ließ: während all der Monate, die wir in dem un-
bewohnten Langu-Tal verbrachten, sahen wir die Katze nur achtzehn-
mal.

Tiere haben eine besondere Art, uns zu überraschen: Je mehr Informationen man über ihr Verhalten und ihre Natur sammelt, um so mehr erkennt man, wie mager diese Informationen über ihre Welt wirklich
sind. Je schwerer faßbar das Tier, um so mehr fühlt man sich heraus-
gefordert. Die Frustration weicht einer ungeheuren Bewunderung.

Der Wissenschaft wurde *Uncia uncia*, so der heutige wissenschaftliche
Name des Schneeleoparden, bereits 1779 von dem deutschen Biologen
Peter Pallas vorgestellt.

Man schenkte der großen Katze jedoch keine Aufmerksamkeit, bis
George B. Schaller, einer der führenden naturwissenschaftlichen Feldforscher, nach Pakistan reiste, um dort die Tiere des Himalaja zu erforschen. Er schrieb: »Ich wagte mich in die Berge, in der Hoffnung, den
Schneeleoparden zu untersuchen, doch meine Versuche schlugen fehl,
da er sich geradezu widernatürlich meinen Bemühungen entzog, ihn zu
beobachten.« Schaller gab den Wilderern die Schuld, sie hatten die
Schneeleoparden bis auf wenige Exemplare ausgerottet, und er beklagte

die Habsucht und Ignoranz der Menschen, die die Berge in »Steine des Schweigens« verwandelten.

Als mein Interesse an diesen geheimnisvollen Tieren des Himalaja erwachte, nahm ihr so unglaublich beeindruckender Lebensraum, diese atemberaubend schöne Landschaft, meine Phantasie gefangen und entzündete meinen Forschungsenthusiasmus. George Schaller, so vermutete ich, war nur deshalb nicht erfolgreich gewesen, weil er für seine Beobachtungen unglücklicherweise den falschen Ort ausgewählt hatte. Ich mußte also nur »den weißen Fleck auf der Landkarte« finden, so weit vom menschlichen Treiben – dem Wildern – entfernt wie möglich. Das Fell eines Schneeleoparden machte die Jäger nicht nur reich, sondern unterstützte auch einen lukrativen Schwarzmarkt für wertvolle Pelzmäntel. Ich kam frisch von der Universität und glaubte fest daran, man könne den Schneeleoparden bei sorgfältiger Anwendung wissenschaftlicher Methoden und Geräte ausfindig machen: Halsbänder, die Radiosignale aussenden, genaue Karten ihres Lebensraumes, direkte und indirekte Beobachtungen im Feld – vorausgesetzt, man hätte genügend Zeit und Geduld. Obwohl Schneeleoparden das Blauschaf jagen, das so typisch ist für das tibetische Hochplateau und die angrenzenden Gebiete, gleichen sie dem Berglöwen des amerikanischen Westens, dessen versteckte Lebensweise vor kurzem durch intensive Forschungen aufgedeckt wurde. Ich dachte, ich müßte also lediglich Gelder auftreiben, eine Ausrüstung zum Aufspüren der Tiere mittels Radiosignalen kaufen sowie einen Daunenschlafsack und Parka, und mich dann mit der Frau, die ich gerade kennengelernt hatte, auf den Weg machen. Heute, fast 15 Jahre später, erkenne ich rückblickend, wie einfach ich mir doch die ganze Sache vorgestellt hatte, aber zugleich auch, wie wenig wir auch heute noch von diesem geheimnisvollen, schwer faßbaren Geschöpf wissen. Die fünf Jahre, die Darla Hillard und ich in der Wildnis des Himalaja damit verbrachten, diesen »Geist der Himalajanächte« zu studieren, vergrößerten meinen Respekt und meine Bewunderung für die Schneeleoparden. Sie legten den Grundstein für meine andauernden Bemühungen, die wunderbare Welt der Tiere in den herrlichen Bergen Asiens und ihre natürliche Artenvielfalt zu erhalten. Es gelang uns, die ersten detaillierten Informationen über das Verhalten und die Ökologie dieser Tierart zu beschaffen – ein Wissen, das man unbedingt braucht, um eine Art vor dem Aussterben retten zu können. Im nachhinein wird mir bewußt, daß wir durch das Studium der Schneeleoparden wesentlich mehr über uns selbst erfuhren als die bloßen Tatsachen, die wir in Aufsätzen veröffentlichten.

Es dauerte beinahe fünf Jahre, bis wir die nötige finanzielle Unterstützung erhielten. Als Forschungsgebiet hatte ich die Schlucht des Langu im wilden Westen von Nepal ausgewählt, entlang der Hänge des Kanjiroba Himal, eines mit siebentausend Metern fast bescheidenen Gipfels. Darla und ich brachen im Oktober auf. Wir glaubten, man könne Schneeleoparden am besten im Winter beobachten, wenn ihre Spuren im Schnee leicht zu finden sind. Nachdem wir scheinbar endlose bürokratische und logistische Schwierigkeiten überwunden und sechs Wochen Fußmarsch überstanden hatten, erreichten wir schließlich das entlegene Bergdorf Dalphu. Es war der härteste Winter seit Menschengedenken, und so konnten wir fast zwei Monate lang unser Zelt kaum verlassen. Schließlich waren wir doch in der Lage, ins Zentrum unseres Forschungsgebietes vorzudringen und unsere Fallen aufzustellen. Der kaum erkennbare Weg verlief an den jäh abfallenden Hängen der Langu-Schlucht entlang und folgte den jahrhundertealten Pfaden der Blauschafe und Himalaja-Tahre (einzigartige Huftiere, die nur im Lebensraum der Schneeleoparden vorkommen). Hier und da hatten die ansässigen Bhotia Holzpfähle an die glatten Felswände gelehnt, die man zum Hochklettern benutzen konnte. Immer wieder stürzten fußballgroße Steine von oben herunter. Darla und ich waren mit einem Seil verbunden. Natürlich fehlte uns die Bergsteigererfahrung und die Geschicklichkeit der Bhotia-Träger, die unsere Ausrüstung transportierten. Sie lachten uns aus, wenn wir uns mit gebeugten Knien an die Felsen klammerten. 14 Jahre junge Kinder und alte Großmütter überholten uns, bepackt mit 30 bis 50 Kilo schweren Lasten. Währenddessen lagen wir da wie erstarrte Salamander und fragten uns sorgenvoll, auf was wir uns da eingelassen hatten. Ich fragte mich, ob überhaupt irgendein Geschöpf in einem so schwierigen Gebiet leben und jagen könnte? Hatte der Druck der Wilderer, die den Schneeleoparden einfach nur seines Felles wegen töteten, ihn an den Rand seiner Existenz getrieben? Oder sind Schneeleoparden einfach gut angepaßt an ein Leben in Felsen und Steilhängen statt in sanfteren Alpentälern, in denen man im Winter eingeschneit ist? Wie finden einzelne Schneeleoparden in solch einem Labyrinth aus zerklüfteten Berghängen ihre Partner? Und was bringt einen Schneeleoparden dazu, sich physisch und sozial sicher zu fühlen?

Wir schlugen unser Lager in Dhukyell auf, wo in knapp 3000 Meter Höhe ein Seitenfluß in den Langu mündet. Dieser Ort wurde zu recht »Schwieriger Platz« genannt, war es hier zudem eisig kalt im Winter. Es war also nicht weiter erstaunlich, daß die Sonnenstrahlen unser Lager erst gegen Mittag erreichten, und auch das nur für 15 Minuten! Als ich Schrammen von Schneeleoparden am Rande der Steilklippe fand, war ich außer mir vor Freude. Ich begann, Lebendfallen aufzustellen und die Ausrüstung vorzubereiten, mit der wir hofften, einen Schneeleoparden fangen zu können. Wir würden ihm dann ein Radiohalsband umbinden und ihn wieder freilassen. Wir waren darauf vorbereitet, wenn nötig einige Monate lang zu warten, da die Katze auf wenige Meter an den Köder herankommen mußte, ehe sie ihn sehen konnte. Der Köder war eine alte Ziege, die wir im Dorf gekauft hatten.

Erstaunlicherweise besuchte ein großer männlicher Schneeleopard bereits in der ersten Nacht die Falle und verfing sich darin, als er sich an die angebundene Ziege heranpirschte. Ohne daß wir es sahen, gelang es der Ziege mit der Kraft der Verzweiflung, sich loszureißen und an einen sicheren Ort weiter unten zu flüchten.

Unsere nepalesischen Mitarbeiter, Darla und ich verbrachten die nächsten vier Jahre damit, fünf Schneeleoparden mit Radiohalsbändern über die zerklüfteten Felsen und hochgelegenen Grashänge des Langutales zu folgen. Dabei sammelten wir detaillierte Informationen über ihre Bewegungen, Jagdgewohnheiten, ihr Sozialverhalten, die Größe ihrer Gebiete und die charakteristischen Eigenschaften ihres Revierverhaltens. Unsere Untersuchungen sollten als Grundlage für alle späteren Forschungen dienen, ebenso für alle Maßnahmen zur Erhaltung dieser spektakulären Tierart und der gesamten natürlichen Artenvielfalt im Himalaja.

Vor vielen Jahrhunderten verwandelte sich der buddhistische Heilige Milarepa unter Anwendung des schwarzen Nyingma pa Tantra in einen Schneeleoparden, um seine Schüler zu verwirren.

Das Lied vom Schneegebirge erzählt diese Geschichte von Jetsun Milarepa, der in dem Ruf stand, er habe während seiner Meditation im Lapchital bösartige Dämonen und Geister besiegt. Dieses Tal liegt heute innerhalb des Qomolangma-Naturschutzgebietes an den Ausläufern des Mount Everest. Einmal machte sich Milarepa im Oktober mit sechs seiner Schüler auf den Weg zur »Großen Höhle des Sieges über die Dämonen«. Dort wollte er in vollkommener Isolation einige Monate lang meditieren. Auf ihrem Weg nach Hause gerieten seine Schüler in einen furchtbaren Sturm und schafften es kaum, sicher zurückzukommen. Es schneite ununterbrochen 18 Tage und Nächte lang und jeglicher Kontakt zwischen der Höhle und dem Dorf war für fast sechs Monate unterbrochen. So hatten sie keine Gelegenheit, ihren Guru regelmäßig mit Nahrungsmitteln und anderem lebensnotwendigem Gut zu versorgen.

In der Annahme, er hätte unmöglich überleben können, hielten seine Schüler das heilige Totenmahl. Sie konnten aber erst im tibetischen Monat Saga (Ende März) nach seiner Leiche suchen. Kurz vor der Höhle setzten sie sich nieder und ruhten sich lange aus. Plötzlich sahen sie in einiger Entfernung einen Schneeleoparden. Er gähnte und streckte sich, dann sprang er auf einen großen Felsen. Die Schüler beobachteten ihn eine lange Zeit, bis er schließlich verschwand. Dann wagten sie sich weiter. Sie erwarteten nicht einmal, Milarepas Leiche zu finden, denn sie waren davon überzeugt, daß der Schneeleopard seine sterblichen Überreste gefressen hatte. Voller Schmerz und Trauer fragten sie sich, ob wohl noch Reste seiner Kleidung oder Haare übrig wären. Als sie den Eingang der Höhle erreichten, bemerkten sie menschliche Fußspuren neben denen des Schneeleoparden. Das war ihnen ein Rätsel, und sie fragten sich verblüfft, ob es sich hierbei wohl um den Zaubertrick eines Geistes handelte. Dann hörten sie Milarepa singen, der beim Näherkommen mit ihnen schalt: »Ihr Bummler, ihr seid schon lange auf der anderen Seite des Berges angekommen. Warum habt ihr bis hierher so lange gebraucht? Das Essen war schon lange zubereitet und ist jetzt sicher kalt geworden. Macht schnell und kommt herein!« Die Schüler waren überglücklich und weinten und tanzten vor lauter Freude. Sie schauten sich in der Höhle um und sahen, daß das bißchen Mehl, das sie ihm vor sechs Monaten dagelassen hatten, noch nicht ganz aufgebraucht war. Und es erwartete sie dort ein Gericht aus Gerste, Reis und Fleisch für sechs Personen. Einer der Schüler rief aus: »Es ist in der Tat Zeit für uns zum Abendessen. Du mußt gewußt haben, daß wir kommen.« Und Milarepa erwiderte: »Als ich auf dem Fels saß, sah ich, wie ihr euch auf der anderen Seite des Passes ausruhtet.« Da meinte einer der Schüler: »Wir sahen dort einen Leoparden sitzen, aber nicht dich.« »Ich war der Leopard«, entgegnete Milarepa. Als Herr über die vier Elemente war es für ihn nicht schwierig, sich in jede beliebige körperliche Gestalt zu verwandeln.

Wie sehr wünschte ich mir, ich könnte die Gestalt eines Schneeleoparden annehmen, als ich aus unserer Tarnung heraus beobachtete, wie sie ihr Gebiet auf der Suche nach Nahrung und Partnern durchstreiften. Es wäre wesentlich produktiver gewesen, als einfach nur Fallen aufzustellen und darauf zu hoffen, daß sich ein armer Leopard darin verfangen würde, wir ihn vorübergehend betäuben und mit einem Radiosender versehen könnten. Es ist sehr schade, daß wir immer nur wenige bruchstückhafte Fakten, einen Ausschnitt aus der Wirklichkeit, erhalten. Das tatsächliche Verhalten der Katzen bleibt Spekulation, vielleicht sogar reine Phantasie. Schneeleoparden sind im wesentlichen Einzelgänger. Trotzdem sind sie deswegen nicht ungesellig. Im Gegenteil, sie haben ein bemerkenswertes Repertoire an Geruchssignalen und Zeichen, mit denen sie anderen ihre Gegenwart und Empfindungen mitteilen können. Sie brauchen einander nicht zu sehen, um zu wissen, ob sie weiteren Kontakt suchen oder vermeiden sollen. Ihre Geruchsorgane erreichen Dimensionen, die wir uns kaum vorstellen, geschweige denn erfahren können. Ein Großteil unseres sozialen Umgangs beruht auf direktem Kontakt, auf Aggression oder zumindest unverhohlener körperlicher Symbolik. Die subtilen Sinne des Schneeleoparden, der in vollkommener Harmonie mit seiner Umgebung lebt, fehlen uns. Der Schneeleopard ist der Inbegriff unsichtbarer Lebensformen – die Seele der Berge.

Wenn wir den wilden Tieren Gefühle und Wertvorstellungen zuschreiben wollten, so müßte ich den Schneeleoparden als gewaltlos bezeichnen. Er ist gewiß nicht so aggressiv wie sein Vetter, der Waldleopard. Es gibt keinen dokumentierten Fall eines menschenfressenden Schneeleoparden. In Ladakh, Indien, leben Menschen und Schneeleoparden erstaunlich freundschaftlich zusammen, trotz der starken Neigung des Schneeleoparden, Vieh zu töten. Vergeltungsmaßnahmen kommen höchstens dann vor, wenn ein Schneeleopard bei einem einzigen Angriff ein Dutzend oder mehr Schafe und Ziegen getötet hat. Es gibt einige Fälle, in denen wütende Tierhalter einen solchen Schneeleoparden angriffen, ihn in die Enge trieben und ihn mit Steinen und Stöcken töteten. Doch macht die so in die Enge getriebene Katze kaum Anstalten, sich zu verteidigen oder die Menschen anzugreifen. Normalerweise vertreiben die Hirten dieses Raubtier, anstatt es zu töten, um dann die Überreste ihrer Schafe oder Ziegen zu retten. Schneeleoparden lassen nämlich nur sehr ungern ihre Beute zurück und bleiben oft tagelang bei dem Kadaver. Selbst dann, wenn sie von Menschen gestört werden. Ist es möglich, daß Mensch und Tier hier Respekt füreinander entwickelt haben, daß sie einander aus dem Weg gehen und dabei die Angst voreinander verloren haben?

Heute, zehn Jahre später, weiß ich, daß ich ebensoviel über mich und über menschliche Werte gelernt habe wie über *Uncia uncia*. Im Einklang mit der buddhistischen Religion fühle ich eine tiefe Ehrfurcht vor dem Leben und weiß, wie wichtig es ist, beide zu bewahren, das kulturelle wie auch das natürliche Erbe. Selbst angesichts des Verlustes von wertvoller Nahrung oder Vieh ehren und schützen die armen Dorfleute im Himalaja und in Tibet die dort lebenden Tiere. Es würde der Welt guttun, die buddhistischen Gebote zur Heiligung aller Lebewesen anzunehmen, egal welchen Rang sie im komplexen Gewebe des Lebens bekleiden. Trotzdem ist in den hohen Bergen Asiens nicht alles in Ordnung. Unberührte Wildnis verschwindet allmählich, wobei sie eine Myriade von Arten und die genetische Vielfalt mit sich nimmt. Kulturen fallen der Axt der Konsumgesellschaft und der freien Marktwirtschaft zum Opfer. Als Ergebnis all dessen werden wir alle bald sehr viel ärmer sein. Können Sie sich die schneebedeckten Gipfel ohne den Schneeleoparden vorstellen? Ich nicht! Ich mache mir ernsthaft Sorgen um den Weg in die Zukunft, den wir Menschen eingeschlagen haben. Wir müssen von Tieren wie dem Schneeleoparden lernen, ehe es zu spät ist.

Darla Hillard

Schneeleopardenträume

1978, San Francisco

Ich bin einem Mann namens Rodney Jackson begegnet. Er ist Instituts-
direktor und Südafrikaner. Als Kind spürte er in Südafrika Leoparden
im elterlichen Vorgarten auf. Zwischen den Ablehnungsbescheiden seiner Anträge auf Stipendien zur Erforschung des Schneeleoparden streifen wir in der Bay Area von San Francisco herum. Er weiß, wo man
große Ohreulen findet, und er kann eine im Fluß schwimmende Bisamratte aufspüren. In den Hügeln kann er die Fährten eines Berglöwen
lesen. Für mich sind dies Zauberkräfte, und ich verliebe mich in ihn.

1980

Ich finde Nepal kaum auf der Landkarte. Aber ich höre aufmerksam zu,
während Rod das Langutal beschreibt, das in einer entlegenen Ecke dieses exotischen und mysteriösen Landes liegt. Das Leben im Himalaja
wird hart und gefährlich, unser neues Zuhause ein ungeheiztes Zelt,
knapp 100 Kilometer Fußmarsch entfernt vom nächsten Telefon. Wir
werden uns dort mindestens ein Jahr lang aufhalten. Niemandem ist es
jemals gelungen, einen Schneeleoparden zu fangen, doch Rod beabsichtigt, gleich mehrere aufzuspüren. Er möchte ihnen Halsbänder mit Ra-
diosendern umbinden und will ihnen auf ihren Streifzügen folgen. Ich
höre nicht auf die Stimmen, die sagen, ich sei verrückt, meine wirklich
gute Arbeit aufzugeben und mein Leben einem Mann anzuvertrauen,
den ich kaum kenne.

1981-1985, Nepal

Herbst
Der Flug von Kathmandu aus dauert ungefähr eineinhalb Stunden. Wir
verlassen die Ebene. Ausgesetzt in einer trostlosen Stadt im Randgebiet
eines Landes, das mit einem Bein noch im Mittelalter steht, machen wir

uns schleunigst daran, unsere westlichen Lebensansprüche herunterzuschrauben. Eigentlich sind wir froh, diese Stadt hinter uns zu lassen und die selbst im Herbst noch luftig frischen Berge zu erreichen. Gleichzeitig ergreift uns eine unbestimmte Angst, in diese turmhohen Wälle einzudringen, mit tiefen Felsschluchten, offenen Wegen und steilen Wänden, und zu wissen, daß unser Ziel in der Isolation von anderen Menschen liegt, mit einer Gebirgsdiät aus Reis und Kartoffeln, ohne Ärzte, ohne Badewanne. Auf dem Pfad rascheln Blätter und Kuhdung unter unseren Füßen. Außer Yakkaravanen, die Salz aus Tibet bringen, begegnen wir nur wenigen Reisenden auf dem wochenlangen Marsch zu unserem Basislager.

Winter
Es schneit sieben Wochen lang ununterbrochen. Unser Lager beim Dorf ist nahezu eingeschneit und wir können es nicht verlassen. Nichts, was ich bisher erlebt hatte, einschließlich der Sierra, konnte mich auf das hier vorbereiten, und die dringenden Warnungen vor meiner Torheit dröhnen in meinem Kopf. Rod ist dem Verzweifeln nahe.
Es scheint gefährlich ironisch, daß wir am 1. April die erste Gelegenheit haben, eine Falle für die Schneeleoparden aufzustellen. Die Hänge über unserem neuen Lager schimmern noch immer in den herbstlichen und winterlichen Ockerrot-Tönen, und die Luft ist eiskalt. Aber bei Sonnenaufgang verändert sich unsere Welt für immer. Ein Schneeleopard kämpft in unserer Falle. Auch seine Welt hat sich verändert, allerdings nur vorübergehend.
Er ist das erste von fünf Tieren, und allmählich bekomme ich Angst vor diesen Ereignissen, so sehr ich sie mir auch herbeiwünsche und herbeibete und so sehr sie auch die intensivsten lebendigen Momente meines Lebens sind. Es gibt keine Zeit, dieses Erlebnis zu absorbieren, die Schönheit dieses wilden Geschöpfes zu genießen. Abrupt wird von Vorstellung auf Realität umgeschaltet, es gibt jetzt keine Zeit, über das Für und Wider unserer Mission nachzudenken. Wir müssen einfach darauf vertrauen, daß uns dieses wertvolle Lebewesen, durch seine unbeabsichtigte Rolle als wissenschaftliches Objekt, helfen wird im Kampf um Raum für diese Tierart auf unserem Planeten. Jetzt muß Rod sich darauf konzentrieren, dem Leoparden das Betäubungsmittel zu geben, so daß wir ihn aus der Falle befreien und ihm das Radiohalsband umbinden, ihn untersuchen und vermessen können. Ich muß mich darauf konzentrieren, Fotos von diesem historischen »ersten Schneeleoparden« zu schießen, gestützt auf meine bescheidenen Erfahrungen mit Billig-

kameras. Angespannt und nervös haben wir nur zehn Minuten Zeit für unsere Untersuchungen, ehe das Betäubungsmittel in seiner Wirkung nachläßt. Wir wissen nicht, was der Leopard von dieser Behandlung halten wird. Nur, daß die Ärzte sagen, das Medikament, das normalerweise als Betäubungsmittel für Kinder verwendet wird, würde jegliche Erinnerung an die Operation auslöschen.

Alle Einzelheiten haben sich tief in mein Gedächtnis eingegraben: seine goldenen Augen, die kohlschwarzen Flecken auf seinem dichten, rauchgrauen Fell, das sich unerwartet rauh anfühlte, seine Vorderpranken, die so groß waren wie meine ausgestreckte Hand, der Raubtiergeruch vermischt mit einem Schuß Angstgeruch von uns allen.

Frühling

Wilde Pfirsichbäume zeigen ihre blaßrosa Blütenpracht. Sträucher bekommen geradezu über Nacht Blätter, und aus der schwarzbraunen Erde sprießen zarte Triebe von Kräutern und Gräsern. Oben an den Hängen haben Grüntöne und leuchtende Blüten die rauhe Atmosphäre der Berge sanft verändert. Ein ganzer Monat vergeht unter blauem Himmel – eine Zeit für kurze Ärmel und für Salamander, die auf heißen Steinen in der Sonne baden.

Dorfleute kommen in den Cañon, bringen Yakfleisch, Selbstgebrautes und Eier zum Verkauf. Wir wissen inzwischen, daß niemand die Gelegenheit für ein besonderes Geschenk verpaßt – ein Kamm, ein leeres Gefäß, ein Paar Socken. Es ist ein Spiel, nur halb ernst. Einige von ihnen tragen, was einst wohl Socken gewesen sind. Man kann die Enden über dem Rand ihrer chinesischen Turnschuhe erkennen, doch darunter ist von ihnen nicht mehr übrig als ein paar Stege.

Sommer

In unserer eigenen beschränkten Art sind wir zu Veteranen des Cañons geworden, eingestimmt auf den Rhythmus des Langus. Seit Monaten bin ich frei von geistigen Ablenkungen, und ich befinde mich jetzt auch im Einklang mit mir selbst.

Körper und Geist – von all den freizügigen Gaben der Berge ist dieses Gefühl von Freiheit vielleicht die seltenste und wertvollste Belohnung. Ich hatte meine Finger tief in das Fell eines lebenden Schneeleoparden gegraben und spürte in seiner wilden Kraft das Herz meines eigenen Bewußtseins, meiner eigenen tiefen Verbundenheit mit der Erde. Es liegt nicht bei mir zu wissen, warum ich so viel Glück hatte – doch es war ein entscheidender Augenblick.

CHRISTINE JURZYKOWSKI

Sei Dein eigener Sinn, mein Freund

Aus einer Nacht unter den Sternen kam ich herein und bemerkte dich, feucht und hechelnd, auf der Steppdecke. Zweifellos das Werk einer meiner Katzen. Nirgendwo eine Schnittwunde, ein Herz, das wild schlägt. Innere Verletzungen? Schock? Du warst gern auf meinem Arm, die Wärme der sommerwarmen Haut eines anderen. Geruch eines Körpers. Bist du jung genug, daß man dich der Fürsorge deiner Mutter fortnehmen konnte, oder einfach nur ein Exemplar dieser Spezies von Feldmaus, die nie größer werden als ein halber Finger? Wie auch immer, ich weiß kaum etwas über dich. Irgendwie vertraue ich darauf, daß ich heute früh wissen werde, was zu tun ist. Wasser und Notfalltropfen. Zumindest scheinst du einige der Tropfen in dich aufzunehmen. Die leiseste Berührung scheint zu viel zu sein für dein weiches, graues Fell. Ich trage dich auf dem Arm, während ich die Hunde und Katzen füttere. Jeder scheint dich zu akzeptieren als jüngstes Mitglied der Familie. Die sich vorher auf dich stürzte, schaut nun bei deinem Anblick gelangweilt drein. Seltsam, da sie es sicher war, die dich angeschleppt hat.

»So, Kleines, warum besuchst du uns denn heute?« frage ich. »Um dir zu zeigen«, begann die schwache Antwort, »daß du alle Formen des Lebens gleichermaßen lieben und dich um sie kümmern kannst. Ob ihr es nun versteht, wißt oder gewollt habt, ihr Menschen könnt das alles ganz leicht und würdevoll tun. Ihr wißt das. Wir haben an derselben Intelligenz teil. Es liegt in der Struktur unserer Zellen. Du hast all das genau so in dir, wie ich in mir. Man muß sich nur daran erinnern wollen. Ich akzeptiere dein Angebot, mich wieder lebendig zu pflegen.«

Ich habe mich seit langer, langer Zeit nicht mehr um solch ein kleines, zerbrechliches Geschöpf gekümmert. Erinnerungen an meine Kindheit tauchen vor mir auf, winken mir zu, wie lange Grashalme, die sich im Wind wiegen. Räume öffnen sich und enthüllen Bilder der Vergangenheit. Ein entfernter Ruf bittet mich, diese Bilder freizulassen. Erinnerungen an Kolibris mit gebrochenen Flügeln, Bienen, die beinahe in Wassertümpeln ertranken, zwei Aras, Hunde, Schmetterlinge und einen mutterlosen Ameisenbär. Der süße Duft der Mimosen und des Eisenholzbaumes passen zu den lebendigen Bildern als Erinnerung an vergangene Zeiten.

Sieben Jahre war ich alt und schüchtern. Aber all diese wunderbaren Wesen waren meine Freunde. Zumindest so lange ich in Brasilien bleiben konnte. Wir wohnten eineinhalb Stunden westlich von Sao Paulo. Hinter unserem Haus lag damals ein Dschungel – voll prallen Lebens, eine Welt, die mich verstand. Damals war alles so schlicht und einfach. Ohne zu wissen wie und warum, spürte ich, wie ich mit dieser Natur auf wundersame Weise verbunden war und von ihr geliebt wurde, so wie ich es bei meiner Familie nie erlebte. Draußen fand ich auf Schritt und Tritt Trost, Kameradschaft und ein Element ehrfürchtigen Staunens. Wenn ich zurückdenke, gab es tatsächlich viel Unbekanntes jenseits der Schwellen zum Dschungel und zum Garten meines Elternhauses. Obwohl ich als kleines Mädchen Angst vor Erwachsenen hatte, wußte ich irgendwie, daß es keinen Grund gab, sich vor Pflanzen und Tieren zu fürchten. Die Welt der Menschen bedeutete Konfrontation. Die Welt meiner Pflanzen- und Tierfreunde jedoch war einfach ein Spielplatz für Kooperation. Ich wünschte, ich könnte mich heute noch an die Gespräche von damals erinnern. Jene Zeiten waren für unsere Familie jedoch wegen der politischen Situation gelinde gesagt etwas planlos. Als die Junta-Regierung dem Hitler-Regime gefährlich nahe kam, entschloß sich meine Mutter, in die USA zurückzukehren. Sie war bereits vor vielen Jahren vor den Nazis geflohen. Wir zogen früher um, als ich es je für möglich gehalten hätte. New York City – vielleicht war es einfach nur ein Dschungel anderer Art. Jetzt kann ich über den Vergleich lachen, aber damals war mir gar nicht zum Lachen zumute. Drei Länder in acht Jahren. Ich fühlte mich oft genug verpflanzt.

Heute begreife ich, wie wichtig meine Jahre im Schutz des dunklen Dschungel-Baldachins für mich waren. Meine Kameraden des Waldes, aller Formen, Größen und Gestalten, waren nicht nur meine Freunde gewesen, sondern auch meine Lehrer. Als ich in den Betondschungel der Stadt verpflanzt wurde, wurde ich noch introvertierter. Um den schmerzhaften Verlust auszugleichen, verschloß ich mich nach dem Umzug viele Jahre lang meisterhaft vor der natürlichen Welt.

Wenn mir vor 20 Jahren jemand gesagt hätte, ich würde mich einmal in den geologischen Grenzen zwischen den Great Plains und Texas Hill Country wiederfinden, hätte ich darüber nur gelacht. Heute habe ich das Glück, auf 3000 Morgen mit Wacholder und Eichen bewachsenen Hügeln und Weideland zu leben, zwei Stunden südwestlich von Dallas. In der Nähe der Stadt im nördlichen Zentraltexas befindet sich das Land der Dinosaurier. Fußspuren überqueren Flußbetten, die immer noch in dieselbe Richtung führen wie vor Jahrtausenden. Meeresfossilien – die Ahnen unserer heutigen Landbewohner – erzählen von längst vergangenen Zeiten. Das Land hat eine sehr lange Geschichte. Man spürt dies ganz stark und erkennt es an den geologischen Schichten. Täler, einst bedeckt von Wassermassen, liegen zwischen hohen Felsen, von deren Rand man meilenweit eine wunderschöne Aussicht hat. Ein Anblick, der jeden Afrikaner mit Heimweh zum Lächeln oder Weinen bringt, eben dazu, sich zu Hause zu fühlen.

Zuhause – genau das ist dieses Land für über 1100 Tierarten, viele von ihnen vom Aussterben bedroht. Die Vorfahren dieser Tiere sind von weither aus der ganzen Welt gekommen – von Afrika, Asien, Südamerika, aber auch aus dem nahen Südwesten der Vereinigten Staaten. Arten wie das Grevy-Zebra, Breitmaul- und Spitzmaulnashorn, Mendesantilopen, Geparde, Mähnenwölfe, Giraffen und Prärievögel, um nur einige zu nennen. »Ein moderner Jurassic Park?« fragen die Leute manchmal kichernd. Wohl kaum. Ich staune über die Tiere, das Land und die Leute, die zusammengekommen sind, um einen Ort zu gründen, der als das Fossil Rim Wildlife Center bekannt wurde – seit sieben Jahren mein Zuhause, meine »Schule« und meine Gemeinschaft.

Ich kann jetzt vieles besser einordnen, sogar bis zurück in meine Kindheit in Brasilien: all die Sprachen der Menschen, all die anderen Sprachen und auch die Dinge, die ich erfand, um irgendwie meine sich ändernde Welt zu verstehen. Rückblickend sehe ich deutlich, daß der Kontext sich sehr oft veränderte, und doch ändert sich der Sinn und Zweck nicht: mit allen Lebensformen in eine respektvolle Beziehung zu treten.

Was im Januar 1987 mit einem schlichten Überbrückungskredit für eine kleine private Zufluchtsstätte im Norden von Zentraltexas begann, endete plötzlich damit, daß wir sechs Monate später 1400 Morgen Land mit 500 Tierarten übernahmen.

Oberflächlich betrachtet ist Fossil Rim ein Naturschutzgebiet, ein lebendes Laboratorium, ein Lernexperiment. Fossil Rim gleicht vielen anderen »Inseln« – Naturschutzgebieten in Ländern wie Südafrika und Simbabwe. Hier wie dort gibt es riesige, eingezäunte Gebiete mit grasenden Viehherden, die sich innerhalb dieser Grenzen frei bewegen können.

Fossil Rim hat aber auch eine andere Seite: Besucher jeden Alters kommen hierher, für einen Tag oder für ein Abenteuer über mehrere Nächte. Sie wohnen nahe bei der Natur oder in Unterkünften, die von Zeltplätzen in der Wildnis bis zu Luxushotels reichen. Die damit verknüpften Aktivitäten und Dienste bieten die Möglichkeit, den Besuchern Kenntnisse zu vermitteln und Einkommen zu erzielen, das solchen Programmen hier und überall in der Welt zugute kommt.

Wir haben uns dem Propagieren, dem Management und der Erforschung von Spezies verschrieben, die vom Aussterben bedroht sind, sowie der Ausbildung von Studenten und Berufstätigen aus aller Welt, der Aufklärung der Öffentlichkeit und der Unterstützung weltweiter Programme zur Erhaltung der Natur. Fossil Rim ist ein Unternehmen mit einer traditionellen philanthropischen Mission; ein Ort für Studien, Beobachtungen und Erforschungen; ein Beispiel für umsichtiges Wirtschaften, unternehmerischen Naturschutz und den Aufbau einer Gemeinschaft; eine Vision, wie man Wege finden kann, durch kooperatives Lernen Leben zu unterstützen und Ökosysteme zu bewahren.

Unsere Aktivitäten werden an einer Grundlage gemessen, die den Eigenwert der Natur schätzt; die davon ausgeht, daß Geschäftüchtigkeit und Gutes tun Hand in Hand gehen können; die glaubt, daß Naturschutz sich selbst finanzieren kann; die der Ansicht ist, daß Systemveränderungen sich auf individueller Ebene mit der Erkenntnis ereignen, daß wir, die Spezies Mensch, Teil eines zusammenhängenden Systems sind, das wesentlich größer ist als wir; die erkennt, daß jeder von uns sich entscheiden kann (und muß), für alle seine Handlungen die Verantwortung zu übernehmen und auch dafür, daß sich etwas verändert; die überzeugt ist, daß eine Verbindung mit der Natur uns aus unserer Vormachtstellung herausrückt und einen Lebensunterhalt ermöglicht, bei dem in einer umfassenden Gemeinschaft des Planeten Erde alle profitieren und teilhaben.

Er war sechs Jahre alt. Von Geburt an hatte er sich eigentlich nie einer guten Gesundheit erfreut. Ihm fehlte eigentlich nichts Bestimmtes, doch war er eben einfach nicht gesund. Geschwollene Gelenke, weniger aktiv als die anderen, und auch dünner. Eines Nachmittags fanden wir ihn ausgestreckt auf dem Boden liegen. »Schnell, stütz seinen Kopf«, sagte jemand. Ein Giraffenkopf muß hochliegen, sonst bildet sich ein Überdruck, was eine krankhafte Arterienerweiterung im Gehirn verursacht. Wir verbringen die nächsten 48 Stunden mit dem sanften Riesen auf unserem Schoß. Nach zwölf Stunden hat sich der Rhythmus meines Atems dem seinen angeglichen. Ich stelle fest, daß ich seine Kraft unterstütze oder meine Energie verdopple, wenn seine Schwäche ihn zu besiegen droht. Allein sein Kopf fühlt sich wie ein 50 Kilo schweres Gewicht auf meinen Knien an. Die anderen Giraffen bilden einen Kreis am anderen Ende des Stalles. Sie gehen langsam, in Formation, schweigend, die Köpfe vor- und zurückbeugend. So schreiten sie ununterbrochen im Kreis und halten von Zeit zu Zeit ein bis zwei Minuten inne. Ihr Tempo scheint in harmonischer Synchronizität mit seiner eigenen Fähigkeit, zu kämpfen oder sich zu ergeben. Zeremonie, Ritual, ein Totentanz, eine Gemeinschaft tieferen Verständnisses? Der Bulle wird nervös. Die Weibchen folgen. Wir führen den Bullen hinaus, um wieder einigermaßen Ruhe herzustellen. Etwas sagt uns, wir sollten alle gleichzeitig beobachten. In der Erinnerung ist es klar: Die Weibchen folgten in ihrer Körperhaltung und in ihren Bewegungen dem Bullen. Das Energieniveau entsprach dem der sterbenden Giraffe. Alles schweigend und in treuer Achtung und Unterstützung für die sich verschlimmernde Lage. Seine Augen schauen mich an, und ich höre:»Wir sind hier um zu lehren, wir sind hier, um zu lernen. Wir sind aus eigener Entscheidung gekommen, so wie du. Wir wissen was wir tun. Und du?« Sein Kopf wird auf meinen Knien immer schwerer, als ich seine Fragen bejahe.»Bist du gewillt, das, was nötig ist, zu tun, um der Möglichkeit einer wahren Partnerschaft zu dienen? Bist du gewillt, an dem Mysterium einer schweigend gesprochenen Sprache teilzuhaben?« Sein Blick wendet sich ab, als meine eigene Angst zutage tritt. Der Kreis, meine Bestätigungen, die Fragen, meine Zyklen aus Hoffnung und Verzweiflung, hielt weitere vierundzwanzig Stunden an. Wenige Augenblicke nach seinem Tod kam eine Gruppe von Besuchern an, Professoren von der Texas A&M University, die sich angemeldet hatten. Ich empfing sie mit tränenüberströmtem Gesicht.

Mich einfach nur als eine Reflexion natürlicher Muster zu sehen, hat meine Fähigkeit verstärkt, Veränderung als natürlichen Zustand anzunehmen. Ich denke an T. S. Eliots Worte:»Um das zu erreichen, was du nicht kennst, mußt du den Weg der Unwissenheit gehen. … Was wir den Anfang nennen, ist häufig das Ende, und etwas zu beenden, bedeutet, etwas zu beginnen.«

Fossil Rim war im Vorbereitungsstadium, Anfänge und Enden wurden miteinander verwoben. Jetzt ist es an der Zeit, daß wir eine Einstellung und eine Vision davon gewinnen, was wir in Zukunft werden. Endlich bin ich gewillt, mich der »Unwissenheit« und dem Experiment zu ergeben. Wohin gehen wir? Sind wir gewillt, auf Inspiration zu hören? Sind wir ein Zentrum, zu dem alle Lebensformen, sichtbare und unsichtbare, kommen können, um sich selbst und alle anderen vollkommen zu erleben, zu studieren, zu verstehen, in Beziehung zu treten, anzuerkennen und zu lieben? Ich verstehe mich als eine Brücke für diese Möglichkeit, gewillt, mit anderen Spezies zu kommunizieren, die Freude und den Schmerz von all dem zu feiern und anzuerkennen.

Das bringt mich zum Kern meiner Fragen. Zu den Fragen, die ich uns allen stellen möchte. Und wage ich es? Fragen wie: Was geschieht, wenn alle Lebewesen ihr eigenes Schicksal selber bestimmen? Was geschieht, wenn wir die Überlebenschancen einer Spezies allein durch unsere Einstellung und dadurch verbessern, daß wir ihr selbstgewähltes Schicksal akzeptieren? Was geschieht, wenn wir das Kontrollieren und Beherrschen aufgeben und uns einer Partnerschaft der Zusammenarbeit aller Lebewesen öffnen? Was geschieht, wenn wir alle Lebewesen so ehren, wie wir einst unsere eigenen Älteren ehrten? Was geschieht, wenn wir es wagen, in einen Prozeß vollständigen Gleichmuts mit und in der natürlichen Welt einzutreten? Was geschieht, wenn menschliche Intelligenz nicht als universale Intelligenz angesehen wird, sondern nur als Teil davon? Was geschieht, wenn wir uns dazu entschließen, die ganze Oberfläche der Erde mit allen Lebewesen wirklich zu teilen? Was geschieht, wenn die Übermittlung eines individuellen Willens von allen und für alle akzeptiert und geachtet wird?

»Tiefe Dankbarkeit ist jetzt mehr als angezeigt«, sage ich hier an zwei liebe Freunde gerichtet, Dank für ihre Hilfe bei der Übertragung dieser Fragen in Worte. Der mexikanische Wolf sagte mir oft: »Ich bin der Torhüter. Meine Aufgabe ist es, dich daran zu erinnern, daß wir alle miteinander verbunden sind. Wir wirken aufeinander. Es gibt Dreiecksbeziehungen, die bald an die Oberfläche treten werden. Befasse dich mit allen Gleichgestellten auf verschiedene Weise. Achte darauf, was geschieht.« Selenio war ein Geschenk für mich. Er befindet sich jetzt nicht mehr in Fossil Rim, hilft mir aber weiterhin ständig bei meinem Prozeß, mich beim Aussprechen von Fragen wohlzufühlen. Der andere, ein Verbündeter in menschlicher Gestalt, ein Schatz, Zeuge und Spiegel der tiefen Wahrheit, daß ich meiner eigenen inneren Berufung folge.

Wenn wir uns und unserer weiteren Entwicklung noch eine Zukunft einräumen, ist es möglich, einen Ort wie das Fossil Rim Wildlife Center zu erschaffen, das sich darüber freut, anerkannt zu werden. Die Tiere (die menschlichen und die anderen), das Land, die Pflanzen, die Elemente und Mineralien kommen hier zu einem gemeinsamen Zweck zusammen. Der Zweck besteht darin, zu ausgewogenen und mitfühlenden Beziehungen unter allen lebenden und fühlenden Geschöpfen zurückzukehren. Individuelle und kollektive Verfeinerung wird als Norm anerkannt, und ihr Ergebnis ist eine ausgewogene Evolution. Wenn wir uns von unserer Individualität loslösen und zu einer Spezies unter vielen werden, dann können wir erforschen, was Beziehung heißt, in Beziehung treten, offene Kommunikation, Partnerschaft, Respekt, Achtung, Lebensunterhalt und Verbundenheit. Was bedeutet es, mit einer Frage zu leben, anstatt immer nach dem Trost einer Antwort zu suchen? Laßt uns diesen Ort nutzen, um über Möglichkeiten zu sprechen, während wir zugleich einräumen, daß dies ein auserwählter Planet ist. Wie wäre es, wenn wir aus unserer inneren Essenz heraus auf jedes Lebewesen hingerichtet lebten? Wir haben Anteil an einer wahren Partnerschaft mit jedem und allem, was lebt. Wir sind nicht deren Manager, deren Verwalter oder deren Wächter bei der Verwaltung des Lebens.

Die kleine Maus bleibt in den Falten meines Gewandes lange Zeit dicht an meiner Haut. Dieses kleine zerbrechliche Wesen hat ebenso viel freien Willen und göttliche Führung wie ich. Ist sie bewußter als ich? Ist ihr Ausdruck von Vertrauen und Abhängigkeit eine Funktion meiner Einstellung, ihrer Einstellung oder beides? »Sage mir, worauf ich noch hören kann, wovon ich noch lernen kann und was ich noch übersetzen kann?« Ich weiß, du mußt in die Felder zurückkehren, von denen du gekommen bist. Während ich dich sanft auf die Erde, deinen natürlichen Lebensraum, setze, weiß ich, daß der Traum von Fossil Rim sich mit jedem Herzschlag mehr verwirklicht.

Dr. O. Fred Donaldson

In Liebe aufgehen

Mit der Welt zu spielen bedeutet, zum zweiten
Mal das Feuer zu entdecken. Diesmal ist es die
Energie, die die Seele verbrennt.
»Erleuchtet zu sein bedeutet, mit allen Dingen
vertraut zu sein.«
Zen Meister Dogen

Wir saßen beisammen, der Wald und ich,
zu Schweigen verschmelzend,
bis nur noch der Wald verblieb.
Li Po

An einem besonderen Sommertag fühlte ich die Anwesenheit eines Grizzlybären. Wir sahen uns erst, als wir etwa 50 Meter voneinander entfernt waren. Ich warf dem Bären einen spielerischen Blick zu. Ich schätze, er war etwa drei Jahre alt. Ich weiß nicht genau, ob es ein Weibchen oder ein Männchen war. Nehmen wir also an, es wäre eine Bärin gewesen. Ich saß ganz ruhig und offen am Fuße einer Kiefer und wartete. Die Bärin trottete herum, beschnüffelte und betastete Baumstämme, schien mich aber immer im Auge zu behalten. Nach ein paar Minuten kam sie direkt auf mich zu. Es war nichts Aggressives in ihrem Blick oder ihrem Gang. Sie kam zu mir und blieb neben meiner Schulter stehen. Ihr Kopf war über mir. Sie lehnte sich herunter und berührte und beschnüffelte meinen Kopf und meine Schultern. Ich berührte ihr Vorderbein. Wie in meinen Spielen mit Kindern folgten unseren spielerischen Blicken sanfte, erforschende Berührungen. Als die Bärin davontrottete, fühlte ich große Ehrfurcht und Begeisterung über die Verbindung, die wir miteinander teilten.

Es gibt anscheinend eine Art Spieletikette, die es verbietet, einen anderen über das Willkommen im Zweifel zu lassen. Jeden Tag, oder auch, wenn ich nach monatelanger Abwesenheit zurückkehre, begrüßen mich die Wölfe, wenn ich in ihr Gehege eintrete, indem sie mich anspringen. Sie knabbern an den losen Enden meiner Kleidung, die ich zu entfernen vergaß, und geben mir »Wolfsküsse«. Diese Küsse sind einfach wunderbar. Sybil öffnet ihr Maul und schließt es mit einem lauten Schnappen nahe genug an meinem Gesicht, daß ihre Lippen mich gerade berühren oder meine Wangen »küssen«. Alle sieben Wölfe stürzen sich auf mich. Ich lasse mich in ein Knäuel aus herumtollenden Wölfen fallen, die alle gleichzeitig versuchen, mich zu »küssen«. Sybil ist sehr sanft. Die Berührung ihrer Klauen und Zähne ist so weich, daß ich manchmal fast nicht glauben kann, daß sie eine Wölfin ist. Hambone wiederum ist sehr energisch und wirft sein ganzes Gewicht auf meinen Körper. Er macht einen Buckel und berechnet seinen Aufprall ganz genau, so daß es nie wirklich zu einer Kollision kommt. Livia ist eine Gaunerin. Sie umkreist mich immer und springt mich von hinten an, zwickt mich schnell und stürzt dann wieder davon. Sie macht das immer wieder und mit erstaunlicher Geschwindigkeit. Ich spiele von Herzen mit und vertraue auf die Liebe, Sicherheit und Gnade, die unserem Spiel innewohnt.

Diese Spiele stellen unsere traditionelle Vorstellung von Tieren und Spiel vor Probleme. Als Beobachter von Tierspielen müssen wir zunächst einmal lernen zu *sehen*. Erstens wird angenommen, daß Spielen ein Verhalten von Säugetieren ist und daß dazu ein gewisses Maß an Intelligenz gehört, das Insekten beispielsweise nicht haben. Die Marienkäfer, mit denen ich Kinder habe spielen sehen, dürften eigentlich nicht spielen. Die Behauptung, ein Marienkäfer spiele, wäre demnach nichts weiter als ein Anthropomorphismus. Zweitens können Grizzlybären zwar mit Schnee oder mit ihresgleichen spielen, aber nicht mit Menschen. Meine Begegnung mit den Bären wird daher schlichtweg als gefährliche Dummheit angesehen. Und schließlich ist das Spiel bei Wölfen ein wichtiger Bestandteil ihrer Rangordnungskämpfe und kein einschließendes, liebevolles Verhalten. Nach diesen Ansichten bedeutet mein Spiel mit den Wölfen nichts weiter, als daß ich zum Mitglied ihres Rudels werde.

Akademische Lehrsätze und Definitionen können meine Erlebnisse mit Marienkäfern, Grizzlybären und Wölfen jedoch nicht beschreiben. Das ist auch nicht weiter erstaunlich, wenn ich an meine Ausbildung denke, die recht anders ist, als es sich die meisten Leute vorstellen oder erwarten. Normalerweise gehen wir zu dem bestmöglichen Lehrer, wenn wir etwas lernen möchten. Was das Spielen angeht, so bedeutet das nicht, Kurse zu besuchen oder mit Ferngläsern zu beobachten, sondern mit kleinen Kindern und wilden Tieren zu spielen.

Kleine Kinder lehrten mich, den Spielblick aufzusetzen und zu empfangen, der Reihenfolge der Berührungen beim Spiel zu folgen, zu spielen und nicht in einen Wettstreit zu treten. Sie sprachen mit mir nie über meine Lektionen, wir spielten einfach. Meine Spielkameraden waren sehr freundlich, ließen aber auch keinen Zweifel daran aufkommen, daß ich zu spielen hatte, nicht zu beobachten oder zu erforschen. Die Kinder machten mir vor, wie ich mich bewegen sollte, und erwarteten von mir, daß ich ihnen folgte. Anfangs hatte ich keine Ahnung, was ich dabei lernen würde.

Frei von biologischen, psychologischen und kulturellen Ansichten über das Spielen begann ich so als »ungeschliffener Diamant«, völlig unvoreingenommen, natürlich und ungekünstelt. Als ich mit dem Spielen anfing, war ich tatsächlich intellektuell leer und körperlich steif und kantig. Mit der Zeit und mit Hilfe vieler hundert Spielkameraden rundeten sich meine Kanten allmählich ab, mein Geist dehnte sich aus und mein Herz öffnete sich.

Mit der zunehmenden Anzahl und Vielfalt meiner jungen Spielkameraden offenbarte sich mir das Spiel als viel grundlegenderes Muster, als ich zunächst angenommen hatte. Ich vermutete immer mehr, daß das Spielen nicht nur uns Menschen miteinander verbindet, sondern alle Geschöpfe. Ich beschloß, mir Tiere als Spielkameraden zu suchen. Ich wußte, es war nicht meine Aufgabe, das Spielen als Beobachter zu erforschen. Was mich interessierte, war selbst daran teilzunehmen. Intuitiv fühlte ich, daß Hunde und Katzen zu gezähmt, zu verfälscht und unserer Erwachsenenwelt zu sehr angepaßt waren, um mich die Lektionen des Spielens zu lehren. Das bedeutete, ich mußte mit wilden Tieren spielen. Eines Tages hörte ich von Wolf Haven, einem Tierschutzgebiet in der Nähe von Tenino in Washington. Ich fuhr hin und begann mit dem langwierigen Prozeß, mich den Wölfen als Spielkamerad vorzustellen. Ich hatte mich verpflichtet, die Wölfe nicht zu verletzen und für alles, was mir passieren würde, die Verantwortung zu übernehmen. Zehn Jahre lang ging ich zweimal im Jahr dorthin, um mit den Wölfen, Kojoten und Füchsen zu spielen.

Mitte der achtziger Jahre zog ich nach Montana. Dort suchte ich in den Bergen nach Spielkameraden. Ich fand Rehe, Elche, Bisons und Bären. Seit dieser Zeit gehören Schmetterlinge, Mungos, junge Löwen, Paviane und die Delphine vor der Küste von Hawaii und Australien zu meinen wilden Spielgefährten.

Zwischendurch las ich Gregory Batesons Werk »Mind and Nature: A Necessary Unity«. Besonders eine Frage ließ mich wie elektrisiert auffahren: »Welches Muster verbindet alle Kreaturen miteinander?« Ich konnte mich vor Begeisterung kaum beherrschen. Das Spielen natürlich! Mein Spielen mit Kindern und Tieren bestätigte, daß es eine Konstante des Lebens darstellt, ein weitreichenderes Prinzip, als ich mir vorstellen kann. Ich fühlte mich, als gehörte ich zu einer größtmöglichen Gemeinschaft, die sich nicht begrenzen läßt. Das wurde zu meiner Aufgabe: mit allen Formen des Lebens zu spielen und damit zu demonstrieren, daß Spielen ein Muster allen Lebens ist, dem Gaia innewohnt. Ja, unsere tiefste Beziehung zu anderen Lebewesen ist das Spiel der Kinder.

Spiel als Vision

». . . sitzt das Herz am rechten Fleck, sind ›für‹
und ›wider‹ vergessen.«
Thomas Merton

Wir lernen unsere kulturspezifischen Definitionen von Tieren sehr früh im Leben. Und wenn wir sie erst einmal gelernt haben, ist es sehr schwer, diese Eindrücke loszulassen. Ehe ich mit den Wölfen spielte, hatten die Leute Angst und gaben mir Ratschläge, wie ich mich ihnen nähern sollte. »Schau sie nicht direkt an.« »Verhalte dich unterwürfig.« »Nimm einen ›Beißstock‹ mit.« »Füge dich ins Rudel ein.« Ich hörte mir ihre Verbote an, lächelte und schaltete einfach ab. Ich hatte nicht die Absicht, so zu tun, als sei ich ein Wolf. Die Gutmütigkeit des Spielens ist keine situationsabhängige Ethik, die nur auf bestimmte Tierarten zutrifft, die wir als süße, kuschelige Haustiere genießen, oder auf Delphine. Es bedeutet aber auch nicht, gut zu Tieren zu sein, Haustiere zu halten oder an eine Umweltethik zu glauben. Das alles ist nicht unwichtig, aber es sind *kulturspezifische* Annäherungen an Tiere.
Ein Spielkamerad zu sein bedeutet, die Vitalität des Universums zu spüren, die man nicht in selbstgefertigten Alternativen einfangen kann. Der Versuch, das Spielen mit unseren kulturellen Vorstellungen zu begreifen, gleicht dem Versuch, einen Fluß in einen Eimer zu packen. Tiere in einen Zoo sperren! Was wir da einfangen wollen, ist unendlich viel größer als alle unsere Gehege und wird zudem während des Einfangens zerstört. Spielen dagegen bedeutet, aus sich herauszugehen und sich mit dem Fluß zu verbinden.
Ich leite meine Vision weder von einer sentimentalen, poetischen Vorstellung ab, noch von einer akademischen Theorie davon, wie die Welt meiner Ansicht nach sein sollte, sondern von meinem Erleben der Welt als Spielkamerad. Mein Geist wird von meinen Spielgefährten dauernd bis in Bereiche jenseits meines Verstandes ausgedehnt. Spielen ist eine alternative Definition für Beziehungen, durch die ich Sinn und Identität finde. Statt Konkurrenz als treibender Lebenskraft bietet das Spie-

len die Vision eines Universums, das noch kein Auge zu schauen vermag, und doch ist es eine greifbare Übung von Gutmütigkeit, die jedermanns Herz und Hand fühlen kann. Wenn wir unser Gefühl der Zugehörigkeit wieder einfangen wollen, müssen wir den Mut besitzen, Gutmütigkeit zu üben. Dann wird unsere Freundlichkeit die »offensichtlichen« Tatsachen einer Konkurrenzwelt, die jedermann für »wahr« hält, widerlegen.

Spiel als Übung

Bis jetzt haben wir solch eine Möglichkeit immer entweder banalisiert oder vollkommen ignoriert. Wir haben uns nie ernsthaft gefragt, ob es außer der Konkurrenz noch eine andere Möglichkeit gibt. Was würde das für unsere Weltanschauung bedeuten? Wie würden wir dann unser tägliches Leben führen? Welche gewaltigen Kräfte würden wir dann miteinander teilen können? Haben auch wir, wie die Bürger zu Zeiten des Kopernikus, Angst davor, daß wir bei solch einer Forschungsreise über den Rand der Welt hinunterstürzen? Wie wäre es für uns, wenn wir jetzt wirklich spielten? Stellen Sie sich einmal vor, sie würden mit verbundenen Augen ruhig auf einem Grashügel sitzen. Dann kommen Ihre Spielgefährten, einer nach dem anderen, dazu: ein Löwenjunges, ein Schmetterling, ein siebzehnjähriges Straßenkind aus Südafrika, ein Wolf, ein junges autistisches Mädchen und schließlich noch ein Grizzly. Können Sie sich so etwas vorstellen? Wie ein Kind, das mit weit geöffneten Augen die Höhle eines Bären erforscht; das mit unbezwingbaren Fingern eine Pfütze im Wattenmeer untersucht; das in der Dämmerung mit begierigen Ohren dem wundersamen Beigeschmack des Schweigens lauscht: Genau so spüren Sie die sandpapierrauhe Zunge einer Löwin, die an ihren Fingern saugt; riechen Sie den schweren Moschusgeruch eines Grizzlys, Ihr Gesicht in seinem Schoß vergraben; erfreuen Sie sich an der beinahe nicht spürbaren Weichheit des Schmetterlings, der auf Ihrem Ohr landet; hören Sie das entzückende Kichern eines Kleinkindes, das über sie hinwegrollt; spüren Sie die Gegenwart der Wölfin, die langsam auf sie zugeht.
Sie spielen mit allen Gefährten, wie sie kommen. Da Sie sie nicht sehen können, verstricken Sie sich nicht in Namen. Unter Ihrer spielerischen Berührung verschwimmen die Unterschiede zwischen Subjekt und Objekt. Hände, Muskeln, Gelenke und Haut – sie alle vermitteln die Sprache des Spielens. Als Spielgefährte sind Sie unabhängig von kulturellen

Prägungen. Aufgrund dieser Unabhängigkeit können Sie in einer universelleren Sprache kommunizieren. Ein Spielkamerad zu sein bedeutet, so intensiv wie nur möglich zu lernen, in einer Tiefe, in der das Ich sich aufgelöst hat, und in einer Weite, in der das Ich mit der Welt verschmilzt. Jenseits aller möglichen Unterscheidungen, jenseits all Ihrer Kenntnisse, spüren Sie, daß alles stimmt. Dann erkennen Sie unsere tiefste ökologische Weisheit: die Myriaden von Lebensformen sind nicht Kategorien des Ausschließens, sondern Spielgefährten in zehntausend Verkleidungen.

In seinem zutiefst einsichtigen Buch »Coming To Our Senses« warnt uns Morris Berman davor, daß »unserer Zivilisation etwas Offensichtliches entgeht, etwas, das eine Wechselbeziehung zwischen Natur und Psyche verlangt und das wir begreifen müssen, wenn wir als Spezies überleben wollen.« Berman hat recht: dieses »etwas« ist offensichtlich. Ja, jeder von uns hatte daran im Mutterschoß Anteil. Albert Schweitzer hat darauf hingewiesen: »Erst wenn der Mensch den Kreis seines Mitgefühls so erweitert hat, daß er alle lebenden Dinge einschließt, wird er selber Frieden finden.« Viele andere haben diese Worte Schweitzers aufgegriffen. Aber wir haben nicht die leiseste Ahnung, wie wir diese Großmütigkeit tatsächlich leben können.

Spielen ist »etwas«, das eine subtile Brücke zur Natur herstellt, vor der unser Denken zögernd innehält. Außerhalb jeglicher kultureller Kategorien und Konkurrenzkämpfe ist das Spiel ein Schlüssel des Lebens, die zirkulierende, formlose und empfindungsfähige Energie, in die wir hineingeboren wurden. Oder mit den Worten von Deepak Chopra: »All dieses Spektakel, einschließlich meiner selbst, ist ein Spiel der DNS.«

Bei der Übung des Spielens geht es um die Auflösung von Begrenzungen, um der unerschöpflichen Quelle des Daseins Vision und Übung zurückzugeben. Das Umfangen eines Spielgefährten ist eine gütigere und ältere Weisheit, die weit über unsere beschränkten Vorstellungen von Spezies, Ethik, Ökologie und Ökumenismus hinausgeht. Eine Übung, mit der Natur selber verbunden zu sein. Es geht dabei darum, gütig zu sein, von Augenblick zu Augenblick, bei jeder Begegnung. Obwohl es Spielgefährten wie Wölfe und Delphine gibt, die vom Standpunkt meiner eigenen Kultur aufregender und romantischer scheinen, werden die äußeren Gestalten beim Spielen irrelevant. Wir werden zu einer Gegenwart, zu einem Energiefluß, in dem wir als getrennte Individuen nicht mehr existieren. Ich spiele mit Wölfen nicht als Angehörige der biologischen Spezies *Canis lupus*. Spielen ist vielmehr der Augenblick, in dem Modelle zerspringen. Das Spiel fordert, daß persönliche Ziele nicht mehr existieren, weil sonst die Neigung bestehen bliebe, Leben als etwas schon Bekanntes zu sehen. Und doch ist es die Gestalt, mit der ich spiele, sei es nun ein Wolf oder ein Marienkäfer.

Sollte ich also nun mit allen Formen des Lebens spielen? Vom Standpunkt unserer üblichen Kultur aus lautet die Antwort: Nein! Es gibt viele Tiere, einschließlich der Haie, mit denen ich nicht spiele. Doch vom Standpunkt des Spielens als Übung aus lautete die Antwort: Ja! Das Üben hilft mir, die Grenzen meiner Freundlichkeit zu erkennen. Noch spiele ich nicht mit allen Tieren.

Mit jedem neuen Spielgefährten erweitert sich meine Erfahrung von Großmut und Freundlichkeit. Immer mehr verschiedenartige Tiere sind mit einbezogen. Immer wieder Schmetterlinge, Wölfe und Grizzlys. Aber das sind nicht die Tiere, von denen man mir erzählt hat. Und ich bin auch nicht mehr derselbe, der ich einmal war. Auf diesem Spielplatz ändert sich nichts, und doch verändert sich alles. Dieser Ort wurde von dem berühmten Sufi und Dichterheiligen Rumi in zwei Zeilen beschrieben: »Jenseits der Vorstellungen von richtigem und falschem Handeln liegt ein Feld. Dort werde ich Dir begegnen.« (Chopra, 1991)

Die Transformation zur Großmütigkeit, die dem Mitgefühl nahe verwandt ist, kann sich dann ereignen, wenn man die dualistische Welt des Konkurrenzdenkens und seiner Kategorien aufgegeben hat zugunsten einer nicht-dualistischen, nicht-persönlichen Erfahrung des Spielens, die uns aus unseren Konkurrenzkämpfen herausführt.

Wir werden erst dann mit dem Leben spielen können, wenn wir erkannt haben, daß Konkurrenz dem Wesen nach destruktiv ist. Bei meinen Reisen um die Welt stelle ich fest, daß die meisten Kinder im Alter von drei Jahren im beschriebenen Sinne nicht mehr spielen, und die meisten Erwachsenen haben vergessen, wie man spielt oder, was noch wahrscheinlicher ist, sie haben es nie gewußt. Ein Spielgefährte zu sein bedeutet, sich dem wunderbaren und ungeheuerlichen Spiel des Universums zu öffnen. Wir müssen beim Üben geduldig, großmütig und liebevoll sein. Und doch, selbst wenn dies hochtrabend und idealistisch klingen mag, bedeutet es auch, praktisch zu sein. Denn allein das Spielen bietet uns einen konkreten Ausweg aus unserem »Versagen zu gedeihen« und aus der »Logik der Vergeltung«, wie Wendall Berry es genannt hat.

Die Großmütigkeit des Spielens ist eine intensive Bewußtheit und eine natürliche Weisheit, wie ein siebter Sinn, der es uns ermöglicht zu entdecken, was weit weg und im innersten Kern verborgen liegt. Es bedeutet, Leben immer wieder und wieder zum ersten Mal zu sehen. Die stärkende Funktion des Spielens bezieht ihre Energie von einer epischen Erinnerung, von einem Gefühl der Verwandtschaft des Geistes in geheimer Absprache mit der Hand, des menschlichen Geistes in Partnerschaft mit dem Geistlichen.

Spiel als Gnade

»Der Mensch hat die Fähigkeit zu lieben, nicht nur seine eigene Spezies, sondern Leben in all seinen Gestalten und Formen. Dieses Mitgefühl mit dem gesamten Gewebe des Lebens ist der höchste Ausdruck von Spiritualität, den ich kenne.«
Loren Eiseley

»Was beim Blitzen aufleuchtet, läßt einen kurz die Augen schließen und ›Ah!‹ rufen. ›Ah!‹ weist auf das Göttliche hin.«
Kenopanishad

In Wolf Haven ruhte die zweijährige Sybil oft auf dem Boden. Sie hielt ihren Kopf auf den überkreuzten Vorderpfoten und beobachtete mich sehr eindringlich. Ihre tiefen amberfarbenen Augen betrachteten mich ohne die geringste Spur von Aggression oder Verwirrung. Von meinem Sitzplatz auf einem Baumstumpf in der Nähe blickte ich gelegentlich zu ihr hinüber. Nach einiger Zeit kam sie zu mir, legte ihre Vorderpfoten in meinen Schoß und lehnte ihren Kopf an meine Schulter. Ich lehnte mich sanft an sie. Einige Minuten später ging sie so ruhig, wie sie gekommen war, wieder fort.

Sybil trottete zu ihrem angestammten Platz unter den sechs Wölfen zurück, beschnüffelte den Boden und drehte sich langsam im Kreis, bis sie saß. Ich stand auf und ging langsam durch das Gehege. Fast unmittelbar trottete Sybil herüber. Sie sprang an mir hoch und legte ihre Pfoten auf meine Unterarme, die ich in einem Bogen vor mir ausstreckte. Sie berührte mit ihrer Schnauze meinen Bart, und ich drückte ihren Kopf mit meiner freien Hand an mich. Unsere Gesichter berührten sich fast. Dann schauten wir uns in die Augen, und plötzlich gab es weder Wolf noch Mensch, weder Sybil noch Fred, sondern nur noch Licht.

In solchen Beziehungen existiert eine Energie, die wie die latente Hitze im Brennholz das Spiel des Lebens einigt und belebt. Das ist das Feuer, das unsere Seelen verbrennt, das die Upanischaden das »Ah!« nennen. Das ist die Göttlichkeit. In diesem Moment gab es zwischen Mensch und Natur keinen Zwischenraum, keine Anführungsstriche, keinen Gedankenstrich. Alles Leben ist eins. Ich habe das gelesen und viele Male wiederholt, aber mit Sybil lernte ich, was diese Worte wirklich bedeuten. Jetzt weiß zwar nicht mehr, aber tiefer. Sybil teilte mit mir eine Essenz jenseits aller Kategorien. Durch das Spielen spüre ich eine geordnete Harmonie, die in einer unteilbaren Beziehung zu allem Lebendigen zum Ausdruck kommt, in der, wie in einer Zen-Landschaft, kein Element ein anderes dominiert oder beschädigt.

Spielen offenbart eine Realität, die dadurch erzeugt wird, daß Vision und Übung miteinander verschmelzen und gleichzeitig noch auf etwas hindeuten, das man nicht sehen kann. In der Begegnung von Fred und Sybil, Wolf und Mensch. Das wird in der chinesischen Kalligraphie »die Wirkung liegt außerhalb des Pinsels« genannt. Ich werde hineingezogen in eine riesige Leere des Spirituellen, die meinen Geist verblüfft und mein Herz erschreckt. Die kleinste Zeitspanne kann solch eine Offenbarung sein, der Eintritt in eine von Vorstellungen und Erwartungen unbezwungene Welt, frei von Vorurteilen und gerade eben aufgrund dieser Leere so fruchtbar für die Verwirklichung von Möglichkeiten. Ein Wolf, ein Kind, ein Blatt, ein Molekül oder eine Milchstraße, jedes ist eine sanfte Einladung zum Spielen, worin ich das »Ah!« spüre, dieses Blitzen, von dem die Upanischaden sprechen, und dabei erlebe ich, daß alles mit Gnade erfüllt ist.

»In deinen Armen ruhe ich mich aus.«

Die mich belästigen wollen, können mich hier
nicht finden.«
Bach-Choral

Im Leben eines jeden von uns kommt gewiß ein Zeitpunkt, an dem wir auf tiefster Ebene diese Harmonie erkennen und verwirklichen. Manchmal geschieht das sehr früh, manchmal erst im Moment des Todes. Aber, wie T.S. Eliot schrieb, »jeder Augenblick ist der Zeitpunkt des Todes«, und ist deshalb der Zeitpunkt der Entscheidung. Existenz ist eine Bedingung für Transformation. Deswegen hat jede Begegnung die Fähigkeit, eine radikale Veränderung unserer Vision und unseres Übens zu bewirken, die uns für ein spielerisches Universum öffnet. Solange wir glauben, diese Erlebnisse gehören in den Bereich der Kinder, Heiligen und Weisen, verpassen wir das Wesentliche, daß die Erfahrung von Zugehörigkeit ein Geschenk der Schöpfung ist, ein Geburtsrecht.

»Hinausgehen, um zu spielen« ist nicht einfach nur eine Versöhnung von Gegensätzen oder ein Kompromiß zwischen Alternativen. Spielen erzeugt eine Transformation, die unvorhersehbar ist, weil noch niemand vor uns in genau diesen Gewässern gesegelt ist. Spielen ist ein Lebenserhaltungssystem auf der Ebene von du und ich, DNS und Gaia. Das bedeutet nicht, daß man zu einem Land, zu einem Team, zu einer Bande oder zu einer Familie gehört und sie deshalb verteidigt. Solche »kleinen Zugehörigkeiten« sind von Mitgliedschaften abhängig. Beim ursprünglichen Spielen gibt es dagegen kein Außerhalb. Es gleicht einem Kreis mit unbegrenztem Umfang. Dies ist die »große Zugehörigkeit« in ihrer intensivsten Form. Sie geht so tief, daß das Ich sich auflöst, und ist so weit, daß das Ich mit der Welt verschmilzt. Keine leichte Aufgabe. Und doch ist es ein Kinderspiel.

Der Beweis liegt im Spielen selbst. Die Entdeckung wartet auf uns, daß das Universum im Innersten ein Spiel von miteinander verknüpften Energien ist. Es wird uns guttun, diese reiche und anmutige Weisheit wieder einzufangen; mit einem spielerischen Muster von Bedeutung, das zu einem Musterbeispiel für die Art und Weise wird, wie wir sehen und handeln. Wir werden dann gemeinsam mit Plato »die besten und unwiderlegbaren Theorien der Menschen nehmen und mit ihnen aufbrechen, als wären sie ein Floß, mit dem man die Reise des Lebens riskieren kann.«

ANTHONY L. ROSE

Von Schildkröten, Tintenfischen, Affen und Menschen

Wir Menschen haben uns von unserer natürlichen Lebensweise weit entfernt und blicken mit Schrecken darauf zurück. Unsere Bemühungen, die Natur in unseren Dienst zu stellen, sind geprägt von Angst. Wissenschaftler, Lehrer, Politiker und Eltern – sie alle haben Angst davor, im gewaltigen Sog des pulsierenden Lebens dieses komplexen und unbekannten Universums unterzugehen. Die Wildnis jagt uns Angst ein. Wir verstecken uns vor ihrer Wahrheit. Aber wir verstecken diese Wahrheit auch. Neulich hielt ich bei einer internationalen Konferenz einen Vortrag vor Verhaltensforschern und Umweltschützern. Mein Hauptanliegen war, sie zu motivieren, von ihren Gefühlen bei ihrer Arbeit mit wilden Tieren zu berichten. Wenn wir beschreiben, wie wir mit unserer Angst umgehen, und offen über unsere persönlichen Begegnungen mit der Wildnis sprechen, helfen wir damit den Laien, Wissenschaftler als Mitmenschen zu sehen. Außerdem schaffen wir die Grundlage dafür, daß die Verwandtschaft aller Tierarten anerkannt wird.

Von Wissenschaftlern wurde häufig das Argument angeführt:»Wir dürfen Tiere niemals nach menschlichen Maßstäben beurteilen, das wäre unwissenschaftlich.« Ironischerweise hat gerade diese Engstirnigkeit die Naturwissenschaft unterminiert. Die Forderung, einen objektiven Abstand zu Tieren einzuhalten, hat die Forschung eingeengt, die Tierhaltung entmenschlicht und den Geist des Tierschutzes erstickt. Glücklicherweise wächst die Erkenntnis, daß persönliche Erfahrungen auf diesem Gebiet äußerst wertvoll sind. Einfühlungsvermögen und Intuition werden wieder legitim in dem Bestreben, andere Arten zu verstehen und zu schützen. So darf man sich offen zu der geheimen Wahrheit der Wissenschaftler bekennen: Die meisten Menschen, die wilde Tiere erforschen, haben eine tiefe, innere Verbundenheit mit diesen gespürt und sind sich des mysteriösen und verborgenen Lebens dieser Tiere vollkommen bewußt.

Ich habe hunderte von Erlebnisberichten gesammelt und analysiert, in denen Menschen von bewegenden Begegnungen mit Tieren erzählen. Diese Begegnungen inspirieren uns zu einer vollkommen anderen Weltanschauung, die wir brauchen, um Mensch und Natur wieder miteinander zu vereinigen. Im Innersten besitzen alle Lebewesen eine angeborene Verwandtschaft mit den Organismen und Landschaften, durch die hindurch sie sich entwickelt haben. Man muß zu diesem innersten Kern vordringen, wenn man diese Wiedervereinigung erreichen will. Das bedeutet, an der Hirnrinde vorbei in das Stammhirn vorzudringen, vorbei an den sehr feinen und komplexen menschlichen Ausprägungen unseres Säugetiergehirns bis hin zu den feinen Überresten unseres Reptilienerbes. Einige der hartgesottensten Wissenschaftler haben diesen Sprung geschafft. Viele wissen, daß Laborratten, Schildkröten und wilde Orang-Utans liebevolle, spirituelle und nachdenkliche Lebewesen sind. Wir haben nur Angst, das auch zuzugeben oder darüber zu sprechen.

Das größte Hindernis, diese machtvollen Ereignisse zu verstehen, ist neben der Angst die Unmöglichkeit, sie zu beschreiben. Die Autobiographien unzähliger Naturwissenschaftler sind voll von flüchtigen und beiläufigen Anspielungen auf derartige Erlebnisse. »Worte können nicht beschreiben, was ich fühlte« und »ich werde diesen Vorfall nie vergessen« sind Versuche, die Bedeutsamkeit dieser Erscheinungen wiederzugeben, die ihr Leben von Grund auf verwandelte.

Vor einigen Jahren las ich auf einem Literaturworkshop einen Auszug vor, in dem ich versuchte, die Kommunikation eines Orang-Utans mit einem Menschen wiederzugeben. Da kritisierte mich ein erfahrener Romanschriftsteller: »Orang-Utans können nicht sprechen!« Meine erste Reaktion darauf war: »Natürlich können sie sprechen.« Doch da berichtigte mich der Leiter des Workshops: »Ja, aber nicht so.« Ich hatte noch nicht die Worte, den Stil, die Syntax gefunden, um dem Leser glaubwürdig ein Gefühl für die »Orang-Utan-Sprache« zu vermitteln. Aber ich versuche es weiter. Nur sehr wenige Leute werden diesen Affen in ihrer Heimat, dem Regenwald, begegnen oder mit einer Schildkröte sprechen können, während sie aus ihrem Wüstenbau herauskriecht. Aber die meisten können lesen und mitfühlen.

Es war mein Wunsch nach Wahrheit, der mich veranlaßte, diesen Aufsatz zu schreiben. In aller Bescheidenheit werde ich Ihnen nun einige Geschichten erzählen. Ich möchte versuchen, in Ihnen die Liebe für und die Ehrfurcht vor der Welt der Tiere zu erwecken, die zugleich unser Erbe und unsere Hoffnung ist.

Der Schildkrötengarten

Mein Leben mit anderen Tierarten begann, als ich sieben Jahre alt war. Ich bekam eine Schildkröte namens Rocky geschenkt, und ich lernte, was *Geduld* bedeutet. Damals dachte ich, daß dieses Wesen in dem harten Panzer auf meiner Hand nur deswegen stillsaß, um zu überleben. Es wartete einfach und balancierte die unruhigen Bewegungen meines Armes aus. Als Kind spürte ich nur die festen Strukturen des Schildkrötenkörpers. Ich war heißes Blut und Rocky kalte Knochen. Ich konnte unsere gemeinsame Stimme nicht finden.

Dreißig Jahre nach Rocky und nach vielen Umzügen fand ich eine große, gesunde, 12 Pfund schwere männliche kalifornische Wüstenschildkröte im Park hinter meinem Haus in Hermosa Beach. Niemand in der Nachbarschaft stellte einen Besitzanspruch. Ich brachte die Schildkröte in meinen Garten und nannte sie Sydney, nach meinem Vater. Vier Jahre später zogen neben mir neue Nachbarn ein. Sie besaßen eine halbblinde, alte Schildkröte mit angebrochenem Panzer. Alter und Herkunft des Tieres waren unbekannt. »Wir können sie ja zusammensetzen. Wenn sie miteinander auskommen, können Sie sie behalten,« schlugen meine Nachbarn vor. Ich nahm das Angebot sofort an.

Wir setzten sie vorsichtig neben Sydney auf den Boden. Er schnüffelte, sie zog sich zurück. Er nickte mit dem Kopf. Sie blinzelte. Er zwickte sie vorsichtig in ihren Panzer. Sie drehte sich um. Nicken, blinzeln, zwicken, umdrehen – die Bewegungen wurden immer intensiver. Wir Menschen unterhielten uns über Leben und Liebe in unserem Garten. Die Schildkröten taten dasselbe.

Plötzlich stemmte sich Sydney auf ihren Panzer. Zuerst drehte sie sich schneller. Aber er blieb mit den Vorderbeinen oben. Die Hinterbeine auf dem Boden, folgte er ihrem Drehtanz wie ein gelenkiger Sportler. Sie wurde lansamer. Er bezog Stellung auf ihrem Rücken. Sie senkte ihren Kopf, hob kaum merklich ihre Hinterseite. An seiner Unterseite trat unter seinem Schwanz der Penis hervor. Weniger als 15 Minuten nach ihrer Begegnung, nach Jahren der Einsamkeit, arbeiteten diese uralten Geschöpfe liebenswürdig daran, das Überleben ihrer Art sicherzustellen. Ich rannte ins Haus, brachte Gläser und Champagner und feierte mit den neuen Nachbarn, Menschen wie Schildkröten, eine Vereinigung, die ebenso langsam wie plötzlich meine Einstellung zum Leben verändern würde.

Ich nannte diese alte Schildkröte Lolita, nach meiner Mutter. Zehn

Jahre vergingen. Sommerliche Paarung und Winterschlaf wechselten einander ab. – Fünf Gelege wurden im Juni aus der Erde gebuddelt, 40 Eier kamen in die Brutmaschine, 13 Junge schlüpften aus, wurden aufgezogen und markiert und wuchsen zu gesunden Schildkröten heran. Von da an wurden tagaus, tagein Tunnel gegraben, Einfriedungen aus Steinen errichtet, Arbeitsschuppen gebaut, Reste von Früchten, Gemüse, Wasser, Vitaminen und Fäkalien entfernt. Schildkröten wurden verloren und wiedergefunden, gemessen und überwacht, studiert und ignoriert.

Und doch, trotz dieser wunderbaren Gelegenheit in meinem eigenen Garten, blieb ich ein Außenseiter. Ich unterdrückte Gefühle der Zuneigung, objektivierte meine Beobachtungen und führte meine Experimente durch. Ich tat so, als sei es die natürlichste Sache der Welt, in einem Garten in Südkalifornien eine Jahrmillionen alte, vom Aussterben bedrohte Tierart zu züchten. Dann, in einer Sommernacht, änderte sich alles. Die Ereignisse zwangen mich, aus der Rolle des distanzierten Wissenschaftlers herauszutreten und mich nicht nur stärker humanistisch zu engagieren, sondern sogar noch weiter zu gehen und mein eigenes, tief verschüttetes Reptilienerbe auszugraben. Ich schreibe diese Geschichte, ohne meine Gefühle zu verbergen. Dies ist nicht einfach die Geschichte eines Mannes und seiner Schildkröte. Es geht darum, wie ich mit dem überwältigenden Mysterium dieser unerschütterlich ruhigen Wesen konfrontiert wurde, die in einer Welt leben, deren Spuren bei meinesgleichen nur noch im Stammhirn vorhanden sind. Dies ist eine Allegorie darauf, wie die Menschheit ihre verlorene Reptilienstimme wiederfindet.

Stimmen, die wir nicht hören dürfen

Es gibt Stimmen, die wir nicht hören dürfen. In jenem Windhauch ein aromatischer Duft. In jenem Blatt ein Seufzen. Hinter dem schattigen Hügel, wo sich das Grün in gehämmerte Durchsichtigkeit verwandelt, singt ein frühzeitiger Tod sein Lied. *Ich bin dahin, ich bin dahin.* Dieses Vermächtnis läßt mich aus unruhigem Schlaf erwachen. Es ist nicht nur das Feuerwerk, dieses knatternde Geräusch, als ob meine Großmutter Kastanien in einen eisernen Eimer schütten würde. Die Explosionen sind nur Tarnung. Etwas Unaussprechliches raubt mir den Schlaf. Der verhangene Mond, denke ich zuerst, doch dann weiß ich es besser. Diese Stimme – ich gehe barfuß nach draußen, fühle das feuchte Gras unter meinen bloßen Füßen. Da – ein flacher, umgedrehter Stein. Was ist das? Ich knie nieder. Der Gestank, er trifft mich wie ein Schlag! Eine zähe, schmierige Flüssigkeit kleckst auf die Erde. Lolita, die Mutter all unserer jungen Schildkröten, liegt auf dem Rücken, ihre schwache Seite zeigt in den nachtdunklen Himmel. Ich sehe eine schäumende Flüssigkeit in einem schwarzen Loch, dort, wo eigentlich ihr Schwanz sein sollte. Flüssigkeit und Haut, Eingeweide und wer weiß was noch für Fleisch und Blut liegen im nassen Gras. – Ich versuche zu denken, es sei Unrat, den die Katze dorthin geschleppt hat, eine Lammkeule vielleicht, oder ein Knochen, zerfetzt vom Zahn eines Raubtieres. – Ich versuche zu glauben, es sei alles mögliche, nur nicht die herausgerissenen Eingeweide von Lolita. Die halbblinde Lolita mit dem angebrochenem Panzer, die vor zehn Jahren zu mir kam, im gleichen Jahr wie meine Frau Annie. Lolita, die Sydney auf ihren Rücken nahm, nach einer Viertelstunde nickender Köpfe, Kreise und Zusammenstöße, und uns jeden zweiten Sommer acht Eier schenkte.

Ja, es ist Lolita. Sie wurde von gierigen Klauen aus ihrem Unterschlupf gezerrt, im Schutz des Feuerwerks und der Nacht. Fünf Meter weit wurde sie gezogen und gezerrt, zuerst zischend wie eine Schlange in einer Kiste. Dann verwandelt sie sich einen Stein, um unverwundbar zu sein.

Ich drehe sie um. Sie würgt, keucht, läßt ihren Kopf heraushängen, atmet mit großer Anstrengung ein, keucht. Ich beuge mich nah zu ihr hinunter, schaue sie direkt an. Sie blinzelt, schließt die Augen. Ich renne, hole einen Karton, lege sie vorsichtig hinein und steige ins Auto. Lolitas Atem geht rasselnd. Mit dem Karton auf dem Beifahrersitz rase ich zur einzigen Tierklinik, die am 4. Juli geöffnet ist. Im Untersuchungszimmer nehme ich sie heraus, stelle sie auf den Metalltisch. Als ich sie hochhebe, spritzt Blut aus ihrem Panzer, das Metall verfärbt sich rot, meine Hände, meine Hose. Ich spreche zu ihr: »Alles ok, ganz ruhig, Mama Tuga, wir tun, was wir können. Wir halten dich am Leben, ganz ruhig.« Ihr Hals streckt sich, sie öffnet die Augen, und sie nickt mit dem Kopf auf und ab, auf und ab – ein Gruß für andere Schildkröten, nie zuvor an mich gerichtet.

»Ja, ich bin hier, ich bin bei dir.« Ihr Kopf nickt wieder. Ich merke, daß ich zurückknicke, langsam atme. Wir atmen im gleichen Rhythmus – zwei Wesen, ein Atem. Ich denke noch, wie seltsam – sie hat mich nie zuvor angeschaut, hat mich immer scheu gemieden, mehr als zehn Jahre lang scheu gemieden. Jetzt schauen wir einander direkt an, braune Augen in braune Augen, Reptil in Säugetier, Blut in Blut, Lebewesen in

Lebewesen. – Ich fühle einen Schmerz in unseren heißen und kalten Herzen, rieche den Duft von Nacht und Geburt, von Moschus, von Füßen mit Klauen, die ein tiefes Loch in die Erde kratzen, Honigatem von Eiern, weiß und rund – sie fallen … eins, zwei, drei … vier, fünf, sechs … sieben … acht. Ich sehe aufgebrochene Eierschalen, dünne, flache, feuchte Köpfe kämpfen sich heraus, daumengroße Kopien ausgewachsener Schildkröten schlüpfen aus, um zu leben. Ich sehe ein Dutzend verwaister Lolitas, ausgeschlüpft, schon faustgroß, kratzen sie ihre eigenen Löcher in die Erde. Ich sehe die Augen dieser scheuen Schildkrötenmutter. Sie blickt in meine Seele, dankt mir für meine Rolle in ihrem Schicksal. Ich höre die immer noch zarte Stimme der urzeitlichen Erde. Dann bricht ein gespenstisch knarrender Laut aus ihrer Kehle hervor, sie öffnet ihr Maul, ein Keuchen, ein Nicken, ein Würgen, ein Nicken. Das Maul schließt sich. Ihr Kopf fällt. Sie ist tot.

Meine Tränen gelten nicht nur Lolita, nicht nur mir selbst, meiner Familie, ihrem Partner, ihren Kindern, unserem Verlust. Nein, ich weine um all die verlorenen Nachkommen, die Wesen, deren Seelen uns berührten. Wir haben uns nicht erlaubt, dies zu spüren. Nur ihre Nützlichkeit, wie sie unseren trivialen Aufgaben dienen können, das haben wir bemerkt.

Lolita, die Schildkröte. – Sie wanderte in Orte hinein und wieder heraus – wie Flüsse und der Wind. Sie lebte als Teil der Natur, egal wie zivilisiert das Gelände um sie herum war. Und so starb sie auch, als Opfer hungriger Waschbären, eine Fremde in einem fremden Land. Zehn Jahre lang war sie bei mir, hier in meinem eigenen Garten, und ich hörte ihre Stimme erst in der Stunde ihres Todes.

Ich starre auf ihren gefallenen Kopf. Meine Hände sind blutverschmiert. Wie leicht wir sterben. Wie schnell der Atem erstirbt. Plötzlich erkenne ich, daß Lolita und all ihre Artgenossen die verwundbarsten Tiere sind, die es gibt. Sie können weder flüchten noch kämpfen. Sie können nur bleiben und sich verstecken, so tun, als seien sie stark – solide erscheinen, unschmackhaft, undurchdringlich. Wenn sie bedroht werden, zischen wie eine Schlange. Dann alles nach innen ziehen, ihre Körperöffnungen verbergen und so tun, als seien sie ein Stein. Ich kenne einige Menschen, die so sind – viele sogar. Ich habe Jahre mit dem Versuch verbracht, so zu sein. Ein harter Wissenschaftler, der wirkte wie ein Stein. Aber in Wirklichkeit war ich das verwundbarste aller Wesen.

Die Wissenschaft ist eine ganz besondere Konstruktion, die den Geist unter der Hirnrinde abklemmt, um Schmerzen, Verwirrung, Erregung, Liebe, Angst und Begeisterung zu unterdrücken. Sie hält uns kühl –

egal, wie heiß die Realität wird. Sie produziert starrköpfige Rationalität und felsenfeste Reduktionsmethodologie. Wir benutzen diese dicke Rüstung, um unsere Weichteile davor zu bewahren, daß herumstreunende Waschbären sie entdecken.

Seit beinahe zwei Jahrzehnten habe ich mich von allen Lebewesen am meisten mit den kalifornischen Wüstenschildkröten beschäftigt, die in meinem Garten ihre Eier legen und ihre Tunnel graben. Die meiste Zeit dachte ich, daß wir nur den Lebenswillen gemeinsam haben. Doch heute weiß ich, daß diese uralten Geschöpfe eine wesentlich stärkere Kraft haben als nur das einfache Überlebensmotiv. Jetzt weiß ich, daß sie ein langes und fruchtbares Leben führen, mit unerschütterlichem und dauerhaftem Vertrauen. Meine Anteilnahme am Leben der Schildkröten findet zu ihren Bedingungen statt. Sie sind in ihrem Element, der Erde, und ich beobachte sie und wundere mich über ihre Elastizität. Jedes Jahr begraben werden und neu auferstehen, Eier legen ohne an ihnen zu hängen, essen oder fasten, je nach Lust und Laune der Zeit, der Sonne, ohne Angst zu sterben. Dies waren Realitäten, nach denen ich mich sehnte, die ich als Wissenschaftler jedoch nicht finden konnte. Es bedurfte eines grundlegenden Schocks für meine Menschlichkeit, des Abschiedsnickens eines Mentors mit gepanzertem Rücken, um mich für das strahlende Erdenleben zu öffnen, das nur eine Reptilienstimme verkünden kann.

Ich gehe hinaus auf meinen Balkon, schaue hinunter in den Garten und sehe Sydney, der sich im Licht der ersten Sonnenstrahlen badet. Als Lolita starb, grub er sich ein zum Winterschlaf. Hat er sie dort gefunden, unter der Erde, Geist zu Erde, sich erneuernd? Ich mußte ihn acht Monate später aus der Erde herausziehen. Jetzt ist er wieder im Rhythmus – sich wärmen, grasen, sich wärmen, schlafen, vielleicht von seiner verlorenen Partnerin träumen und auf eine andere warten. Auf der anderen Seite des Gartens kriechen Lolitas Kinder aus ihren Erdlöchern heraus und begrüßen das Licht des neuen Tages. – Was für ein Segen, die Natur, der Lauf des Lebens, hier in meinem Garten.

Farben, die wir nicht sehen dürfen

Weit hinter meinem Garten sehe ich das Meer. Mein Leben am Rande des Pazifischen Ozeans erinnert mich täglich an die Tiefen unseres natürlichen Erbes. Seit meiner Kindheit schwamm ich in diesen kalten Wassern. Doch nur an der Oberfläche. Unterwasserforschung überlasse ich abenteuerlustigeren Seelen. Aber ich weiß, daß diejenigen, die hinabtauchten, anderen Wesen begegneten. Mein Freund, Dr. Randy Harwood, erzählte, was er erlebte, als er mit einem Tauchkameraden von einer Tauchfahrt zu einem gesunkenen Schiff vor Guadalcanal bei den Solomon-Inseln zum Ufer zurückkehrte.

»Ich entdeckte fünf Tintenfische, die nahe am Strand im flachen Wasser schwammen. Wir schalteten sofort auf unsere Schnorchel um, um sie nicht mit unseren lauten Atemgeräten zu erschrecken. Es waren vier kleine, zehn Zentimeter lange Tintenfische und ein fast 60 Zentimeter großes Exemplar, vielleicht eine Mutter mit ihren Kindern. Wir schwammen langsam auf die Gruppe zu, bis wir nur noch etwa drei Meter entfernt waren. Sie alle zitterten im Einklang, als sie uns sahen, und änderten ihre Farbe von blaßgrau auf durchsichtig. Der größere zog sich zurück und zeigte der Gruppe augenblicklich ein braungetupftes Fleckenmuster. Sie antworteten sofort mit einem ähnlichen Muster. Dann wurden alle wieder durchsichtig. Die vier Kleinen zogen sich zurück, und der große Tintenfisch schwamm langsam, die Tentakeln voran, bis auf etwa einen Meter an uns heran. Er inspizierte uns, betrachtete uns von oben bis unten, während die Kleinen aus sicherer Entfernung zuschauten. Plötzlich produzierte er alle möglichen Arten von Flecken, Streifen und Mustern – sich wandelnde Farben, von leichtem Rot bis Grau, Braun und Metallblau. Er versuchte, mit uns zu kommunizieren, Grüße, Fragen – *Schöner Tag heute, nicht wahr? Wer seid ihr und was macht ihr hier? Warum könnt ihr nicht sprechen?* Wir hingen dort bewegungslos, unfähig zu antworten.

Nach zwei Minuten der Befragung wurde der große Tintenfisch wieder blaß, drehte sich um und tänzelte zu den anderen zurück. Dann zeigte er tiefe Rot- und Brauntöne, große Flecken und kleine Punkte. Die Führerin berichtete von ihrer Erkundung. Die Kleinen antworteten, reproduzierten ihre Botschaften mit ähnlichen Farben.

Alle fünf wurden durchsichtig und schwammen langsam, mit den Tentakeln voran, auf uns zu. Als sie etwa einen Meter entfernt waren, hielten sie inne, und als Gruppe produzierten sie gemeinsam noch einmal diese strahlenden Farben der ersten Begegnung. Es war unglaublich! Sie hatten über uns gesprochen und beschlossen, es noch einmal zu versuchen. In allen Farben des Regenbogens sprachen hier fünf selbstbewußte Fremde aus einer anderen Welt zu uns. Als sie ihre Befragung mit erlesener Genauigkeit wiederholten, kam es schließlich zu einer einzigen und einfachen Frage – *He, ihr Dummköpfe, wer seid ihr?* Es war reine Magie – wenn wir nur hätten antworten können!

Schließlich gaben sie auf, oder es langweilte sie, und langsam trieben sie davon. Mein Partner und ich sprangen aus dem Wasser. Atemlos erzählten wir unseren Freunden am Strand, was passiert war. Einige reagierten skeptisch, andere mit Neid und Gelächter. Das Erlebnis bestätigte meine Überzeugung, daß diese Tiere individuelle Gefühle hatten, Persönlichkeiten waren, und viel mehr sind, als wir ihnen normalerweise zubilligen.«

Dr. Randy Harwood hat Farben gesehen, die eigentlich nicht für unsere Augen bestimmt sind. Die mächtigen Gesellschaften, die die Meere ausbeuten und Tintenfische und zahllose andere schöne und intelligente Lebewesen zum Aussterben verurteilen, wollen uns weismachen, das Gebratene auf unseren Tellern sei nichts weiter als Protein. Harwood ist Zahnarzt, bereichert sein Leben als Unterwasserabenteurer und ist in jeder Hinsicht ein traditioneller Bürger. Er demonstriert und protestiert nicht für die Rechte der Tiere, verurteilt die medizinische Forschung nicht und ißt auch nicht nur Gemüse. Aber wenn seine Freunde und Patienten ihn nach seltsamen Erlebnissen fragen, die er beim Tauchen in den Riffen und Schiffswracks der Welt hatte, dann erzählt er ihnen, wie ihm einmal eine Familie von Tintenfischen ihre Farben zeigte. Und er hofft, sie verstehen seine Botschaft. Harwood sagt: »Wir Menschen müssen unseren Geist allen Lebewesen öffnen und nicht so voreilig ihre Lebensräume und ihr Leben zu unserem eigenen Vergnügen, aus unserer Habsucht heraus zerstören.«

Die Tatsache, daß diese hartschaligen Meerestiere kaltes Blut haben, bedeutet nicht, daß sie keine Neigungen besitzen. Harwoods Tintenfische sind ebenso neugierig wie ein Familienhund. Erkennen sie erst einmal, daß wir keine Raubtiere sind, daß wir sie mögen und uns um sie kümmern, reagieren sie ebenso. Die große alte Schildkröte, die in meinem Garten lebt, weiß mich zu schätzen. Das ist für jeden offensichtlich, der sieht, wie sie zu mir herüberkriecht und an meinen Füßen ein Sonnenbad nimmt. Sie sucht meine Gesellschaft, sonst nichts. Und damit bereitet sie meine Augen und Ohren auf die Farben und Stimmen der Natur vor. Geheime Farbtöne und lautlose Symphonien, von denen die Ängstlichen und Habsüchtigen sagen, wir sollen sie nicht sehen oder hören. Anblicke und Klänge, die uns unser falsches Gefühl von Unabhängigkeit rauben und uns der Natur zurückgeben.

Der schnellste Weg zurück

Am schnellsten finden wir den Weg zurück zur Natur, wenn uns Tiere überraschen, die wir für gefährlich, distanziert oder desinteressiert halten. Wilde Tiere, die sich freundlich einem Menschen nähern, erzeugen die bewegendsten zwischenartlichen Begegnungen. Es ist selten, daß Tintenfische sich Menschen gegenüber so verhalten. Nicht so selten ist es bei Primaten. Affen sind uns sehr ähnlich. Deshalb erkennen wir viel leichter ihre Zeichen von Interesse und Besorgtheit und reagieren offener als bei weniger vertrauten Tierarten. Durch solche verwandten Charaktere lernen viele Wissenschaftler, wie man mit Tieren spricht.

Als Student an der UCLA bekam ich Stipendien, um experimentellen Alkoholismus bei Schweinsaffen zu erforschen. Diese Untersuchungen entsprachen den Werten der akademischen Psychologie in den sechziger Jahren. Wissenschaftliche Kontrolle funktionierte am besten bei Tieren. Schimpansen waren bevorzugte »Modelle« des Menschen, aber zu teuer. Gehorsam arbeitete ich also mit Schweinsaffen.

Sie lehrten mich, wie man mit Tieren spricht. Jahrelang lausten wir uns gegenseitig, benutzten Gesten, gurrten und schmatzten. Unabhängig vom Verlauf des Experimentes oder von unserer Stimmung – unsere Verbindung war sanft und liebevoll. Es war diese Freundschaft, die mich dazu brachte, das Laboratorium zu verlassen und meinen Erfahrungshorizont zu erweitern. Ich hatte eine zu tiefe Verbindung mit den Lebewesen, die mir Gesellschaft leisteten. Also verbrachte ich meine Zeit besser mit Tieren, die nicht zu einem tragischen Leben als Versuchstiere verdammt waren.

Wissenschaftlern, die Affen in freier Wildbahn beobachten, fällt es leichter, Distanz zu halten und bei ihren Untersuchungen konzentriert zu bleiben. Professor Carl van Schaik ist den Spuren wilder Tiere jahrelang über das indonesische Archipel gefolgt. Ich war sehr beeindruckt von seiner Einsicht und Klarheit, als er unlängst beschrieb, wie Orang-Utans Werkzeuge herstellen – dies hatte man in der Wildnis vorher noch nie beobachtet.

Van Schaiks Geduld wurde mit dieser Beobachtung belohnt. Dieses Verhalten war allen früheren Beobachtern entgangen. Es ist diese Art der Epiphanie, für die wissenschaftliche Forscher leben, bei der ein Tier natürliche Reaktionen zeigt, die wesentliche Hypothesen klären. Die Bedingungen, unter denen wilde Orang-Utans Werkzeuge herstellen, und ein beharrlicher Wissenschaftler hatten sich bislang im Urwald nicht gekreuzt. Indem er losgelöst genug blieb und immer wiederkam, bewiesen van Schaik und sein Forschungsteam etwas ganz Wesentliches für Studenten der Evolution. Natürlich weiß jeder, der mit Orang-Utans in Gefangenschaft arbeitet, daß sie Werkzeuge herstellen. Diese Fähigkeit kann man jeden Tag im Zoo und in Rehabilitationszentren sehen. Manche Menschen werten dies als reine Nachahmung der Menschen ab. Andere kontern, Nachahmung sei etwas anderes, das Orang-Utans und Menschen auch gemeinsam hätten. In der Naturwissenschaft sind die Beobachtungen des einen der Angriffspunkt des anderen. Als Randy Harwood an den Strand zurückkam und seinen Freunden von seiner Begegnung mit den Tintenfischen erzählte, waren einige neidisch, andere skeptisch, andere lachten ihn aus. Wäre Harwood ein Meeresbiologe gewesen, hätte er seine Geschichte vielleicht nie wieder erzählt. Aber er ist ein Abenteurer, gewillt, die Möglichkeit zu akzeptieren, daß es in der Welt Geheimnisse gibt, die wir zwar nicht erklären können, von denen wir aber aufgrund von Einfühlungsvermögen und Intuition wissen können.

Warum freuen wir uns so darüber, wenn wir feststellen, daß Orang-Utans Werkzeuge herstellen und Tintenfische miteinander über schwimmende Menschen sprechen? Andere Tiere können uns wahrscheinlich nicht viel beibringen, was die Herstellung von Werkzeugen angeht, nicht einmal, was Sprache betrifft. Dies sind Spezialgebiete der Menschen. Aber Tiere können uns die tiefe Faszination und Verbundenheit zeigen, die jedes Lebewesen mit seiner Umwelt und mit seinen Mitgeschöpfen hat.

Biruté Galdikas – die mit den »Waldmenschen« lebt

Je länger sich ein Wissenschaftler in der Wildnis aufhält, um so schwieriger wird es, das distanzierte Verhältnis zu den einzelnen Tieren, die er jeden Tag sieht, aufrechtzuerhalten. Wissenschaftliches Wissen zu erweitern oder die Wunder der Natur selbstsicher zu erleben, ist eine Sache. Etwas ganz anderes ist es jedoch, zu beobachten, wie verwaiste Affen leiden, weil sie ihre Mütter und ihren Lebensraum an Wilderer und Holzfäller verlieren. Biruté Galdikas hat viele solcher Ereignisse beobachtet und mußte reagieren. Vor 25 Jahren nahm sie, wie Dian Fossey und Jane Goodall, die Herausforderung von Lois Leakey an und untersuchte Menschenaffen in ihrer natürlichen Umgebung, dem Regenwald. Davor hatte sie Orang-Utans, die geheimnisvollen »Waldmenschen«, nur auf Fotos gesehen.

Die ersten Primaten, mit denen Biruté Galdikas in Berührung kam, waren die Schweinsaffen im Keller der psychologischen Abteilung der UCLA. Als Studentin versorgte sie diese neugierigen Tiere und sprach mit ihnen, wenn der Wissenschaftler, der mit ihnen arbeitete, nicht da war. Damals wußte sie nicht, daß ich dieser Wissenschaftler war. Wir begegneten uns drei Jahrzehnte später auf einer internationalen Konferenz über Orang-Utans. Bei der Gelegenheit entdeckten wir unsere frühere Verbindung und unsere gemeinsamen Interessen.

Biruté war sofort begeistert von meiner Beobachtung, daß die bewegenden Momente bei der Interaktion von Mensch und Tier meßbaren und vorhersagbaren Mustern folgten. Als ich andeutete, daß die machtvollsten und tiefgründigsten Begegnungen zwischen Mensch und Tier der geheimnisvollen Nahtod-Erfahrung sehr ähnelten – eine Art Hinüberschreiten, von einer Welt in eine andere – war Biruté sofort begeistert. »Ja, Sie haben recht. Ich glaube, sie haben etwas gemacht, nach dem sich jeder Wissenschaftler sehnt. Sie haben ein wichtiges Phänomen identifiziert und ihm einen Namen gegeben. Nennen Sie es tiefgründig oder bedeutsam, derartige Phänomene zwischen Angehörigen verschiedener Arten sind eine Realität und sie müssen sie unbedingt erforschen.«

Ein Jahr später schalteten wir schließlich ein Tonbandgerät an und sprachen einen Nachmittag lang über die wichtigsten Momente bei unseren Beobachtungen und Interaktionen mit Orang-Utans und anderen wilden Tieren. Aus diesem Interview habe ich einen Abschnitt ausgewählt, der die Kraft dieser Erlebnisse besonders deutlich zeigt. Biruté und ich sprachen über das Dyak-Konzept von »Geist« in Bezug auf Orang-Utans. Ich fragte sie, ob die Zeit, in der ihre wilde Orang-Utan Tochter Akmad im Camp Leakey ein Baby zur Welt brachte, so war, als käme ein Geist durch die Barrieren zweier Welten hindurch. Das führte zu einer ganzen Reihe bemerkenswerter Einsichten über die tiefgründigen Begegnungen zwischen Angehörigen verschiedener Arten. Hier ist die wortgetreue Niederschrift des Interviews:

GALDIKAS: »Wie ich die Dyak-Kosmologie verstehe ... ist der Geist vollkommen unvorhersagbar, da er nicht von dieser Welt stammt. Das erzeugt eine riesige Barriere.«

ROSE: »Dann erscheinen wir den anderen Spezies vielleicht wie Geister?«

GALDIKAS: »Natürlich. Ich arbeite in einer anderen Welt, und der Orang-Utan, der Schimpanse, das Zebra oder die Giraffe – sie alle müssen auch diese Barriere überschreiten.«

Rose:»Würden Sie dann sagen, daß Akmad diese Barriere überwand, um Mutter zu besuchen ... haben Sie sich dann vollkommen als Mutter gefühlt?«

Galdikas:»Ja, vollkommen. Ich hatte eine Beziehung, bei der sie mir sehr nahe war, bei mir blieb, mich berührte, an mir hing. Offensichtlich wollte sie früher diese Nähe. Aber das alles verschwand, als sie älter wurde. Diese Distanz war gekommen, und dann plötzlich, mit dieser Erfahrung ... war es mir gestattet, durchzukommen. Es muß so etwas sein wie diese Wurmlöcher, von denen die Physiker sprechen. Sie sollen angeblich eine Zeitreise ermöglichen, sind aber nur so groß wie ein Elektron ... ein Wurmloch von einem Universum zu einem anderen ... genau das war es.«

Rose:»Wer war hindurchgereist?«

Galdikas:»In diesem Fall war ich es, aber sie hatte es mir erlaubt, hindurchzureisen. ... Sie gestattete es mir, in ihre Welt zu kommen.«

Rose:»Können Sie beschreiben, wie sich das anfühlte? War es schnell oder geschah es langsam?«

Galdikas:»Es war mehr wie ein freier Fall durch das Wurmloch. Kennen Sie das Lied der Doors»Break on through to the other side«? Alle diese Bilder schwirrten durch meinen Kopf und tauchten damals auf. Ich hatte Orang-Utans 15 Jahre lang studiert. Ich war tatsächlich da, ich war schon da, aber dieses Ereignis ...«

Rose:»Es hat das auch letzte Stück von Ihnen aufgenommen und gesagt, Sie sind da ...«

Galdikas:»Genau. Aber Akmad hat es erlaubt. Sie hat es getan, nicht ich.«

Rose:»Können Sie beschreiben, was sie tat, das es Ihnen erlaubte?«

Galdikas:»Sie erlaubte Achyar nicht, ihr Baby zu berühren. Als sie ihn angriff, da geschah es. Ich hatte Akmad nie zuvor so gesehen ... sie ist grundsätzlich ein wilder Orang-Utan, der für eine kurze Zeit in das menschliche Leben eingetreten war und dann wieder ging. Als sie Achyar angriff, ereignete sich diese tiefbewegende Begegnung zwischen verschiedenen Arten ... Sie sagte mir, ich sei in ihrer Welt und Achyar sei es nicht. Achyar war klug genug zu wissen, was geschehen war. Er hatte selbst schon solche Ereignisse erlebt. Wenn wir Zugang hätten zu den Tiefen seiner Seele ...«

Rose:»Sie würden viel davon bekommen.«

Galdikas:»Ja ... sein ganzes Leben wurde von ihnen geprägt ...«

Rose:»Und ihres ... und das von Akmad ... als sie zurückkam?«

Galdikas:»Ja ... es war gegenseitig ...«

ROSE: »Sie waren beide an einem gemeinsamen Ort ... und zack ...«
GALDIKAS: »... Das ist wirklich wahr, dieser Moment war zutiefst bewegend. Es war einer dieser Augenblicke, diese Nanosekunden, wenn Sie das Auge Gottes sehen. Sie sind eins mit der Natur ... Es ist so intensiv, daß es sicher physische und physiologische Auswirkungen hat ... und sie erleben Gott!«
ROSE: »Akmad hat Sie wissen lassen, daß Sie Gott sind?«
GALDIKAS: »Daß sie Gott war ... es kam durch sie.«
ROSE: »Durch sie?«
GALDIKAS: »Daß sie das Wurmloch zu Gott war.«
Es ist aufschlußreich, diesen Bericht sorgfältig zu untersuchen. Zunächst hatte ich die veröffentlichte Geschichte, daß Akmad mit ihrem Baby aus der Wildnis zurückkehrte, als ein kraftvolles humanistisches Ereignis interpretiert, vergleichbar mit Harwoods Erlebnis mit den Tintenfischen. Ein Tier sucht nach einer freundlichen Begegnung mit einem Menschen. Das mag sogar als Interpretation dieses Ereignisses gerechtfertigt sein, zumindest vom Standpunkt des Orang-Utan aus. Doch dann konzentrierte ich mich auf die spirituelle Kraft des Berichtes und erkannte, daß dieses Ereignis ähnlich war wie der Tod meiner Schildkröte – ein ehrfurchteinflößendes Ereignis, bei dem mir ein außergewöhnliches Element der Natur gezeigt wurde.
Doch Galdikas Interview enthüllt, daß die entgegengesetzte, feindliche Reaktion von Akmad auf Achyar sehr bedeutsam für sie war – ein Moment wissenschaftlicher Erleuchtung. Mit anderen Worte, Birutés Reaktion auf die Rückkehr ihrer Orang-Utan Tochter mit ihrem neugeborenen Baby wurde in eine Epiphanie geschleudert, als Akmad demonstrierte, daß es Biruté war, und sonst niemand, für die sie gekommen war und der sie ihr Baby zeigen wollte. In dem Moment spürte Biruté, wie sie durch den Tunnel geführt wurde und dem gegenüberstand, was für sie plötzlich eine bewiesene Tatsache war – daß sie und dieser Orang-Utan in derselben Welt waren, verwandte Geister im Auge Gottes.
Für uns alle hier ist die Tatsache wichtig, daß ein wildes Tier, um das man sich in seiner Kindheit kümmerte, zu einem Leben in der Wildnis zurückkehren mag, sich jedoch gleichzeitig seine Zuneigung zu bestimmten Mitgliedern seiner Pflegefamilie bewahren kann. – So viel Zuneigung, daß dieses Tier, als es sein eigenes Kind hat, es bringt, um es einem der menschlichen Eltern zu zeigen, und zugleich den anderen eine Distanz aufzwingt. Ich bin davon überzeugt, daß selbst solche Epiphanien, die als wissenschaftlich und naturalistisch bezeichnet werden, eine zentrale humanistische Komponente besitzen. Die Entdeckungen

und Erkenntnisse, die uns am meisten bewegen, die wir nie wieder vergessen, erzählen uns anscheinend immer etwas über uns selbst, das für uns persönlich wichtig ist, und über unsere Verwandtschaft mit anderen Tieren.

Der Schimpansenmann

Schon früh auf dieser Reise schickte mich Jane Goodall zu Marc Cusano. Marc arbeitete sieben Jahre lang als Tierpfleger von über 30 Schimpansen, die auf fünf künstlichen Inseln im Lion Country Safari Wildgehege in Florida lebten. Mit heroischer Anstrengung schaffte er es, sich mit Schimpansen anzufreunden, die anderen Menschen gegenüber äußerst feindselig waren. Selbst kräftige Schimpansen, die ihn zunächst jagten oder von ihrer Insel vertrieben, lernten ihn zu akzeptieren. Eine Geschichte wird oft als *die* zwischenartliche Begegnung angeführt. Das angeblich boshafte alte Alpha-Männchen namens Old Man eilte seinem menschlichen Freund zu Hilfe, verjagte vier andere Schimpansen, die Marc auf dem Boden festhielten und heftig bissen, und half Marc dann, zu seinem Boot zurückzukehren und die Insel zu verlassen.

In seinem Haus in Florida erzählte mir Marc, dieses Ereignis, das Jane Goodall in zwei Büchern beschrieben hat, sei zwar unglaublich bewegend gewesen, doch nur einer von vielen Höhepunkten während seiner Arbeit mit Schimpansen. Als ich Cusano zuhörte, begriff ich, daß er wohl der einzige lebende Mensch war, der zu einem echten Mitglied der Schimpansengesellschaft geworden war. Von Sonnenaufgang bis Sonnenuntergang und oft bis in die Nacht hinein arbeitete und spielte Marc Cusano, kämpfte und versöhnte er sich, aß und schlief er mit diesen Affen. Angefangen damit, daß er den Affen zeigte, wie sie Nilpferde und Vieh von ihren Inseln verjagen konnten, bis dahin, daß er sie davon überzeugte, daß seine Haut sehr dünn sei und sie deshalb ihre Schläge dämpfen müßten, wenn sie mit ihm spielen wollten. Am Schluß unseres Gespräches hatte ich sechs Stunden voller Geschichten und enorme Schwierigkeiten zu entscheiden, welches wohl sein wichtigstes Erlebnis gewesen wäre. Er konnte es mir nicht sagen.

In meinen Augen geschah Marcs wunderbarstes Erlebnis, als ihn alle Affen akzeptiert hatten und in Freundschaft mit ihm verbunden waren. Marc erinnerte sich an zahllose Nachmittage, nachdem er alle Schimpansen gefüttert, alles saubergemacht hatte, mit den Reparaturen fertig war und ein paar Stunden übrig hatte, um mit den Schimpansen zu spielen. Er beschrieb, wie sie miteinander rangen, rannten und kletterten und er so gut er konnte mit ihnen mithielt und sie ihm so gut sie konnten halfen. War es heiß, ermüdeten sie schneller. Das Alpha-Männchen kletterte an einen schattigen Platz im Zentrum der Insel. Zwei andere Männchen saßen bereits da und pflegten sich gegenseitig das Fell. Marc, der zweite in der Rangordnung, machte sein Boot fest und ging hinüber. Er setzte sich und begann, seinen Freund zu putzen. Die anderen machten ihm wie gewöhnlich Platz. Dann legte sich ein Schimpanse hin und schlief an Marc gelehnt ein. Marc legte sich neben ihn, und noch ein weiteres Tier kam dazu. Marc begann zu dösen, und bald waren fünf Schimpansen bei ihm, alle eingeschlafen. Vielleicht eine halbe Stunde später wachte er auf – die anderen waren fort. Sie hatten ihn friedlich weiterschlummern lassen.

Marc sprich von »einer Ruhe, die ich nirgendwo sonst gespürt habe, ganz bestimmt nicht bei meinen Menschenfreunden.« Ich stelle mir den tiefen Frieden vor, den er erlebt haben muß, die tiefe Zufriedenheit fragloser Bruderschaft, weiche Haut und rauhe Haare, die Gerüche, die Hitze der Körper, das sanfte Atmen – sein vollkommen wortloser Affengeist in vollendeter Vereinigung mit den ihn umgebenden Lebewesen. Marc hatte Tag für Tag, von Sonnenaufgang bis zur Dunkelheit gearbeitet, um dahin zu kommen, wo kein Mensch jemals war – alles Schimpansen, alles Brüder unter der Sonne und den Sternen.

Diese Tiere wollten mit Marc nicht nur zusammensein, um zu spielen, sich zu pflegen oder miteinander zu essen. Sie schätzten wirklich seine Gegenwart. Es spielte für sie eine Rolle, wer er war. Sie liebten ihn, und sie konnten ihrer Liebe zu ihm Ausdruck verleihen, indem sie sich neben seinen schlafenden Körper legten und mit ihm schlummerten – stille Verbundenheit im gemeinsamen Heim. Vor zehn Jahren mußte Marc seine Schimpansenfreunde verlassen. Er hat sie seitdem nicht wiedergesehen, aber sie verfolgen ihn noch in seinen Träumen. Wenn er jemals zurückgeht, möchte ich dabei sein. Das wird ein Wiedersehen!

Albert Einstein schrieb einmal, daß ein erleuchteter Mensch »eine individuelle Existenz als eine Art Gefängnis betrachtet und ... das Subtile und die wunderbare Ordnung spüren möchte, die sich in der Natur und in der Welt der Gedanken offenbart.« Naturwissenschaftler wie Schaik, Galdikas und Goodall, Abenteurer wie Harwood, Tierpfleger wie Cusano – sie alle haben diese feine und wunderbare Ordnung gespürt. Sie haben es riskiert, sich vollkommen in die Wildnis zu vertiefen und erlebten die Wiedervereinigung von Mensch und Natur. In diesem Aufsatz, in diesem Buch bemühen wir uns darum, dieses Erlebnis in die Welt der Gedanken zu bringen.

Die Welten, in denen wir uns entwickelt haben, der Urschlamm, das Meer, der Sumpf und die Savanne sind Heimat für uns und alle unsere gemeinsamen Vorfahren. Wir begehen zahllose Handlungen der Wiedervereinigung. Von den fleischigen Tunneln und wäßrigen Höhlen, in denen wir gezeugt werden, bis zu den Schlammlöchern und Erdhöhlen, in denen wir sterben – alle Formen der Herrlichkeit auf diesem Planeten vermischen sich in geheimnisvollen Tänzen und Symphonien, jeder Verstand, jeder Geist und jede Stimme leistet einen Beitrag, alle Augen und Ohren sind eingestimmt auf das göttliche Zusammenspiel aller Lebensformen. Die Flora und Fauna der Erde bilden ein Gewebe sich stets wandelnder Biosynergie, wie Fäden auf einem multidimensionalen Webstuhl, der Gobelin des Nirvana. Schildkröten, Affen und Menschen – wir alle sind Figuren aus Blut und Knochen im Tanz der Vielen, der Ruf einer Stimme, die allen gehört.

Dorit Feddersen-Petersen

Verlierer Haustier

Haustiere waren meine ersten Beobachtungstiere. Katzen, Hunde, Pferde und Rinder waren da, zeigten keine Scheu, ließen mich gewähren, wenn ich neben ihnen saß, sie ansah, zeichnete oder Geschichten über sie schrieb. Die eindrucksvollsten Glücksmomente meiner Kindheit verdanke ich ihnen, die mich ebenso frühes Entsetzen und tiefe Trauer erleben ließen. Gab es Schöneres, als dem Spiel junger Katzen zuzusehen? Ich habe es damals als große Ehre empfunden, daß sie mir so vertrauensvoll Einblicke in ihr Leben gewährten, ja mich sogar einbezogen. Dieses Einssein mit diesen Tieren, die so vertraut mit uns waren, gefüttert wurden, das Haus bewohnten, somit zu uns gehörten, bekam häßliche Risse, als ich sah, wie Kätzchen in einen Sack gesteckt und ertränkt, Hühner geschlachtet und Rinder getreten wurden. Mein Aufbegehren wurde lächelnd abgetan, es sind Haustiere, Katzen vermehren sich zu sehr, Hühner sind da, um Eier zu legen und gegessen zu werden und das störrische Rindvieh wird getrieben.

Meine frühen Erfahrungen mit Haustieren begannen mit Liebe und Bewunderung sowie ständiger Sorge um sie. Meine Kämpfe für sie brachten mir Ärger und keine Änderung für meine Schützlinge. Um ethische Aspekte in der Tierhaltung und im Umgang mit Haustieren ging es damals nicht. Ich habe nie die Attraktion Zoologischer Gärten verstanden, waren mir doch so viele Verhaltensweisen der dort ausgestellten Wildtiere von den Haustieren wohlbekannt, in entspannterer Atmosphäre und ohne lärmende, eislutschende Besucher. Warum wurde Haustieren so wenig Achtung zuteil? Es war kein Zufall, daß ich später im Rahmen der Domestikationsforschung gerade über sie arbeiten sollte.

Doch auch hier hatte ich es »nur« mit Haustieren zu tun. Wurden Arbeiten über Wölfe und andere Wildcaniden akzeptiert, schien Haushunduntersuchungen stets etwas Banales, nahezu Kitschiges anzuhaften. Arbeiten über Hunde gehörten mehr in die »Anekdotenecke«, mochten ihre Fragestellungen noch so spannend sein, ihre Ergebnisse gar ein neues Licht auf ihre Verhaltensänderungen der Stammart gegenüber werfen. Und haustierethologische Arbeiten wurden dem Bereich des »Angewandten« zugeordnet, was durchaus abfällig gemeint war, galten als »weniger wissenschaftlich«. Für bestimmte Untersuchungen mochte dieses damals zutreffen, für die meisten sicherlich nicht.

Haustiere waren lange »Stiefkinder« der Ethologie. Und sie sind es auch heute noch, bedenkt man, wie wenig wir über die Grundlagen ihres Verhaltens wissen. Zu lange war es die Wirtschaftlichkeit dieser »Tiere des Menschen«, deren Steigerung vorrangig interessierte, und ethologische Grundlagenforschung hatte keine Lobby. Wenn heute zunehmend auf breiterer Basis auch die mit der »Ertragssteigerung« verbundenen anatomischen, physiologischen und ethologischen Konsequenzen für Haustiere benannt und auch analysiert werden, ist diese Änderung zu einem nicht geringen Anteil den jahrzehntewährenden zähen Bemühungen einiger weniger Wissenschaftler zuzuschreiben. Die Benennungen heißen heute – nach Jahren der Sprachverrenkungen, die die Objektivität des Wissenschaftlers, seine Zugehörigkeit zur Scientific community der naturwissenschaftlichen Et(h)ologen ermöglichten – zunehmend Leiden. Und wissenschaftliche Untersuchungen zu deren Entstehung werden ebenso wie Möglichkeiten zu ihrer Vermeidung bzw. Beseitigung zahlreicher.

Naturwissenschaftliches Forschen und Ethik, somit Wissenschaft und Werte, sind nach Meinung etlicher Wissenschaftler zu trennen. Martin weist auf einen notwendigen Zusammenhang von Ethik und Ethologie der Nutztierethologie hin und betont, daß Haustierforschung, wie jegliche Forschung an Tieren in Menschenobhut, in bezug auf die Ziele an das ethisch begründete Tierschutzgesetz gebunden ist. Indes lehnen es etliche Ethologen nach wie vor aus methodischen Gründen ab, Befindlichkeiten, damit beispielsweise die Frage des Leidens, zum naturwissenschaftlichen Forschungsgegenstand zu machen. Dem wissenschaftlichen Vorgehen liegt unterschiedliches Denken zugrunde, so die strikte Trennung zwischen physischem und psychischem Bereich. Somit scheiden sich nach Lundberg die Verhaltensforscher gewissermaßen an der Frage, ob das Tier geschützt werden soll, weil seine Organismus-Umwelt-Beziehungen objektiv gestört sind oder weil es unter diesen Störungen (subjektiv) leidet. Dabei können Motivationen doch nur vor dem Hintergrund der stammesgeschichtlichen Entwicklung von Lebewesen betrachtet werden, gehören somit zur biologischen/ethologischen Forschung dazu. Sie sind nur schwieriger mit den herkömmlichen Methoden der Wissenschaft zu verifizieren. Dazu wären intelligentere und durchdachtere Methoden nötig.

Als ich meine vergleichenden Forschungen an Wild- und Haushunden sowie Bastardierungen zwischen ihnen begann, lernte ich zunächst das vorurteilsfreie Beobachten und Beschreiben, was natürlich Voraussetzung für jegliches ethologisches Arbeiten ist. Hinzu kam die Warnung vor dem Anthropomorphismus, der Vermenschlichung, verbunden mit dem dringenden Rat, das Herz nicht an die »Forschungsobjekte« zu hängen. Ich glaube schon, daß gerade den Frauen, die ethologisch arbeiten, weniger ein wissenschaftliches Interesse am Tier als vielmehr das Ausleben von Emotionen unterstellt wird. Meine Hunde bekamen Namen, mit allen beschäftigte ich mich ausgiebig – und natürlich entstanden Bindungen. Auf beiden Seiten. Ich bin überzeugt, auf diese Art wesentlich mehr gesehen zu haben als mit einem aufgezwungenen Abstand, der ständigen Ermahnung, das Tier als Nummer, als Objekt, nur nicht als Kumpan zu sehen.

Unsere Tiere wurden aus bestimmten Gründen handaufgezogen. Einer meiner Kollegen, der die Fütterungen und Bauchmassagen möglichst schnell und »unbeteiligt« durchführte und seine Goldschakale nicht soviel »handelte« wie ich es tat, kam zu völlig anderen Ergebnissen. Seine Jungtiere waren extrem unverträglich und scheu, während meine Spielgruppen bildeten und durch ausgesprochene Zahmheit mir gegenüber bzw. fehlende Scheu vor allen Menschen auffielen. Neben dem anderen Ergebnis, das ihnen soziale Anpassungsfähigkeit und Flexibilität bescheinigte, rettete ihnen ihre Bindung an mich einmal das Leben. Unser Institutstiergarten befand sich neben einer stark befahrenen Straße. Britta und Birgit, meine Goldschakalweibchen, waren durch ein Loch im Zaun auf die zur Straße führende Böschung geraten. Ich konnte durch das Gestrüpp ihre Kontaktlaute hören, hörte die Autos, war schweißgebadet, sah meine Schakale schon überrollt, meinte Autos krachen zu hören und kroch durch das Gestrüpp, ihre Namen rufend. Ich konnte sie nicht sehen, verzweifelte immer mehr, bis ich plötzlich eine feuchte Schnauze am Arm spürte und ein leises Winseln hörte. Britta drängte sich an mich, Birgit stand geduckt zwischen mir und den Autos. Ich lockte sie, sie kam trotz großer Aufregung und Verwirrung, ich trug beide in ihr Gehege zurück. Goldschakale sind Einzelgänger, die nicht zähmbar sind? Ganz sicher nicht. Sie lebten unter Gehegebedingungen auch in Kleingruppen. Das zu Birgit und Britta, die den Grundstein für meine Liebe zum Goldschakal legten.

Vermenschlicht habe ich »meine« Caniden nie, die Sozialisierung an Menschen, die Bindung an mich sah ich als Voraussetzung für ein möglichst entspanntes Leben unter den Bedingungen der Gehegehaltung für Wildtiere, die ja ständig mit Menschen zu tun haben (Tierpfleger,

Studenten, Besucher). Ich bin sicher, daß ich die feinen Mimikspiele unter Wölfen nie hätte beobachten können, wenn ich scheue oder gar sozial deprivierte Tiere beobachtet hätte. Zwischen uns ist eine Beziehung, wir beobachten uns gegenseitig. Vieles führen die Caniden in Hinblick auf mich aus, entspannt und mit Spielintentionen. Zudem hätte ich mich ihnen nie entziehen können, weil sie mich so begeisterten, mir immer neue Ideen für zu überprüfende Hypothesen lieferten – und eine reiche, schöne Zeit meines Lebens schenkten. Anthropozentrik war und ist nie dabei, wenn ich Daten aufnehme – die unsichtbare Schranke, der Abstand zum »Objekt«.

Alle in Gruppen lebenden Haushunde benötigten Menschenkontakte für eine störungsfreie Entwicklung. Alleingelassen kamen sie nicht mehr zurecht mit der Regulierung von Beziehungen in einer fein etablierten Hierarchie. Menschen, deren Sozialpartner sie im Laufe der Domestikation wurden, scheinen sie für ein »Rudelleben« zumindest zu stabilisieren. Ganz ohne Menschen können etliche Hunderassen nicht leben, ohne Schaden zu nehmen.

Wie im privaten Umgang, so erfuhr ich immer wieder, haben Haustiere, die für eine Nutzung durch den Menschen oder für ein Zusammensein mit ihm im Laufe der Domestikation tiefgreifende genetische Veränderungen erfuhren, uns auch im wissenschaftlichen Bereich zu dienen, vorrangig gehören sie uns, nicht *zu* uns. So die Normen, bezogen auf das in weiten Teilen der Gesellschaft herrschende Wertesystem.

Die Haustierethologie befaßt sich schwerpunktmäßig mit landwirtschaftlichen Nutztieren und mit Heimtieren. Ihr Ziel ist es, geeignete Umgebungsbedingungen für diese auf unsere Fürsorge angewiesenen, von uns abhängigen Tiere zu finden. Verhaltensstörungen sind zu vermeiden, stabile Leistungen zu erreichen.

Heimtiere nützen als Sozialpartner. Und stören sie uns dabei durch ihr arteigenes, angeborenes Verhalten, etwa wenn wir ihre Anpassungsmöglichkeiten extrem überschreiten, was häufig geschieht, werden sie abgegeben oder manipuliert, »zurechtgestutzt« für Menschenansprüche. So wird die chirurgische Devokalisation des Hundes als eine sehr brauchbare Methode der Lärmbekämpfung in der Versuchstier- und Heimtierhaltung beschrieben, da sie eine »totale Aphonie«, also die Unmöglichkeit zur Vokalisation des Hundes, oder zumindest nur noch ein »heiseres Bellen mit starker Einschränkung der Dauer und der Häufigkeit der Phonation« bewirkt. Den Versuchen, die unser Tierschutzgesetz untersagt, ist als Vorwort ein Ausspruch Robert Kochs vorangestellt: »Eines Tages wird man den Lärm ebenso unerbittlich bekämpfen müssen wie die Cholera und die Pest«. Die hier gewünschte Eindämmung des »Lärmes« bedeutet schlicht, daß Tieren die Möglichkeit zur akustischen Kommunikation genommen wird, weil diese den Menschen stört: Ein weiteres Glied in der Kette von morphologischen und ethologischen »Korrekturen«, die starke Auswirkungen auf das Sozialverhalten hochsozialer Tiere haben, indem sie deren Kommunikationsmöglichkeiten erheblich reduzieren. Lärm wird in der zitierten wissenschaftlichen Abhandlung als »jeder Schall (Gemisch von Tönen, Klängen und Geräuschen)« definiert, »der als störend oder belästigend empfunden wird, das psychische oder physische Wohlbefinden beeinträchtigt oder die Gesundheit schädigen kann«.

Für mich gibt es kaum etwas Schöneres als das Chorheulen der Wölfe in unserem Tiergarten. Die Ruhe und Ausgeglichenheit der Tiere gehen stets auf mich über, die melodiösen Dehnungslaute, mehr oder wenig frequenzmoduliert, beziehen mich ein. Die Hunde, die dort in Gruppen leben, fallen bellend oder heulend ein, wie es ihnen gegeben ist. Völlig unverständlich für mich war vor einigen Jahren eine Unterschriftensammlung von Anwohnern einer Neubausiedlung einige Kilometer von den Gehegen entfernt. Es wurde über starke Belästigung durch das Heulen berichtet, in einem Falle gar gemutmaßt, es könne auslösend für die Herzattacke des Ehemannes gewesen sein, andere Leute klagten über starke Nervosität und Kopfschmerzen. Man forderte die Schließung der Gehege oder den Bau einer Schallmauer. Die Schnellstraße vor der Tür sowie eine nahe Autobahn schienen nicht zu stören, wurden akzeptiert. Heulen trägt weit, eine seiner Funktionen liegt schließlich in der Kontaktaufnahme über weite Distanzen. Unser Wohnhaus ist gut fünf Kilometer vom Tiergarten entfernt – das Heulen nachts oder in den frühen Morgenstunden ahne oder höre ich leise – und es erreicht mich. Es erreicht mich auch gefühlsmäßig, indem ich mich geborgen fühle. Erklären kann ich diese emotionale Reaktion nicht. Natürlich hat sie mit dem langen Zusammensein mit Caniden zu tun. Beglückend indes war das Wolfsheulen für mich von Anbeginn, dieses leise beginnende, dann mächtig anschwellende Singen, das gehegeübergreifend alle Wild- und Haushunde ansteckt. Beeindruckend sind insbesondere immer wieder die Augenkontakte heulender Wölfe mit mir.

Ist es möglich, daß Großstadtlärm von den meisten unter uns kaum noch wahrgenommen wird, während die fremdgewordenen Tiere, auch Haustiere gehören dazu, krank machen? Andererseits integrieren wir sie weit in unser Leben, sind sie »geliebte Sozialpartner«. Fast alle Hundebesitzer reden mit ihren Hunden, sind sicher, verstanden zu werden, fühlen sich reich beschenkt durch das Zusammenleben mit dem Tier. Wie paßt das zusammen? Diese Liebe nun ist nicht selten anthropozentrisch, hört mitunter schnell auf, wenn der eigene Hund, die eigene Katze sich vermeintlich fehlverhalten. Und das Reden mit den Tieren ist eben häufig keine Interaktion im Sinne artübergreifender Kommunikation, vielmehr überwiegend so etwas wie eine Manipulation einer Art durch eine andere mittels Signalverhalten. Diese Präzisierung wird dann wichtig, wenn die Gefahr besteht, »unverstandene« Verhaltensweisen des Hundes mit vorgefertigten menschlichen Erwartungshaltungen zu erklären.

Wer versteht das Ausdrucksverhalten seines Hundes? Wer hat sich der Mühe unterzogen, Kommunikation unter Hunden zu beobachten, um so ein »Verstehen« der Signalsysteme dieser Haustiere durch Beobachtung der Wirkung auf Artgenossen zu erreichen? Eher die Minderheit der Hundebesitzer. Die Motivationen, Modalitäten und Konsequenzen artübergreifender Interaktion sind auch wissenschaftlich kaum untersucht worden: die inneren Antriebe und die Bereitschaft des interagierenden Menschen und des Hundes, die Umstände oder Erscheinungs- und Ausführungsformen dieser zwischenartlichen Kommunikation sowie schließlich die kurz- oder längerfristigen Auswirkungen, bedingt durch den Signalaustausch beider, berühren zudem Bereiche, deren Analyse, wie ausgeführt, noch weitgehend umgangen wird: Gefühle. Gefühle werden als Gegenstand wissenschaftlicher Untersuchung ja überwiegend nicht akzeptiert, als nur der Introspektion zugänglich betrachtet. Wie eingangs erwähnt, beginnt man, sie zu benennen, ohne allgemein Gefahr zu laufen, sogleich als »unwissenschaftlich« stigmatisiert zu werden. Dennoch fehlen Versuche auf breiterer Basis, um ihnen endlich ethologisch »näherzukommen«.

Haustiere sind zudem für die Mehrzahl der Ethologen weniger interessant, da sie für verhaltensökologische Untersuchungen nicht das geeignete Modell sind. Und die Beschäftigung mit den naheliegenden Zielen des Verhaltens, der Verhaltenssteuerung eines Tieres in einer bestimmten Situation, ist momentan nicht mehr modern. Zudem haftet Haustieren leicht das Unnormale, Gestörte an. In ethologischen Standardwerken wird ihre Existenz erwähnt, wenig zu ihnen gesagt (es gibt ja auch wenig Daten) – und auf angewandte Bereiche verwiesen.

Haustiere sind nun alles andere als pathologische Varianten der Wildart, eine Ansicht, die fälschlich resultieren kann, wenn die Stammart mit ihrem Verhalten, ihren ökologischen Ansprüchen u. a.

als Referenzsystem für »normales« Haustierverhalten angesehen wird. Vielmehr sind Haustiere stets mit ihrer »ökologischen Nische« in Beziehung zu sehen, im Zusammenleben mit Menschen und deren Umweltgegebenheiten, was für die meisten Haushundrassen und -formen bedeutet, daß deren Verhalten ohne Einbeziehung der menschlichen Bezugspartner, die ihnen »wichtiger Sozialpartner« wurden, kaum treffend analysiert werden kann. Menschen sind Bindungspartner für Hunde, das ist unbestritten, indes nicht, daß ständiges Bellen bei langer Abwesenheit des Bindungspartners mit negativen Gefühlen des Hundes gekoppelt ist, auch wenn dessen Ausdrucksverhalten eindeutig Unwohlsein signalisiert. Nun ist das Ausdrucksverhalten sicher ein wichtiger Indikator tierlicher Gefühle – ein objektiv definierbarer dazu, dessen Wirken man indirekt erschließen kann, dessen Qualität uns aber noch verschlossen ist. Stieve vermutet, daß Affen, Hunde und andere uns näher verwandte Säugetiere Bewußtsein, Willen, Wünsche, Gefühle und Empfindungen haben, die den unseren ähnlich sind. Diese plausibel begründete Vermutung wird von überzeugenden Indizien gestärkt, da Bewußtsein, Fühlen und Denken Funktionen des Gehirns sind und sich mit dessen Höherentwicklung im Laufe der Evolution auch Bewußtsein und Gefühle schrittweise gebildet haben – laut Stieve von »primitiven, dumpfen Anfängen zu unserer Gefühls- und Bewußtseinswelt«. Aus Mimik und Gestik etwa lassen sich Gefühle erschließen. Sie haben also durchaus einen objektiven Anteil und sind nicht nur der Introspektion zugänglich, so daß der Versuch, sie naturwissenschaftlich zu erfassen, durchaus nicht von vornherein als sinnlos abgelehnt werden kann.

Eines wissen wir: Hunde kommunizieren mit Menschen anders als mit Artgenossen. Das sog. Lachen, ein leichtes Hochziehen der Oberlippe, welches die Schneidezähne kurz entblößt, bei leichtem Anheben der Mundwinkel, wird allein dem Menschen im sozialen Kontext der Begrüßung gezeigt. Es fehlt bei der Kommunikation unter Hunden. Im Zuge der Domestikation hat sich so ein *neues* mimisches Signal entwickelt, das der Kommunikation mit dem Menschen dienlich war, gefiel oder übersehen, jedenfalls züchterisch nicht eliminiert wurde. Auch das Bellverhalten wurde differenzierter, wenngleich die Meinungen über den Sinn (oder Unsinn) dieses Lautsystems noch immer auseinandergehen. So bezeichnen Coppinger und Feinstein das Bellen des Haushundes pauschal als nicht-kommunikativ. Sehr plakative Aussagen (»The old New England farmer (...) may have come closest to the truth when he concluded that dogs bark, just for the hell of it' ...«) prägen leider schnell die Meinung einer breiten Öffentlichkeit, da sie zudem auch sehr viel schneller zugänglich sind als die Resultate wissenschaftlicher Untersuchungen. Der Schaden, den sie anrichten, kann groß sein, wenn sie – wie hier geschehen – als Argumentationshilfe dienen, der vermeintlich »hypertrophierten Sinnlosigkeit«, dem Bellen, mit elektrisierenden und anderen »Erziehungshilfen«, die pauschal als Strafreize reaktiv auf differenzierte Kommunikation dienen, zu begegnen. Denn Bellen gilt vielfach als »störendes Verhalten«, das, zu Ende gedacht, »den Menschen störendes Verhalten« heißen müßte, wird als Lärmbelästigung empfunden. Auch wenn Bellen stört, muß das bellende Tier keineswegs gestört sein. Störungen im Bereich des vokalen Verhaltens sind letztlich doch immer nur die äußerlich wirksam werdenden Symptome eines internen Ungleichgewichts des hundlichen Gemütszustandes. Hunde, die ständig bellen, liefern damit zumeist den Indikator einer absolut tierfernen Haltung. Die Ursachen für temporäre Signalverstärkungen liegen ja in aller Regel in einem die Möglichkeiten des Hundes hemmungslos überfordernden sozialen Umfeld. Neue sonagraphische Analysen belegen, daß Bellen kommunikativ ist, in vier bis acht Untergruppen auftritt (je nach Rassezugehörigkeit), die für ganz bestimmte soziale Situationen spezifisch sind – und entsprechend beantwortet werden. Die nicht neue Hypothese, daß sich das Bellen des Wolfes, das relaltiv selten und streng situationsspezifisch im Kampf und als Warnlaut auftritt, beim Hund nicht nur variabler, sondern auch im Sinne einer verfeinerten Kommunikation differenzierter wurde, scheint erhärtet. Hunde vokalisieren häufiger und Bellen wurde *ihr* akustisches Kommunikationssystem, entstanden wohl in Anpassung an den sich überwiegend verbal verständigenden Menschen – eine optimal abgestimmte Interaktionsstrategie. Nur der Mensch macht nicht (mehr) mit. Bellen stört ihn zunehmend. Und im Zeitalter der knappen Zeit soll Störendes schnell verschwinden. So gibt es »Crash-Kurse«, deren Leiter ein Abtrainieren des Bellens durch Strafreize versprechen. Nicht bedacht wird, daß neben dem tierschutzrelevanten Ansatz, der pauschalen Bestrafung unterschiedlicher Motivationen, die dem Bellen zugrundeliegen, ein Vermeideverhalten nur kurzfristig anhalten kann. Eben weil die Motivationen nach einem von Tier zu Tier unterschiedlich langen Zeitabstand die Angst vor dem Strafreiz überwiegen müssen. Bellen ist eine angeborene Kommunikationsform des Hundes. Hunde mit lautäußerungsgesteuerten elektrisierenden Halsbändern, deren Geräte unten an einem Halsband angebracht, mittels eines Kehlkopfmikro-

phons regulierbare Stromstöße auslösen, reagieren durch Zusammen-
zucken oder erneute Vokalisation, die erneut bestraft wird. Die Tiere
können den Reiz nicht orten, lernen in der Regel nicht, wie sie sich ihm
entziehen sollen und nehmen Schaden. Elektrisierende u. a. Geräte zur
Unterdrückung hundlicher Vokalisation sehe ich als unsere erbärmlich
ignorante und tierverachtende Antwort auf eine Kontaktaufnahme
oder andere Form akustischer Kommunikation genau des Tieres, dessen
Ausdrucksverhalten sich in Anpassung an unsere Kommunikation veränderte – und das wir immer weniger verstehen können – oder wollen.
Mit elektrischen, olfaktorischen, akustischen und taktilen Strafreizen
»antworten« wir, weil wir uns nicht mehr auf Tiere einlassen, zuwenig
Zeit und Offenheit für sie haben. Dabei ist es so einfach wie beglückend,
mit Hunden zu arbeiten, Kommunikation durch Lernen zu variieren
und zu stabilisieren. Die Motivation eines Hundes, etwas zu lernen und
auszuführen, wird allein durch das Lob des Menschen in Form einer Bestätigung der sozialen Bindung des Tieres erhöht. Die Hund-Mensch-
Bindung bewirkt also einen neuen »Reiz-Reaktionszusammenhang« für
das hundliche Lernverhalten – ein Fakt, der ganz andere Möglichkeiten
für die Erziehung und Ausbildung von Hunden eröffnet und deren Sonderstellung dem Menschen gegenüber wieder einmal belegt.
Das gegenseitige Lernen von Ausdrucksformen bzw. das hundliche Lernen der Assoziation bestimmter Reize mit bestimmten Handlungen
braucht Zeit, Geduld und Kenntnisse zur Biologie des Hundes. Unser
Ausdrucksverhalten kann Hunden überraschend geläufig werden, wie
die Bedeutung bestimmter Bewegungen, Gerüche, der Lautstärke,
Stimmlage, der Art unseres Sprechens. Wichtig sind Sprechpausen, die
Sprechmelodie, Sprechgeschwindigkeit und der individuelle Klang
einer Stimme. Bei der Kommunikation mit Haushunden wird oftmals
sehr darauf geachtet, bestimmte Gemütsbewegungen zu unterdrücken,
etwa im Sinne einer erfolgreichen Konditionierung und Dominierung
des Tieres. Handelt es sich hierbei um Kommunikation oder schlicht
um einen Fall von Informationsübermittlung, da die Aufnahme von Information nur für einen der Partner (den Menschen) von Vorteil ist?
Beim Menschen wird der Begriff der Intentionalität der Signalabgabe als
notwendiges Kriterium für Kommunikation vorgeschlagen; bei Tieren
das Kriterium des adaptiven Vorteils. Aber auch beim Menschen, der
viele eindeutig kommunikative Signale nahezu automatisch sendet,
ohne es zu wissen, ist es nicht einfach zu erkennen, ob Signale »absichtlich« abgegeben wurden oder nicht. Die Unterschiede zwischen dem
Säugetier Mensch und anderen Tieren sind so groß eben nicht.

Gibt es bei Haushunden eine angeborene Disposition, welche der Kommunikation mit dem Menschen entgegenkommt? Es scheint so zu sein. Das Erlernen von Signalbedeutungen im unterschiedlichen Kontext bei Hund und Mensch führt zu weitgehender Verständigung, u. U. zum Verstehen.

Neben der stammesgeschichtlichen (phylogenetischen) Anpassung über den Prozeß der Evolution gibt es die individuelle Erfahrung (modifikatorische Anpassung), die dazu führt, daß Individuen, je nach der Umwelt, in der sie aufwachsen und an die sie sich anpassen müssen, verschiedene Verhaltensmerkmale entwickeln. Die phylogenetische Anpassung bestimmt gemeinsam mit den genetischen Änderungen im Zuge der Domestikation und der Züchtung den »Rahmen«, innerhalb dessen sich individuelle Anpassungen bei Haustieren entwickeln können. Haushunde nehmen hier insofern eine Sonderstellung ein, als sie nicht allein in morphologischer, sondern auch in ethologischer Beziehung außerordentlich variabel sind.

Unser Ausdrucksverhalten ist angeboren wie dasjenige des Hundes – und da treffen wir uns. Wenn Wiegand ausführt, daß der »primitive Mensch« Gefühls- und Willenslagen in Gesten mitzuteilen sucht, auch solchen lautlichen Charakters, und daß die Lautäußerungen beim Tier mehr oder weniger reflektorischer Art seien, so etwas wie Lautgebärden, denen jeglicher Vergleich mit der Sprache des Menschen nicht gestattet werden kann, so weiß er nichts um die Vielfalt und »Ehrlichkeit« seines eigenen Ausdrucksverhaltens. Und das Säugetier Mensch wird wieder einmal auf einem imaginären Sockel von »anderen Tieren« abgehoben.

Über die Funktion hundlichen und menschlichen Ausdrucksverhaltens also ist im zwischenartlichen Bereich noch wenig bekannt. Bevor »Eingriffe« welcher Art auch immer am hundlichen Ausdrucksverhalten vorgenommen werden (wenn überhaupt nötig), sind spezielle Kenntnisse über diejenigen Ursache-Wirkungs-Gefüge von zentraler Bedeutung, die im Interaktionsprozeß zu Konflikten zwischen Hunden und Menschen führen. Die Fragestellungen beziehen sich daher im Besonderen auf die Analyse derjenigen Bedingungen, die zu nachteiligen Auswirkungen auf die Empfindungen/Befindlichkeiten der beteiligten Interaktionspartner beitragen.

Sowohl Einzel- als auch Gruppenhaltung von Haushunden ohne dauerhaften sozialen Bezug zu Menschen führt zu Verhaltensweisen, die dem Tier selbst, seinem Sozialverband oder seiner Art Schaden zufügen und als erworbene Verhaltensstörungen einzustufen sind. Verhaltensauffälligkeiten treten zumeist aufgrund unzureichender oder versäumter Sozialisierungsprozesse in den sensiblen Phasen der Ontogenese auf, so nach sozialer Isolierung bei ausschließlicher Zwingerhaltung. Davon unmittelbar betroffen sind die »normalen« Funktionen des Ausdrucksverhaltens der Hunde im inner- und zwischenartlichen Bereich. Nachteilige Auswirkungen dieser Art auf die Hund-Mensch-Beziehung sind hinreichend bekannt.

Zumeist sind es Tiere, die die Arbeitsstunden ihres Menschen über isoliert in der Wohnung sitzen müssen, sechs bis neun Stunden täglich allein sind. Um sie an diese hochgradig artwidrige, tierschutzrelevante Haltung »anzupassen«, werden sie zunehmend medikamentös therapiert. Die Argumentation dafür bezieht sich auf den verfahrenen Einzelfall: der betreffende Mensch hat keine Zeit, müßte ohne Applikation von Drogen seinen Hund abgeben oder ihn gar einschläfern lassen. Also wird wieder einmal Verhalten anthropozentrisch modifiziert. Nicht mit dem Skalpell, nicht mit elektrischem Strom oder anderen strafreizsendenden Geräten, sondern medikamentös. Nicht bedacht wird der Nachahmeffekt, die »Normalität«, stets und immer einen Hund halten zu dürfen, da für seine »Anpassung« der Tierarzt Sorge trägt. Im Rahmen der »Klinischen Ethologie« muß über die Möglichkeiten der Ursachenfindung wie der »Therapie« z. B. ständig bellender Hunde endlich geforscht, nachgedacht und diskutiert werden. Was völlig fehlt, sind Langzeitstudien über Effekte und Nebenwirkungen der verabreichten Medikamente, die in der Regel aus der Humanpsychiatrie übertragen werden.

Viele Autoren unterstreichen, daß sie keine Erfolge mit Drogen oder »Anti-Bell-Halsbändern«, die reaktiv auf Bellen elektrische Strafreize aussenden, verzeichnen konnten: das Bellen war wieder da, sobald die Medikation aufhörte oder das Halsband entfernt wurde. Über das Elektro-Halsband wird ausgeführt, daß neue Verhaltensauffälligkeiten auftraten, Fluchtverhalten reaktiv auf den Elektroschock etwa. Bellen isolierter Hunde hat eine eindeutige Funktion: es dient der Kontaktaufnahme mit dem abwesenden Menschen, ähnlich wie der »Loneliness-cry«, das Verlassenheitsheulen der Wölfe – und etlicher Hunde. Dem sog. exzessiven Bellen kann nur durch Umstellung der Einstellung zum Haustier Hund und damit dessen Lebensbedingungen begegnet werden. Aber Haustiere sind in einer schwierigen Situation: sie gehören Mitgliedern einer anderen Spezies, die über sie bestimmen. Und das war und ist alles in allem fatal für sie.

126

REINHART BRANDAU

Die Seele des Vogels

Wenn sich die Frage stellt, ob wir Menschen das Wesen eines wilden Vogels wahrnehmen können, wenn wir ihm begegnen, ist es sicher hilfreich, sich vor Augen zu führen, wie wenig uns oft selbst das Wahrnehmen des Wesens unserer Mitmenschen gelingt.

Dies mag daran liegen, daß unser eigenes Wesen weitgehend in den Tiefen unseres Unterbewußtseins verborgen ist und durch eine spektakuläre, aufdringliche Außenwelt in immer unerreichbarere Tiefen verdrängt wird.

Das Unterbewußtsein der Menschen, wie das der Vögel und anderer Lebewesen, erscheint mir unergründlich geheimnisvoll. Dabei glaube ich, daß es den Schlüssel zum Wesen beseelter Lebewesen in sich birgt – wie eine feinstoffliche Wirklichkeit, die sich mit unseren Maßstäben nicht messen läßt, die wir nicht erreichen können, die uns jedoch berührt, wann immer sich in unserem von der Logik bestimmten Bewußtsein Lücken gebildet haben.

Diese rätselhafte Welt könnte ein ganz anders geartetes Wissen enthalten, als wir es kennen, ein »Wissen«, das Schicksalsfäden spinnt und sich als »innere Stimme« vernehmen läßt und das verbunden ist mit einer Art universellem Bewußtsein, welches sich unserem Verstand ganz entzieht. Wir wissen wohl nichts über dieses »Es«, »Es« weiß aber wahrscheinlich alles über uns. Vor allem aber vermute ich dort die Seele eines Lebewesens, die sich auf so wunderbare Weise mit den Seelen anderer Geschöpfe verbinden kann.

Ein bedeutungsvolles Phänomen, dem ich immer wieder begegne, wird sein Wirken dem Unterbewußtsein zu verdanken haben: Wenige Tage alte wie auch erwachsene Wildvögel verstehen vom ersten Augenblick unserer Begegnung an, was ich ihnen in meiner menschlichen Sprache sage. Da sie diese nicht gelernt und wohl auch noch nie gehört haben, wird die Erklärung für dieses Geschehen so abenteuerlich geheimnisvoll wie dieses selbst sein. Dabei fallen mir folgende Möglichkeiten ein, die wohl nur aus dem Unterbewußtsein heraus wirken können: Eine Auffassungsgabe der Vögel, die uns Unvorstellbares zu leisten vermag, eine telepathische Kommunikation oder eine durch eine besondere Art der Liebe entstehende Begegnung der Seelen.

Im Sommer 1987 erlebte ich erstmalig bewußt einen verbalen, nonverbalen und telepathischen Gedankenaustausch mit einem Vogel – mit Mecki, der Nebelkrähe. Am 22. Mai fand meine damalige Partnerin ein 14 Tage altes Nebelkrähenkind in Kampen auf Sylt auf dem Parkplatz der Gaststätte »Kupferkanne«. Wir nahmen das hilflose Geschöpf in unsere Obhut und zogen es mit elterlicher Liebe auf. Als Mecki fliegen lernte, flog er zu seinen leiblichen Eltern und mit ihnen zum nahegelegenen Watt.

Zwei Stunden später brachten sie ihn zu unserem großen Erstaunen zu uns zurück. Von da an holten sie ihr Vogelkind täglich am Parkplatz ab, um es wieder unter ihre Fittiche zu nehmen und später zu uns zurückzubegleiten. Nachdem wir die Insel mit Mecki zusammen verlassen hatten, um nach Worpswede umzusiedeln, und ich einige Wochen später allein nach Sylt fuhr, wurde ich, als ich den Parkplatz der »Kupferkanne« betrat, von zwei über mir kreisenden Nebelkrähen mit lautem »… Raaab, raaab, raaab …« begrüßt, in dem mir die Frage nach dem Wohl ihres Kindes mitzuschwingen schien.

Als ich wieder fortfuhr, flogen Meckis Eltern noch lange hinter mir her, und ihre Rufe waren wie ein Gruß an ihr fernes Vogelkind. Ein Jahr danach war Mecki nicht nur ein selbständiger Vogel geworden, er hatte sich inzwischen auch mit einer jungen Rabenkrähe verlobt. Trotz ihrer lautstarken Proteste kam er noch jahrelang immer wieder durchs offene Fenster in sein »Elternhaus« geflogen, um uns zu besuchen. Dabei kündigte er mir sein Kommen an, lange bevor er wirklich erschien – ich hörte ihn nicht, wußte aber, daß er zu diesem Zeitpunkt kommen würde.

Als Mecki nach wochenlanger Abwesenheit zu mir in die Wohnung geflogen kam, erlebte ich wieder einmal ein Beispiel seiner »hellseherischen« Fähigkeiten. Während wir uns begrüßten, fiel mir ein, daß ich im übernächsten Zimmer eine Tube Pattex-Kleber im Regal hatte liegenlassen und daß Mecki – würde er sie entdecken – die Tube mit einem Schnabelhieb durchbohren und sich den Schnabel verkleben könnte. Ich hatte den Gedanken noch nicht zu Ende gedacht, da war Mecki schon in das Zimmer geflogen und hatte die Tube als seinen rechtmäßigen Besitz in den Schnabel genommen – da sie sich ja in »seinem« Zimmer befand, in dem er über alles verfügen durfte. Zweifellos hat er meinen unausgesprochenen Gedanken augenblicklich verstanden! Daß ich gleich darauf die Tube unversehrt an mich nehmen konnte, ist dem Umstand zu verdanken, daß ich dem Vogel eine Packung Zigarettenblättchen zum Tausch anbot, auf den er gerne einging, da sie ihm noch begehrenswerter erschien. Glücklich über seinen guten Tausch flog er mit dem Päckchen im Schnabel in den Kirschbaum, wo er alle Papierchen in so schneller Folge aus ihrer Umhüllung befreite, daß sie als lange Reihe taumelnder Blättchen dahinsegelten. Zwar wäre es denkbar, daß Mecki mit seiner unvorstellbar feinsinnigen Auffassungsgabe meine Gedanken aus meinem Gesicht ablesen konnte. Er wußte aber auch, was ich dachte, wenn er viele Kilometer von mir entfernt war. Folgendes Beispiel wiederholte sich in vier Wochen 28 Mal: Wenn ich dachte, »Hoffentlich kommt Mecki jetzt gleich!«, war er innerhalb weniger Minuten da. Das geschah regelmäßig, wenn ich mit dem Mittagessen aus der Küche kam, jedesmal zu einer anderen Zeit zwischen 12.00 und 15.00 Uhr. Schon von weitem hörte ich seinen Gruß »... Raaab, raaab, raaab ...!«, gleich darauf »... Raaab, raaab! Ich komme schon! ...«. Dann landete er aus schwebendem Flug auf der Fensterbank. Nach einem kurzen Begrüßungsblick sah er sich das Mittagessen auf meinem Teller aufmerksam an, denn er fühlte sich – wie für so vieles – auch für meine Gesundheit verantwortlich. Er schritt zum Teller, baute sich etwas breitbeinig vor ihm auf und begann, sämtliche »ungenießbaren« Speisen gewissenhaft vom Teller zu räumen.

Nun flogen die Erbsen – gefolgt von zarten Möhrchen – vom Teller. Die Kartoffeln schmeckten zwar nicht besonders, waren aber auch nicht ungenießbar und durften auf dem Teller bleiben. Da war es mit den Fischstäbchen schon komplizierter, denn der eßbare Fisch war mit einer »ungenießbaren« Hülle umgeben, die erst einmal sorgfältig entfernt werden mußte. So hatte ich denn zu warten, bis Mecki mir ein sauber entblößtes Fischstückchen reichte, das ich ohne Bedenken für meine Gesundheit mit etwas Kartoffel verspeisen durfte. Sobald ich aber ein noch umhülltes Fischstäbchen auf die Gabel nahm, schnappte es der besorgte Vogel blitzschnell mit dem Schnabel und legte es – sichtlich verärgert über meine Unvernunft – auf den Teller zurück. Trotz meiner Unvernunft und geistigen Schwerfälligkeit war ich doch ein guter Schüler, und bald kamen zu Meckis Zufriedenheit nur noch genießbare Speisen auf den Teller: Hauptsächlich Quark mit rohem Sauerkraut und Kartoffelpüree.

Fortan war unser gemeinsames Mittagessen für Mecki und mich ein Fest, für das ich gerne auf Erbsen, Möhren und Fisch verzichtete. In andächtiger Dankbarkeit speiste der große schwarz-graue Vogel mit mir von einem Teller. Genußvoll nahm er sich Sauerkraut, und wenn ich ihm etwas Quark reichte, nahm er mein Geschenk ganz zärtlich – mit sich dankbar verdrehenden Augen – entgegen. Auch wenn Mecki einem fremden Menschen begegnete, nahm er dessen Gedanken wahr und reagierte sofort. Dabei mußten die meisten Menschen mit einer

Gegenattacke als Antwort auf ihre beleidigenden Gedanken rechnen. Den Maßstab hierfür bildeten des Vogels ungeschriebene ethischen Gebote, nämlich:

1. Wer sich einer Krähe nähert, hat ihre Würde zu achten, indem er sie respektvoll begrüßt, sich vorstellt und aus gehöriger Entfernung fragt, ob er näherkommen darf.
2. Du darfst nicht über andere reden.
3. Du darfst nicht über andere lachen oder sie verächtlich machen.
4. Du darfst nicht lügen oder betrügen.
5. Necken, hinters Licht führen und im Spiel zu kämpfen, ist jedoch erlaubt, solange alle Beteiligten damit einverstanden sind.
6. Du darfst anderen keinen Schaden zufügen, sie verletzen oder gar töten (andere sind wie bei Menschen seinesgleichen; leichte Verletzungen als verdiente Strafe bilden die Ausnahme).
7. Du darfst fremdes Eigentum, das dir als solches bekannt ist, nicht antasten.
8. Du sollst Vater und Mutter ehren, auch indem du darauf achtest, daß sie sich nicht ungestraft danebenbenehmen.
9. Du sollst nicht ehebrechen, sondern deinen Gefährten lieben und ehren, auch wenn der Tod euch scheidet. (Krähen sind ihrem Partner treu, auch wenn er nicht mehr am Leben ist. Sie trauern um ihn und verzehren sich in Sehnsucht, bis sie in der Regel vor Kummer auch bald sterben.)

Auf der Einhaltung dieser Gebote bestand Mecki mit unbestechlicher Strenge – auch bei sich selbst. Die ersten acht dieser Gebote konnte ich aus Meckis Verhalten eindeutig ableiten. Das neunte Gebot ergibt sich aus dem Lebensstil der Nebelkrähen. Ähnliche Gebote sind uns Menschen auch bekannt, doch wissen wir wenig damit anzufangen. Das mag daran liegen, daß sie für uns noch sehr neu und noch nicht in unser ohnehin kaum erreichbares Unterbewußtsein gedrungen sind. Statt dessen haben sie sich in unsere »Köpfe« verirrt, wo sie als ungebetene Gäste ein ihrer unwürdiges Dasein fristen müssen.
Wieviele Millionen Jahre sind aber solche Gebote den Krähen schon vertraut? 10, 20, 30 Millionen Jahre? Vermutlich haben ihre Vorfahren, die Dinosaurier, sie schon vor mehr als 100 Millionen Jahren gekannt und sie an die Krähen weitergegeben. Es liegt nahe, daß Dinosauriern, die ihre Kinder sehr wahrscheinlich äußerst liebevoll umsorgten, auch Liebe und Nächstenliebe vertraut waren. Dabei will es mir scheinen, daß nicht nur Vögel ein Erbe der Dinosaurier in sich tragen, sondern

auch wir Menschen auf einem sonderbaren Umweg über die Vögel teilhaben am Seelenleben dieser so Ehrfurcht gebietenden Lebewesen.
Während unsere leiblichen Urahnen noch kleine, den Mäusen verwandte Pelztiere gewesen sein mögen, hatten Vögel schon lange ihr
hochentwickeltes Bewußtsein. Daher bin ich mir ziemlich sicher, daß
wir wesentliche Teile des »menschlichen Bewußtseins« einem Erbe der
Vögel zu verdanken haben. So abenteuerlich dieser Gedanke uns auch
erscheinen mag, so überzeugend haben Vögel mir diese Vorstellung
durch ihr Verhalten nahegelegt. Während ich mit mehr als 30 Wild-
vogelarten zusammenlebte, sind mir folgende ihrer Fähigkeiten begegnet:

1. Sie können sich unbändig freuen.
2. Sie können sich ärgern.
3. Sie können beleidigt sein.
4. Sie können lieben und sehr, sehr zärtlich sein.
5. Sie können albern sein, necken und spaßen.
6. Sie haben Humor.
7. Sie können lachen.
8. Sie können weinen.
9. Sie vermögen zu trauern.
10. Sie können träumen.
11. Sie können meditieren.
12. Sie können aggressiv sein.
13. Sie können vergeben und verzeihen.
14. Sie sind unbestechlich.
15. Sie können todesmutig sein.
16. Sie können sich schämen.
17. Sie können spielen.
18. Sie lieben die Schönheit.
19. Sie können Geschenke geben.
20. Sie können Geschenke annehmen.
21. Sie können andere sehr liebevoll trösten.

All diese Fähigkeiten haben mir Vögel vor Augen geführt, wobei es drei
Vögel waren, die fast alle dieser Fähigkeiten in sich vereinten: Mecki,
die Nebelkrähe, Charly, der Eichelhäher und Elisa, die ewig verliebte,
mit wunderbaren Heilkräften begabte Elster.
Um mit Vögeln kommunizieren zu können, bedarf es einer unmittelbaren, nur über das Unterbewußtsein erreichbaren Nähe. Wenn ich
einem fremden, wilden Vogel begegne und dabei eine von ihm ausge-

hende, von bedingungslosem Vertrauen getragene Verständigung erlebe, glaube ich den Vogel in Begleitung Gottes zu erleben. Wenn ein
Vogel ein ihm so fremdes Geschöpf wahrnimmt, wie es der Mensch ja
ist, scheint mir dadurch das Wesen Gottes offenbar zu werden: Ich
glaube fest daran, daß Vögel dem Schöpfer nahe und verbunden sind,
daß Er in ihnen lebt.

Ich glaube, daß ich Ihm zum ersten Male im Gesang einer Amsel begegnete, der mich so tief berührte, daß ich in ihm die Stimme Gottes zu
hören glaubte. Sie erklang aus der Ferne zu mir wie aus einer anderen
Welt. Als ich später mit einer Amsel zusammenlebte, war Er mir in diesem Vogel ganz nah. Durch die Stimmen vieler Vögel spricht Gott in die
Welt, und durch die Augen vieler Vögel sieht Gott in die Welt. Er hat es
seit Urzeiten getan und nicht erst, als aus Vögeln »Engel« wurden, die
Ihn als geflügelte »Heerschar« umgaben. So wie ich die Vögel erlebe,
kann ich nur glauben, daß Gott den Menschen als Ebenbild der Vögel
erschuf. Denn alles, was uns »menschlich« macht, habe ich bei Vögeln
in beglückender Reinheit erlebt.

Nur die Ratio und das, was wir als Sünde bezeichnen, ist ihnen nicht gegeben. Als Sünde verstehe ich das Unterwerfen, Mißbrauchen und
Manipulieren von Menschen, Tieren und auch Pflanzen – wie bei Blumen, die man abschneidet und in eine Vase steckt, weil man verlernt hat,
sich in ihrem Lebensraum an ihrer lebendigen Schönheit zu erfreuen.

Während Vögel aber mit Gott leben, zerstören wir Seine Schöpfung und
sperren Ihn ein in Gesangbuch und Kirche. Wenn eine Schwalbe ihren
Partner verliert, verbindet sie sich in der Regel mit einem neuen Partner. Krähen und viele andere Vogelarten bleiben jedoch für den Rest
ihres Lebens allein. Sie trauern, bis sie oft sehr bald auch ihre sterbliche
Hülle verlassen.

Vögel weiden sich nicht am Elend anderer Lebewesen. Sie töten, um zu
leben und haben keine andere Wahl. Ganz selten kommt es jedoch vor,
daß ein verliebter Vogel seinen Nebenbuhler tötet, z. B. bei Schwalben.
Bei Krähen und vielen anderen Vogelarten ist dieses Verhalten nicht zu
finden.

Vielmehr kommt es sehr häufig vor, daß sie bei dem Versuch, ihre Familie zu schützen, im Kampf gegen einen überlegenen Feind ihr Leben op-
fern. Das hätte vielleicht geschehen können, als sich Blaumeiseneltern
auf ein Eichhörnchen stürzten, das versuchte, ihre Kinder aus der
Nisthöhle zu holen. Während ich mich sonst nicht in die Geschehnisse
der Natur einmische, habe ich das Eichhörnchen verjagt, um den un-
gleichen Kampf zu beenden.

Als eine Singdrossel, deren Partner bereits von einem Auto überfahren wurde, versuchte, ihre Kinder vor einer Katze zu schützen, bezahlte sie ihren Mut mit dem Leben. Das einzige, was ich für sie noch tun konnte, war, ihre bezaubernden Kinder zu adoptieren.

Damit hatte ich die Verantwortung übernommen, die Vogelkinder wochenlang von früh bis spät zu betreuen, in der Wohnung und frei herumfliegend im Garten – bis sie sich draußen zurechtfinden und ernähren konnten. Das erforderte all meine Zeit und Aufmerksamkeit, wodurch ein materielles Opfer entstand, das ich mir als freischaffender Künstler eigentlich nicht leisten konnte. Ich tat es dennoch – und wurde dafür von vielen Mitmenschen belächelt, weil sie das einfach nicht verstehen konnten. Auf deren Verständnis kann ich jedoch gut verzichten, zumal mich meine beiden Vogelkinder »Japp-Japp« und »Füßchen« besser verstanden. Und nicht nur das: sie selbst haben fünf kleine Vogelkinder, einen Star, zwei Rauchschwalben und zwei Amseln, gemeinsam adoptiert und in rührender Weise umsorgt. Sie fütterten »ihre Kinder« mit solcher Hingabe und Begeisterung, daß ich wiederum sie füttern mußte, damit auch sie etwas bekamen. Wenn ich ihnen aber nicht ausdrücklich sagte, daß sie es selbst essen sollten, reichten sie meine Gaben gleich weiter an »ihre Kinder« und begnügten sich damit, deren Kot zu schlucken. Dabei kam ich mir vor wie im Paradies.

Während Füßchen im Herbst vor meinen Augen von einem Falken gegriffen wurde, hat Japp-Japp den grimmig kalten Winter gut überlebt und im Frühjahr neben unserer Haustür sogar ein Nest gebaut. Zu der Zeit hat Charly, der Eichelhäher, noch bei mir gewohnt und gerade seine ersten zaghaften Ausflüge in den Wald gewagt. Wenn er dabei Japp-Japps Nest zu nahe kam, stürzte sie sich so wütend auf den großen Vogel, daß er vor ihr die Flucht ergriff. Als Japp-Japps vier Kinder endlich fliegen lernten und Charly einmal in deren Nähe kam, flog sie schimpfend hinter ihm her und rupfte einen ganzen Schnabel voll Federn aus seinem Rücken. Dabei hätte Charly, hätte er nur gewollt, meine kleine Japp-Japp so leicht in Stücke reißen können. Später dann, als Japp-Japps Kinder groß waren, haben Japp-Japp und Charly mit über die warme Erde ausgebreiteten Flügeln einträchtig nebeneinander in der Sonne gelegen.

Allzu gerne würde ich von allen meinen gefiederten Freundinnen und Freunden erzählen. Von Schneefüßchen und Sanftauge, den Mehlschwalben, von Joie und Fusseline, den Starenkindern, von Laura, der zärtlichen Rabenkrähe, Äuglein, der Rauchschwalbe, Daisy, der Misteldrossel, von Glöckchen, Füßchen, Blacky und Brownie und all den anderen Amselkindern, von Life, dem verletzten Amselmann, Silvi und Pani, den Krähenkindern, Tschill, dem Feldsperling, Penni, Köpfchen und Schnäbelchen, den Ringeltauben, Pucki, der verliebten Dohle, Goldauge, dem Graureiher, den Kanadagänsen, der Schwänin mit dem vereisten Schnabel und all den vielen anderen Vögeln, die mit mir zusammenlebten und mir so unvorstellbar viel Liebe entgegenbrachten. All diese Vogelgeschichten würden viele Bände füllen – doch das ginge über den Umfang dieser Geschichte hinaus.

Doch möchte ich wenigstens noch über das Sterben schreiben und über die Liebe zwischen drei Vögeln, Susanne und mir. Noch nie habe ich einen Menschen sterben sehen, aber ich sah die hilflose Angst in den Gesichtern von Menschen, die auf ihr Ende warteten. In Gesichtern, die so aussahen, als ob sie nie wirklich gelebt hätten, als ob sie sich gar nicht vor dem Tod, sondern vielmehr vor ihrem leeren Leben fürchteten, davor, daß der Tod ihrem Leben gleichen könnte und ihr Elend nie ein Ende finden würde.

Vögel jedoch habe ich viele Male in ihrem Sterben begleitet, und die meisten von ihnen starben in meiner Hand. Unsere Seelen waren verbunden – wie ich meine, noch weit über den Tod hinaus. Ich habe ganz selten auch Angst und sogar Trauer in ihren Augen gesehen, doch Angst und Trauer konnten ihre Liebe und Würde – selbst unter größten körperlichen Schmerzen – nicht überschatten.

Es gibt keinen Zweifel, daß in den meisten Fällen zwischen den sterbenden Vögeln und mir eine innige Verbindung bestand, in der sie dem Tod ruhig und behütet entgegensahen. Ich kann mir dies nicht anders erklären, als daß zwischen meinem Unterbewußtsein und der Seele des Vogels und dem Unterbewußtsein des Vogels und meiner Seele eine enge Verbindung bestand.

Diese Verbindung war von einem verbalen Zwiegespräch und einem intensiven Gedanken- und Gefühlsaustausch über die Augen begleitet, dessen Inhalt dem Verbalen entsprach. Die verbale Verbindung endete bei dem sterbenden Vogel erst, als seine Stimme versagte und winzige Regungen des Körpers die Stimme ablösten – während die Verbindung über die Augen erst nach dem letzten Atemzug langsam entglitt.

Bei solchen gemeinsamen Erlebnissen glaube ich die Gegenwart Gottes erlebt zu haben – die Gegenwart Seiner Liebe, die über einen Vogel zu mir kam. Es waren die innigsten und tiefsten Erlebnisse, die ich je erfahren durfte. Viel inniger und tiefer noch, als wenn ich einen todkranken Vogel gesundpflegen und in seine Freiheit entlassen durfte – oder wenn ein kruppkrankes Kind, das ich mitten in der Nacht in den Wald trug, in meinen Armen liegend wieder zu atmen begann. Es waren die Begegnungen der Seelen angesichts Gottes, die so viel schwerer wogen als das Verstummen der Angst um einen Vogel oder ein Menschenkind.

So wie der leichte Flügelschlag eines Schmetterlings einen Wirbelsturm auszulösen vermag, hatte einst ein kleines Ereignis ungeahnte Folgen: Alles begann mit dem »schwarzen Mann«, der auf einem Rathaus in Bremen den Schornstein kehrte.
Als Susanne am Abend in ihre Wohnung im Rathaus kam, hörte sie einen leisen Hilfeschrei aus dem Kamin. Gleich darauf zog sie das Ofenrohr aus der Wand und tastete vorsichtig nach der geheimnisvollen Stimme. Bald hielt sie ein kleines, weiches Leben in ihrer Hand. Es war ein wenige Tage altes Dohlenkind, das der »schwarze Mann« schon am Morgen mitsamt seinem Nest einfach den Kamin hinuntergestoßen hatte. Den ganzen Tag hatte es hungern müssen und ohne die wärmende Federbrust seiner Mutter in der zerstörten Kinderstube gelegen. Es war ein Wunder, daß das arme Wesen noch schreien konnte, daß es überhaupt noch lebte! Susanne behielt es erst einmal in ihrer wärmenden Hand und gab ihm einige Tropfen Wasser in den Schnabel, da sie wußte, daß kleine Vögel eher erfrieren oder verdursten als verhungern würde.
Der kleine Vogel lag eine Weile tief eingekuschelt in Susannes Hand. Als er sich aufgewärmt hatte, öffnete er mit einem krächzenden »... räää« seinen großen, von innen rot leuchtenden Schnabel. Susanne steckte ihm etwas Hundefutter hinein, worauf freudig zustimmende Laute ertönten. Inzwischen hatte Susanne noch ein Ei gekocht und das hartgekochte Eigelb mit Tartar und etwas Magerquark zu kleinen Bällchen geformt, die das Vogelkind begeistert verschluckte.
Ein alter, mit Wollsocken und Küchenpapier ausgepolsterter Zylinderhut, wie ihn die »schwarzen Männer« tragen, wurde sein neues Nest. Da lag es nun warm und weich und zufrieden, anstelle von der warmen Federbrust seiner Mutter mit einer Angoramütze zugedeckt.
Als Susanne das kleine Köpfchen, das unter der Mütze hervorlugte, gedankenverloren betrachtete, kam ihr der Name »Persephone« in den Sinn. Später erst, als sie die Übersetzung dieses Namens »die Stimme, die (aus dem Kamin rufend) für sich selbst spricht« erfuhr, erkannte sie, daß sie für dieses Dohlenkind keinen passenderen Namen hätte finden können. Am nächsten Tag nahm Susanne ihre Persephone, die sie auch einfach »Pucki« nannte, mit in ihr Büro, wo sie ihr alle zehn Minuten Futter geben konnte.

Fünfundzwanzig Tage waren vergangen, als aus dem nackten Schrumpelwesen ein richtiger Vogel wurde, dem es gar nicht mehr gefiel, in seinem alten Hut zu hocken. Pucki kletterte aus ihrem Nest auf die Hutkrempe und sah lange nachdenklich unter sich auf den Schreibtisch, ehe sie den Sprung in die Tiefe wagte. Dann begann sie Schreibzeug, Papier und Büroklammern zu untersuchen und zu ordnen. Nun wurde es höchste Zeit, sie mit ihrem natürlichen Lebensraum vertraut zu machen.

Susanne nahm ihren Urlaub und verbrachte die Tage mit Pucki im Garten. Pucki untersuchte Blätter, Stöckchen und Steinchen, fand winzige Insekten, die sie mit Genuß verzehrte, fing Motten, Schnaken und Grashüpfer und legte sich voll Wonne – die Flügel und alle Federn von sich gestreckt – in die lebenspendende Sonne. Susanne hatte gehofft, daß ihr Vogelkind bald fliegen lernen, seinen Eltern, die über ihnen aus den Bäumen riefen, begegnen und mit ihnen in ihre Freiheit fliegen würde.

Pucki übte zwar fleißig, mit ihren Flügeln zu schlagen, aber es gelang ihr nicht, genug Luft unter sie zu bekommen, um sich vom Boden zu erheben. Susanne hatte das schon befürchtet, denn Puckis Federn glichen zum Teil eher Korkenziehern als den ebenmäßig leicht geschwungenen Federn, mit denen ein Vogel so schwerelos dahinschweben kann.

Alle Hoffnungen waren dahin, als Susanne sagte: »Armes Puckelchen, du wirst bei Mutti auf der Erde bleiben müssen, nie fliegen und nie ein freier Vogel werden können«. Puckis Federn waren in einem schlechten Zustand. Ihr allzu langer Hungertag im Kamin wird die Ursache für diesen schicksalshaften Schaden gewesen sein. Nun dachte Susanne schon, daß sie bis ans Ende ihrer Tage mit einem einsamen Vogel zusammenleben müßte. Die ganze lange Zeit, die sie im Büro sein würde, müßte er traurig dahocken und darauf warten, daß sie wiederkäme. Was für ein Schicksal stand dem armen Dohlenkind da bevor!

Die Vorsehung wollte es jedoch ganz anders. Es vergingen nur wenige Tage, bis Susanne eine junge Dohle entkräftet am Straßenrand sitzen sah. Sie ließ sich von Susanne bereitwillig aufnehmen und zu ihr nach Hause tragen. Es war ein Dohlenknabe, der anfangs noch so schwach war, daß er schon beim kleinsten Flugversuch abstürzte und dafür den Namen »Ikarus« erhielt. Er erholte sich schnell und hatte sich bald in Pucki verliebt. Doch hatten seine schüchternen Annäherungsversuche wenig Erfolg. Pucki duldete ihn wohl in ihrer Nähe, zeigte ihm aber stets deutlich die kalte Schulter. Das hielt Ikarus jedoch nicht davon ab, seiner Angebeteten, zwar mit schüchterner Zurückhaltung, aber mit selbst-bewußter Ausdauer, unermüdlich den Hof zu machen. Dabei war er schon glücklich, wenn er auf der offenstehenden Küchentür eine Handbreit neben ihr sitzen und in ihre schönen Augen sehen durfte.

Puckis Augen spiegelten eine wahrhaft wundersame Seele wider, deren Wesen aus der Not keine Tugend machte, die nicht bestechlich war.

Und dann kam der Tag, an dem ich in Puckis verzaubernde Augen sehen durfte – und das ganz nah, denn Pucki verliebte sich ausgerechnet in mich, und das auf den ersten Blick! Als ich in die Wohnung kam, begrüßte sie mich wie jemanden, auf den sie schon gewartet hatte. Als ich mich setzte, kam sie, als wäre es schon immer so gewesen, auf meinen Arm und sah mir mit einem Blick in die Augen, aus dem mir eine glückliche Seele entgegensah. Pucki hatte sich mit mir verlobt!

Daß Vögel zu mir kamen, war ich ja gewohnt. Was aber in Pucki vor sich ging, hatte ich nicht erwartet und auch nicht gleich bemerkt. Ikarus dagegen hatte sofort begriffen, was geschehen war und sah nicht gerade glücklich aus. Susanne und ich wunderten uns nur, weil Pucki Susanne scheinbar ohne Grund anschimpfte, als sie mit ihrer Hand in meine Nähe kam. Als Susanne mich gar berührte, stürzte sich Pucki laut schimpfend auf Susannes Hand. Nun ahnten auch wir, daß ich Puckis große Liebe war, und bald war auch ich in einer eigenartigen Liebe zu diesem schwarz-grauen Rabenvogel gefangen.

Wenn Pucki wütend wurde, konnten sich in ihren Augen drohende schwarze Blitze entzünden. Das geschah aber nur, wenn Susanne mir zu nahe kam. Wie verzweifelt glücklich aber konnten ihre Augen leuchten, wenn sie mich mit tiefen Verbeugungen und sich vor Freude überschlagender Stimme begrüßte. Das war oft das Finale einer Zeremonie, die schon lange vorher begann.

Wenn ich auf dem Wege zu ihr über die Wümme-Brücke fuhr, begrüßte sie mich schon aus der Ferne mit Freuderufen, bevor ich etwa 15 Minuten später in die Wohnung kam. In meiner Vorfreude auf unser Wiedersehen fühlte ich mich Pucki schon sehr nahe, als ich den Fluß überquerte, der wie eine letzte Hürde auf dem Wege zu ihr war. Von hier aus schien sich ein unsichtbar leuchtender Faden zu spinnen, durch den sich unsere Seelen über viele Kilometer hinweg bereits verbanden.

Wenn ich dann endlich zu ihr kam, flog sie mir auf den Arm, um mich mit ihrer großen Hingabe zu begrüßen. Sie blieb mit nur kurzen Unterbrechungen die ganze Zeit, die ich bei ihr war, auf meinem Arm und protestierte mit bittender Stimme, wenn ich sie wieder verlassen wollte. Beim Abendbrot fütterten wir uns gegenseitig, wobei Pucki mir ihre Gaben mit zärtlichen Tönen zwischen die Finger schob. Nach dem Abendessen bauten wir an unserem Nest, das Ikarus immer wieder mit Genugtuung zerstörte. Während Ikarus mißbilligend zusah, war Pucki glücklich, wenn sie mich aus dem Nest heraus rief und ich meine Hand zu ihr legte. Es waren nur wenige, aber sehr glückliche Stunden, die ich alle paar Tage bei meiner Pucki sein konnte.

Doch bald kam das Frühjahr mit den vielen elternlosen Vogelkindern, die ich betreuen mußte, so daß ich Pucki nur noch alle paar Wochen für wenige Stunden besuchen konnte. Wie lange ich auch fern blieb: Pucki, die treue Seele, wartete auf mich und ließ sich von dem rührend verliebten Ikarus auch nicht zu der geringsten Untreue verleiten.

Meine Wohnung war bereits zum vorübergehenden Zuhause zweier Blaumeisenkinder, Staren-, Amsel- und Dohlenkinder geworden, als Susanne mir noch ein drei Wochen altes Elsternkind brachte. Es war der 15. Juni 1993. Elisa, die Elster, verliebte sich – wie Pucki auch auf den ersten Blick – in Susanne! Und wie alle Vögel vorher verstand auch Elisa von dem Augenblick an, als sie zu uns kam, was wir zu ihr sagten. Die ersten Tage bei mir verbrachte Elisa damit, zu essen, zu schlafen und mit Susanne zu kuscheln. Ihr Zärtlichkeitsbedürfnis war unstillbar, ihre Begeisterung für Susanne grenzenlos. Von Tag zu Tag wurde Elisa verspielter, und als sie fliegen lernte, tobte sie draußen in den Bäumen herum, ohne sich allzu weit von uns zu entfernen. Dann zog ein Gewitter auf, und Elisa flog weit, weit in den Wald hinaus. Nach drei Stunden verzweifelten Suchens im Gewitter sahen wir sie, wie ein Häufchen Elend völlig durchnäßt und vor Kälte zitternd am Waldboden sitzen.

Wenn wir sie nicht gefunden hätten, wäre sie bald erfroren. Daß sie bis auf die Haut naß werden konnte, lag daran, daß sie auf dem Kopf alle Federn verloren hatte und das Wasser unter ihre Federn floß. Nach diesem Erlebnis ließen wir Elisa nicht mehr nach draußen. Es wäre ihr sicherer Tod gewesen. Susanne kam nun täglich aus Bremen, um einige glückliche Stunden bei ihrer geliebten Freundin zu sein.

Während Elisa die ersten Tage Susannes Zärtlichkeiten einfach nur genoß, ging sie jetzt zu ihr, schmiegte ihr Gesicht an ihren Hals und erzählte ihr leise singend, von zustimmenden »... Bab, babs ...«, begleitet, von ihrem Liebesglück. Neben den unterschiedlichsten Lauten hatte Elisas »... Bab ...« viele Bedeutungen: Es konnte eine Frage sein, Zustimmung, »Ich hab dich lieb« oder eine Aufforderung zum Spielen – je nachdem, wie sie es sagte.

Wenn sie etwas nicht wollte, z.B. schlafen gehen, konnte sie herzzerreißend jammern und weinen, ein entscheidenes »...Bitsch...« jedoch war ein endgültiges Nein. Das ließ sie hören, wenn Susanne gehen wollte. Wenn sie aber wiederkam, explodierte Elisa förmlich in einem begeisterten Freudentaumel. Sie flog Susanne nicht entgegen, sondern erwartete sie vor Glück schreiend, mit den Flügeln schlagend. Dabei trommelte sie – außer sich vor Freude – mit ihren Füßen auf den Tisch, daß es wie ein kleines Gewitter durch die Wohnung hallte. Der Ausdruck von Elisas lebensfreudigen Glücksgefühlen übersteigt alles, was ich je erlebt habe – und ihre Augen! Nie sah ich (Pucki möge mir verzeihen) in solche Augen! Meine Seele floß, von geheimnisvollem Sein verzaubert, in sie hinein, in die Tiefen ihrer Seele, in der eine wundersame Liebe wohnte. Eine Liebe, die einem Vogel heilende Kräfte verleiht, wie ich sie nur einmal in meinem Leben erfahren habe.

Ich war auf dem Wege durchs Badezimmerfenster ausgerutscht, und mein Schienbein war unter dem ganzen Gewicht meines Körpers so heftig auf die Kante des Fensterrahmens aufgeschlagen, daß ich erst glaubte, es müsse gebrochen sein. Als ich mich vor Schmerzen stöhnend setzte, kam Elisa, sah mich besorgt an und nahm meine Unterlippe behutsam in ihren Schnabel, wobei sie liebe, tröstende Melodien sang. Augenblicklich fühlte ich keine Schmerzen mehr! So verharrten wir unbeweglich, während Elisa, meine Lippe im Schnabel, noch eine ganze Weile zärtlich sang. Die Schmerzen kamen nicht wieder. Geblieben ist eine kleine Narbe am Bein, die Erinnerung an Elisas zärtlichen Schnabel, an ihren seelenvollen Gesang und eine tiefe, ehrfürchtige Liebe zu diesem verzaubernden Rabenvogel.

Am 22. Juli brachten mir Kinder ein wahrhaft rätselhaftes Lebewesen. Es sah aus wie ein stacheliger Igel mit einem schwarzledrigen Schnabel und großen, dunklen Augen, die mich ergeben betrachteten. Wenn es kein Igel war, mußte es wohl ein Vogel sein. Ich blätterte lange in einem Vogelbuch, bis ich ein Abbild fand, das diesem Findelkind ähnlich sah. Als ich in ihm eine etwa neun Tage alte Ringeltaube erkannte, sagte ich zu Susanne:»Bleibt mir denn gar nichts erspart, muß ich nun auch noch so eine langweilige Taube aufziehen?!« Elisa schien da ganz anderer Meinung zu sein. Sie fand das Täubchen höchst aufregend und sah es mit ganz anderen Augen an. Und Susanne erst – sie fand das kleine Stacheltier einfach wunderschön.

In einer Tierfutterhandlung besorgte ich Getreide-Pellets, die ich in Wasser zu einem Brei aufweichte. Mit einer Konditorenspritze gab ich dem hungrigen Täubchen kleine Portionen in den Schnabel, die ihm sehr zu schmecken schienen.

Mich hatten die stumpfsinnigen Rufe der Ringeltauben »…Ruguguh, ruguguh …« mit ihrem abgehackt nachgelieferten »… Ruck …« am Ende manchmal regelrecht gestört. Das konnten doch nur langweilige Vögel sein, die nicht mehr zu sagen hatten! Ich schien recht zu behalten.

Die kleine Taube aß, schlief, aß, schlief – und weil sie soviel schlief, nannte ich sie »Penni«, obwohl Susanne ihr schon den wohlklingenden Namen »Penelope« gegeben hatte. Am nächsten Morgen erkannte ich das »Igelchen« kaum wieder. Aus den vielen »Stacheln« begannen kleine Federchen zu wachsen – und zwei Wochen später war aus der kleinen Penni ein richtiger Vogel geworden, der in wenigen Tagen fliegen lernen würde. Aber es war ja noch viel mehr geschehen: Penni war auch für mich längst kein langweiliges Täubchen mehr, sondern eine heiß umworbene Penelope! Dabei war dieses Mal ich der Glückliche, dem sie ihre Zuneigung schenkte. Susanne wunderte sich sehr, als Penni, die doch so lange ihre Freundin war, ihre Zärtlichkeiten nicht mehr dulden wollte. Statt dessen kam der verzückte Vogel zu mir, stieg auf meine Hand, sah mir verliebt in die Augen und wollte immer wieder kuscheln. Und wenn einer von uns langweilig gewesen war, dann doch wohl ich mit meinem dummen Vorurteil, daß ausgerechnet Ringeltauben langweilig seien.

Penni konnte sehr viel sagen, obwohl ihr ganzer verbaler Wortschatz aus einem einzigen Wort bestand: »…Wiiiii …« Dazu hatte sie ihren Körper und vor allem ihre Augen. Wenn sie »Das will ich nicht – geh weg!« sagen wollte, hatte sie mindestens drei Möglichkeiten, das zu tun: Erst versuchte sie es, hoch aufgerichtet, mit einem mißbilligenden Blick zu sagen. Wenn das nicht reichte, hackte sie empört mit dem Schnabel, aber ohne zu treffen. Schließlich hob sie drohend einen Flügel und gab dem Zudringling nach langem Zögern endlich einen leichten Klaps, wobei sie entrüstet fauchte, sich umdrehte und gemessenen Schrittes ging. Mit ihrem »…Wiiii …« konnte Penni manches sagen, wozu wir viele Worte und Sätze brauchen würden. Sie konnte es so variabel nuancieren, daß sie mit diesem einen »Wort« ganze Geschichten erzählen konnte. Alles, was ich über sie schreibe, hat sie mir ja mitgeteilt! Und dann erlebte ich, wie sich dieses »…Wiiii …« noch reduzieren ließ: Sie verwandelte es zu einem knappen »…Wu …« Es war nur noch ein Hauch von Laut, kaum hörbar, aber in ihm schien mir alle Weisheit dieser Welt verborgen. Es war so leise und doch gewaltig, denn seine Fracht war Friede und reine Liebe: »Ich liebe, ich bin hier!«. Descartes hat einmal gesagt:

»Ich denke – also bin ich«. Penelope hat immer wieder gesagt:
»Ich liebe – also bin ich«.

Und wie sehr habe ich (Pucki möge mir noch einmal verzeihen) dieses Täubchen geliebt. Stundenlang konnte Penni auf einem ihrer Ruheplätze sitzen: Während ihre Augen alles wahrnahmen, was um sie herum geschah, ging von ihr eine Ruhe und Gemütlichkeit aus, die den ganzen Raum erfüllte.

Wenn wir dann kuschelten, empfand ich ein ganz neues Gefühl, das ich »...Wuuudig...« nannte. Es war so weich und warm und tief und paßte so gut zu ihrem »...Wu...«. Ganz besonders war es am Abend, wenn sie auf ihren Schlafplatz ging. Dort wartete sie darauf, daß ich kam und mein Gesicht an ihre Brust legte. Dann schnäbelte und kuschelte sie lange mit mir, bis sie eingeschlummert war. Wenn ich dann im Dunkeln nochmals in ihre Nähe ging, hörte ich, wie aus einem Traum heraus, ein leises, glückliches »...Wu...«.

Elisa machte es großen Spaß, Penni zu necken. Zwar hatte sie Respekt vor Pennis würdevollem Wesen, doch wenn sich eine gar zu verlockende Gelegenheit ergab, tat sie es mit Vergnügen. Das geschah regelmäßig, wenn Penni baden wollte. Behäbig stieg der wohlgenährte Vogel in die Wasserschale, legte sich, einen Flügel gen Himmel gerichtet, ins Wasser, schloß genußvoll die Augen und schlief fast ein. Auf diesen Augenblick hatte der kleine Schalk Elisa gewartet, näherte sich wie auf Zehenspitzen, zupfte ganz schnell mal an dem aufgerichteten Flügel, lief schnell weg, um dann so zu tun, als wäre sie es gar nicht gewesen. Oder sie ging zu dem Töpfchen mit Pennis Getreidebrei und wartete, bis Penni empört näherkam und sich neben ihm aufrichtete. Erst wenn Penni drohend dastand, schnappte sich Elisa blitzschnell einen Schnabel voll, um sich in sichere Entfernung zurückzuziehen. Wenigstens mal necken mußte sie Penni – wenn diese schon nicht mit ihr spielen wollte.

Elisa hat ja immer wieder versucht, Penni als Spielgefährtin zu gewinnen, aber mit der übermütigen Elisa wollte die würdevolle Penni sich nicht näher befreunden. Dabei sind sie sich äußerlich doch so ähnlich – im Vergleich zu dem großen Unterschied, der zwischen ihnen und einem Menschen besteht, und dennoch verlieben sich Vögel gelegentlich auch in einen Menschen und nicht in ihresgleichen, obwohl das doch eher zu erwarten wäre!

Die einzige Erklärung, die mir dazu einfällt, ist die nahe seelische Verwandtschaft, die Vögeln so viel mehr bedeutet, als die nur biologische Ähnlichkeit.

Penni hat sich in einem langen Loslösungsprozeß erst im frühen Winter mit wilden Ringeltauben befreundet, die sie in ihr freies Vogelleben begleiteten. Elisa, die Susanne mit Leib und Seele innig liebt, lebt mit Pucki und Ikarus zusammen auch heute noch bei ihr. Und Pucki, die treue Seele, wartet immer noch geduldig darauf, daß ihre große Liebe zu ihr kommt.

Susanne und ich sind jedoch bemüht, auch diesen drei Vögeln ihre Freiheit zu ermöglichen, denn Vögel gehören in ihren natürlichen Lebensraum, in die Freiheit, auf die auch wir Menschen nicht verzichten wollen, in die Freiheit, in der alle Geschöpfe vor dem Schöpfer gleich sind...

Teil 2
Traditionelle Beziehungen

Eine Erde – ein Geist

Die Menschen haben zu allen Zeiten und in allen Kulturen festgestellt, daß die lebendige Erde eine Quelle der Bewunderung und Inspiration ist. Die Griechen erhoben sie als Gaia in den Status einer Göttin. Die Wunder der Chemie und Evolution haben das Leben in dieser erstaunlichen Vielfalt und in diesem Überfluß erschaffen. Und das Gleichgewicht ihrer komplexen Ökologie erhält unseren Körper und Geist. Die Bewunderung, die wir in der Gegenwart der Natur spüren, ist nahezu universal. Sie mag sogar noch über das menschliche Denken hinausreichen. Im Dezember 1963 war der Zoologe Adriaan Kortland Zeuge folgender erstaunlicher Szene in Afrika:

Ein Sonnenuntergang taucht den Regenwald in überirdische Farben. Ein Schimpanse bewegt sich langsam durch das dämmernde Licht. In der Hand trägt er eine Papaya. Er hält sie an seine Lenden gepreßt. Langsam legt der Schimpanse die Papaya auf den Boden. Ganze 15 Minuten verweilt das Tier, wie verzaubert von dem Spektakel der sich verändernden Farben der Dämmerung, schaut bewegungslos. Dann zieht er sich schweigend in das Dickicht zurück, vergißt seine Papaya.

Man kann nur raten, was dem Schimpansen wohl durch den Kopf gegangen sein mag, als er da stand und über das verblassende Tageslicht sinnierte. Ein Moment der Trance, des Tagtraumes? Dieser beinahe menschliche Geselle stillte deutlich einen Hunger, der über sein unmittelbares Bedürfnis nach körperlicher Nahrung hinausging. Er reagierte auf einen Drang, der das Notwendige des physischen Überlebens transzendierte, und das kann man spirituell nennen. Wenn wir bezaubert die sinkende Sonne betrachten; wenn wir hinaufschauen und über den sternklaren Nachthimmel staunen; wenn wir vom Dröhnen der Meeresbrandung mitgerissen werden oder meditierend unter einem Redwoodbaum stehen, der älter ist als unser Evangelium, dann haben wir Anteil am Religiösen, real und machtvoll wie alles auf der Erde. Was wir bei diesen Gelegenheiten erleben – unsere Gefühle von Verwandtschaft und Ehrfurcht – ist nichts anderes als das Universum, das über seine eigenen verborgenen Tiefen nachsinnt.

Es sollte uns nicht überraschen, daß die Verehrung der Natur – die Kommunion mit dem Heiligen, das in Vögeln, Tieren und im Wald gegenwärtig ist – möglicherweise die ursprüngliche und elementarste Form menschlicher Spiritualität darstellt. In den Höhlen der hohen Berge Deutschlands und der Schweiz findet man alte Werkzeuge aus der Steinzeit neben den Schädeln von Höhlenbären, die anscheinend in symbolischen Mustern ausgelegt wurden. Die meisten Gelehrten interpretieren dies als einen Kult der Verehrung der Bären, der unter den Neandertalern existierte, die vor etwa 70 000 Jahren diese Region bewohnten. Fünfzigtausend Jahre später erschufen unsere Vorfahren in einer Gegend, die heute Lascaux in Frankreich heißt, einige der ersten religiösen Kunstwerke der Welt. Sie schmückten die Decken ihrer Höhlen mit großartigen Bildern von Bisons, Hirschen, Steinböcken und arktischen Ponys. Als die kanadische Regierung unlängst eine Delegation von Inuit-Eskimos zum Besuch der berühmten Höhlengemälde nach Europa schickte, konnten die amerikanischen Einheimischen zunächst nicht begreifen, wie alt diese Gemälde waren. Sie erkannten jedoch den verwandten Geist, der sie beseelte, und so fragten sie höflich, ob sie den Künstler, der sie erschaffen hatte, treffen könnten. Während es also unmöglich ist, den heiligen Kosmos unserer menschlichen und vormenschlichen Vorfahren wiederherzustellen, so teilt er doch vielleicht Aspekte mit der Gedankenwelt von Menschen wie den Indianern, die sich bis in die Gegenwart eine ähnliche Existenz des Jagens und Sammelns erhielten. »Am Anfang aller Dinge«, sagte Letakots-Lesa, Häuptling der Pawnee, zu Beginn unseres Jahrhunderts, »waren Weisheit und Wissen bei den Tieren; denn Tirawa, der Eine Oben, sprach nicht direkt zu den Menschen. Er schickte bestimmte Tiere, um den Menschen zu sagen, daß er sich ihnen in den wilden Tieren offenbare und daß sie von ihnen und von den Sternen, von der Sonne und dem Mond lernen sollten.« Denn solche erdverbundenen Geschöpfe hatten ganz natürlich eine heilige Bedeutung.

Etwas ganz Grundlegendes in mir wurde berührt, als ich zum ersten Mal zum Dead Creek Management-Gebiet in Zentralvermont reiste, um zu beobachten, wie die Wildgänse auf ihrem jährlichen Zug vom Ufer der Hudson Bay zu ihrem Winterquartier in den Chesapeake landeten. 8000 oder 9000 dieser großen Vögel fanden dort in den Sümpfen und Kornfeldern Rast und Nahrung. Andere kreisten in der Luft. Es waren so viele, daß mein Fernglas in jeder Richtung voll von ihnen war. Das Schauspiel von so viel wirbelnder Freiheit und Energie erfüllte mich mit reiner Freude, so daß ich nur starren und staunen konnte. Als ein Freund die Gegend zwei Tage später besuchte, nur um festzustellen, daß alle Gänse schon fort waren, fühlte ich mich gesegnet, daß ich die Gelegenheit gehabt hatte, Zeuge eines Teils ihrer jährlichen Pilgerreise gewesen zu sein.

Die Erregung, die wir spüren, wenn wir im Herbst Tausende von Wildgänsen gen Süden fliegen sehen und die eher stille Freude, die wir empfinden, wenn wir beobachten, wie eine Meise das Futterschälchen am Küchenfenster besucht, mögen beide Teil unseres Evolutionserbes sein. Der Biologe E. O. Wilson aus Harvard sprach von der Möglichkeit, daß Menschen eine angeborene Verwandtschaft mit anderen Geschöpfen haben. Über die Jahrtausende hin hat sich unser Nervensystem durch das Zusammenspiel mit der wilden Umgebung entwickelt, so daß wir ganz natürlich mit Faszination auf Tiere reagieren, die zu unserem eigenen Familienstammbaum gehören. Sie erwecken Erinnerungen an unseren eigenen Ursprung und helfen uns, unser eigenes Verwurzeltsein in der Natur zu verstehen. Wilson nennt diesen Drang »Biophilie«, was wörtlich Liebe zum Leben bedeutet und allgemeiner unsere Tendenz, enthusiastisch und erregt auf Schmetterlinge, Blauwale und die anderen fabelhaften Geschöpfe zu reagieren, mit denen wir diesen Planeten teilen.

Biophilie würde erklären, warum Kinder sich fast automatisch zu den meisten Tieren hingezogen fühlen. »Von unserer Kindheit an«, erläutert Wilson, »konzentrieren wir uns fröhlich auf uns selbst und andere Organismen. Wir lernen, zwischen Belebtem und Unbelebtem zu unterscheiden, und gehen darauf zu, wie Motten ins Licht fliegen.« In ziemlich gleicher Weise wie ein Gansküken von seiner Mutter oder von Ethologen, die in der Nähe sind, geprägt wird, scheinen Kinder zu einer Fixierung auf Dinge zu neigen, die sich krümmen und zappeln. Scheinbar mit instinktiver Weisheit verstanden meine eigenen Kinder im Vorschulalter, daß ein Backenhörnchen ein guter Anlaß zum Staunen ist und eine Spannerraupe ein Grund zur Freude.

Als eine Gruppe von Bibliothekaren vor kurzem über 10 000 Kinder befragte, um herauszufinden, was kleine Kinder mögen und was nicht, stellten sie fest, daß die beliebtesten Kinderbücher in zwei Kategorien fielen: »Tiere« und »Hier und Jetzt«. In der zweiten Kategorie waren Geschichten wie »The Accident« und »The Foundling« von Carol Carrick am beliebtesten. Dies sind realistische Geschichten von dem Kummer eines kleinen Jungen, der seinen Hund verliert, und von dem Heilungsprozeß, der stattfindet, als er einen neuen Hund bekommt. Tiere machen anscheinend einen notwendigen Teil der mentalen Landschaft der Kinder beim Aufwachsen aus. Ohne sie wäre unsere emotionale Entwicklung verkümmert oder moralisch verarmt.

Ehe sie betäubt und desensibilisiert werden, haben Kinder die Fähigkeit, sich in das Leiden anderer Spezies hineinzufühlen. Es gibt unzählige Beweise dafür. Carl Sandburg erzählt uns, daß Abraham Lincoln als Junge einmal mit dem Gewehr seines Vaters einen wilden Truthahn schoß. Es war seine erste Begegnung mit dem Jagen und auch seine letzte, denn danach wollte er nie wieder einen Abzug betätigen. Clara Barton, die später in ihrem Leben das Amerikanische Rote Kreuz gründete, berichtet, daß sie als junges Mädchen einmal beobachtete, wie auf der Familienfarm eine Kuh geschlachtet wurde. Im selben Moment, in dem eine angeheuerte Hilfskraft die schwere Axt auf den Schädel der Kuh niedersausen ließ, spürte Clara einen Schlag auf ihren eigenen Kopf und verlor das Bewußtsein. Als sie wieder zu sich kam, wurde sie Vegetarierin und aß freiwillig nie wieder Fleisch. Solche Geschichten deuten darauf hin, daß Mitgefühl keine erlernte Eigenschaft ist. Erlernt wird vielmehr die Grausamkeit, denn sie muß man kultivieren und ermutigen, und so werden die einfühlsamen Kinder allmählich gefühllos gemacht und abgehärtet.

Mit der Zeit verlieren die meisten von uns ihr angeborenes Mitgefühl. Von den Eltern und Älteren, in der Kirche und in der Schule lernen wir die Lektionen, daß nur eine einzige Art auf der Erde wirklich eine Rolle spielt und daß Menschen, die sich um Tiere kümmern, sentimental, irrational und falsch unterrichtet sind. Tiere, so sagt man uns, haben keine Gefühle. Sie haben keine Seele. Sie sind nichts anderes als komplexe Maschinen oder Bündel erlernter Reflexe. Sie haben für sich genommen keinerlei Bedeutung, sondern existieren ausschließlich, um den Menschen zu dienen und deren Wünsche zu befriedigen. Wir leugnen die innere Weisheit, die wir als Kind besaßen. Wir unterdrücken unsere intuitiven Gefühle der Ehrfurcht und Verwandtschaft. Und aufgrund dieses Leugnens können wir Tiere als Forschungsinstrumente benutzen und als Gebrauchsgüter und Ressourcen ausbeuten. Das erklärt, warum so viele Menschen eine Ernährungsform und einen Lebensstil als »normal« betrachten, der zahllosen anderen Geschöpfen unnötiges Leiden bringt.

Besonders heutzutage ist es dringend notwendig zu lernen, andere Lebewesen mit Respekt zu behandeln, da die Erde als solche in Gefahr geraten ist. Wie wir mit anderen Säugetieren umgehen, zeigt unsere Einstellung zur Natur im allgemeinen. Wenn wir unsere Herzen nicht den Tieren gegenüber öffnen können, die uns so sehr ähnlich sind, wie können wir dann hoffen, mit Mitgefühl und Verständnis auf andere drängende Probleme zu reagieren wie die Zerstörung der Regenwälder oder der Ozonschicht?

Es ist nicht einfach, Begriffe wie Aussterben oder Ewigkeit zu begreifen. Wir wissen aus erster Hand, was es bedeutet, wenn jemand stirbt. Menschen sind auch nicht die einzigen Tiere, die trauern oder leiden, wenn ein Geliebter die Welt verläßt. Elefanten trauern um ihre Toten, ähnlich wie wir, und begraben sie sogar manchmal. Eine Robbenmutter weint Tränen, die physiologisch den unseren sehr ähneln, wenn ihr Junges von Jägern totgeschlagen wird. Unsere Biologie gibt uns eine Anleitung, was zu fühlen und zu tun ist, wenn wir dem Tod gegenüberstehen. Aber die Ausrottung einer gesamten Spezies ist etwas vollkommen anderes. Das bedeutet nämlich nicht nur den Tod jedes lebenden Repräsentanten dieser Art, sondern auch aller noch nicht geborenen Generationen. Sterben ist Teil des Lebens, das Gegenstück zu Geburt. Doch Aussterben bedeutet die Auslöschung von Leben und das Ende von Geburt. Sich vorzustellen, was das bedeutet, wenn man es mit Millionen multipliziert, übersteigt unser Fassungsvermögen. Uns fehlt die nervliche Ausrüstung, auf eine Bedrohung zu reagieren, die man sich nicht vorstellen kann und die von einer unmittelbaren Erfahrung allzu weit entfernt liegt.

Gleichzeitig kann das Schicksal eines Tieres wie Keiko, einem Schwertwal, die Aufmerksamkeit der ganzen Welt erregen. Er spielte in dem Film »Free Willy« die Hauptrolle und wurde schließlich aus seinem engen Tank, in dem er gefangengehalten wurde, befreit und in ein Rehabilitationszentrum für Meeressäugetiere gebracht. Das wird ihm hoffentlich dabei helfen, eines Tages wieder zu seiner Familie im offenen Meer zurückzukehren. Wenn ein einzelnes Tier Schmerzen hat oder in einer Notlage ist, sei es nun ein Wal, ein Hund oder ein Reh, dann können wir das in unseren Eingeweiden spüren. Wir reagieren darauf mit der erforderlichen Dringlichkeit. Das gehört offenbar zu unserem Repertoire an Instinkten. Als große Affen haben wir die Fähigkeit, uns um Kranke und Verletzte zu kümmern, nicht nur, wenn sie zu unserer eigenen Spezies gehören, sondern auch bei anderen Arten. Als vor kurzem ein junges Kind verletzt wurde, als es in einem städtischen Zoo aus Versehen in ein Gorillagehege stürzte, reagierte eines der Tiere. Binti, so hieß der Gorilla, wiegte das Kind in seinen Armen, bis ärztlicher Beistand kam. Wir Primaten zeigen natürlich auch unseren Teil an Aggression. Aber unter den rechten Umständen können wir auch mitfühlende Geschöpfe sein. In einem Experiment gab man Rhesusaffen das Futter nur dann, wenn sie einem anderen Tier, das sie durch einen Einwegspiegel hindurch sehen konnten, einen elektrischen Schock versetzten. Sie mußten hungern, wenn sie nicht diesen Knopf drückten und damit den elektrischen Schock auslösten. 87 Prozent der Tiere erwiesen sich als Verweigerer aus »Gewissensgründen«. Sie weigerten sich, ihre hilflosen Gefährten mit dem elektrischen Schock zu quälen. Ein Affe hungerte sogar lieber zwei Wochen als bei solch vorsätzlicher Grausamkeit mitzumachen. Obwohl Menschen nicht immer so gutherzig sind, kann auch uns das Leiden anderer berühren. Hunderte von Freiwilligen halfen, die ölverseuchten Vögel, die Opfer des Exxon Valdez-Öltankerunfalls in Alaska, mit der Hand zu waschen. Solches Mitgefühl ist eine Kraft, die wir dringend und dauerhaft benötigen. Der Missionsfeldzug für die Tierrechte überschneidet sich mit der Kampagne, die Erde zu retten, genau an dem Punkt, an dem wir die Fähigkeit zur Sorge und zum Mitgefühl besitzen. Die Umweltkrise ist vor allem auch eine spirituelle Krise. Und sie kann nicht gelöst werden, wenn wir nicht das anscheinend verlorene Wissen wiederfinden, daß wir nämlich vom Gewebe des Lebens nicht getrennt, sondern lediglich ein Faden im Gesamtdesign sind. Tiere können unsere Lehrer sein und uns dabei helfen, dieses Gefühl der Verbundenheit wiederzufinden. Wenn wir es zulassen, können sie unsere Herzen berühren. In ihren Augen sehen wir die Freude und den Kummer, die unser eigenes Menschsein spiegeln. Erweitern wir den Kreis unseres Bewußtseins, dann erkennen wir, daß wir nicht die einzige Spezies auf diesem Planeten sind, die bei der Herrlichkeit des Sonnenuntergangs tanzt oder träumt oder ihn genießt. »Bis man ein Tier geliebt hat, bleibt ein Teil unserer Seele unerweckt«, sagte Anatole France. Tiere sind vielleicht die Mittler, die uns das Bewußtsein zurückbringen, daß jede Lebensform wertvoll ist.

Die Einheit des Lebens wird seit undenklichen Zeiten gelehrt. Und diese Lehre wurde zu vielen Zeiten und in vielen spirituellen Traditionen aufgezeichnet:

»Befragt jetzt die Tiere und sie werden euch lehren«, lesen wir in der Bibel, »und die Vögel unter dem Himmel, und sie werden euch lehren. Oder sprecht zu der Erde, und sie wird euch lehren, und die Fische der Erde werden es euch sagen.«

Und im Koran, dem heiligen Buch der Moslems, steht: »Es gibt kein einziges Tier auf Erden, kein einziges mit zwei Flügeln fliegendes Geschöpf, das nicht ein Wesen wie du ist.«

In der berühmten Inschrift von Chang Tsai aus dem China des 11. Jahrhunderts lesen wir: »Der Himmel ist mein Vater und die Erde ist meine Mutter, und selbst ein so kleines Geschöpf wie ich findet dazwischen seinen Platz. Alle Menschen sind meine Brüder und Schwestern und alle Dinge meine Gefährten.«

Und von einem heiligen Mann der Sioux, Schwarzer Elch, hören wir: »Wir sollten gut verstehen, daß alle Dinge das Werk des Großen Geistes sind. Wir sollten den Großen Geist in allen Dingen erkennen: in den Bäumen, den Gräsern, den Flüssen, den Bergen und in dem vierbeinigen und geflügelten Volk ... Wenn wir das tief in unserem Herzen verstehen, dann werden wir den Großen Geist fürchten, lieben und kennen, und dann werden wir so sein, handeln und leben, wie es der Geist beabsichtigt.«

»Die Größe einer Nation und ihres moralischen Fortschritts«, erklärte Mahatma Gandhi, »kann man daran messen, wie sie ihre Tiere behandelt.« Indem wir das Urwissen wiederfinden, daß alles Leben heilig ist, können wir vielleicht nicht nur die Welt retten, sondern unsere eigene Seele. Wenn wir lernen, mit anderen Geschöpfen gewaltlos zusammenzuleben, finden wir unseren inneren Frieden.

Joseph Bruchac

Der Schildkrötenmann

In jenen Wochen, wenn die letzten Leberblümchen in den Wäldern jenseits der nach Norden führenden Landstraße verblaßt waren, fuhren meine Großeltern mit mir an jedem Frühlingsabend spazieren. Fast immer fuhren wir Richtung Saratoga-See oder nach Schuylerville, und wir fuhren langsamer als die meisten anderen Autos: Wir suchten nach Schildkröten. Jedes Jahr überquerten sie die Straße an derselben Stelle. Meine Aufgabe war es auszusteigen, die Schildkröten aufzuheben und sie zu retten, ehe sie sich aufmachten, den schwarz geteerten Streifen zu überqueren. Denn das konnte ihr Ende bedeuten. Oder aber ich schaute nach rechts und links, versicherte mich, daß kein Auto kam, und hob dann eine Schildkröte auf, die auf der Straßenmitte gestrandet war und darauf wartete, daß die Gefahr vorüber zog. Wenn sie den Kopf, die Füße und den Schwanz einzogen, waren diese Waldpfuhl- und Dosenschildkröten sicher vor einem Fuchs oder sogar vor einem Bären. Aber zwei Tonnen schweren Vehikeln mit Rädern konnten selbst die dicksten Schalen nicht standhalten.

»Schildkröten sind zäh«, sagte mein Großvater, »aber ab und zu brauchen sie ein wenig Hilfe.«

Mein Großvater war ein Abenaki-Indianer, obwohl er immer mit den Schultern zuckte und Leuten, die ihn fragten, warum er eine so dunkle Haut habe, erklärte, er sei ein Frankokanadier. In gewisser Weise stimmte das sogar, denn sein Vater war aus dem Dorf St. Francis in Quebec zum Greenfield Center, New York, am Fuße der Adirondack-Berge heruntergekommen. In Odanak, was »Das Dorf« bedeutet und der Abenaki-Name für St. Francis ist, führten Rogers Ranger jenen Überfall aus, der durch das Buch und den Film »Northwest Passage« unsterblich wurde. Bei diesem Überfall wurden die Abenakis angeblich »ausradiert«, obwohl die Ranger an dem Tag hauptsächlich Frauen und Kinder töteten, viele davon, als sie in der katholischen Kirche von St. Francis Schutz suchten. Aber die Einwohner von St. Francis waren immer zähe Überlebende gewesen, ebenso wie die Schildkröten, eines ihrer zwei wichtigsten Klantiere.

Wenn eine Schildkröte ihren Kopf in den Panzer eingezogen hatte, hielt sie mein Großvater stets hoch und sprach sanft mit ihr. Dann streckte die Schildkröte sofort ihren Kopf heraus, öffnete ihre Augen und sah ihn an. Da mußte mein Großvater immer lächeln. »Ja, nun schau sie dir an«, sagte er. Ich bemerkte, daß das lederne Fleisch des Schildkrötenhalses fast genauso aussah wie die zähe, faltige Haut der Hand meines Großvaters. Vielleicht träumte ich deswegen eines Nachts als Kind, daß mein Großvater eine riesige Schildkröte hielt, die so groß war wie er selbst. Die beiden ähnelten sich so stark, daß ich kaum feststellen konnte, wo die Schildkröte aufhörte und wo mein Großvater anfing. Ich erinnere mich noch gut an diese Frühlingsabende. Es war so warm, und die Luft war voll von süßen Düften. Es schien, als sei die ganze Natur wach und lebendig und würde feiern.

Wir hörten die Rufe von Vögeln, die den Wald während des kalten Winters verlassen hatten – vom süßen Heulen des Baltimorevogels bis zu den feinen, hohen Stimmen der Grasmücken, die die Baumwipfel mit ihrem Gesang erfüllten, und ihre vielen Farben wirkten wie Blüten, die auf wundersame Weise über Nacht gewachsen und aufgeblüht waren.

An manchen Abenden fanden wir zwei oder drei Schildkröten, und an den Wochenenden retteten wir manchmal ein halbes Dutzend. Ich hämmerte aus Brettern ein kleines Gehege um eine Blautanne in unserem Garten herum. Manchmal behielten wir eine oder zwei Schildkröten für eine Weile dort, ehe wir sie wieder tief in den Wald zu einem Tümpel brachten, weit genug von der Straße entfernt. Wir hatten eine besondere Beziehung zu Schildkröten, die weiter zurückreichte, als mir als Kind bewußt war.

Don Bowman, ein Mann Ende achtzig, der nicht weit entfernt von hier wohnte, begann vor sieben Jahren, mir von seinem Haus in Delaware aus Briefe zu schreiben. Als er die Besprechung eines meiner Bücher gelesen hatte, sah er, daß ich in Splinterville Hill lebte. Er fragte mich, ob ich jemals einen Jesse Bowman gekannt hätte – »kein Verwandter von mir«, fügte er hinzu –, der dort einen kleinen Laden betrieb. Ich schrieb ihm zurück, daß Jesse mein Großvater war. Es stellte sich heraus, daß Don Bowman meinen Großvater in den zwanziger und dreißiger Jahren gekannt hatte, lange vor meiner Geburt. Don war ein begabter Geschichtenerzähler und hatte sein ganzes Leben lang alle möglichen Geschichten gesammelt, darunter auch Märchen und historische Legenden. Don schrieb mir also diese Briefe und erzählte mir darin, was hier vor meiner Zeit geschehen war.

»Hat man Ihren Großvater immer noch ›Schildkrötenmann‹ genannt, als Sie klein waren?« fragte er in einem Brief. Und er erklärte, warum mein Großvater diesen Namen bekommen hatte, den ich nie zuvor gehört hatte.

An einem Tag im Frühling, schrieb Don, kam er an dem Laden meines Großvaters vorbei und bemerkte, daß dort neben dem Gebäude zwei alte Badewannen aufgestellt waren. Er vermutete, daß sie schon eine ganze Weile dort standen, doch hatte er sich die Wannen nie näher angesehen, und so tat er es diesmal. In einer war Erde, und drei oder vier Kröten sprangen darin umher. Die andere war zum Teil mit Wasser gefüllt, und ein Dutzend oder mehr Schildkröten schwammen darin herum.

Gerade als er meinen Großvater fragen wollte, warum er Badewannen voller Schildkröten und Kröten habe, kam ein kleines Mädchen bei den beiden an. Sie hatte eine Schildkröte in der Hand.

»Herr Schildkrötenmann«, sagte sie, »hier ist noch eine Schildkröte, die ich auf der Straße gefunden habe. Kann ich meinen Penny haben?«

Da gab mein Großvater ihr einen Penny, mit dem sich das Mädchen eine Handvoll Lakritze kaufte, und setzte die Schildkröte zu den anderen in die Badewanne.

»Was soll denn das, Jess?« fragte Don Bowman.

»Jedesmal, wenn ein Kind mir eine Kröte oder Schildkröte bringt, gebe ich ihm einen Penny. Die Kröten kommen in meinen Garten«, sagte mein Großvater. »Dort fressen sie das ganze Ungeziefer auf.«

»Und die Schildkröten?« fragte Don Bowman.

»Oh die! Die bringe ich manchmal zum Teich rüber. Schildkröten sind zäh, aber ab und zu brauchen sie ein wenig Hilfe.«

Don schaute ihn an, als sei das keine ausreichende Erklärung, und da zuckte mein Großvater einfach mit den Schultern. »Mein Vater«, erklärte er, »hat mir immer gesagt, wir müssen uns um die Schildkröten kümmern.«

Wegen dieses uralten Verständnisses und der langen Tradition, Tiere als unsere Verwandten zu achten und unsere Identifikation mit den Tieren durch das System von Klans zu stärken, haben die Eingeborenen von Nordamerika einen anderen Ausgangspunkt für ihre Weltanschauung und für die Art, wie sie ihr Leben in Beziehung zur Natur führen.

Mein Mohawk-Freund Tom Porter schrieb vor kurzem ein Buch über das Klansystem der Iroquois mit dem Titel »Clanology«. Obwohl die Iroquois eine ganz andere Kultur und Sprache als die Abenaki-Indianer haben, gibt es doch viele Gemeinsamkeiten. An einer Stelle in seinem schmalen, aber eindrucksvollen Buch spricht er über die charakteristischen Eigenschaften der Angehörigen der wichtigsten Mohawk-Klans – Schildkröte, Wolf und Bär.

»Der Schildkrötenklan«, schrieb Tom, »ist einer der wichtigsten Klans der Mohawk. Die Schildkröte ist ein Symbol für die ganze Erde. Wir gehen auf dem Rücken der Schildkröte. Die Menschen des Schildkrötenklans sind die Basis unserer Nation. Deswegen sind diese Menschen sehr konsequent, entschlossen und dickköpfig.«

Vor zwei Jahrzehnten stand ich an einem Spätsommertag in der Adirondack-Stadt von Old Forge im Garten meines Freundes und Lehrers Maurice Dennis. Ein kleines Feuer, das er immer brennen ließ, erfüllte die Luft um uns herum mit angenehm duftendem Rauch, der zugleich die Moskitos fernhielt. In der Abenaki-Sprache heißt Maurice Mdawelasis, das bedeutet »Kleiner Seetaucher«. Er arbeitete an einem Totempfahl, den er aus einem langen Stück Zedernholz schnitzte. Er hielt inne und zeigte auf die Schildkröte an der Basis.

»Die Schildkröte«, sagte er, »ist immer dort an der Basis und trägt das Gewicht auf ihrem Rücken.«

Er legte seine Hand auf ihren Panzer und gemeinsam zählten wir die Hornschilder auf der Schildkröte.

»Dreizehn«, sagte ich.

»Jede Schildkröte hat dreizehn Schilder auf ihrem Rücken«, sagte er. Sie stehen für die dreizehn Monde des Jahres. Sie stehen für die dreizehn Nationen der Abenaki. Es gab dreizehn Nationen, weil es schon immer dreizehn Kolonien gab.«

Einen Moment war es ganz still – dann hörte ich über uns ein sanftes Rauschen. Ich schaute auf und sah einen Seetaucher. Das Rauschen kam vom Flügelschlag seiner großen Schwingen. Maurice hob eine Hand zum Himmel, als wolle er seinen Namensvetter grüßen. Damals dachte ich daran, daß dieser Vogel Mdawela seinen Namen auch unseren Vorfahren verliehen hatte, den tiefblickenden Sehern, den Schamanen. Wir nennen sie »Mdeowlinno«, die tief unter die Oberfläche des Sees tauchen und dort Dinge sehen, die andere nicht erkennen können, die, wie die Seetaucher, in eine andere Welt hinuntertauchen.

»Er fliegt zum Moose-Fluß«, erklärte Maurice. Dann legte er seine Hand wieder auf den Panzer der uralten Schildkröte. »Die Schildkröte erinnert sich an unsere dreizehn Nationen«, sagte er, »die Schildkröte wird uns niemals vergessen.«

Aber vor noch längerer Zeit war die Erde mit Wasser bedeckt. Es gab keinen festen Ort, auf dem man stehen konnte, und die Menschen, die auf dieser Erde leben sollten, brauchten einen sicheren Platz. Die Vögel und anderen Tiere, die in dem Wasser lebten, sprachen miteinander darüber, denn sie wußten, daß die Menschen bald erschaffen werden würden. Einer von ihnen, manche behaupten, es sei eine Ente gewesen, erinnerte sich daran, daß es tief unten im Wasser etwas Festes gab, was Erde genannt wurde. Dann tauchten sie hinab und brachten die Erde herauf.

Es gibt viele Versionen dieser Geschichte, die manche den » Mythos vom Erdtaucher« nennen, die für mich jedoch immer die Geschichte vom Geschenk der Schildkröte blieb. In der Iroquois-Version dieser großen Schöpfungsgeschichte haben alle Tiere versagt, mit Ausnahme der Bisamratte. In der Shawnee-Version bringen viele Wassertiere gemeinsam die Erde herauf. In allen Versionen gibt es jedoch ein grundsätzliches Verständnis, das zur Grundlage dieser Eingeborenenkulturen wurde, die seit Jahrtausenden versucht haben, auf diesem Land mit Leichtigkeit zu leben und allen Lebensformen gegenüber Respekt zu zeigen. Eine dieser Einsichten besagt, daß die Tiere uns das Überleben ermöglichen. Die Lehrer und die Älteren, sie machten diese Welt. Sie sind weiser und stärker als wir, und deshalb müssen wir sie immer respektieren und uns ihrer bewußt bleiben. Eine weitere Einsicht ist, daß die Erde ebenso lebendig ist wie die große Schildkröte, die uns mit ihrem Rücken stützt. Sie tut dies nicht aus Eigennutz, sondern weil es die Natur des Lebens ist – die uralte Natur des Lebens, die die Tiere uns lehren können –, zu geben, zusammenzuarbeiten und miteinander zu teilen. Dies sind nur einige der Lehren, die man in der Geschichte vom Geschenk der Schildkröte finden kann.

In einer Abenaki-Version dieser Geschichte, die ich, so scheint mir, öfter geträumt als gehört habe, fliegt der große Seetaucher unter die Wasseroberfläche bis auf den Grund und bringt in seinem Schnabel die Erde nach oben.

Als der große Vogel auftaucht, sieht er sich nach einem geeigneten Platz für die Erde um, denn ohne eine solchen Ort würde sie wieder auf den Grund zurücksinken. Da schwimmt die große Schildkröte an die Oberfläche, hebt ihren Kopf und spricht:

»Ich werde die Erde auf meinem Rücken tragen.«

Dann legt der Seetaucher dieses kleine Stück Erde auf den Rücken der Schildkröte. Das Stückchen Erde wächst und wächst, bis es zur Welt geworden ist, auf der wir heute leben. Diese Welt balanciert die geduldige große Schildkröte auf ihrem Rücken, und sie hat uns niemals vergessen.

»Wir sollten uns um die Schildkröten kümmern«, sagte mein Urgroßvater zu meinem Großvater. Die Schildkröten, deren Panzer die Erinnerung an die 13 Abenaki-Nationen tragen: Micmac, Maliseet, Penobscot, Passmaquoddy, Penacook, Cowasuck, Pocumtuck, Nipmuck,

Pigwacket, Kennebec, Sokoki, Missisquoi, Arosaguntacook. Und so bin ich in jedem Frühling hinausgegangen, um nach Schildkröten zu suchen und sie von den Straßen zu retten.

Aber hier ist der Kreis noch nicht zu Ende. In diesem Frühling schaute meine Frau Carol von unserem Camp aus über den Rasen zu dem Stück Land, das wir gerade im Kaydeross Range gekauft hatten. Bucket Pond, der gleiche Teich, in dem mein Großvater als kleiner Junge gefischt hatte, liegt gleich unterhalb unseres Camps. Als sie da stand, kam unser Foxterrier zu ihr. Er trug etwas in seinem Maul. Es war eine Schildkröte, eine weibliche Dosenschildkröte. Man konnte ihr Geschlecht an ihrem kurzen Schwanz erkennen und an ihren Klauen – Männchen haben längere Krallen und auch einen längeren Schwanz.

»Hat er diese Schildkröte wohl im Teich gefangen?« fragten wir uns, ehe ich die Schildkröte zurück zum Bucket Pond brachte und zusah, wie sie untertauchte. Sie hatte genug Gesellschaft. Die letzten drei Wochen waren wir immer zu dem Teich hinuntergegangen und hatten gesehen, wie Dutzende von Schildkröten, von den großen Alligator-Schildkröten bis zu den Dosenschildkröten, ihre Köpfe aus dem Wasser streckten. Es war die Zeit der Paarung.

»Was sie jetzt zueinander sagen«, sagte ich zu Carol, »ist etwas wie – ›He, bist du ein Mann oder eine Frau?‹« Ich schaute auf den Teich. Heute waren keine Schildkrötenköpfe sichtbar. »Glaubst Du, diese Schildkröte ist weggeschwommen, um ihre Eier abzulegen?« fragte ich.

Am nächsten Tag, als es regnete, erhielt ich meine Antwort. Ich ging nach draußen und sah nicht nur eine oder zwei, sondern vier Schildkröten, alles Weibchen, die in dem sandigen Boden um unser Camp herum Löcher gruben. Ich ging näher hin, kniete nieder und sah zu, wie eine von ihnen mit ihren Hinterklauen grub und die Erde herausschaufelte. Dann zwängte sie das Ende ihres Panzers in das Loch hinein und legte vier vollendete Eier. Ein Pirol sang über ihr in dem Kastanienbaum, und es fing stärker an zu regnen. Aber die Schildkröte, den Vogel und mich störte dieser warme Frühlingsregen nicht. Schließlich ging ich hinein und überließ sie und ihre Schwestern ihrer Arbeit. Ich bemerkte aber noch, daß eine weitere Schildkröte den Waldweg vom 50 Meter tiefer gelegenen Teich heraufkam. Nach zwei Generationen, in denen wir Schildkröten zu unserem Haus gebracht hatten, um sie zu retten, kümmerten wir uns nun um einen Ort, zu dem die Schildkröten kamen, um neue Generationen in die Welt zu setzen. Unser Rasen war ein Nistboden für Schildkröten. Und ich spürte, daß mein Großvater bei mir war.

Ich wußte, das nächste Mal, wenn ich ihn in meinen Träumen sehen würde, würde er eine Schildkröte in seinen faltigen, ledernen Händen halten und lächeln.

Die Tierfamilie in der Tradition der Seneca

Es mag für einige interessant sein, daß die Ureinwohner Nordamerikas die Welt der Tiere, das Reich der Vögel und alle anderen Geschöpfe als ihre Familie betrachteten. Aus diesem Grunde gab es keine Trennung. Es war eine einzige große Familie. Die Tiere waren die Wegbereiter. Sie trampelten Pfade, die auf dem kürzesten Weg von einem zum anderen Wasserloch führten, und die Eingeborenen entdeckten sie. Wenn die Menschen diesen Pfaden folgten, liefen die Tiere mit ihnen mit, und für diese Leute war es ein Trost, daß ihre Brüder und Schwestern aus dem Tierreich sie begleiteten. Und dazu gehörten nicht nur Hunde und Katzen, sondern auch größere Geschöpfe, und alle waren auf diesen Reisen in freundlicher Stimmung.

Weiter haben Tiere ein wunderbares Erinnerungssystem. Sie erinnern sich an Orte; sie erinnern sich an Klänge; sie erinnern sich an Gerüche; und sie erinnern sich an das Feingefühl gegenüber Freundschaft. Und sie erkannten, wenn ein Geschöpf auf dem Pfad an Hunger litt. Sie opferten sich dann selber, um dessen Hunger zu befriedigen, oder sie halfen ihm, einen Ort ausfindig zu machen, an dem es Nahrung finden konnte. Diese Empfindsamkeit gegenüber Gefühlen war Bestandteil eines Schmerzes, den sie empfanden. Dieser Schmerz also wanderte von einem Ort oder von einem Tier zum anderen und half ihnen zum Ausdruck zu bringen, wie hungrig sie waren oder wie behaglich sie sich fühlten.

Ein anderes Feingefühl bestand in allen möglichen Arten der Kommunikation. Die Kommunikation bestand natürlich aus den Tönen, die sie beim Wandern, Schlafen, Werben und dann machten, wenn es in ihrer Familie Junge gab. Egal wo sie waren, sie hatten immer dieses Gefühl der Ganzheit.

Das Tierreich lehrte die Eingeborenen Weisheit, Integrität, Beständigkeit und Würde. Dies wurde zu einem Geschenk, das jedes Geschöpf bei der Geburt bekam. Und jeder und alle Kreaturen hielten dieses Geschenk von Weisheit, Beständigkeit und Würde in hohen Ehren.

Die Reiche der Tiere, der Vögel und der Kriechtiere existierten hier lange vor dem Menschen und hatten eine wunderbare Beziehung zueinander aufgebaut. Es gab eine herrliche Kultur, die auf den Traditionen der Tiere beruhte, die die Menschen dieser Halbkugel, die ursprünglichen Menschen, als Teil ihrer Familie annahmen. Sie können immer noch auseinanderhalten, was gut und was nicht gut für sie ist. Sie verstehen es, nach innen zu lauschen. Es ist gewissermaßen ein Innen-Sein. Es ist kreisförmig, wie ein Rad, wohingegen das Denken der Menschen linear ist. Kreisförmiges Denken ist das Rad. Es ist ein Rad der Weisheit, und alles, was in diesem Rad enthalten ist, ist heil und ganz.

Überleben ist die größte Lektion, die alle Geschöpfe der Menschheit beibrachten. Sie beobachteten die Menschen, und sie mußten feststellen, daß die Geschöpfe überlebten unabhängig davon, was mit der Menschheit passierte. Einige der frühen Siedler, damit meine ich die Leute, die in dieses Land kamen, als die Kreaturen schon hier waren, erkannten, daß es zwischen Geburt und Tod nur eine ganz, ganz feine Trennlinie gab und daß es zwischen Geburt und Tod das Überleben gab. Und wenn jemand bereit oder am Ende seines Lebens angelangt war, bereiteten sie sich darauf vor, diese Welt zu verlassen. Zum Zeitpunkt ihres Todes wußten sie dann, daß sie wieder zurückkommen würden. Und genau das ist mit den Tieren geschehen. Sie kommen immer wieder und erhalten die Stabilität ihrer jeweiligen Spezies am Leben.

Die Tiere besitzen auch das wundersame Geschenk, ihre Jungen in den Schlaf zu wiegen, und die Babys können beim Stillen den Herzschlag der Mutter spüren, und diesen Herzschlag nennen wir den Puls der Erde. Er ist so wohltuend, daß wir uns alle daran ankuscheln, und das ist es, was mit uns nachts geschieht. Wir kuscheln uns an die Erde, an unsere Mutter, um in den Schlaf gewiegt zu werden. Ich wäre nachlässig, hätte ich das ausgelassen.

Noch etwas: Jedes Tier hat einen bestimmten Geruch und kann diesen Duft zum Schutz verwenden oder dazu, sein Junges in den Schlaf zu wiegen. Es ist ein sehr, sehr zarter Duft, aber er kann auch ganz streng sein. Sie wissen, wie sie Warnungen geben, und solche Warnungen sind schrille Schreie, Bellen oder Jaulen, doch ist dieser Ton vollkommen im Einklang mit dem, was gerade geschieht. Wir dürfen also nicht vergessen, daß alle diese Kreaturen und Geschöpfe im Einklang mit der Essenz und der Energie der Mutter Erde leben.

Wenn die Menschheit diese Art von Feingefühl lernt, wird sie überleben. Wer es nicht lernt, wird nicht überleben.

Ich glaube, das wichtigste, das die Tiere uns beibrachten, war das Spielen, daß das Leben Spaß macht und daß Leben Freude bereitet. Einige Leute haben das Spielen und Lachen aus ihrem Leben gestrichen, und das hat sie daran gehindert, von morgens bis abends jeden Moment diese wunderbare Gabe zu genießen, die uns die Mutter Erde schenkt, und die Kreaturen, die Baumgeschöpfe und alle Pflanzen, sie alle haben ihre eigene Art, in Freude zu leben, und das kommt durch Liebe, Wahrheit und Frieden.

Die Tiere haben auch eine eigene Art, Schmerzen zu lindern, und sie haben eine Art, uns zu zeigen, was Schönheit wirklich ist. Wir schauen in die Augen dieser Tiere, und wir sehen in ihnen ihr wahres Wesen, die Schönheit im Inneren. Und wenn wir in menschliche Augen schauen, sehen wir diese Schönheit ebenfalls. Was täten wir ohne die wunderbaren Geschenke der Kreaturen? Ohne ihre Kameradschaft?

TREBBE JOHNSON

Wildes Bewußtsein

Zwei große Eulen spähen von einer bemoosten Stange herunter, als Wendy Thomlinson, eine Assistentin am Raubvogel-Center in Woodstock, Vermont, den Käfig betritt und die Tür hinter sich verriegelt. Das Gefieder der Eulen ist sandfarben, zimtbraun, rußfarben, weiß und grau, die Farben des Winterwaldes. Sie bewegen keinen Muskel, nichts, außer den Augen. Sie schauen mißtrauisch und zugleich verspielt drein, haben etwas Kokettes, was in ihrer Nickhaut zum Ausdruck kommt, einem inneren Augenlid, das die Vögel beim niedrigen Anflug an ihre Beute vor Zweigen und langen Gräsern schützt und die alle paar Sekunden über ihre Pupille gleitet. Das Mißtrauen gleicht dem von zwei alten Freunden, die den Verdacht haben, daß der Nachmittagstee gleich von etwas Lästigem unterbrochen wird, das mit der Wartungstruppe zu tun hat.

Wendy schwingt ein Netz in Richtung der Eulen, der Verdacht bestätigt sich. Sie erheben sich behäbig von ihrer Stange und fliegen instinktiv zum Ende des Käfigs, wo ich draußen warte. Sie stellen fest, daß sie da nicht durchkommen, und so wenden sie und fliegen in die entgegengesetzte Richtung auf die Tür gleich unter dem Dach zu, die ihnen Durchlaß zu einem zweiten Käfig gewährt. Einen Moment später segeln zwei andere Eulen mit ausgestreckten Krallen aus einem dritten Käfig herbei, von einem anderen Assistenten mit einem Netz dazu getrieben. Sie treffen mit ihren Klauen auf den vinylüberzogenen Maschendraht über mir und trudeln wieder zurück, wie Schwimmer, die am Ende des Schwimmbeckens eine Wendung machen, um ihren Schwung nicht zu verlieren.

Wie alle Tiere im Raubvogel-Center wurden diese Eulen hierher gebracht, weil sie krank oder verletzt waren. Nun haben sie sich wieder erholt und sind beinahe stark genug, daß sie wieder freigelassen werden können – zurück in die Wildnis. Zuerst muß jeder Vogel allerdings zwei wichtige Prüfungen bestehen: Er muß fliegen können und er muß in der Lage sein, seine Beute zu fangen. Der Flugkäfig, der eigentlich aus drei ineinander übergehenden Käfigen besteht, jeder etwa zehn Meter lang, wurde gebaut, um die erste Prüfung zu ermöglichen. Runden zu fliegen und durch die Öffnungen zu manövrieren, die so angelegt sind, daß sie nicht einfach geradeaus fliegen können, stärkt die Flügelmuskulatur der Eulen, die von der Gefangenschaft geschwächt ist. Kann ein Vogel kräftig und mühelos fliegen, kommt die zweite Prüfung. Die Nahrung während ihrer Genesung, eine tote Maus oder Ratte, die in der Nahrungskiste im Käfig serviert wurde, wird nun durch eine lebende Maus ersetzt, die ein Assistent unter Stroh und Zweigen im Käfig aussetzt. Diese Schicht aus Stroh und Zweigen wird täglich etwas dicker, wodurch der Vogel immer mehr gefordert wird. Erst wenn das Personal zufrieden und überzeugt davon ist, daß die Vögel, mit den Worten eines ansässigen Tierarztes »100 %ig ihren Lebensunterhalt in der Wildnis selber verdienen können«, werden sie freigelassen.

Der Flugkäfig ist ein Übergangskorridor, durch den die Vögel hindurchmüssen, um wieder gesund zu werden. Er ist eine Art Flugtretmühle, auf der sie jeden Tag üben, um die für ihre natürliche Umgebung nötige Beweglichkeit und Selbständigkeit wiederzugewinnen. Wie erleben die Eulen das, frage ich mich, wenn sie ihre Runden fliegen? Eulen haben ein sehr scharfes Gehör. Wenn die Ohren einer Eule ein Geräusch aufschnappen – zum Beispiel eine Wühlmaus, die unter Blättern an einem Samenkorn nagt, dann übersetzen besondere Neuronen im Gehirn das in eine exakte dreidimensionale Karte des Luftraumes, in dem der Vogel manövrieren muß, um seine Beute zu erwischen. Was geschieht mit diesem Sinnesorgan, wenn eine Eule auf einen Käfig beschränkt wird? Verkümmert es, wie die Flugmuskeln? Und wird es dann allmählich mit jeder Flugrunde wieder gekräftigt, so daß der Vogel dann geistig bereit und auch körperlich fit genug ist, um in die Wildnis zurückzukehren? Oder stimmt sich der Vogel, auf seine Stange beschränkt, auf alle möglichen Geräusche ein, die aus dem Wald, dem Raubvogel-Center-Krankenhaus und dem Bildungszentrum am Fuße des Hügels kommen? Und sehnt sich die kunstvolle Fertigkeit ihrer Physiologie vielleicht schmerzhaft nach Vollendung?

Der Arzt und Schriftsteller Richard Selzer nennt eine Operation »eine Reise in ein gefährliches Land«. Tatsächlich ist jedes Eingreifen in den Prozeß des Lebens und Sterbens eines anderen ein Risiko, eine Frage der Geschicklichkeit der Heilenden. Wie kann irgend jemand wirklich die Konturen der Krankheit eines anderen kennen? Oder ganz schwache, fast nicht wahrnehmbare Spuren aufspüren, die zu einer Genesung führen könnten? Die Schwierigkeit wird noch größer, wenn Angehörige einer Spezies Angehörige einer anderen behandeln.

»Wir versuchen, nicht nur die physischen, sondern auch die psychologischen Bedürfnisse der Vögel zu verstehen«, erklärt mir Julie Tracy, die

Direktorin des Raubvogel-Centers. »Wir versuchen so zu denken wie die Vögel. Gefangene Eulen sind normalerweise recht milde und leicht zu handhaben. Dagegen sind Sperber wie auch Hühnerhabichte sehr nervöse Vögel und fliegen viel herum. In den Wäldern fliegen sie sehr schnell. Haben sie einen Sperber als Patienten und hält der Vogel still und läßt sich problemlos behandeln, dann wissen Sie, daß Sie es mit einem sehr kranken Vogel zu tun haben. Wir züchten Hamster als Beutetiere für Schneeulen, weil sich Hamster wie Lemminge verhalten, die diese Vögel in der Wildnis fressen. Lemminge drehen sich um und versuchen, ihren Angreifer zu beißen, wenn sie gefangen werden. Sie müssen also wirklich wissen, was der Vogel braucht. Was benötigt er als Sicherheit und Schutz? Wie verhält er sich? Steht der Vogel immer den ganzen Tag lang auf einem Bein, oder liegt hier ein Problem vor? Diese Art von diagnostischer Arbeit.«

Wie Julie tendiert auch der Rest des Personals – Charity Uman, Koordinatorin des Raubvogel-Rehabilitationszentrums, und vier Assistenten – zu einer pragmatischen Vorgehensweise. Aber ihre diagnostischen Techniken werden regelmäßig durch eine andere, weniger lehrbare Geschicklichkeit ergänzt. Charity tut dies erst als »gesunden Menschenverstand« ab und gibt uns ein nach ihrer Einschätzung ganz offensichtliches Beispiel. Wenn sie unter Streß steht, hat sie es sich angewöhnt, eine Pause zu machen und tief durchzuatmen, ehe sie zu dem Vogel geht. »Ein Katze oder ein Hund wird sich an Sie kuscheln, wenn Sie einen harten Tag gehabt haben«, sagt sie. »Aber ein Raubvogel spürt ihre Spannung und reagiert darauf.«

Gesunder Menschenverstand? Vielleicht für die, die mit wilden Tieren arbeiten, aber es braucht Zeit, eine solche Empfindsamkeit zu entwickeln. Charity beschreibt die Zeit, in der sie sich bemühte, einen Hühnerhabicht zu behandeln, der zufällig ein recht nervöses Mitglied dieser von Natur aus schon sehr lebhaften Spezies war. Julie kam vorbei, beobachtete einen Moment lang, und begann dann ganz spontan, den Vogel mit den Fingern an den Federn zu zwicken, als wäre sie auch ein Vogel, der ihn mit dem Schnabel putzt. Sofort beruhigte sich der Vogel. »Es war ganz erstaunlich«, sagt Charity. »Der Vogel war so paranoid, man konnte ihm nicht nahekommen, und nun ließ er sich von Julie anfassen! Sie hat einfach diese Fähigkeit, sich auf die Bedürfnisse eines Vogels einzustimmen.«

Es gab keinen Präzedenzfall für das, was Julie tat, keine Empfehlung aus einem Lehrbuch, daß Federnzupfen auf ängstliche nervöse Hühnerhabichte beruhigend wirkt. Julie folgte einfach ihrer Intuition und überschritt die Grenze, die normalerweise die Menschen von den Tieren trennt. Und weil an dem, was sie tat, etwas Ruhiges und Zuversichtliches war, weil es nichts Zudringliches hatte, willigte der Hühnerhabicht ein und überschritt ebenfalls diese gewohnten Grenzen. Die beiden begegneten sich in einem metaphysischen Grenzbereich, und dort fand ein Austausch von Energien statt – die eine freiwillig gegeben, die andere willkommen geheißen.

»Was willst du?« frage ich am nächsten Morgen einen weiblichen Wanderfalken. Der Vogel hockt auf einem moosbedeckten Ast in einem großen Käfig, der auf einige hohe Berge und einen weiten, bedeckten Himmel blickt. Obwohl einige Äste in dem Käfig trocken und überdacht sind, hat sie sich entschlossen, an einer offenen Stelle zu sitzen, an der sie ein feiner Regen trifft. Mit ihrem schwarzen Federhelm und ihrer hervorstehenden Stirn sieht sie aus wie eine gedankenverlorene Kriegerin.

Ihre Flügel wurden verletzt, als sie auf eine heruntergefallene Stromleitung stürzte. Ihr Zustand verschlimmerte sich, als Leute sie fanden und, ganz begeistert von dem Gedanken, ein wildes Tier als Heimtier zu halten, sie mehrere Wochen lang in eine alte Hundehütte sperrten. Dort bekam sie geschwollene Fußballen, eine schwere Infektionskrankheit. Sie entsteht, wenn ein normalerweise aktiver Vogel untätig auf schmutzigem Boden herumsteht. Diese Infektion ist nach einem Jahr hier im Raubvogel-Center fast ganz verheilt, aber sie kann nur noch zwei bis drei Meter weit fliegen. Sie wird später als »Lehrvogel« trainiert, der ganz ruhig vor Kindern mit großen Augen auf seiner Vogelstange sitzt, während ein Lehrer ihre Gewohnheiten in der Wildnis beschreibt.

Einst gehörte dieser Vogel zu den schnellsten der Welt. Sie können sich mit Geschwindigkeiten von fast 450 Kilometern pro Stunde auf ihre Beute herabstürzen. Ihre Sehschärfe übertrifft die des Menschen um das Achtfache und ermöglicht es ihnen, ihre Beute aus einigen Kilometern Entfernung aufzuspüren. Sie können einen Singvogel im Fluge schnappen. Biologen, die ja nicht besonders berühmt sind für schöpferische Benennungen , waren inspiriert, die Bewegungen, die die Wanderfalken im Flug ausführten, als »Himmelstanz«, »Fallschirmspringen« und »Wirbeln« zu bezeichnen.

Der Dichter Robinson Jeffers sah den Wanderfalken als Sinnbild für »wildes Bewußtsein.«

»Was willst du?« fragte ich den Wanderfalken. Denn ich kann mir nicht vorstellen, daß solch ein geschicktes Lebewesen, das über weite Entfernungen reist und ein Akrobat der Lüfte ist, sich seiner Lage nicht vollkommen bewußt ist. Ich bekomme keine Antwort, obwohl ich mir bewußt bin, daß sie sich meiner bewußt ist. Wildheit strahlt von ihr aus. Sie mag in Gefangenschaft sein, aber sie hat sich dem in keiner Weise ergeben. Aufrecht, konzentriert und wachsam scheint sie einstweilen eingewilligt zu haben, auf das zu warten, was als nächstes geschehen wird. Ich gewinne diese Eindrücke nicht durch Worte, sondern aufgrund ihrer Gegenwart, die sich mir ganz allmählich offenbart, während ich vor ihrem Käfig im Regen stehe. Doch sehne ich mich nach mehr. Ich sehne mich danach, ihr Bewußtsein zu berühren in jenem Randgebiet, das weder zu ihr noch zu mir gehört, doch uns beiden zugänglich ist, wenn wir gewillt sind, dorthin zu gehen.

Die meisten Vögel, die zum Raubvogel-Center kommen, sind – absichtlich oder unabsichtlich – Opfer von Menschen. Sie wurden angeschossen oder von Autos angefahren. Sie sind gegen Fensterscheiben geflogen oder von Hauskatzen angefallen worden. Sie haben ihre Nester an Kettensägen und ihren Lebensraum an Planierraupen verloren. (Die Assistenten schwenken in dem Flugkäfig die Netze nicht nur, um die Vögel zum Fliegen zu veranlassen, sondern auch, um sie daran zu erinnern, daß die Menschen nicht immer im Interesse der Vögel handeln.)

Einst, so heißt es, als das Leben der Tiere und der Menschen noch weniger getrennt war, überschritten beide Spezies regelmäßig die Grenze zwischen ihnen. Dann funktionierte der Genesungsprozeß in beiden Richtungen. Menschen konnten Tiere heilen, und Tiere konnten Menschen heilen. Viele Legenden der Indianer erzählen von einem Menschen oder sogar einer ganzen Gemeinschaft, die von einem Tier vor einer Gefahr gerettet wurde. Oft wollten die Tiere als Gegenleistung nur Schutz für sich und ihre Artgenossen.

Schamanen von Sibirien bis Peru haben sich bei ihrer Arbeit als Vermittler zwischen Kranken und den Wesen aus anderen Welten, die die Krankheit verursachten, auf den Beistand der Tiere verlassen. Für einen Schamanen ist der gesamte Kosmos lebendig. Alle Tiere, Gewässer, Pflanzen, Steine, Krankheiten und geistigen Zustände sind nicht nur erkennende Subjekte, sondern sie verständigen sich auch mit allen anderen Lebensformen. Je mächtiger der Schamane, um so geschickter kann er als Vermittler unter ihnen tätig sein. Aber er wagt sich nie alleine vor, denn, so wie die Chirurgen heutzutage, weiß er, daß das Land der Krankheit gefährliches Territorium ist. Er reist in Begleitung seiner Geistführer, der Tiere, die auf ihn warten, wenn er in den Zustand der Trance geht. Sie beraten ihn, wie er mit Schwierigkeiten umgehen kann, welche Kräuter er als Medikamente sammeln soll, wie er die

Krankheit ausfindig machen und fortlocken oder entwurzeln kann. Manchmal verleiht der Führer dem Schamanen die Fähigkeit, seine eigene Tiergestalt anzunehmen, so daß er die Flüchtigkeit, einen intensiven Geruchssinn, Heimlichkeit oder die Gewißheit, was sein Ziel angeht, unmittelbar erleben kann. Das könnte er niemals allein dadurch erreichen, daß er versucht, die Verhaltensmuster nachzuahmen. Tief in den Bereich hinabtauchend, in dem alle Lebewesen Kameraden sind, und mit den Füßen seines Tierlehrers paddelnd, erlebt der Schamane die Gewöhnlichkeit und die Komplexität aller Kreaturen, und er benutzt dieses Wissen im Namen seiner Patienten.

Eine befreundete Navajo sagt, wenn ein Tier in unser Leben tritt, bedeutet das, es wird uns etwas lehren. Sie erzählte mir eine Geschichte von ihrer Großmutter, die einmal einen Schrei hörte, beinahe wie der eines Kindes. Er kam von dem Redrock Cañon in der Nähe ihres Hauses in Arizona. Als sie hinging um nachzusehen, fand sie ein Stachelschwein, das unter einen Stein geraten war und festsaß. Sie befreite das Tier, und es führte sie zu einer verborgenen Waserquelle, ein wertvolles Geschenk in dieser ausgedörrten Landschaft.

Mit »Medizin« bezeichnen viele Ureinwohner Nordamerikas eine Vision oder den Rat eines Tieres. Ein solches Geschenk birgt große Kräfte in sich, denn es repräsentiert die Erkenntnis und Ermutigung des Tieres hinsichtlich der verwundbarsten persönlichen Eigenschaften eines Menschen, und diese werden nun durch die Eigenschaften des Tieres gekräftigt. Ein Freundschaftsband entsteht, das oft ein ganzes Leben hält. Diese Macht darf man niemals gegen andere ausspielen, denn es ist eine heilige Kraft. Die Empfängerin benutzt sie zum Wohl ihrer Gemeinschaft und erkennt dabei immer an, daß sie aufgrund der Gnade des Tieres zu ihr kam.

Ich dachte über die mysteriöse Kraft von Tieren und ihren Medizinen nach, als ich das erste Mal von dem Raubvogel-Center hörte. Mein Bruder, der ungefähr hundert Kilometer nördlich von Woodstock lebt, sah einmal beim nach Hause fahren eine große Eule an der Straße stehen. Er hielt neben ihr an, doch sie rührte sich nicht. Da packte er sie in seine Jacke und brachte sie zum Raubvogel-Center. Man untersuchte sie, stellte fest, daß sie gebrochene Flügel hatte, und teilte Frederick dann mit, daß man davon ausgehe, daß der Vogel sich wieder vollkommen erholen würde. Man lud ihn ein, dabeizusein, wenn sie freigelassen würde.

Als mein Bruder mir diese Geschichte erzählte, loderte in mir die wilde Hoffnung auf, daß diese Eule sich absichtlich in seinen Weg gestellt hatte. Jahrelang litt Frederick unter entkräftigenden depressiven Anfällen. Er war als Patient in vielen Krankenhäusern gewesen, probierte eine Unmenge von Medikamenten aus und konsultierte zahlreiche Psychologen. Nichts hilft ihm auf Dauer. Niemand kann herausfinden, was los ist. Doch wenn ein Tier in Ihr Leben kommt, bedeutet das, daß es Sie etwas lehren will. Vielleicht, so überlegte ich, würde die rein körperliche Tat, einer Eule das Leben zu retten, zusammen mit der mentalen Energie, die er jetzt seiner Genesung widmete, ein Tonikum mit genügend Kraft erzeugen, ihn von seiner eigenen Krankheit zu heilen. Damals wußte ich noch nichts von dem Flugkäfig, aber ich stellte mir vor, daß mein Bruder, während der Vogel gesundete und seine Fähigkeit zu fliegen wiederbekommen würde, selber vielleicht auch lernen könnte, seine emotionalen Flügel wieder zu benutzen.

Es kam aber nicht so, wie ich es erhofft hatte. Frederick konnte bei dem triumphalen Ereignis der Freilassung der Eule nicht dabeisein, weil er wieder im Krankenhaus war. Obwohl nun die Erinnerung an die Wochen der Gefangenschaft bestimmt nur noch ein blasser Fleck in dem Bewußtsein der Eule ist, wird mein Bruder immer mehr zum Gefangenen seiner Krankheit. Er hat seit Jahren nicht mehr seinen eigenen Lebensunterhalt verdient. In den Wochen heiterer Zwischenphasen versucht er tapfer, sein Leben zusammenzuflicken, aber er weiß nicht mehr, wie man gewöhnliche Tage mit ganz gewöhnlichen Aufgaben durchlebt, mit unvorhersehbaren Frustrationen, nur mit den kleinen Freuden des Alltags.

Die Navajos sagen, Krankheit beruhe auf einem Ungleichgewicht. In einem gesunden, natürlichen Zustand besteht die Erde und alles, was auf ihr existiert, aus sich ergänzenden Gegensatzpaaren, zum Beispiel: männlich/weiblich, hell/dunkel, Trockenheit/Feuchtigkeit. Wenn eines der beiden das andere überwältigt, entsteht eine Krankheit. Darunter verstehen sie nicht nur körperliche Leiden und Schmerzen, sondern auch persönliches Unglück und soziale Mißstände. Schaue ich mir das Leben meines Bruders an, sehe ich eine Welt, die kein Gleichgewicht kennt. Das Angstmachende und Widerspenstige ist zum Alltäglichen geworden. Auf nichts ist Verlaß. Die Raubvögel sind Opfer einer Unausgewogenheit entgegengesetzter Art. Ihre Lebensräume werden von allen möglichen »Umweltzähmungen« belagert, die für den Komfort und die Bequemlichkeit der Menschen als nützlich angesehen werden. Doch haben die Menschen keine Ahnung davon, wie man sich in und gegenüber der Wildnis, die noch übrig ist, verhält. Selbst wenn ein Tier käme und uns sagte, was es braucht, oder uns einen Rat gäbe, wie wir unsere wirklichen Anlagen nutzen können – wer von uns hätte die Fähigkeit, das zu hören oder dem zu folgen?

Bei meinen Unterhaltungen mit dem Personal des Raubvogel-Centers und mit ehrenamtlichen Helfern bemerkte ich, daß der aufrichtige Respekt für die angeborene Natur der Vögel vermischt ist mit unausgesprochenen Hoffnungen, daß diese Empfindungen erwidert werden würden. Sie wenden sich oft von den Tieren, die gesunden und freigelassen werden, ab und konzentrieren sich statt dessen auf ihren Fortschritt mit den Lehrvögeln. »Ich kann es kaum glauben, wie still Aquila bei mir heute war«, sagt die junge Heather Hersh oft über einen Rotschwanzbussard, der nur noch einen Flügel hat und den sie trainiert. Selbst als ich Sally Laughlin, die Begründerin des Raubvogel-Centers, nach besonders denkwürdigen Geschichten aus ihren Jahren in Woodstock fragte, erinnerte sie sich zuerst an eine Ohreule, die freigelassen wurde und dann im folgenden Winter zu ihrem Haus zurückkehrte, mit ihrem Schnabel ans Fenster klopfte und um Nahrung bat.

Solche Momente prägen sich dem Gedächtnis nicht deswegen so tief ein, weil die Vögel zahm werden, denn sie werden ja gar nicht zahm, sondern deshalb, weil Vogel und Mensch imstande sind, nur kurz, aber vollkommen das Anderssein des jeweils anderen wahrzunehmen und zu erkennen, daß man gerade wegen dieses Andersseins etwas miteinander teilen kann. »Die Vögel wissen, daß ich nichts von ihnen will, außer ihre Schönheit und Wildheit zu bewundern«, gibt Heather mir als Erklärung für die seltsame Tendenz der Vögel, sich in ihrer Gegenwart zu entspannen. Ich selber habe es in der Gegenwart des Wanderfalken erlebt, daß die Eigenschaften von Schönheit und Wildheit wie Licht von einem Vogel ausstrahlen können. Das mitzuerleben und vielleicht sogar ein wenig davon in sich aufzunehmen, fühlt sich wie eine Segnung an. Es scheint wahrscheinlich, daß es für diese intuitiven und hochsensiblen Raubvögel ebenfalls ein Geschenk ist, wenn sie einmal gewürdigt werden, ohne daß dabei Angst, Ungeduld oder Besitzgier mitspielen.

Einige zeitgenössische Denker, einschließlich des Atomwaffengegners und Aktivisten Hazel Henderson, des gegenwärtigen Vizepräsidenten der USA Al Gore und der Psychologin Anne Wilson Schaeff, haben das kollektive Verhalten der heutigen Gesellschaft, in der der Materialismus so rasant wächst und gedeiht, daß es nur noch von der immer schnelleren Ausbeutung der Natur übertroffen wird, mit dem eines Süchtigen verglichen, der sich immer mehr und mehr nach einem Stoff sehnt, der ihn immer weniger und weniger befriedigt. »Wir konsumieren die Erde und ihre Ressourcen, um uns auf diese Weise von den

Schmerzen abzulenken«, schreibt Gore in seinem Buch ›Earth in the Balance‹, »und wir suchen unersättlich nach künstlichen Substituten, mit denen wir das Erlebnis der Verbundenheit mit der Welt ersetzen wollen, die uns fortgenommen wurde.«

Nach dem Evolutionsbiologen E. O. Wilson ist es durchaus möglich, daß die Krankheit, an der unsere Spezies leidet, genetisch bedingt und nicht psychologischer Natur ist. In seiner »biophilia hypothesis« bringt er zum Ausdruck, daß die Spezies Homo sapiens von einem tiefen emotionalen Bedürfnis nach Nähe zur Natur möglicherweise in verschiedener Hinsicht profitiert hat. Dieser Charakterzug mag nach dem Eintauchen in das städtische Leben über eine so lange Zeit hinweg jetzt so geschwächt sein, daß ein Mensch der Natur gegenüber zunächst gleichgültig und später sogar feindlich gesinnt ist. Doch muß dieser Trend keineswegs irreversibel sein. Wie die Eulen durch Übung die Macht über ihre verkümmerten Flügelmuskeln wiederbekommen, sind auch wir vielleicht in der Lage, diesen so wichtigen Teil von uns dadurch wiederzubeleben, daß wir unseren Kontakt zur Natur erneuern.

Doch wo sind die Flugkäfige, mit deren Hilfe wir uns in eine natürliche Welt zurückarbeiten können? Was können wir tun, um mit einem Wanderfalken das wilde Bewußtsein zu teilen?

Die Visionssuche besteht darin, sich willentlich aus der Gesellschaft an einen wilden Ort zurückzuziehen, an dem ein Mann oder eine Frau allein dasitzt, fastet und um eine Vision betet, um eine Botschaft aus der Welt des Geistes, die seinen oder ihren Lebensweg klärt. Während solch eines Rückzugs aus dem Alltag haben einige spirituelle Führer, unter ihnen Jesus, Mohammed, Gautama Buddha und der Lakota-Krieger Crazy Horse, die Erleuchtung bekommen, die sie benötigten, um ihre Leute führen zu können. Während seines Visionsfastens wurde Lame Deer, ein Lakota-Medizinmann unseres Jahrhunderts, hoch über die Erde gehoben in das Reich der Eulen, Habichte und Adler. Sie sagten ihm, daß er von nun an Teil der geflügelten Völker sei und daß sie ihm die Fähigkeiten verleihen würden, die er als Medizinmann braucht.

Ich selbst habe mich auf eine Visionssuche begeben und war oft auch Führer einer solchen Suche, und ich habe erlebt, daß diese Erfahrung einen Menschen vollkommen verwandeln kann. Die Wirkung eines längeren Aufenthaltes in der Wildnis beruht nicht unbedingt auf einem einzigen spektakulären Augenblick der Wahrheit wie bei Lame Deer. Häufig handelt es sich um einen kumulativen Effekt, der dadurch zustande kommt, daß sich die Suchende dem Einfluß des Ortes ihrer Wahl aussetzt. Die Sonne und der Staub, der Wind und der Mondschein treffen auf ihre Haut. Vögel, Tiere und Insekten akzeptieren sie als Bestandteil des Landes und gehen um sie herum ihren Geschäftigkeiten nach. Sie erkennt ihre Umgebung in immer feineren Einzelheiten und sieht Reflexionen ihrer selbst in ihnen. Während sie beobachtet, wie sie sich langsam während des Tages ändern, wird auch sie verändert.

Eine Teilnehmerin an einer Visionssuche, der ich im Cañonland in Utah beistand, war eine Sozialarbeiterin. Ihr Mann war vor kurzem nach zwanzigjähriger Ehe gestorben, und sie hatte gerade ihre Mutter, die an der Alzheimerschen Krankheit litt, in ein Pflegeheim gebracht. Sie hatte kaum Zeit außerhalb der großen Stadt verbracht, in der sie immer gelebt hatte, und sie war etwas nervös, was ihre Begegnung mit dem Leben in der Wildnis betraf. Aber am zweiten Tag ihrer Visionssuche saß die Frau auf einem sonnigen Felsen und erzählte ihre ganze Lebensgeschichte einer Eidechse, die vollkommen still ihr zugewandt dasaß, bis sie fertig war. Bei allen ihren Beziehungen hatte sie immer die Rolle der Fürsorgenden gespielt und war nie in der Lage gewesen, selber um Trost und Rat zu bitten. Nun lernte sie von der Eidechse, daß die Natur großzügig genug ist, ihrem Leiden zuzuhören, und mitfühlend genug, um es locker mit in den Stoff allen Lebens dieser Erde einzuweben.

Tiere sind auch Mittler für Transformationen bei einer psychotherapeutischen Technik, genannt »Personal Totem Pole Process«. Dabei konzentrieren sich die Menschen im Zustand tiefer Entspannung auf eine der unendlich vielen Dimensionen ihrer selbst – Erinnerungen, Ängste, Krankheit, berufliche Probleme – und lassen es zu, daß sich diese Dimension als Bild manifestiert. Häufig taucht dabei ein Tier auf, wahrscheinlich, so der Psychologe Eligio Stephen Gallegos, der diese Technik im Jahre 1982 entwickelt hat, weil die Tiere unsere Vorfahren aus uralten Zeiten sind. Tiere sind lebendig, erfindungsreich, bewußt, höchst zufrieden in ihrer Umwelt, und sie sind nicht belastet von persönlichen Marotten wie wir Menschen. Leute, die diese tiefe Bildertechnik ausüben, sehen die Tiere nicht nur sehr lebendig, sondern unterhalten sich auch mit ihnen und begleiten sie auf Reisen, die häufig der Stimmung und den Einzelheiten nach mythischer Natur sind. Manchmal, wie die Schamanen, sehen sie, wie sie selber Tiergestalt annehmen und die Welt durch die Augen, Klauen und Bedürfnisse dieses Tieres erleben. Manchmal wird das Tier eingefangen oder verwundet, was darauf hindeutet, daß ein Aspekt dieser Person angegriffen ist. Manchmal ist es genug, sich einfach ein bißchen um das Tier zu kümmern, und es wird wieder gesund, und das bewirkt in dem Menschen eine neue Einstellung gegenüber diesem Aspekt seines Lebens.

Sowohl bei der Visionssuche als auch bei dem Personal Totem Pole Process (PTPP) ist die Begegnung zwischen Mensch und Tier im allgemeinen erfolgreicher, wenn der Mensch einige einfache Anweisungen befolgt. Demut ist die vielleicht wichtigste Eigenschaft, die man in solch eine Beziehung mitbringen muß. Wir Menschen halten hier nicht die Fäden in der Hand, und daran muß man sich erst gewöhnen. Dann entwickeln wir eine zweite Tugend: bedingungslose Geduld. Wir rennen nicht lächelnd und überschwenglich auf ein Tier zu, versessen darauf, die Kontrolle zu übernehmen und einen starken ersten Eindruck zu hinterlassen, ein Benehmen, das uns beigebracht wurde, weil es einem in der Geschäftswelt und der Gesellschaft Erfolg zusichert. Nein, wir warten. Wir lassen das Tier den ersten Schritt machen. Wie Julie Tracy es ausdrückte, als sie die Eigenschaften beschrieb, die sie bei ihren Assistenten sucht: »Leute, die von Natur aus keinen Respekt für den persönlichen Bereich eines anderen haben, kommen in der Regel nicht gut mit Vögeln aus.« In den Grenzbereichen müssen wir unsere Ungläubigkeit aufgeben. Gewohnte Muster von Ursache und Wirkung haben oft kaum noch eine Bedeutung, doch Intuition und auflodernde Einsichten oder Emotionen können ebenso echt wie unerklärlich sein.

Diese Hinweise für den Umgang miteinander kann man in jeder Situation anwenden, in der ein Mensch näher als gewöhnlich an das wilde Bewußtsein der Tiere herankommt. Denn man muß nicht auf dem Gipfel eines Berges fasten oder psychotherapeutische Reisen unternehmen, um zu einem Ort hinüberzugelangen, an dem zwischen verschiedenen Spezies Geschenke ausgetauscht werden. Der US-amerikanische Umweltschützer Bert Schwarzschild ist einmal nach Italien gereist, nur um auf den Monte Subasio zu steigen, auf dem der Heilige Franziskus seine berühmte Predigt an die Vögel gehalten hat. Als er hinaufstieg, wurde er immer bekümmerter, weil es in der Luft so still war und weil überall auf dem Boden Abfall herumlag und leere Patronen, denn in Italien ist das Schießen von Singvögeln ein Sport. In dieser Nacht, als er in seinem Schlafsack lag, fing eine Nachtigall in einem nahegelegenen Busch an zu singen, und in einem Augenblick vollkommener Klarheit hörte Schwarzschild, wie der Vogel ihn direkt um seine Hilfe bat. Als er wieder in den USA war, begann er mit einer internationalen Kampagne, die dazu führte, daß Monte Subasio zu einem Naturschutzgebiet erklärt wurde. Einfach weil er aufmerksam genug war und seine Ungläubigkeit lange genug beiseite geschoben hatte, um die Botschaft zu empfangen, die sein Herz brauchte, war er in der Lage, für Menschen und Tiere gleichermaßen von Nutzen zu sein.

Von Woodstock aus fahre ich nach Norden, um meinen Bruder zu besuchen, ehe ich mich auf den Weg nach Hause mache, in das nordöstliche Pennsylvania. Während der Fahrt denke ich an Charitys Beschreibung der Freilassung von Vögeln, die Patienten im Raubvogel-Center gewesen sind. »Dann haben wir die Fußriemen beseitigt, die wir ihnen an die Beine binden, solange sie hier sind. Häufig weiß ein Vogel zuerst noch nicht, daß er wieder frei ist, und so sitzt er einfach da auf deiner Hand. Dann senkt man die Hand ein wenig, nur ein paar Zentimeter, und der Vogel spürt die Anziehungskraft und widersetzt sich ihr, und in dem Moment erkennt er, daß er fliegen kann. Und dann fliegt er davon.« Am Schluß ist es also die natürliche Vorliebe des Vogels, in der Luft zu sein, die ihn freisetzt. Und so hilft die Hand des Assistenten ihm zum Schluß einfach dadurch, daß sie ihm als Startplatz dient.

Natürlich kann nicht jeder Vogel freigelassen werden. Vögel, deren Verletzungen extreme Verkrüppelungen sind, müssen eingeschläfert werden. Andere, die beispielsweise einen Flügel oder ein Auge verloren haben, bleiben oft und werden zu Lehrvögeln. Manchmal dienen sie auch als Ersatzeltern für verwaiste Junge ihrer eigenen Spezies. Sally Laughlin erzählte mir, daß sich viele Vögel gut an die Gefangenschaft anpassen können. »Eulen sind vollkommen zufrieden, solange sie in ihrem Rücken eine feste Wand haben, so daß sie wissen, daß sich niemand von hinten anschleichen kann, und einen Ast, der hoch genug ist, so daß sie auf alle herabschauen und sich erhaben fühlen können.« Raben und Falken, die, wie Sally sagt, »aus reiner Freude fliegen«, können sich schlechter an ein Leben im Käfig gewöhnen. »Das hängt alles von dem einzelnen Vogel ab«, betont Sally.

Manchmal gibt es allerdings keinen Weg zurück zur Wildnis, wenn selbst die relativ problemlosen Passagen des Flugkäfigs unerreichbar bleiben. In solch einem Fall gewöhnt sich ein Vogel an das Leben in der Gefangenschaft oder aber, wenn er das nicht schafft, gibt er auf und stirbt. Diese Art Schicksalsergebenheit kennt jedes Geschöpf, das nach den Raubtier-und-Beute-Regeln gelebt hat.

Während ich auf dem Highway dahinrase, frage ich mich, was wohl aus dem wilden und schönen Wanderfalken werden wird? Dann denke ich: Vielleicht wird auch jedem Menschen dieses Ultimatum gestellt. Vielleicht müssen auch wir uns nach einer langen Krankheit entscheiden, zurückzukehren zu unserem natürlichen Lebensraum oder in unnatürlicher Gefangenschaft zu bleiben. Wenn das stimmt, was wird dann aus meinem Bruder? Was wird aus uns Menschen werden, wenn wir vergessen, was nötig ist, um die Medizin der Tiere zu empfangen?

Teil 3
Sich wandelnde Beziehungen

Michael Mountain

Das Best Friends Tierschutzgebiet

Das Tierschutzgebiet Best Friends liegt in der majestätischen Felslandschaft des südlichen Utah und ist das größte Schutzgebiet für Hunde, Katzen und andere Tiere, in dem nicht gejagt werden darf.

Sich um Tiere zu kümmern bedeutet für jeden etwas anderes. Für den einen mag es darin bestehen, daß er sein Haus voller streunender Katzen hat, für jemand anderen, daß er aus Überzeugung kein Fleisch ißt, an Demonstrationen zu ganz bestimmten Problemen teilnimmt, oder was auch immer. Tierliebhaber sind häufig leidenschaftliche Menschen. Wir können uns über diese Angelegenheiten ziemlich aufregen und vergessen dabei, daß es viele verschiedene Ansichten darüber gibt, was für die Tiere das Beste sein mag.

Niemand hat ein Monopol für die »richtige« Philosophie oder Vorgehensweise, und wir können viel lernen, wenn wir einfach zuhören anstatt zu predigen. Tatsächlich hüten wir uns in Best Friends davor, den Leuten, einschließlich des Personals im Naturschutzgebiet, zu sagen, was sie glauben, wie sie leben oder was sie essen sollen. »Richtet nicht, auf daß ihr nicht gerichtet werdet« steht in der Bibel (Matthäus 7,1), und das ist ein ziemlich guter Rat. Die meisten Menschen, die ständig anderen sagen, was sie tun und nicht tun sollen, haben selber nicht genug Vertrauen in ihr eigenes Leben und ihre eigenen Werte.

Trotzdem gibt es ganz bestimmte grundlegende Regeln für einen Tierliebhaber. (Und wenn das nun so klingt, als würde ich jetzt genau das Gegenteil von dem tun, was ich gerade gesagt habe, so habe ich gelernt, daß das ein Grundrecht aller Tierliebhaber ist!)

Wir leben in einer Welt, in der alles Leben auf Kosten anderen Lebens geht. Man kann es nicht vermeiden, daß wir allein dadurch anderen Geschöpfen Leiden zufügen, daß wir existieren. Doch gibt es gewisse Dinge, die den Tieren angetan werden, die einfach grundsätzlich und intuitiv betrachtet falsch sind. Das Schlimmste ist die Vivisektion – Tiere für wissenschaftliche Experimente zu benutzen.

Mahatma Gandhi beschrieb die Vivisektion als »das dunkelste aller dunklen Verbrechen, das die Menschheit der unschuldigen Schöpfung angetan hat.« Es ist der Inbegriff des Stolzes und der Arroganz der Menschen und ihres Glaubens, sie hätten eine Art göttliches Recht, auf der

Basis ihrer »Überlegenheit« andere Tierarten zu unterwerfen, zu quälen und zu demütigen.

Es gibt viele Argumente gegen Vivisektionen. Führende Wissenschaftler haben sogar überzeugende Argumente dafür vorgebracht, daß Experimente an Tieren das medizinische und wissenschaftliche Wissen gar nicht erweitert haben. Aber selbst wenn das nicht wahr wäre, würde das an unserer Überzeugung nichts ändern, daß eine vorsätzliche Folter eines anderen fühlenden Lebewesens nichts Gutes bringen kann. Ist die Welt heutzutage ein gesünderer Ort zum Leben als vor ein paar tausend Jahren? Die Epidemien, die derzeit über die »zivilisierte« Welt hereinbrechen und für die man keine Heilung finden kann, sind ein deutliches Zeichen dafür, wie wenig wir wirklich von unserer Beziehung zur Natur verstehen. Die Mediziner erklären, daß die Wirkung der heutigen Antibiotika auf die neuen Stämme von stärkeren und widerstandsfähigeren Bakterien immer schwächer wird. Sie sagen, daß keine Lösung dieses Problems in Sicht sei, keine neue Generation stärkerer Antibiotika. Es gibt keine Heilmittel gegen AIDS, Krebs oder Herzerkrankungen, und immer exotischere Medikamente an hilflosen kleinen Tieren auszuprobieren, wird die Welt nicht vor Krankheiten schützen.

Tiere werden aber für viel mehr mißbraucht als nur zum Testen von Medikamenten und Operationsmethoden. Waffensysteme, Kosmetika, Haushaltsprodukte, Autosicherheit – alles wird an Tieren ohne deren Einwilligung ausprobiert. Bei unseren großartigen Raumfahrtabenteuern der letzten Jahrzehnte wurde genauestens registriert, daß Hunde und Affen zuerst »wagemutig dorthin gingen, wo niemand zuvor hingegangen ist«.

Vivisektion, Jagen als Sport, modische Pelzmäntel, Delikatessen – all dies und noch viele andere Weisen, in denen die Unschuld der Tiere dem »Fortschritt« der Gesellschaft und der menschlichen Eitelkeit zum Opfer fällt, sind die unverzeihlichen Sünden einer menschlichen Zivilisation, die ihre Verbindung zur Natur, zu den Tieren und zu ihrer eigenen Seele verloren hat.

Die Goldene Regel

Es ist keine moralische Verurteilung, sondern einfach eine Tatsache des Lebens, daß mutwillige Grausamkeit gegenüber Anderen etwas in uns selber zerstört. Es gibt ein ganz einfaches Gesetz von Ursache und Wirkung, das im gesamten uns bekannten Universum herrscht. Jeder Wissenschaftler kennt es, und man kann es als Goldene Regel bezeichnen, die im Herzen jeder größeren Philosophie und Religion liegt, die die Welt je gekannt hat. Folgendermaßen wurde sie in einigen der wichtigen Schriften ausgedrückt:

»Alles nun, was ihr wollt, daß euch die Leute tun
sollen, das tut ihnen auch.«
(Matthäus 7,12; christlich)
»Was der Mensch sät, das wird er ernten.«
(Galater 6,7; christlich)
»Verletze andere nicht mit dem, was Dir selber
Schmerz bereitet.«
(Udanavarga, buddhistisch)
»Was du selber haßt, das tu den anderen nicht
an.«
(Rabbi Hillel, jüdisch)
»Tu anderen nicht das an, von dem du nicht
willst, daß sie es dir antun.«
(Analecta, konfuzianisch)
»Dies ist die höchste Pflicht: Tu anderen nicht das
an, was dir Schmerzen bereitet, wenn es dir ange-
tan wird.«
(Mahabharata, hinduistisch)
»Ein Mensch sollte alle Geschöpfe so behandeln,
wie er selber behandelt werden will.«
(Sutrakritanga, jainistisch)
»Behandele andere so, wie du behandelt werden
willst. Was du selber nicht magst, das gib auch
nicht an andere weiter.«
(Abdullah Ansari, islamischer Sufitext)

Es ist das schlichte Gesetz der Gutherzigkeit. Ein Freund von Best Friends schickte mir ein kleines Gedicht, für das ich jeden Monat eine Ecke im Best Friends Magazine finde:

Sei gut zu Tieren,
Sei gut zu Bäumen,
Sei gut zu der Erde und allem auf ihr,
Sei gut zu Kindern, seid gut zueinander,
. . . und Gott wird gut zu dir sein.
Das ist ein Versprechen!
Unterschrift: Gott.

Wenn Sie gut zu anderen sind, dann fühlen Sie sich auch gut. Es ist wirklich nicht egal. Es nimmt etwas von Ihrem Streß fort. Und da nach der Ansicht der meisten Ärzte die Mehrzahl der Krankheiten durch

Streß verursacht wird, kann sich allein dadurch schon Ihre Gesundheit verbessern. Wenn Gutherzigkeit an Stelle von Habsucht und Egoismus der vorherrschende Trieb der Menschen wäre, würde sich eine Menge ändern. Wir alle würden uns sehr viel besser fühlen und viele Mißstände unserer Zivilisation würden einfach verschwinden.

Einen Unterschied machen

Faith Maloney, die Direktorin von Best Friends, findet man jeden Morgen im »Octagon 3« in der Hundestadt von Best Friends. Dort stehen sie und das Hundepersonal an einem großen Waschbecken und bereiten das Fressen für die Hunde vor. In der Hundestadt leben etwa fünfhundert Hunde, und noch ein paar hundert andere leben in anderen Teilen des Schutzgebietes.

Einmal wurde sie von Reportern gefragt, ob sie glaube, daß ein Schutzgebiet, in dem nicht getötet werden darf, wirklich »einen Unterschied mache«, und sie antwortete lächelnd: »Wenn Sie eines der Tiere hier sind, macht es einen Riesenunterschied!«

Faith kennt alle Hunde beim Namen. »Hundestadt« ist nicht einfach nur ein netter Name für einen Ort, an dem all diese Hunde leben. Es ist wirklich eine Stadt! Hunde sind Gesellschaftstiere, sie bilden Gesellschaften, und die Hundestadt ist eine vollständige Gesellschaft. Sie bilden ihre eigenen Gruppen und Hierarchien. Es gibt Reviere und Grenzlinien, die eine Gruppe nicht überschreitet, weil sie sonst in das Territorium einer anderen Gruppe eindränge.

Ein flüchtiger Besucher der Hundestadt kann sehr leicht übersehen, was hier wirklich vor sich geht. Jenseits des ganzen Gebells und Herumspringens finden hier sehr wesentliche soziale Interaktionen statt. Es ist eine andere Art von Leben als das, was Hunde in Einfamilienhäusern führen. Aber für Hunde, die von der Straße kommen, die mißbraucht und verlassen wurden und die oft vor Menschen Angst haben, ist dies eine wunderbare Art, eine neues Leben unter Artgenossen zu beginnen.

Faith erklärt, daß ihrer Beobachtung nach die Hunde hier nicht vermenschlicht werden, sondern das Personal ein bißchen verhundlicht! »Ich stelle fest, daß ich selber ein bißchen wie ein Hund denke und sie alle als eine große Meute sehe.«

Mit Tieren kommunizieren

Die meisten Hunde leben in Gruppen in großen Gehegen. Viele von ihnen verlassen ihre Gehege während des Tages. »Wie können Sie auf fünfhundert Hunde aufpassen?« fragte ich Faith einmal. »Das ist eigentlich ganz einfach«, antwortete sie. »Ich habe sie alle im Kopf. Solange sie dort in meinem Geist sind, ist alles in Ordnung.«

Ich habe sehr viel Zeug gelesen über das »Kommunizieren« mit Tieren. Einiges davon ist sehr gut, und es gibt eine ganze Menge Leute, die recht gut mit Tieren kommunizieren können. Aber hier in der Hundestadt, mit fünfhundert Hunden, ist daran nichts Mystisches oder Esoterisches. Für Faith ist es eine ganz nüchterne Aktivität, die Hunde »im Kopf zu haben«. Es bedeutet, mit ihnen im Einklang zu sein, in Harmonie, seinen Intuitionen zu folgen, in Kontakt zu sein. Verliert man diese Verbindung, kann das ganz reale sachliche Konsequenzen für die fünfhundert Hunde haben, die alle von ihrer »Alpha-Mutter« abhängig sind.

Diana Castle, die wichtigste Lady für die Katzen in Best Friends, drückte es anders aus: »Plötzlich stelle ich fest, daß ich ›was macht wohl Soundso?‹ denke. Dem muß ich dann sofort nachgehen und es nicht einfach als einen vorüberziehenden Gedanken ansehen. Und normalerweise stelle ich dann fest, daß die kleine Soundso einen kranken Zahn hat oder etwas anderes, das ich sonst vielleicht gar nicht bemerkt hätte.«

Diana sagt, daß es nie vergeudete Zeit war, solch einer kleinen dringlichen Frage im Kopf nachzugehen. Zumindest wollte das Kätzchen, daß man nach ihr oder ihm schaut, und das mache einen Unterschied.

Das Katzenland hat ungefähr siebenhundert Katzen, um die sich Diana und ihr Team von Katzenfrauen kümmern. Ja, es gibt auch einige Männer, die mit ihr zusammenarbeiten, aber das Katzenland scheint mir immer ein bißchen so, wie es vielleicht in einem der uralten ägyptischen Katzentempel gewesen ist: Eine Gruppe von Hohepriesterinnen geht umher und bringt diesen katzenartigen Gottheiten Opfergaben.

Jeder, der mit Tieren arbeitet, entwickelt diesen sechsten Sinn auf die eine oder andere Weise. Im letzten Sommer kam eine Gruppe von Schulkindern hierher zu Besuch. Eines von ihnen war blind. Sie verbrachte die Woche bei den Katzen, besuchte sie einfach, streichelte sie und gab ihnen sehr viel Liebe. Dreimal in dieser Woche »fühlte« sie etwas über sie, was von großer Hilfe war. »Diese Katze fühlt sich nicht ganz wohl«, sagte sie einmal zu jemandem vom Personal. Bei näherer Untersuchung stellte sich heraus, daß dieses Tier gerade einen Abszeß an einem ihrer Backenzähne bekam.

Kommunikation mit Tieren und mit der Natur ist ein sehr natürlicher Teil des Lebens in dem Schutzgebiet. Für Besucher, die zum ersten Mal hierher kommen, beginnt es schon, wenn sie in den Angel Cañon fahren, in dem Best Friends liegt. Einige Besucher berichten, daß ihnen die andere Atmosphäre vollständig und unmißverständlich klar wurde, obwohl sie in der Nacht ankamen.

Das überrascht uns nicht, die wir Best Friends aufgebaut und die Tiere aus unserem früheren kleineren Schutzgebiet in Arizona hierher gebracht haben. Angel Cañon liegt im Herzen des Golden Circle der Nationalparks im südlichen Utah und nördlichen Arizona, und es hat uns richtig hierher gezogen – trotz vieler guter logischer Gründe, einen anderen Ort auszuwählen. Am Anfang schien es ein sehr unpraktischer Platz für ein kleines, wenn auch wachsendes Schutzgebiet. Es lag Hunderte von Kilometern entfernt von der nächsten größeren Stadt, es gab keine Gebäude, nicht einmal Stromleitungen, und es war ein viel größeres Gebiet als wir unserer Vorstellung nach brauchten. Aber vom ersten Tag an, als Francis Battista, die Leiterin unserer Umzugsaktion, es sah, ließ es sie einfach nicht mehr los.

Überall auf der Welt hören die Leute den Ruf ihrer eigenen Muse, ihrer eigenen höheren Stimme, die Stimme der Tiere, der Natur, des Lebens. Wir sind alle zur Teilnahme an der großen Sammlung nach innen gerufen, die unbedingt stattfinden muß. Jeder von uns beantwortet diesen Ruf anders, entsprechend ihrer oder seiner inneren Wahrheit. Doch folgen wir alle bestimmten absoluten Werten – in erster Linie der Goldenen Regel, alle Lebensformen so zu behandeln, wie wir selber behandelt werden wollen. Wir merken sogar, daß diese Goldene Regel ganz grundlegend ist für unsere Reise. Diese unschuldigen, hilflosen und bedürftigen kleinen Geschöpfe haben den Schlüssel zu dem heiligen Ort, der am Ende unserer Suche auf uns wartet. Sie können uns diesen Ort in unserem Herzen erschließen, uns in Berührung bringen mit Mitgefühl, der wesentlichsten aller spirituellen Eigenschaften, und uns näher zum Leben selber bringen, zur Natur und zueinander.

Licht und Dunkelheit

In der Welt der neunziger Jahre kann man deutlich zwei verschiedene Trends erkennen. Einer ist das Sterben des Alten: eine wachsende Dunkelheit, die die weltlichen Institutionen der Regierungen, die Religionen, die Geschäftswelt und die ganze etablierte Ordnung durchdringt.

Nur noch wenige Menschen haben einen Glauben an diese alte Ordnung und viele sind nicht einmal mehr erstaunt über die täglichen Enthüllungen von Korruption auf allen Ebenen und in allen Bereichen. Für jeden, der in diesen Institutionen nach Sicherheit, Richtung, Hoffnung, Führung und Sinn sucht, muß die Zukunft einfach schrecklich düster aussehen.

Der andere Trend zeigt sich in der wachsenden Anzahl von herzerweichenden Geschichten, die wir hier in Best Friends zum Glück jeden Tag lesen und hören können und die aus allen Teilen der Welt zu uns gelangen. Dies sind Geschichten von Menschen, die sich kümmern, die aus ihrer Routine ausbrechen, um einem leidenden Tier zu helfen, die Leben als etwas Heiliges betrachten und es hegen und pflegen – koste es, was es wolle.

Wir begegnen diesen Leuten, wenn sie hierher kommen, um die Tiere zu besuchen. Wir kennen sie aus Briefen, und wir lesen und hören über sie in den gelegentlichen Geschichten von Gutmütigkeit und Mitgefühl, die ihren Weg in die Nachrichten finden.

Diese Menschen sind Sie – die Tierfreunde und alle möglichen Leute, für die es wichtig ist, Freundlichkeit und Mitgefühl gegenüber Menschen, Tieren und allen Lebewesen zu üben.

Vielleicht sind Sie die oder der einzige in Ihrer Straße oder in Ihrem Büro oder in Ihrer Schule, der so fühlt und handelt, und vielleicht haben Sie sich deswegen oft verloren gefühlt. Aber Sie sind nicht allein! Es gibt Tausende, ja Millionen von uns. Und wir kommen immer mehr miteinander in Kontakt, begegnen einander persönlich, lesen unsere Rundbriefe, kommen über Computernetze zusammen, in denen sich Gleichgesinnte zusammenfinden, und entdecken immer neue Mittel und Wege, um miteinander in Verbindung zu bleiben. Je dunkler die alte Welt wird, um so heller strahlt das Licht der Gutmütigkeit, die sich wie der sprichwörtliche Phönix aus der Asche erhebt.

Unser Bruder, der Esel

Der Personalausweis des Esels

Tier, Säugetier, Vierfüßler, Wirbeltier, Huftier, Unpaarhufer aus der Pferdefamilie, Genus Equus und Spezies asinus. Die vier Beine enden in kleinen Hufen. Bei der Geburt sind diese Beine gestreift. Man kann auf seinem Rücken ein Kreuz entdecken, wie ein Stigma des Schicksals. Zahm, geduldig und resigniert, aber wie Menschen hat er Stimmungen und Launen, und wenn er schmollt, kann ihn nicht einmal ein Stock zur Vernunft bringen. Er hat einen kärglichen Appetit und muß noch weniger trinken: Er kann achtundvierzig Stunden ohne Wasser auskommen. Sein Trinkwasser muß sauber sein. Er schwitzt nur selten. Diese allgemeinen Angaben unterscheiden ihn vom Pferd, und behandelt man ihn gut, ist er vielseitiger und nützlicher. Das Pferd ist stolz, der Esel demütig. Das Pferd hat einen edlen Unterton, ein Flair von Adel, und ist zum Reiten geschaffen. Den Esel hingegen findet man überall im Leben der Familie, und er macht die härtesten und schwierigsten Arbeiten.

Wir können einen Esel von einem Pferd an der Art unterscheiden, wie er geht und arbeitet, an seinem liebevollen Schreien, an seinem fügsamen Benehmen, ruhig und geduldig, selbst wenn ein halbes Dutzend Kinder auf seinen Rücken klettern; an seiner Vielseitigkeit und der Herzlichkeit vieler seiner Charakterzüge, die weit über den Rahmen eines Pferdes hinausgehen.

Pferd und Esel sind weder Freund noch Feind, sie dulden einander. Das heißt, abgesehen vom Hengst beider Spezies, der, wie Männer oder männliche Lebewesen im allgemeinen, als Beschützer seiner Lieblinge auftritt.

Es gibt nur wenige Bezeichnungen für Pferde, doch müssen wir vor dem Esel den Hut ziehen. Wollten wir alle Redewendungen der englischen Sprache in bezug auf Esel sammeln und aufschreiben, ergäbe sich ein eigenes Lexikon. Ohne nachzuschauen komme ich auf mindestens hundert, ganz unterschiedliche, merkwürdige, unehrenhafte und demütigende. Niemand fühlt sich heute, wie Ismael, der Sohn des Abraham, geehrt und glücklich, wenn man ihn »Esel« nennt, nicht einmal, wenn es ein

Engel täte. Statt dessen reden wir davon, daß jemand »das Leben eines Esels führt« oder »wie ein Esel schuftet«, und wir haben Sprichwörter wie »der Esel nennt sich immer zuerst«, »wenn man den Esel nennt, kommt er gerennt«, »wenn's dem Esel zu wohl wird, geht er aufs Eis [tanzen]« und »jemandem zureden wie einem lahmen Esel«.

Eselsgedanken

Seit alters her pflegt man zu sagen, daß der
Mensch das Edelste ist, die Krone der Schöpfung.
Wer sagt das? Der Mensch.
Der Mensch wird als vernunftbegabtes Tier
definiert, als denkendes Wesen.
Wer glaubt das? Der Mensch.
Es ist eine Tatsache oder vielleicht ein Dogma,
daß der Mensch nach dem Bilde Gottes erschaffen
wurde.
Wer hat so etwas Dummes und Ketzerisches
gesagt?
Noch einmal: der Mensch.
Der Esel wird als dumm verhöhnt, als
ungeschickt, faul, langsam, störrisch.
Wer sagt das?
Der Mensch.

Mit seiner geduldigen und mystischen Einstellung und mit seiner Philosophie der Besonnenheit ist der Esel ein lebendes Gebet – Demut, Frieden, Liebe, Heiterkeit.

In der Welt des Esels regiert der Frieden. Er kann ohne den Menschen leben. Aber der Mensch kann kaum ohne die Arbeit, ohne das Opfer und das Leiden des Esels auskommen. Die Tiere, die dem Menschen am meisten dienen, sind am wenigsten geschätzt, werden diskriminiert, so wie der Esel, der den Menschen seit undenklichen Zeiten begleitet hat, bei jedem Wetter, demütig und geduldig dem brutalsten aller Tiere dienend. Selbst solche Hingabe und solches Opfer reichen nicht aus, um das Herz der Menschen zu erweichen.

Der Jesuitenpriester Pierre Charles schrieb einmal: »Menschen sind gewiß schwer zu ergründen. Sie haben Angst vor Grausamkeiten und halten sie gleichzeitig in hohen Ehren. Sie wollen, daß andere ihnen dienen, und doch verachten sie alle, die ihre Dienste gütig und großzügig anbieten. Der Löwe war nie ein Wohltäter für die Menschheit. Er ist ein ausgesprochen gefährlicher Nachbar. Niemand konnte ihn je in ein Joch spannen oder dazu bringen, einen Pflug zu ziehen. Er hat nie für die Menschen gearbeitet, ist ihnen nie höflich begegnet. Und doch haben wir ihn so verherrlicht und ihn zum König der Tiere gekrönt! Wir bilden ihn auf den Wahrzeichen von Nationen und auf Uniformen ab, wir machen Statuen von ihm, immer mit den Abzeichen von Pracht, Nobilität und Rang.

Und der Adler? Er ist ein grausamer und unersättlicher Raubvogel, der mit seinem scharfen Schnabel und gekrümmten Klauen die Viehherden dezimiert, wann immer er kann. Doch wie aristokratisch! Man erinnere sich nur an den römischen Adler dieses großen Reiches der Vergangenheit. Und der Adler Napoleons, und der deutsche Adler. Titel, Pergament, Dekorationen – alle sind geschmückt mit diesem grausamen Schnabel. Jemandem den Spitznamen »Adler« zu geben, bedeutet eine Auszeichnung, Bescheinigung höchster kultureller und intellektueller Reinheit.

Spitznamen wie Hund, Pferd, Esel, Schwein und Schaf sind dagegen abwertend und eine Beleidigung. Vor allem aber der Esel, ein Geschöpf, das niemanden jemals verdorben hat, sondern uns immer bei unseren Lasten geholfen hat und nur iaht, wenn er Hunger oder Durst leidet. Jeder Dummkopf wird ein Esel genannt, und es gibt keine größere Beleidigung, als jemanden einen Esel zu rufen.

Im Gegensatz dazu ist es eine Ehre, Mitglied des internationalen »Lions Club« zu sein.«

Die Persönlichkeit des Esels

Vor kurzem gab es psychologische Untersuchungen der Persönlichkeiten verschiedener Tiere, um sie effektiver benutzen zu können – angefangen bei ihrem jeweiligen Temperament, ihrer grundlegenden Individualität, die von Tier zu Tier verschieden ist, so wie von Mensch zu Mensch. Die meisten von uns sündigen, indem wir etwas im Übermaß oder gar nicht tun. Die Persönlichkeit eines Tieres beruht dagegen auf Vererbung, Ernährung, Klima, Behandlung, erworbenen Gewohnheiten, sexueller Ausgeglichenheit, endokrinen Drüsen und so weiter.

Die Persönlichkeit der meisten Tiere ist karikiert worden. Danach ist der Hund diplomatisch, treu und ergeben, die Katze listig und individualistisch, die Ratte ängstlich, aber raffiniert, der Fuchs schlau, lebendig und verwegen, das Pferd feurig, leidenschaftlich, impulsiv, kühn und furchtlos, der Esel zahm, ruhig, geduldig und willig.

Geselligkeit

Es mag erstaunlich klingen, aber der Esel ist von Natur aus gesellig, instinktiv leutselig und fügsam. Dieses Motiv kann man verfolgen, indem man die Zeit studiert, als Esel, Onager (persische Halbesel, Equus hemionus) und Kiang (tibetanische Wildesel, Equus kiang) und andere verwandte Tierarten in den Wäldern und der Wildnis noch zusammenlebten. Sie waren keine Raubtiere und hatten nicht genug Mittel, sich zu verteidigen, und so erschufen sie ihre eigene Art zu überleben, indem sie eine »Etikette« etablierten, nach der sie einander verteidigten.

Aus diesem Grunde bewegten sie sich nur in Gruppen, die von den stärksten und mutigsten Hengsten angeführt wurden. Die Natur selber leistete ihren Beitrag und gab ihnen überlegene Instinkte und einen radarähnlichen Geruchssinn, mit dem sie schon aus weiter Entfernung nicht nur ein paarungsbereites Weibchen erkennen können, sondern auch jedes feindlich gesinnte Tier. Man kann noch heute feststellen, daß ein Esel instinktiv seinen Kopf hebt und mit hochgezogener Oberlippe die Luft einsaugt.

Früher schrie ein Esel so laut wie möglich, wenn sich ein Raubtier näherte. Dabei kennt er drei verschiedene Rufe. Wenn die anderen Esel einen Warnruf hören, rennen sie alle zu einer Lichtung und stellen sich im Kreis mit dem Rücken zur nahenden Bedrohung auf, mit den Jungen im Zentrum des Kreises. Nicht einmal ein starkes und aggressives Tier wagt es, ihnen nahezukommen, denn die kleinen Hufe des Esels sind scharf wie Rasierklingen.

Selbst heute noch kann man zwei atavistische Charakteristika des Esels beobachten: Sie bleiben in Gruppen oder Herden, man begegnet nur selten einem einzelnen Esel am Straßenrand. Nähert sich ein Auto oder ein anderes Objekt einer bestimmten Größe, dann wenden sie ihm instinktiv den Rücken zu.

Ich habe einmal bei dem Bau eines Staudamms in der Stadtgemeinde von Solonopole zugeschaut und kam zu der Überzeugung, daß Menschen niemals ein solches Verhalten, soviel Verantwortlichkeit und Disziplin aufbringen würden wie die zweihundert Esel, die den Ton zum Bau des Dammes transportierten. Jeder Esel trug zwei große leere Kisten. Zweihundert Meter vom Damm entfernt gab es einen Hang, an dem Arbeiter den Ton ausgruben und eine Kiste nach der anderen damit füllten. War ein Esel beladen, ging er, ohne daß sich ein Mensch einmischte, ganz ruhig im Gänsemarsch hinter seinem Vorgänger her zum Damm. Dort zogen Jungen an den Stricken, die am Boden der Kisten

angebracht waren, und der Ton fiel auf den Damm. Dieser Kreis lief ununterbrochen, die Esel machten nie eine Pause, wichen nie von ihrem
Weg ab und stießen einander nie an.

Es war die geordnetste und vollkommenste kollektive Bemühung, die
ich jemals in meinem Leben gesehen habe. Als Kind habe ich allerdings
einmal etwas Ähnliches gesehen, als mein Vater mit Heuballen bela-
dene Eselsherden von der Farm zum 48 Kilometer entfernten Cedro
trieb, in schnellem Tempo, ohne eine einzige Pause, in gleichmäßigem
Schritt und mit bewundernswerter Disziplin. Diese Herden bestanden
in der Regel aus dreißig bis vierzig Eseln, angeführt von einem Maultier,
und von nur einem Gehilfen begleitet.
Die experimentellen Farmen beuten diesen Sinn für Solidarität der
Tiere raffiniert aus. Ein beladenes Maultier in Begleitung unbeladener
Esel ist ein ganz gewöhnlicher Anblick. Die Gesellschaft erleichtert
dem beladenen Tier seine Aufgabe.
Amerikanische Schriftsteller beschreiben die Geselligkeit solcher Tiere
und berichten davon, daß es zur Zeit der Kolonialisierung des Westens
ganz normal war, zu sehen, wie Herden wilder Pferde wiehernd und tän-
zelnd um die Pferche herumliefen, in denen sich die Haustiere zusam-
mendrängten. Sie brachen dann häufig aus und schlossen sich ihren
wilden Kameraden an.
Man könnte noch mehr über die Fügsamkeit des Esels schreiben, besonders gegenüber Kindern, aber dafür empfehle ich die Empfindsamkeit
von Juan Ramon Jimenez in seinem Buch »Platero e Yo«.
Ich will hier auf einen psychologischen Vergleich von Pferd und Esel
verzichten, da es kein getreueres Porträt der Arroganz und der Kaprizen
des Pferdes und der demütigen Stetigkeit des Esels gibt als die Beschreibung von Cervantes: das Profil von Don Quixote, der sich so sehr mit
seiner Rosinante identifiziert, und Sancho Panza, so gut in seine Esels-
haut gekleidet.

Emotionale Reaktionen

Schließlich bestätigt Quenon in seinem Buch »L'Ame du Cheval«, daß
die Ohren eines Pferdes, einer bestimmten kleinen Packeselart und
eines Esels der Spiegel ihrer Seele sind. Jede instinktive Reaktion kann
man an der Stellung ihrer Ohren ablesen. Esel besitzen anscheinend, da
sie größere Ohren als die kleinen Packesel und Pferde haben, eine
größere Sensibilität und emotionale Tiefe.

Esel, kleine Packesel und Pferde sind keine aggressiven Tiere, doch wenn man sie mißhandelt, reagieren sie. Man sollte nicht vergessen, daß Esel und kleine Packesel ein starkes und aktives Gedächtnis besitzen. Die Holländer sagen sogar: »Ein Esel tritt nie zweimal auf denselben Stein.« Wenn man einen ganzen Tag lang mit einem Esel einen unbekannten Weg entlangreist und ihn dann freiläßt, wird er unfehlbar zum Ausgangspunkt zurückfinden. Sie behalten für immer in ihren Nerven und in ihrem Unbewußten all das Leiden ihres frühen Trainings und der schlechten Laune ihres Meisters.

Von allen Tieren ist der Esel das am wenigsten aggressive und rachsüchtige. Aber seine unglaubliche Sensibilität, die weit über den emotionalen Bereich hinausgeht, hat auch einen unerwarteten praktischen Nutzen. Im paraguayischen Hinterland folgen die Einheimischen in den Sommermonaten den trockenen Flußbetten, und wenn sie an eine Stelle mit Spuren von vielen Eselshufen kommen, graben sie und finden auch schon bald Trinkwasser. Esel spüren die Gegenwart von Feuchtigkeit und Wasser durch die Erde hindurch.

LORRI BAUSTON

Radikal vegetarische Verwandtschaft

1986 beschlossen Gene und ich, etwas zu tun, um dem Vieh zu helfen, doch wußten wir nicht, wie oder was. So besuchten wir Mästereien, Viehzüchter und Schlachthöfe, um uns erst einmal selber ein Bild von der Situation zu machen. Und dabei fing es an, daß wir Tiere wie Hilda retteten. Wir inspizierten gerade einen Viehhof in Pennsylvania, als wir sie fanden. Gene und ich gingen durch die Pferche und entdeckten hinter einem der Gebäude den »deadpile«, den Totenhaufen des Viehhofs. Berge von toten und verwesenden Tieren waren dort auf einem Betonplatz aufgehäuft. Kühe mit Stricken eng um den Hals, Schweine mit großen Wunden, Ziegen mit verdrehten Beinen. Das unaufhörliche Summen der Fliegen und der ekelerregende Gestank drehten mir fast den Magen um, und ebenso die quälenden Fragen: Wie lange mußten sie leiden? Wie viele Tage der Qual und des Terrors haben sie erduldet, ehe sie allein und voller Schmerzen starben? Gene holte den Photoapparat hervor und ging näher an den Haufen heran. Als er abdrückte, Klick, hob eines der Tiere in dem Haufen seinen Kopf.

Gene und ich starrten einander an und wollten es einfach nicht glauben, was wir gerade gesehen hatten. Ich kniete mich neben dem Tier hin und Hilda schaute mich an. Sie war nur Zentimeter von einem verrottenden Kadaver entfernt, und Fliegen und Maden krabbelten über ihren Körper. Ich hielt ihren Kopf in meinen Händen und flüsterte »arme Kleine, du arme Kleine«, um sie zu beruhigen und mich davor zu bewahren, laut aufzuschreien. Gene rannte zu unserem Lieferwagen, und binnen zehn Minuten rasten wir zum nächsten Tierarzt.

Hilda war wegen der brutalen Transportbedingungen zusammengebrochen. Sie litt an keinen anderen Verwundungen oder Krankheiten. Wir erfuhren, daß man sie mit Hunderten anderer Schafe auf einen Lastwagen aufgeladen hatte. Trotz der feuchten Hitze, an die 40 °C, war der ganze Lastwagen mit Schafen überladen, eine gängige Praxis beim Vermarkten von Vieh, weil man dadurch, selbst wenn einige Schafe umkommen, mehr Geld pro Ladung bekommt. Hilda war Teil des »ökonomischen Verlustes« in der Kalkulation der Fleischindustrie.

Die Fleisch-, Eier- und Milchindustrie hat sogar eine Bezeichnung für Tiere wie Hilda. Man nennt sie »downers«, aussortierte Tiere, »Ausschußware«.

Wir nahmen Hilda mit nach Hause und wußten nun, was wir tun konnten, um dem Vieh zu helfen. Wir gründeten einen Zufluchtsort für Opfer der Produktion von »Lebensmitteltieren«, so daß wir uns um Hilda und andere leidende Tiere kümmern konnten. Und wir begannen damit, die Greueltaten der »Lebensmitteltierindustrie« aufzudecken. Bei unseren weiteren Untersuchungen erfuhren Gene und ich, daß Hildas Geschichte keineswegs ein Einzelfall war. Jedes Jahr werden Tausende von Tieren, die zur Produktion von »Lebensmitteln« benutzt werden, mißbraucht und vernachlässigt, weil man die Qualen der Tiere bei der Tierproduktion als etwas ganz Normales ansieht. Unverhohlene und vorsätzliche Brutalität gegenüber Tieren: Sie werden in extrem kleine, völlig überfüllte Räume gesperrt und bleiben dort oft sich selbst überlassen. Damit soll der Profit vergrößert werden, ungeachtet des hohen Preises, den die Tiere dafür zahlen müssen.

Wir haben nur wenige Tage junge Hühner gefunden, die einfach auf den Müll geworfen wurden, weil sie nicht schnell genug wuchsen und sich deshalb für die Fleischproduktion nicht eigneten. Wir haben ausgemergelte Milchkühe gesehen, die mit Ketten in die Schlachthöfe geschleift wurden, weil sie zu krank oder zu schwach waren, um selber laufen zu können. Dort konnte man sie dann immer noch für den menschlichen Verzehr verkaufen. Wir haben Truthähne gehört, wie sie in Todesangst schrien, während sie bei vollem Bewußtsein mit dem Kopf nach unten aufgehängt wurden und zu Tode bluteten. Und das nur, weil Geflügel von dem Gesetz, das schnellwirkende Schlachtverfahren vorschreibt, ausgenommen ist.

Die Leute fragen uns häufig, wie wir damit umgehen, so viel Leiden und Tod zu sehen. Wenn man mir diese Frage stellt, denke ich an das, was mich inspiriert und mir Hoffnung gibt, und ich denke an ein Schwein, das ich sehr geliebt habe, ein Schwein namens Hope.

Hope war auf einem Viehmarkt fortgeworfen worden, weil sie verkrüppelte Beine hatte und nicht mehr »vermarktet« werden konnte. Hope war noch ein Baby, kaum zwei Monate alt. Ich weiß noch, wieviel Angst sie hatte und wie sie wie verrückt fortkrabbelte, als wir auf sie zukamen. Hope hatte noch nie eine freundliche Berührung erlebt. Menschen hatten sie immer nur getreten, gezerrt und sich selbst überlassen. Gene und ich sprachen mit sanfter Stimme zu ihr und hüllten ihren zitternden Körper in ein Tuch ein. Sie grunzte einmal leise, als wir sie aufhoben, und dann kuschelte sie sich in meine Arme, als hätte sie mich schon immer gekannt.

Sieben Jahre lang war Hope Teil unseres Lebens. Wir kümmerten uns um all ihre besonderen Bedürfnisse, und sie füllte unsere Herzen mit Liebe. Hope rührte auch viele andere Leute. Über die Jahre hin lehrte sie Tausende von Besuchern des Viehschutzgebietes, daß Vieh ebenso unter Isolation, Angst und Vernachlässigung leidet wie ein Hund oder eine Katze, oder wie Sie und ich. Es ist ein Trost zu wissen, daß Hope so viele Menschen erreicht hat, besonders jetzt, da sie nicht mehr unter uns ist. Hope verstarb in unserer Zufluchtsstätte, umgeben von denen, die sie liebten. Noch zwei Jahre später ertappe ich mich dabei, daß ich hinüberschaue in ihre Lieblingsecke. Ich werde niemals vergessen, wie sie sich auf den Rücken rollte, um am Bauch gestreichelt zu werden, oder ihr ganz bestimmtes »Danke«-Grunzen, wenn ich ihr Fressen vor sie hinstellte. Vor allem aber werde ich immer an sie denken, weil ihr Leben uns inspirierte, den Kampf um die Rechte der Tiere weiterzuführen.

Man kann leicht die Hoffnung verlieren, wenn man gerade in einem Schlachthaus war oder auf einem Mastbetrieb und Zeuge von so viel Grausamkeit wurde. Ich werde niemals vergessen, wie ich das erste Mal zu einer Legebatterie ging und dort den Horror moderner Eierproduktion sah. Um Eier zu produzieren, werden vier bis fünf Hühner in einen Käfig gezwängt, der nicht größer ist als eine gefaltete Zeitung. Diese Käfige sind zu Tausenden aufeinandergestapelt, eine Reihe nach der anderen. In einem einzigen, fensterlosen Haus befinden sich dann 80–100000 Hühner. Fütterung, Trinkwasserzufuhr und Entmistung laufen vollautomatisch ab, und lediglich eine Handvoll Arbeiter überwacht die gesamte Produktion. Es gibt keine individuelle Betreuung oder Aufmerksamkeit. Die Vögel ertragen dieses Elend zwei bis drei Jahre lang, können weder ihre Flügel strecken noch scharren, ja sie können sich noch nicht einmal bequem hinlegen. Nach Monaten dieser Gefangenschaft verlieren die Vögel die meisten ihrer Federn, denn ihre Körper reiben ständig gegen die rohen Drahtkäfige. Der fehlende Schutz durch die Federn führt dann schließlich dazu, daß ihre Haut mit schmerzhaften Quetschungen und wunden Stellen übersät ist. Wenn die Hennen dann zu krank oder zu verletzt sind, um entsprechend viele Eier zu produzieren, werden sie buchstäblich aus dem Käfig hinaus auf den Boden geworfen, bleiben dort liegen und verhungern langsam und qualvoll.

Wir fanden Lily auf dem Boden einer solchen Eierfabrik. Sie wartete auf den Tod, damit ihr Alptraum zu einem Ende komme. Sie stand in einer

Ecke und versuchte verzweifelt, nicht in einen Haufen aus Fäkalien und verwesenden Federn und Knochen zu fallen. Lily hatte jede Hoffnung aufgegeben. Ihr ganzer Körper war vornübergebeugt, und ihr Kopf hing fast auf dem Boden. Sie war mit wunden Stellen übersät, ihr linkes Auge geschwollen und geschlossen. Ich griff nach ihr und hob sie sanft in meine Hand. Sie zitterte, als ich sie hochhob. Ich flüsterte ihr zu und sagte ihr mit sanfter Stimme, daß ich eine Vegetarierin sei und daß ihr Leiden nun zu Ende sein würde. Meine »vegetarischen Versicherungsreden« kommen mir nach einer Rettungsaktion immer lächerlich vor, aber egal wie dumm ich mir am nächsten Tag vorkomme, sie gehören jetzt einfach zu meinem »Rettungsritual« dazu.

Zwei Wochen lang empfing Lily eine intensive Rehabilitationsbehandlung. Lily war zu schwach zum Laufen, und den ganzen Tag über mußte ich sie hochhalten, um ihr zu helfen, die Kraft in ihren Beinen wiederzubekommen. Ihr Körper war zu 75 Prozent mit Druckstellen übersät, und viermal am Tag wickelten wir Heizkissen um sie, um die Schwellungen zu reduzieren. Da Lily extrem ausgehungert war, konnte sie nur jeweils kleine Mengen von flüssiger Nahrung mit Hilfe einer Pipette zu sich nehmen. Mehr als einmal fragte ich mich, ob wir das Richtige machten oder ob wir ihr Leiden einfach nur verlängerten. Das ist die Frage bei Zufluchtsstätten überhaupt, vor allem, wenn ein Tier dem Tode schon sehr nahe ist. Doch dann, eines Morgens, bekam ich die Antwort. Ich öffnete die Tür zu Lilys Rehabilitationsstall, und sie kam zu mir herüber und schaute zu mir hoch. Ich setzte mich sofort hin, um mich der »Hühnergröße« so weit wie möglich anzupassen, und Lily kletterte mir auf den Schoß. Ich griff nach ihr, und diesmal war ich es, die zitterte, als ich ihr das Kinn streichelte. Lily gab mir ihre Liebe in einer Weise, die ich verstehen konnte, so wie ein Hund mit seinem Schwanz spricht oder eine Katze mit ihrem sanften Schnurren.

Ein Tier wie Lily zu retten bringt mich über solche Zeiten hinweg, in denen wir kein leidendes Tier retten können. Wie damals, als Gene und ich einen Schlachthof in Kalifornien besuchten, im Chino-Tal südlich von Los Angeles. Dieses Gebiet hat die höchste Dichte von Milchkühen in der ganzen Welt, und das bedeutet, es besitzt auch die größte Konzentration von Rindfleischproduktion. Milchkühe kommen später nicht in Schutzgebiete, sondern werden in Schlachthäusern zu Hackfleisch für Hamburger verarbeitet. Die Mehrzahl der Hamburger, die in den USA verkauft werden, stammt von solchen Milchkühen und nicht aus den Regenwäldern.

Wir standen in der Nähe der Abladestation und sahen zu, wie die Kühe eine nach der anderen hereinkamen. Gene nahm die Szene auf Video auf, und meine Aufgabe bestand darin, Photos zu schießen. Einige der Kühe waren »Ausschußware«. Nach Berichten der Milchindustrie Kaliforniens wird eine von vier Milchkühen aufgrund von Krankheiten aussortiert, die auf einer übermäßigen Milchproduktion beruhen. Milchvieh wird gezwungen, zehnmal mehr Milch zu produzieren, als es von Natur aus würde, und das Problem wird immer schlimmer aufgrund der Anwendung von Wachstumshormonen und Genmanipulation. Sie trieben alle aussortierten Tiere in einen Todespferch, und dann kam einer der Arbeiter daher und schoß den Kühen in den Kopf. Es war ein sehr langsamer Prozeß, einige Minuten vergingen zwischen den einzelnen Tötungen, und die Lebendigen mußten einfach daliegen und zuschauen. Eine Kuh war da, die fast genau so aussah wie Maya, eine Kuh in unserer Zufluchtsstätte in New York. Sie zitterte vor Angst und ich wollte so sehr meinen Arm um sie legen und sie trösten. Später im Wagen konnte ich es kaum mehr aushalten. Ich mußte immer an Maya denken und wie sehr sie das Leben liebt. Nun, eigentlich, wie sehr sie meinen Mann Gene liebt.

Maya betet Gene geradezu an und ist richtig eifersüchtig auf mich. Sie drückt mich aus dem Weg, wenn Gene und ich gemeinsam in den Stall kommen, und da sie eine neunhundert Kilo schwere Kuh ist, hat sie mich schon ein paarmal umgeworfen. Natürlich muß Gene auch aufpassen. Wenn Maya läufig wird, versucht sie ihn zu besteigen. In der Rinderfamilie leiten die Kühe die Paarung ein (vielleicht können wir Menschen hier etwas von den Rindern lernen!). Sie steht da und starrt bewundernd auf Gene, muht ihn sanft an und dreht sich dann um und wirft mir einen bösen Blick zu.

Ich mußte an Maya denken, was sie mochte und nicht mochte, ihre einmalige Persönlichkeit, und dann dachte ich an diese arme zitternde Kuh, die ebenso sehr leben wollte wie Maya oder Sie und ich. Vieh ist lebendig, es sind fühlende Tiere, kein »Frühstück«, »Mittagessen« oder »Abendessen«. US-Amerikaner haben im Geiste eine Linie gezogen und einige Tiere als »Haustiere« klassifiziert, andere als »Abendessen«. In unserer Gesellschaft ist man entsetzt (und das zu recht), wenn man davon hört, daß die Menschen anderer Gesellschaften Hunde und Katzen essen, und die meisten Leute würden niemals vorsätzlich einen Hund oder eine Katze quälen. Und ich hege die Hoffnung, daß sie auch nie eine Kuh oder ein Huhn vorsätzlich quälen würden. Menschen, die Tiere lieben, die in die Kategorie Haustiere fallen, würden nie ein Tier essen, das als »Abendessen« gilt, wenn sie einem leidenden »Stück Vieh« nur jemals in die Augen schauen würden.

Die Produktion von »Lebensmitteltieren« ist der umfangreichste und am meisten institutionalisierte Tiermißbrauch. Billionen von Tieren leiden ein qualvolles Leben, und Millionen von Menschen sind an dieser Grausamkeit beteiligt. Aber das Leben von Hope und jetzt die Erinnerung an sie läßt mich nicht vergessen, daß wir die Produktion von »Lebensmitteltieren« einstellen können – ein Lebewesen nach dem anderen, ein Gesetz nach dem anderen, ein Mensch nach dem anderen, der Vegetarier wird, weil er einem Tier wie Hope begegnete.

Wenn Sie eine Legehenne wie Lily sähen, oder eine Milchkuh voller Angst, würden Sie dann nicht alles tun, was in Ihrer Macht stünde, um ihr Leiden zu beenden? Nun, jeder kann einen Beitrag leisten, damit das Leiden der Milchkühe beendet wird, jeder kann einen Beitrag dazu leisten, daß die Eier- und Hühnerfabriken stillgelegt werden, denn jeder kann zum Vegetarier werden.

Die Milch-, Eier- und Fleischindustrie mißbraucht und tötet Tiere, weil Menschen diese Produkte kaufen. Wenn Sie kein Fleisch, keine Eier und keine Milchprodukte kauften, dann würden sie auch nicht produziert. So einfach und so klar ist das. Die Produktion von »Lebensmitteltieren« ist fest verwurzelt, aber gerade deswegen haben wir die beste Gelegenheit, das zu beenden. Jeder kann unmittelbar und sofort etwas unternehmen, und vielleicht spürt man deswegen so viel Kraft, wenn man Vegetarier ist. Wenn Sie aufhören, Tiere und Tierprodukte zu verzehren, dann verhindern Sie das Schlachten von Hunderten von Tieren. Ihre Handlung rettet Leben, und das ist so unmittelbar, als gingen sie direkt zu diesen Fabriken, Vieh- und Schlachthöfen hin und würden selber ein Tier wie Hope retten. Wenn Sie zum Vegetarier werden, dann verbindet sie etwas mit allem Vieh. Alle Vegetarier sind gewissermaßen miteinander verwandt, und das hat sehr viel Einfluß und Macht. Es wird ihr Leben berühren und für immer grundlegend verändern. Sie werden feststellen, daß seltsame und wunderbare Dinge mit Ihnen geschehen, wenn Sie zum Vegetarier werden. Wie damals, als wir Jessie retteten. Nun, eigentlich hat sich Jessie ja selber gerettet.

Gene und ich reisen mit einigen Truthähnen übers Land für unser jährliches Projekt zu Thanksgiving: »Adoptiere einen Truthahn«. Jedes Jahr ermutigen wir Leute, anläßlich dieses Dankfestes einem Truthahn das Leben zu schenken anstatt es ihm zu nehmen. Wir nehmen Truthähne in die liebevolle und sichere Umgebung eines Vegetarier-Haushalts auf und laden die Medien ein, über unsere einzigartige Art, Thanksgiving zu feiern, zu berichten. Wir fuhren durch Colorado (ein bedeutender Rindfleischproduzierender Staat der USA), als ich an der

Schnellstraße ein junges Angus-Kalb entdeckte. Es stand dort, nur wenige Zentimeter von den sausenden Autos entfernt. Wir hielten an, zogen unsere Stiefel an und gingen auf das Kalb zu. Es hatte sehr viel Angst und lief weg. Doch aufgrund einer Verletzung am Bein konnte es sich nicht allzu schnell bewegen, und so hatten wir es nach wenigen Minuten. Unser neues »Baby« wog ungefähr siebzig Kilo, und als wir uns bemühten, es in unseren Lieferwagen zu bekommen, hörten wir wütende Schreie und sahen einen Mann auf uns losstürmen. Wir erfuhren, daß Jessie bei hundert Kilometern pro Stunde aus dem Anhänger gesprungen war. Als mir klar wurde, was sie getan hatte, um ihrem Schicksal zu entgehen, spürte ich den Zorn einer Mutterkuh, bereit, ihre Hörner in jeden zu bohren, der es wagte, ihr ihr Kalb fortzunehmen. Nur mit großer Anstrengung konnte ich ruhig bleiben und erklärte dem Besitzer, daß wir Repräsentanten einer Anti-Grausamkeitsbewegung seien und gewillt wären, dieses Kalb zu übernehmen, weil er es ja jetzt ohnehin nicht mehr zur Versteigerung bringen könne. Zu meinem größten Erstaunen stimmte der Besitzer zu. Ich hatte mich auf einen richtigen Krieg vorbereitet, da es legal ist, verletzte und kranke Tiere auf Auktionen zu verkaufen und auch dauernd welche verkauft werden. Bis heute weiß ich nicht, ob er zugestimmt hat, weil er so schockiert war, oder weil er in meinen Augen eine wütende Kuh sah. Oder vielleicht, weil er eine Dosis vegetarischer Verwandtschaft abbekommen hat.

Das nächste Kunststück bestand darin, Jessie über die Grenze nach Kalifornien zu schmuggeln, denn sie mußte in einer Spezialklinik im Norden Kaliforniens behandelt werden. Die ganze Nacht hindurch fuhren wir mit ihr und vier Truthähnen durch einen heftigen Schneesturm hindurch, und gerade als es dämmerte, kamen wir an die kalifornische Grenze und an den Kontrollpunkt für Agrarprodukte. Nun weiß ja jede Truthahnmutter, daß die Dämmerung die Zeit ist, in der die Truthähne aufwachen und zu zwitschern beginnen, und wir wußten, wir hatten nicht viel Zeit. Wir drehten das Radio laut auf und näherten uns vorsichtig dem Beamten. Er fragte uns, ob wir Äpfel oder Apfelsinen dabei hätten. Ich lächelte ihn lieb an, sagte »Nein« und fuhr weiter, mit dem breitesten Grinsen meines Lebens auf meinem Gesicht. Jessie überlebte und ist nun eine große gesunde Kuh. Ich habe mich nie für einen besonders religiösen Menschen gehalten oder für jemanden, der denkt »Alles geschieht aus einem Grund«. Und doch muß ich mich einfach oft fragen, ob sie wohl wußte, daß wir hinter ihr herfuhren, als sie aus dem Anhänger sprang – zumindest glaube ich das sehr gerne.

Als Vegetarierin habe ich sehr viele unglaubliche Dinge erlebt, sehr viele Verbindungen zu Tieren erfahren. Wir alle wissen, daß Menschen eine Bindung zu Tieren aufbauen, die ihre Gefährten genannt werden. Viele Menschen haben schon einmal einen Hund oder eine Katze geliebt, sich um sie gekümmert, und viele Augenblicke tiefen Verständnisses und tiefer Liebe erlebt. Wenn ich mich zum Beispiel depressiv fühle, dann spürt meine Hundefreundin Suzy das ganz genau und kommt herüber und setzt sich voller Mitgefühl neben mich. Dann schaut sie mich mit einem Ausdruck solcher Aussichtslosigkeit und mit solcher Besorgnis an, daß ich einfach lächeln muß.

In unserem Viehschutzgebiet haben wir auch besondere Beziehungen zu den Tieren. Meistens sind es kleine Augenblicke der Kommunikation, die wir täglich erleben, doch manchmal erfahren wir auch sehr starke Botschaften vegetarischer Verwandtschaft. Die kalifornische Koordinatorin unserer Zufluchtsstätte erzählte mir einmal von einem derartigen »wertvollen Moment«, als sie sich im Kuhstall am Arm verletzt hatte. Sie hatte solche Schmerzen, daß sie sich nicht bewegen konnte, und saß einfach auf dem Boden und weinte. Obwohl sie in dem Moment nicht im Stall waren, kamen plötzlich innerhalb weniger Minuten zwei der Tiere, Joni und Henry, herein. Rinder haben einen ganz bestimmten »Kummer-Muh-Laut«, und beide machten ihn ganz laut, als sie Diane auf dem Boden sitzen sahen. Vorsichtig gingen sie auf sie zu und streckten ihre Nasen vor. Ihr alarmierendes Muhen verwandelte sich in ein sanftes und tröstendes. Mehr als zwanzig Minuten lang standen sie vorsichtig bei ihr und leckten ihr Gesicht, bis Diane sich wieder bewegen konnte.

Wenn Sie es zulassen, berührt zu werden, werden Tiere Sie anrühren, und ein Stück Vieh ist ein Tier! Eine Kuh oder ein Truthahn, ein Schwein oder Huhn ist ebenso in der Lage, Freude und Sorge oder Schmerz und Trost zu empfinden wie ein Hund oder eine Katze. Wie viele Leute, so habe auch ich das Glück, die Liebe und Gesellschaft von Hunden und Katzen zu genießen, von Tieren, die wirklich zu meiner Familie gehören. Aber im Gegensatz zu vielen Menschen kenne ich auch die Liebe und Freundschaft von Kühen und Schweinen, von Truthähnen und Hühnern – Vieh, das furchtbar gelitten hat in fabrikartigen Bauernhöfen, Schlacht- und Viehhöfen, und mich traf die Schuld. Jedesmal, wenn ich eine Pizza mit Käse oder ein Stück Kuchen aß, der mit Eiern gemacht war. Jedesmal, wenn ich mir keine Mühe gab, die Schmerzen dieser Tiere zu spüren. Wir dürfen niemals die Schmerzen der Tiere vergessen, denn so empfinden wir die Liebe, die sich darin ausdrückt, daß wir die Notwendigkeit spüren, dem Leiden der Tiere ein Ende zu setzen.

Wenn Sie das nächste Mal ein Stück Fleisch oder Käse oder Eier essen wollen, dann stellen Sie sich einmal vor, Sie müßten ihr Leben in einer kleinen dreckigen Kiste verbringen, mit ständigen Schmerzen, unfähig zu stehen oder sich bequem hinzulegen. Nach monatelangen Todesqualen endet die Tortur, aber nicht im Schlachthof. Statt dessen strecken sich zwei sanfte Hände nach Ihnen aus, heben Sie aus der Finsternis heraus und bringen Sie an einen sicheren, liebevollen Platz. Zum ersten Mal können Sie auf einer grünen, sonnigen Wiese herumgehen und sich in einem bequemen Bett aus weichem Stroh ausruhen. Als Vegetarier bieten Sie diese sonnige grüne Weide und das weiche Strohlager. Sie geben einem Tier in Not Hoffnung.

Ich schätze mich sehr glücklich, daß ich mein Leben mit Tieren wie Hilda und Hope teilen kann. Ich bin so dankbar dafür, daß meine alten Freunde niemals den Terror und den Schmerz des Schlachthofes kennenlernen mußten, und daß ich imstande war, sie in einem Viehschutzgebiet alt werden zu sehen.

Oft stehe ich am Fenster und schaue hinaus auf den Schafspferch. Dort ist Hilda und grast friedlich auf der Wiese. Manchmal frage ich mich, ob sie sich wohl noch an den furchtbaren Trip zum Viehhof erinnert? Hilda ist Menschen gegenüber immer scheu geblieben, selbst nach all den Jahren noch. Es ist ein sehr seltenes Vergnügen, wenn sie auf einen zukommt, und ein noch selteneres Privileg, wenn sie es einem gestattet, sie am Kinn zu kraulen. Es hat eine Weile gedauert, bis wir uns damit abfinden konnten, und es bedurfte eines beschämenden Erlebnisse (beschämend für uns, nicht für Hilda). Es geschah ungefähr ein Jahr nachdem wir sie gerettet hatten. Ich arbeitete im Stall, als Gene zu mir gerannt kam und übers ganze Gesicht strahlte. »Sie mag mich, Hilda mag mich!« rief er grinsend wie ein stolzer Vater. »Sie folgt mir überall hin, sie weicht nicht von meiner Seite.« Ich konnte es nicht glauben und war sogar ein wenig eifersüchtig. Ich wollte es einfach nicht glauben. Aber als Gene auf die Weide ging, kam der Beweis. Hilda kam zu ihm herüber und lehnte sich sogar an ihn. Gene kam zu mir herüber, und Hilda blieb bei ihm. Stunden vergingen, und Hilda blieb bei Gene. Folgte ihm, während er anstrich. Folgte ihm in den Stall. Folgte ihm zum Komposthaufen. Und seiner wahren Natur folgend mußte Gene natürlich deutlich darauf hinweisen, daß sie ihn offensichtlich mir vorzog, weil ich ihr die Klauen gepflegt hatte. Aber nach einigen Stunden der Verehrung wunderte sich sogar Gene über diese plötzliche Zuneigung. Dann begriffen wir, und an dem Tag verwandelten wir uns von »cleveren Städtern« in »Bauern«. Hilda war nicht verliebt, sondern einfach brünstig. Jetzt, nachdem Sie auch die Geschichte mit Maya gelesen haben, fragen Sie sich vielleicht, wie charmant ein Mensch überhaupt sein kann. Aber das liegt daran, daß Sie Gene wahrscheinlich noch nicht begegnet sind. Wie können Maya, Hilda und ich es Ihnen dann erklären? Wir alle teilen mit ihm eine besondere vegetarische Verwandtschaft. Mehr kann ich dazu nicht sagen.

Ingrid Newkirk

Lektionen von Fischen

Seine Liebe zu Fischen fing an, als er in Hawaii schnorchelte. Dort unten, unter den Lavafelsen, sah er Barsche von der Größe Altenglischer Schäferhunde und farbenprächtige kleine Fische, nicht größer als Kolibris, die zwischen seinen Fingern hindurchschwammen. Sie hatten ihn neugierig angeschaut, »mit einer Unschuld«, dachte er liebevoll, »die man sonst nur bei kleinen Kindern findet«. Einige waren ausgelassen und aggressiv, andere eher schüchtern. Es war klar, daß sie Persönlichkeiten besaßen, genau so wie Hunde, Katzen und Menschen.

Er staunte immer noch über sie, als er sich im Lagunenrestaurant hinsetzte und die Speisekarte öffnete. Darin sah er das Foto eines großen Fisches, den er, so war ihm, erst wenige Minuten zuvor gesehen hatte. Doch dieser lag ausgestreckt auf einem Teller, die Augen tanzten nicht mehr vor Leben, sondern waren so tot wie die seines Besitzers. Er hatte nie verstanden, wie jemand vorsätzlich einen Fisch aufspießen oder sich die Harpunenfischerei als Unterhaltung aussuchen konnte. Doch jetzt konnte er sich nicht einmal mehr vorstellen, wie jemand das Resultat der tödlichen Handlung eines anderen essen konnte. Er hatte die Persönlichkeiten der Fische entdeckt, und die würden ihm nun für immer in den Kopf kommen, wenn er nur an gegrillte Seezunge oder gebratenen Katzenwels dachte.

Ich erzählte ihm von dem Fisch, der sich nach Samstagen sehnte.

Er kam schließlich in ein Haus in Maryland. Unter der Woche, wenn das Haus ruhig war, verbrachte der Fisch die meiste Zeit im Osten des Aquariums, nahe dem Fenster, und fing das Sonnenlicht mit seinen Flossen auf. Dann streifte er durch das Schilfrohr, das im Schlamm des Beckens steckte. Aber Samstag morgens schwamm er auf die andere Seite des Aquariums und wartete. Von hier hatte er die beste Aussicht auf die Leute, die kamen und gingen. Er konnte die Flurtür sehen, in der sich, wie er wußte, manchmal Besucher materialisierten. Und dieser Fisch liebte Besucher über alles.

Kam jemand herein, reckte sich der Fisch im Wasser hoch auf und preßte sich nahe ans Glas, um den Besucher besser sehen und seine Worte besser hören zu können, die über die Oberfläche seines kleinen Wasserzimmers zu ihm drangen. Gingen die Besucher fort, sank seine

Stimmung wieder. Er kehrte zurück auf den Grund des Beckens und begann halbherzig damit, Kies aufzunehmen, einen Kiesel mit seinem Mund aufzugreifen und ihn wieder auszuspucken. Dabei manövrierte er sich jedesmal langsam rückwärts, um den winzigen Sandstürmen, die bei jeder Unruhe entstanden, auszuweichen.

Zeit vertreiben

An Wochentagen kam der Mann nachmittags von der Arbeit. Wie ein Hund, der am Tor auf den Schulbus wartet, fing der Fisch an, hin und herzuschwimmen, ehe sich der Schlüssel im Schloß drehte, mit einer gewissen Ungeduld, die man eigentlich nur von Menschen kennt, die mit den Fingern auf einen Tisch trommeln. Nach einigen Runden hielt der Fisch dann inne und hing einfach da im Wasser und starrte hoffnungsvoll auf die Tür.

Vielleicht war der Fisch im Patty-Hearst-Stil von seinem Fänger fasziniert. Oder vielleicht wußte er, daß der Mann ihn liebte, so ganz und unangemessen, wie die Liebe eines Menschen zu einem Fisch sein muß. Ja, der Mann dachte normalerweise erst wieder an den Fisch, als er bei der Tür ankam, aber dann erinnerte er sich und ging sofort ins Wohnzimmer, um guten Tag zu sagen. Der Fisch sprang und wackelte mit seinem Schwanz, streckte gut ein Fünftel seines Körpers aus dem Wasser heraus und wartete darauf, getätschelt zu werden.

Der Mann streckte dann seinen Finger ins Wasser und streichelte dem Fisch sanft den Rücken, und der Fisch bot ihm erst die eine, dann die andere Seite seines Körpers, und fächelte mit seinen Flossen vor lauter Ekstase. Der Fisch wußte nicht, daß der Mann und seine Freunde manchmal zum Spaß große Kracher in einem Flüßchen explodieren ließen, wenn die Karpfen dort ihre Eier ablegten, und dann am Ufer herumtobten und sie mit Holzknüppeln totschlugen. Der Fisch wußte auch nicht, daß der Mann an Sommertagen in dem Bach immer noch Fische fing und ausnahm und sie direkt unter seinem Fenster grillte. Der Mann war freundlich und gut, aber wie die meisten von uns hatte er verschiedene Fächer in seinem Kopf. Fische zu töten, die man nicht kennt, ist einfach Teil unserer Kultur.

Der gefangene Fisch versuchte, das Beste aus seinem sonst schrecklichen Leben zu machen. Er säuberte kleine Steine, indem er sie in seinem Maul herumrollte, schwamm durch die gigantischen Lockenwickler, die zusammengebunden waren und eine Art Gymnastik ermöglichten, und er ließ sich seinen Rücken von den Blasen kitzeln, die aus dem Belüfter aufstiegen. Einmal schwamm er absichtlich an die Westseite des Aquariums, griff mit seinem kleinen Kiefer eine Plastikpflanze und zerrte sie in seine Ecke. Am nächsten Tag machte der Mann das Aquarium sauber und brachte die Pflanze wieder zurück an »ihren Platz«, aber der Fisch zerrte sie wieder zurück an die neue Stelle, die er für sie ausgewählt hatte.

Er lauerte auch auf die Katzen.

In der Küche stand eine Keramikschale, sorgfältig geputzt und liebevoll mit frischem Quellwasser gefüllt, die von den Katzen eifrigst gemieden wurde. Sie fühlten sich zum Aquarienwasser hingezogen wie Schokoladenliebhaber zu Pralinen. Die Katze machte sich auf den Weg zum Aquarium, um dort zu trinken, schlich sich vorsichtig an den Bücherregalen entlang bis zu dem Punkt, an dem sie auf ihren Hinterbeinen balancierend ihren Kopf in das Aquarium senken konnte. Und der Fisch wartete schon auf sie in dem Gewirr der Pflanzen.

Ehe sie ihre Zunge ins Wasser streckte, spähte die Katze in die Tiefe nach Anzeichen drohender Unannehmlichkeiten. Doch der Fisch blieb mucksmäuschenstill. Erst als die Zunge herunterkam, wurde er plötzlich aktiv, schnellte wie ein Torpedo durch die Gräser hinauf, versessen darauf, ein Stück aus dem rauhen Organ herauszubeißen. Die Katze spürte die Unterwassereruption und versuchte, wenigstens die ersten paar Tropfen reinzuholen, ehe sich Fisch und Zunge begegneten.

Keiner erwischte jemals den anderen, aber dieser Wettkampf wiederholte sich Tag für Tag.

Sonst war der Fisch eigentlich ein Einzelgänger. Er begegnete der Anwesenheit von Neuen in »seinem« Aquarium mit all der Würde und Verzweiflung eines Bibliothekars, der feststellt, daß eine Horde junger Rocker zwischen seinen Regalen kampiert. Er blies sich auf und schüttelte seine Flossen gegen sie und jagte sie dann, wenn sie irgend etwas wirklich Entsetzliches machten, aber er griff sie niemals an.

Letztlich überlebte er sie alle. Einige starben an der »Seekrankheit« – dem Trauma, in einer Plastiktüte herumzuschwappen auf dem Weg zum Zwischenhändler, dann im Lastwagen zur Tierhandlung, und schließlich im Auto von dort nach Hause. Andere erlagen einer Krankheit, die ihre Flossen zerstörte, woraufhin sie hilflos torkelnd auf den Boden sanken, winzige Überbleibsel ihres würdevollen Selbst. Und manche erstickten, wenn sich der Sauerstoffgehalt im Wasser bei einem Stromausfall zu stark verringerte.

An dem Samstag, als das Aquarium einen Sprung bekam, waren nur noch zwei andere Fische übrig, afrikanische Elefantenrüsselfische, exotische Fische mit rüsselähnlichen Auswüchsen. Der Fisch lebte schon acht Jahre in dem Aquarium, als die Elefantenrüsselfische ankamen, und der alte Genosse hatte ihre Gegenwart akzeptiert. Sie hielten einen respektvollen Abstand, soweit es in solch einem bescheidenen Aquarium möglich war.

Der Mann war im Kino gewesen und stellte bei seiner Rückkehr fest, daß überall Wasser auf dem Boden war. Wasser tropfte immer noch aus dem Sprung im Glas. In dem Zentimeter Wasser, das im Aquarium noch übrig war, lagen drei Individuen sterbend auf der Seite. Die Rettung mußte unverzüglich erfolgen. Ein Elefantenfisch kam in einen Kochtopf, der andere in eine Kaffeekanne. Doch dieser kleine Fisch kämpfte, verfing sich im Ausguß der Kanne und verletzte sich schwer. Als das Ersatzaquarium aufgestellt war, konnte der Fisch nicht mehr richtig atmen und auch nicht mehr sein Gleichgewicht bewahren. Sein Kamerad half ihm so gut er konnte einige Tage beim Schwimmen, indem er ihn gegen die Glaswand drückte, so daß er Nahrung und Luft bekam. Das verringerte vielleicht sein Leiden, doch konnte es ihm nicht das Leben retten. Eine Woche nach dem Tod des verletzten Fisches starb auch sein Kamerad. Danach war der Alte wieder allein.

Als ich ihn das erste Mal sah, war er nur ungefähr einen Zentimeter lang gewesen, und ich hatte noch Fischrogen auf Toast und Lachssteaks gegessen. Als die beiden Elefantenrüsselfische starben, war er fast achtzehn Zentimeter lang geworden. Zu der Zeit hatte ich aufgehört, andere Fische seiner Art zu essen. Und so wie er gewachsen war, war auch mein Verständnis gewachsen, daß etwas daran nicht stimmte, so zu tun, als könne man Fische wie Vorhänge aussuchen und sich als Wohnzimmerdekoration halten. Mein Vergnügen war ihr leeres Leben und Sterben nicht wert.

Als der Fisch starb, versuchte ich mir vorzustellen, wie seine angestammten Gewässer wohl aussähen, wo und wie er ausgebrütet worden war, und was uns um alles in der Welt wohl durch den Kopf gegangen war, als wir ihn erwarben und ihm sein kleines Fischschicksal raubten. Es tut mir aufrichtig leid, alter Freund. Wirklich.

VAL PLUMWOOD

Menschliche Verwundbarkeit und das Erlebnis, Beute zu sein

Besonders zu Beginn der feuchten Jahreszeit wirkt die feuchte Myrtenheide im Kakadu-Nationalpark atemberaubend schön. Die Wasserlilien weben weiße, rosa und blaue Muster traumhafter Schönheit über die strahlenden aufgetürmten Gewitterwolken, die sich in den stillen Wassern spiegeln. Gestern haben mich die Wasserlilien und die wunderschönen Vögel in eine frohe Nachmittagsidylle gelockt, als ich mich zum ersten Mal mit einem Kanu, das ich mir bei der Parkverwaltung geliehen hatte, in die East Alligator Lagune vorwagte. »Sie können sich auf den toten Wasserarmen herumtreiben«, hatte der Aufseher gemeint, »aber paddeln sie nicht in den eigentlichen Flußverlauf hinein. Dort sind starke Strömungen, und wenn Sie Schwierigkeiten bekommen, warten die Krokodile schon auf Sie! Und von denen gibt es viele dort im Fluß!«

Vor noch nicht allzu langer Zeit galten Salzwasserkrokodile als gefährdete Spezies, da so gut wie alle ausgewachsenen Tiere in den Flüssen und Seen im Norden Australiens von gewerblichen Jägern geschossen worden waren. Doch nach zwölf Jahren Schutz begannen sie sich wieder zu vermehren. Sie bildeten nun die Mehrzahl aller großen Tiere im Kakadu-Nationalpark, in dem ein großes Gebiet mit ihren Brutstätten geschützt wird. Ich hatte aktiv an dem Kampf um solche Orte teilgenommen, und für mich war – und ist immer noch – das Krokodil ein kraftvolles Bild für die Stärke und Integrität dieses Ortes und für die unglaubliche Vielfalt seiner Wasserbewohner.

Auch nach stundenlanger Suche in dem Labyrinth der flachen Flußarme des Sumpfes war ich nicht in der Lage, den Weg zu der Stelle mit den Felsgemälden zu finden, die mir der Ranger aufgezeichnet hatte. Als ich im strömenden Regen mein Kanu aus dem Sumpf heraus und auf einen Felsvorsprung zog, um schnell ein nasses Mittagessen einzunehmen, hatte ich plötzlich das starke und seltsame Gefühl, beobachtet zu werden.

Als ich das Kanu wieder in die Strömung des Flusses brachte, setzten der Regen und der Wind wieder ein, und der anschwellende Strom würde mich um so schneller wieder nach Hause bringen, zumindest glaubte ich das. Ich war noch nicht fünf oder zehn Minuten auf dem Flußarm zurückgefahren, als ich in einer Biegung vor mir mitten im Strom etwas entdeckte, das so aussah wie ein Stück Holz, an das ich mich vom Hinweg jedoch nicht erinnern konnte. Als die Strömung mich weiter darauf zutrieb, schienen dem Stock Augen zu wachsen. Ein Krokodil! Es ist schwer, anhand der kleinen Nase und der vorspringenden Augen die Größe eines Krokodils zu schätzen, aber dieses sah nicht aus wie ein großes. Ich war ihm jetzt recht nahe, hatte aber keine besondere Angst. Eine Begegnung würde den Tag um so interessanter machen – so wie die kleineren Tiere, die wir vom Boot des Rangers aus in der Woche zuvor beobachtet hatten.

Obwohl ich paddelte, um an dem Krokodil vorbeizukommen, waren unsere Wege seltsam konvergierend. Ich sah, daß es knapp werden würde, war jedoch vollkommen unvorbereitet auf den heftigen Stoß, den ich gegen die Seite meines Kanus spürte, als ich schon fast am Krokodil vorbei war. Und wieder und wieder ein Stoß, und das zerbrechliche Boot zitterte und bebte. Ich paddelte wie wild, aber die Schläge hörten nicht auf. Das Unerhörte geschah, das Kanu wurde attackiert, das Krokodil war in seinem Element. Zum ersten Mal wurde mir voll bewußt, daß ich jetzt Beute war. Ich mußte irgendwie aus dem Kanu herauskommen oder lief Gefahr, gefangen oder in tieferes Wasser in der Mitte des Flusses gezogen zu werden!

Das Ufer war jetzt hoch, glatt und matschig. Schwer, dort Fuß zu fassen. Es gab aber noch einen deutlichen Fluchtweg, einen Weißbaum mit vielen niedrigen Zweigen nahe des schlammigen Ufers. Im Bruchteil einer Sekunde entschied ich mich zu versuchen, in die unteren Zweige des Baumes zu springen und in Sicherheit zu klettern. Ich steuerte das Kanu hinüber zu dem Baum am Ufer und stellte mich sprungbereit hin. Im selben Moment erschien das Krokodil neben dem Kanu und seine schönen gefleckten goldenen Augen blickten mich unmittelbar an. Vielleicht konnte ich es bluffen, es vertreiben, wie ich es von einem englischen Jäger gelesen hatte. Ich schwenkte also meine Arme und schrie: »Geh weg!« (Schließlich sind wir kultiviert hier.) Die goldenen Augen schimmerten interessiert. Dann ging ich in die Knie und sprang. Ehe meine Hand auch nur den ersten Zweig berührte, sah ich verzerrt ein riesiges gezahntes Maul, das aus dem Wasser herausstieß und mich mit rotheißem Zangengriff zwischen den Beinen packte und wirbelnd in die erstickende feuchte Finsternis unter mir zerrte.

Nur wenige, die auf der Todesliste eines Krokodils standen, überlebten und konnten es beschreiben. Und es ist wirklich unbeschreiblich, ein

Erlebnis jenseits aller Worte, vollkommene Todesangst, vollkommene Hilflosigkeit, vollkommene Gewißheit, erlebt mit ungeteiltem Geist und Körper, ein furchtbarer Tod in den Strudeln der Tiefe. Das Kreislaufsystem eines Krokodils ist nicht für einen längeren Kampf geeignet, und so versucht es, mit einem anfänglichen intensiven Kraftausbruch den Widerstand des überraschten Opfers schnell zu brechen. Dann geht es nur noch darum, die jetzt kaum noch kämpfende Beute eine Weile unter Wasser zu halten und damit ganz einfach zu ersäufen. Es war wie ein Wälzen in einer Zentrifuge aus herumwirbelnder, kochender Schwärze, das mir anscheinend die Glieder vom Leib reißen würde und unausweichlich Wasser in meine berstenden Lungen trieb. Es dauerte eine Ewigkeit, völlig unerträglich, aber als ich so gut wie erledigt schien, hörte das Gerangel plötzlich auf. Meine Füße berührten den Boden und mein Kopf stieg auf und gelangte an die Oberfläche. Prustend und hustend saugte ich Luft ein, erstaunt, daß ich immer noch am Leben war. Das Krokodil hatte mich immer noch in seinem Zangengriff zwischen den Beinen, und das Wasser reichte mir gerade bis zur Brust. Da ruhten wir nun gemeinsam, und ich fing gerade an zu weinen bei der Aussicht auf einen verstümmelten Körper, da zerrte mich das Krokodil plötzlich in ein zweites Todesgerangel.

Als der Terror wieder aufhörte (diesmal hatte es vielleicht nicht ganz so lange gedauert), kam ich wieder an die Oberfläche, immer noch im Griff des Krokodils, neben einem starken Ast eines im Wasser wachsenden großen Feigenbaums. (Starker Retterbaum, wie kann ich dir danken?) Mit aller Kraft griff ich nach dem Ast und schwor, mich vom Krokodil lieber zerreißen zu lassen, als mich wieder zurückzerren zu lassen in die kreiselnde, erstickende Hölle. Zum ersten Mal wurde mir das tiefe Grollen bewußt, das aus der Kehle des Krokodils kam, als wäre es sehr wütend. Ich klammerte mich an den Ast und machte mich auf ein neues Todesgerangel gefaßt, doch nach kurzer Zeit spürte ich, daß sich der Kiefer des Krokodils plötzlich entspannte. Unglaublich! Ich war frei! Mit aller Kraft benutzte ich den Ast, um mich von ihm fortzuziehen, drückte mich auf die Rückseite des Feigenbaumes, vermied wieder das Schlammufer und versuchte noch einmal den scheinbar einzig möglichen Fluchtweg: in den Weißbaum zu klettern.

Wie bei der Wiederholung eines Alptraumes – wenn der Träumer festsitzt in einem monströsen Muster von Zerstörung, unzugänglich für seinen Willen und seine Anstrengung – so wiederholte sich das Drama meines ersten Versuches ganz genau. Als ich erneut in die Zweige sprang, schnellte das Krokodil wieder aus dem Wasser und packte mich noch einmal, diesmal am linken Oberschenkel. Ich spürte dort kurz etwas Heißes, ehe ich wieder untertauchte in den Terror eines dritten Todesringens. Auch dieses, wie die anderen, hörte schließlich auf, und wir kamen wieder an derselben Stelle wie vorher an die Oberfläche, neben dem Feigenbaum.

Ich wußte, daß ich schwächer wurde, aber ich merkte, daß das Krokodil eine lange Zeit benötigen würde, um mich auf diese Weise zu töten, mich langsam in Stücke zu zerreißen. Es schien mit mir zu spielen, wie eine riesige knurrende Katze mit einer zerfetzten Maus. Ich konnte mir nicht vorstellen, daß ich überleben würde. Es schien so wütend zu sein und so viel stärker als ich, und ich betete darum, daß es mich schnell fertigmachen solle. Ich entschloß mich dazu, es zu provozieren, es mit meinen freien Händen anzugreifen. Ich fühlte, immer noch in seinem Rachen steckend, hinter mir seinen Kopf und entdeckte zwei Klumpen. In der Annahme, es seien seine Augen, rammte ich meine Daumen mit aller Kraft hinein. Sie glitten in warme, widerstandslose Löcher (es müssen seine Ohren gewesen sein, oder vielleicht die Nasenlöcher), und das Krokodil erschrak noch nicht einmal. In meiner Verzweiflung hielt ich mich wieder an dem Ast fest und hatte Angst vor einem langsamen qualvollen Tod. Wieder spürte ich, wie sich der Kiefer des Krokodils nach einiger Zeit entspannte.

Ich wußte nun, daß ich dieses Muster durchbrechen mußte. Nicht zurück zu dem Weißbaum! Die unmögliche, glitschige Schlammböschung hinauf war der einzige Ausweg. Ich warf mich mit meiner ganzen nachlassenden Kraft auf sie, kratzte mit meiner Hand nach einem Halt, erfolglos, rutschte, fiel zurück zu Boden, auf das wartende Krokodil zu. Ein zweiter Versuch, diesmal schaffte ich es beinahe, ehe ich zurückrutschte, fing mich nach zwei Dritteln des Weges auf, indem ich nach einem Grasbüschel griff. Dort hing ich, erschöpft, geschlagen. »Ich schaffe es nicht. Es muß kommen und mich holen«, dachte ich. Irgendwie eine Schande, wenn man bedenkt, was ich schon alles durchgemacht hatte. Das Grasbüschel gab allmählich nach. Um mich am weiteren Abgleiten zu hindern, bohrte ich meine Finger instinktiv in den weichen Schlamm, und er hielt mich. Das war der Hinweis, den ich zum Überleben gebraucht hatte. Mit letzter Anstrengung begann ich, die Böschung hochzuklettern, bohrte meine Finger immer wieder in den Schlamm, um nicht abzurutschen. Ich kam oben an und stand auf, ungläubig. Ich war am Leben! Ich spürte, wie in mir ekstatische Freude aufwallte.

Nun war ich zwar dem Krokodil entkommen, aber das war keineswegs das Ende meines Überlebenskampfes. Ich war allein, schwer verletzt, und Hilfe war viele Kilometer entfernt. Während meines Kampfes mit dem Krokodil war ich so auf mein Überleben konzentriert gewesen, daß ich meine Wunden und Schmerzen gar nicht richtig gespürt hatte. Doch bei meinem ersten Schritt aus der Nähe des Krokodils fort wußte ich, daß etwas mit meinem Bein nicht stimmte. »Das Mistvieh hat mir das Knie gebrochen«, dachte ich erst. Ich wartete jedoch nicht, um den Schaden zu inspizieren, sondern machte mich auf, fort vom Krokodil, in Richtung Rangerstation.

Als zwischen mir und dem Krokodil einige Entfernung lag und ich mich ein wenig sicherer fühlte, hielt ich inne um herauszufinden, was mit meinem Bein nicht stimmte. Da wurde mir zum ersten Mal klar, wie ernst meine Verletzungen waren. Ich beseitigte nicht meine Kleidung, um nach der Verletzung in meiner Leistengegend zu schauen, die ich beim ersten Biß erlitten hatte. Was ich so sah, war schon schlimm genug. Mein linker Oberschenkel war eine einzige klaffende offene Wunde, und man konnte Fettstücke, Sehnen und Muskeln sehen. Ein Gefühl von Übelkeit und Taubheit breitete sich in meinem ganzen Körper aus. Ich zerriß ein paar meiner Kleider und versuchte, die Wunden abzubinden, konstruierte eine Aderpresse für meinen Oberschenkel und stolperte weiter mit nur einem Gedanken: die Rangerstation zu erreichen. Immer noch freudig erregt über mein Entkommen, stellte ich mir vor, wie ich blut- und schlammverschmiert als Sensation in die Rangerstation taumelte. Ich war schon ein ganzes Stück weit gegangen, als mir mit sinkendem Herzen klar wurde, daß ich den Sumpf oberhalb der Rangerstation ja mit einem Kanu überquert hatte und daß ich ohne ein Kanu nie dorthin zurückkehren könnte. Vielleicht würde ich also letztlich doch hier draußen sterben. Immer, wenn ich mich hinlegte um mich auszuruhen, wurden meine Schmerzen nur noch schlimmer. Ich schleppte mich weiter, durch strömenden Regen.

Als ich nach mehreren Stunden dem Sumpf oberhalb der Rangerstation näherkam, wurde mir ab und zu schwarz vor Augen, und ich mußte den Rest bis zum Rand kriechen. Mehr konnte ich allein nicht tun. Ich wählte eine Stelle aus und lag dort in der Dämmerung und wartete auf das, was geschehen würde.

Schließlich fand man mich noch rechtzeitig, und ich blieb am Leben, so unwahrscheinlich es auch war.

Das Wunder des Lebendigseins, nachdem ich im wahrsten Sinne des Wortes im Rachen des Todes gesteckt hatte, verließ mich seitdem nie mehr ganz. Das erste Jahr brachte die Erfahrung des Daseins als unerwartetem Segen einen goldenen Glanz in mein Leben, trotz der Verletzungen und der Schmerzen. Ein tiefes Gefühl von Dankbarkeit war das Geschenk dieser aufblitzenden Nahtoderfahrung, dieser flüchtige Einblick »von außerhalb« in diese unvorstellbar fremde Welt, in der es kein Selbst als zentralen Beobachter gibt.

Es bleiben viele Rätsel um die Ereignisse, sowohl sozialer als auch biologischer Natur. Zum Beispiel die Gründe für die Attacke auf das Kanu, die nach den Krokodilgesetzen höchst ungewöhnlich ist, und dann die Größe des Krokodils. Es gibt zahllose mögliche Erklärungen für den ungewöhnlichen Angriff. Vielleicht hatte das Krokodil »politische« Motive, gegen den Feind seiner Spezies. Menschen sind eine Bedrohung für Krokodile, und zwar eine entsetzlichere als umgekehrt, weil sie den Lebensraum der Krokodile vernichten. Vielleicht hatte es »religiöse« Motive und dachte, daß jeder Mensch, der sich allein unter solchen Bedingungen mit solch einem zerbrechlichen Boot in diese Gewässer vorwagte, sich der Spezies Krokodil als Opfer hingab. Ich persönlich glaube, daß die Antwort möglicherweise in den extremen Wetterbedingungen zu suchen ist, in der zweideutigen Natur des Kanus und in der merkwürdigen Beziehung des Krokodils zu der Grenzlinie zwischen Land und Wasser.

Das Rätselhafteste jedoch bleibt natürlich die Frage, warum es mich überhaupt hat laufenlassen. Hier, glaube ich, gibt es mehrere Aspekte. Da es keines der sehr großen Krokodile war, die mit geringer Anstrengung töten können, war ich vielleicht in Anbetracht der geringen Wassertiefe und der Art, wie es meinen Körper gepackt hatte, nur eine schwierig zu fassende Beute. All das machte es ihm schwer, mich unter Wasser zu halten, und es hat mich beim ersten Mal vielleicht losgelassen, um mich besser, das heißt weiter oben am Körper, packen zu können. Ich bezweifele nicht, daß es keinen Grund für einen zweiten Kampf gegeben hätte, wenn es mich nach dem ersten Kampf lange genug unter Wasser hätte halten können. Sein Unvermögen, mich unter Wasser zu halten, deutet darauf hin, daß es ein streunendes oder in der Gegend neues Tier war, vielleicht ein Krokodil aus dem Fluß, das mit dem Gelände nicht vertraut war und die Stellen nicht kannte, die sich in dem flachen Wasser besser für ein Ersäufen eigneten. Mein Freund der Feigenbaum, der es mir gestattete, mich an meinem eigenen Element gut festzuhalten, muß auch eine wichtige Rolle gespielt haben. Einige Jahre zuvor versuchte ein vier Meter langes Krokodil bei einer anderen Begegnung in diesem Gelände, einen erwachsenen Mann aus dem flachen Wasser fortzuzerren, doch wurde er von dem entschlossenen Griff eines kleinen Mädchens gerettet, das seinen Arm festhielt und in die entgegengesetzte

Richtung zog. Vielleicht hat das Krokodil auch nur deswegen losgelassen, weil es erschöpft war. Ich erlebte das Krokodil bei unserem Kampf als unheimlich stark, aber solch eine große Kraft kann es nicht sehr lange aufbringen, und es muß das Ertränken seines Opfers sehr schnell zu Ende bringen. Obwohl meine Angst, es würde mich langsam in Stücke reißen, unbegründet war, glaube ich doch immer noch, daß es so viel Kraft hatte, daß es mich in einem unbegrenzterem Gewässer fertiggemacht hätte.

Mein Rat an andere in ähnlicher Situation ist derselbe wie der von Vincent Eri, der das Krokodil als Metapher für das Abendland benutzte, als er die Beziehung der kolonisierten einheimischen Kultur zu der kolonisierenden abendländischen Kultur beschrieb. Wenn der Krokodil-Zauberer-Kolonisierer einen vollständig in sein Element zerren kann, dann hat man kaum eine Chance. Doch wenn man es irgendwie schafft, an seinem eigenen Element festzuhalten, dann kann man überleben.

Eines der sozialen Rätsel ist die Frage, warum derartige Ereignisse in den Medien als Sensationen behandelt werden. Ich weiß noch, wie ich, als ich mich von der Angriffsstelle fortkämpfte, erleichtert dachte, daß ich jetzt eine gute Ausrede dafür haben würde, daß ich mit einem Artikel nicht rechtzeitig fertigeworden war, und daß ich meinem kleinen Freundeskreis eine ungewöhnliche Geschichte zu erzählen hätte. Ich sah das Ereignis als ein persönliches Erlebnis, das wahrscheinlich nur wenig Interesse erregen würde. Die gewaltige Publizität und das überwältigende Interesse der Medien an meiner Attacke (und anderen, ähnlichen Angriffen) kamen als unangenehme Überraschung. Ich erkenne darin und auch in der Tatsache, daß die Medien das Beutephänomen als Sensation behandelten, ein weiteres Element des abendländisch dualistischen Denkens.

In den meisten Vorstellungen von Eingeborenen über den Tod, werden, wie Bill Neidjies Arbeit deutlich macht, Tiere, Pflanzen und Menschen als Lebewesen gesehen, die sich eine gemeinsame Lebenskraft teilen, und man nimmt an, daß es zwischen Mensch und Tier häufig zu Gestaltwechseln kommt. Im Abendland wurde der Mensch als etwas vollkommen anderes von der Natur getrennt. Der drohende Zusammenbruch von Grenzlinien steht hinter den platonisch-christlichen Berichten vom Tod als Trennung der nicht-materiellen, ewigen Seele als einer weiterlebenden menschlichen Essenz von einem unwesentlichen, vergänglichen tierhaften Körper. Ein Grund dafür, daß der Tod im Abendland solch ein Horror ist (es sei denn, man interpretiert ihn neu nach platonischen Vorstellungen, um diese Trennung aufrechtzuerhalten), liegt darin, daß beim Tod die verbotene Mischung von absolut getrennten Kategorien auftritt: die Auflösung des heilig Menschlichen in das profan Natürliche. Der Tod im Rachen eines Krokodils multipliziert die verbotenen Zusammenbrüche solcher Grenzen noch, kombiniert den Verfall des Körpers noch mit einem aktiven Triumph eines Tieres über die Spezies Mensch. Die Tötung eines Menschen durch das Raubtier Krokodil bedroht demnach die dualistische Weltanschauung und Welteinteilung, die die Herrschaft des rationalen Menschen über diesen Planeten rechtfertigt. Die Menschen mögen die führenden Raubtiere sein, aber sie selber dürfen den Würmern nicht als Nahrung dienen, und schon gar nicht Krokodilen zum Opfer fallen. Die unverhältnismäßig große schockierende Wirkung, die der Angriff eines Krokodils auf einen Menschen hat, die Programme und Vergeltungsschlachtungen, die darauf abzielen, in einem bestimmten Gebiet eine ganze Spezies auszurotten, beruhen auf dieser Leugnung unserer Tiernatur. Das mag auch den Schwierigkeiten zugrunde liegen, denen man begegnet, wenn man andere freilebende Tiere in der Wildnis schützen will – Raubtiere, für die der Mensch ein Beutetier ist.

Ich habe von meinem Erlebnis viele persönliche Lektionen gelernt. Eine besteht darin, weniger auf den rationalen Verstand zu vertrauen und mehr auf die Botschaften und Warnungen zu hören, die von den Sinnen kommen und aus anderen Quellen, die man im gegenwärtigen Rahmen unserer Vernunft vielleicht nicht erklären kann. Die menschliche Spezies hat sich über Jahrmillionen hinweg entwickelt, nicht nur als Raubtier, sondern auch als Beutetier, und das hat uns sehr wahrscheinlich die Fähigkeiten gegeben, Gefahren zu wittern – Fähigkeiten, die wir jetzt nicht erkennen oder erklären können. So liegt für mich die eigentliche Bedeutung von Nahtoderfahrungen oder vom Überleben unter glücklichen Umständen nicht so sehr in der unglaublichen Fähigkeit, Schmerzen zu erdulden.

An dem Tag selber, aber noch mehr jetzt, ein Jahrzehnt später, liegt die Botschaft dieser Ereignisse in der Lektion über die Verwundbarkeit der Menschheit. Diese Lektion, glaube ich, ist in gewissen einheimischen Kulturen noch durchaus bekannt, doch in der technologischen Kultur, die jetzt die Erde kolonisiert, verlorengegangen. Die Illusion von Unverwundbarkeit ist typisch für den Geist von Kolonisten. Und so wird das Erlebnis, Beute zu sein, aus der Welt geschafft, und damit verschwindet auch etwas, was wir davon über die Macht und den Widerstand der Natur lernen könnten und über den Wahnsinn menschlicher Arroganz. In meiner Arbeit als Philosophin hebe ich nun gerne unser Versagen, menschliche Verwundbarkeit anzuerkennen, hervor, sowie die irrigen

Ansichten von uns selber als rationale Meister einer formbaren Natur, und ich betone die Hoffnung, daß wir uns vielleicht wieder einer Dimension von Erfahrungen bewußt werden, die uns verloren ging, und andere, hoffentlich humanitäre Arten entdecken, das Wissen um unsere Verwundbarkeit zu bewahren.

Teil 4
Ehemalige Beziehungen erneuern

ALAN DRENGSON

Mit Tieren leben

Kinder sind in der Regel gerne bereit, andere Lebewesen zu lieben, wie Hunde, Katzen, Vögel, Schlangen, Frösche und Ameisen. Unsere jüngste Tochter ist immer hocherfreut, wenn sie eine Spinne auf dem Boden entdeckt. Alle unsere Kinder lieben Raupen und Vögel. Wir können wichtige Dinge über das Leben lernen, wenn wir beobachten, wie Kinder und Tiere miteinander umgehen. Sie erinnern uns daran, wie wir die kreativen Energien unserer Phantasie nutzen können, um ein erfülltes Leben zu führen.

Wie meine Kinder, so bekamen auch mein Bruder und ich einen kleinen Hund von unserem Vater, als wir noch ganz klein waren. Vati liebte alle Tiere, doch besonders Pferde und Hunde. Er brachte uns bei, wie wir mit dem kleinen Hund umgehen und wie wir ihn dressieren konnten. Er machte es uns vor und erklärte, was er tat. Auf diese Weise vermittelte er uns die richtige Einstellung dem Hund gegenüber.

Er hatte eine wunderbare Beziehung zu Tieren und konnte selbst die lebhaftesten Hunde zu sich locken. Dabei rief er sie nicht, machte keine deutlichen Gesten und redete ihnen auch nicht gut zu, sondern er war einfach still. Er hockte sich hin und schaute an dem Hund vorbei. Seine Haltung signalisierte dem Tier, daß er keine Angst hatte und auch nicht hungrig oder aggressiv war, sondern lediglich neugierig, freundlich und verspielt. Er lehrte uns, wie man auf Tiere (und Kinder) positive spirituelle Energie projizieren kann, die einladend, beruhigend und freundlich wirkt. Er nannte es nicht spirituelle Energie, aber diese Bezeichnung ist angemessen und zutreffend. Er sagte, es sei eine innere Haltung, die darauf beruhe, daß Herz und Geist zusammenarbeiten. Er sagte, man könne dies lernen, indem man seinen Geist beherrscht.

Bei diesen Interaktionen mit unseren Hunden, Katzen, Möwen, Ratten, Schlangen, Hühnern und anderen Tieren erlebten wir ihn niemals ungeduldig oder wütend. Beim Dressieren unseres Hundes sprach er leise und arbeitete mit Gesten und Lob. Er konnte die Aufmerksamkeit der Hunde tatsächlich vollkommen auf sich ziehen. Ich weiß noch, wie ich ihn einmal fragte, was er einem Hund beibringen könne, und er sagte, alles, was der Hund lernen könne und möchte. Er sagte das auch über Pferde. Sein Selbstvertrauen beruhte auf seiner vielfach bewiesenen Fähigkeit, mit ihnen zu arbeiten, und er sagte mir immer wieder, daß wir alles tun könnten, wenn wir unseren Geist darauf richten.

Vati war auf einem Bauernhof aufgewachsen, auf dem man mit allen möglichen wilden und zahmen Tieren Kontakt aufnehmen konnte. Im Sommer ging er auf eine norwegische Schule, im Winter auf eine englische. Seine Vorfahren waren die ersten Siedler aus Norwegen. Er erzählte mir, daß er alles, was er über die Erziehung von Tieren wisse, von seinem Vater, den alten Siedlern und von den Tieren selber gelernt habe. Unter seinen Leuten gab es Jäger, Sammler und Bauern. Ein beliebtes norwegisches Bild zeigt einen Mann, ein Pferd und einen Hund, die sich gemeinsam auf eine Wikingerfahrt, das heißt auf eine Reise, machen. (In den meisten Fällen wurde dabei nicht geplündert, sondern es stand im Zusammenhang mit dem altnordischen Schamanismus.) Diese beiden Tiere haben in den alten Traditionen eine ganz wichtige Bedeutung, und Vati kannte diese Mythologie. Wir lernten von ihm nur einen Bruchteil dessen, was er wußte. Das lag daran, daß wir nicht auf einem Bauernhof in einer traditionellen Gemeinschaft lebten und daß seine Arbeit ihn das ganze Jahr über viele Stunden und Tage von zu Hause fernhielt. Was wir jedoch von ihm lernten, hatte eine zentrale Bedeutung, denn wir lernten, wie man auf Tiere zugeht und mit ihnen zusammen ist. Die meisten spezifischen Techniken, die er an uns weitergab, habe ich jedoch vergessen, weil ich sie so gut wie nie praktiziert habe.

Vati lehrte uns über die Tiere Wissen, Fakten, Überlieferungen und Faustregeln, doch noch wichtiger war die innere Haltung, ein Gefühl von Respekt vor den Werten der Tiere. Eine Geistesverfassung, eine Art des Lebens, eine Einstellung, eine Orientierung, etwas positiv Geistliches mit freundlicher Energie. Aus diesem Geist heraus entsteht eine Beziehung und gemeinsames Lernen durch phantasievolles Spielen.

Es ist allgemein bekannt, daß Kinder, die in tiefen emotionalen Schwierigkeiten stecken, oft eine Beziehung zu Tieren haben, beispielsweise zu Hunden, und daß ihnen dies helfen kann, auch mit Menschen in Kontakt zu kommen. Ein Hund verlangt nichts von ihnen, beurteilt sie nicht, akzeptiert sie so wie sie sind, erwartet nichts von ihnen. Er will nur eine Beziehung zu ihnen und mit ihnen spielen. Er will sie beschützen. Ein Kind kann alles sagen oder tun. Solange es gutmütig ist, wird es akzeptiert.

Hunde sind Gesellschaftstiere, die bereitwillig eine Beziehung mit Menschen eingehen, besonders dann, wenn man ihnen gegenüber Zuneigung und Respekt zeigt, sie füttert und bürstet, mit ihnen spricht und sie streichelt. Hunde lieben es, wenn man sie lobt, und machen dann ganz erstaunliche Sachen. Sie sind sehr sensibel in Bezug auf menschliche Emotionen und können mit tiefer Sympathie auf echten Kummer und wirkliche Freude reagieren. Mit den Jahren haben wir beeindruckende und bewegende Zeugnisse von Intelligenz, Sensibilität und Besorgnis bei den Tieren beobachtet, die wir kannten.

Vor vielen Jahren verbrachte ich einen Sommer bei Großvater Horseman – ein Reiter von norwegischer Abstammung, einer der Pioniere. Wie mein Vater war auch er auf einem Bauernhof mit Hunden, Pferden und anderen Tieren großgeworden. Er lernte gleichzeitig reiten und laufen. Er bestätigte alles, was Vati uns über Tiere beigebracht hatte, doch hatte ich mit den Jahren schon viele Bestätigungen für diese Dinge bekommen. Er zeigte und erzählte mir viel über wilde Tiere, was ich weder von meinem Vater gelernt noch selber erfahren hatte. Großvater Horseman lebte sein ganzes Leben lang Tag für Tag mit Pferden und anderen Tieren zusammen, und damals war er Ende Sechzig. Er hatte jahrelang mit Tieren in der Wildnis gelebt.

Wie schon früher mein Vater, so zeigte er mir, daß die Arbeit mit Pferden und Beziehungen zu wilden Tieren einen großen Respekt und eine Aura der Zuneigung voraussetzen. Es gab Zeiten, in denen er mit den Pferden streng umging, aber diese Strenge war kein Zorn. Er sagte mir: »Pferde sind furchtsame Tiere. Ihre Zähne sind stumpf. Sie fressen Gras und Getreide. Sie haben Hufe und Beine, um schnell laufen zu können. Sie rennen gern vor einer Gefahr davon, anstatt dagegen zu kämpfen. Sie haben scharfe Augen, gute Ohren und eine empfindliche Nase. Es ist wichtig, sie wissen zu lassen, daß du ihnen nicht wehtun wirst. Du mußt selbstbewußt, aber nicht aggressiv auf sie zugehen. Freunde dich mit deinem Pferd an und achte ganz genau darauf, was es mag und was nicht.« Er zeigte mir, was ich mit dem Pferd machen sollte, das ich in diesem Sommer reiten und um das ich mich auch kümmern würde. Es hieß Lucky und war ein großer weißer Wallach. Er war dressiert darauf, bepackt zu werden und einen Sattel zu tragen. Lucky und ich wurden Freunde, weil ich den Anweisungen des Horseman folgen konnte.

Jeden Abend saßen Großvater Horseman und ich nach dem Abendessen ruhig am Lagerfeuer zusammen. Man konnte die Pferde sehen und hören, wie sie in einiger Entfernung grasten. Ihr Schmatzen und Kauen erzeugte ein entspanntes, schläfriges Gefühl. Wilde Tiere kamen aus dem Wald auf die Wiesen. Manche kamen ganz nahe. Der Horseman zeigte mir, daß man nur in einer bestimmten Weise sitzen, ruhig atmen und sich in eine Art Leere in seinem Bauch begeben müsse, und schon kämen die verschiedenen Tiere herbei. Vögel schauten vorbei, man sah Bären unterhalb des Lagers am Fluß, Rehe zogen vorüber, Backenhörnchen huschten umher.

Großvater Horseman hatte einen unendlichen Vorrat an Geschichten über wilde und zahme Tiere, und die meisten von ihnen enthielten irgendeine Einsicht oder Weisheit. Alle zeugten von einer starken Konzentrationsfähigkeit und von einer scharfen Beobachtungsgabe, die von der Fähigkeit herrühren, sich zu entspannen und einfach alles so sein zu lassen, wie es ist, so daß es sich uns enthüllen kann. Wenn er mit den Packpferden auf dem Weg wanderte, war er nie in Eile, verschwendete nie Energie und kämpfte nie gegen die Pferde an. Obwohl er auf die Siebzig zuging, konnte er von morgens bis abends gehen, den Pferden das Gepäck und die Sättel abnehmen, das Lager aufschlagen, Holz hakken, ein Feuer aufschichten, Abendessen kochen, abwaschen, und die ganze Zeit über spannende Geschichten erzählen. Das meiste, was er wußte, stammte aus einer mündlichen Überlieferung, die bis zu den Anfängen der Tierzucht im Westen zurückreichte. Und nun verlieren wir gerade diese Traditionen! Für sie bedarf es dauernder, an gewisse Orte gebundene Gemeinschaften, doch heutzutage zerstören wir solche Orte und ihre Gemeinschaften.

Als ich erwachsen geworden war, vergaß ich einige der wichtigsten Lektionen meines Vaters und des Horseman über das Zusammensein mit Tieren. Einmal, als ich müde war, versuchte ich, einem meiner Hunde etwas beizubringen. Ich verlor die Geduld, redete wütend auf den Hund ein und schlug ihn mit der Hand. Es dauerte eine lange Zeit, bis ich diese unbeherrschte Handlung ausgebügelt hatte. Der Hund hatte keinen Groll gegen mich und duckte sich nicht, wenn ich ihn rief, aber er war in meiner Gegenwart unruhig und nervös. Zweifellos hatten mein Mangel an Geduld und die Anwendung von negativer Energie unsere Beziehung vorübergehend geschädigt. Aber schließlich, mit viel Zeit und Geduld, wurde wieder eine Vertrauensbasis geschaffen, indem ich das praktizierte, was andere Vermischen von Energien (oder im Aikido »Ki«) nennen. Auf diese Weise beseitigten der Hund und ich gemeinsam das Problem, das durch mein impulsives Handeln entstanden war.

So habe ich aus Erfahrung gelernt, daß wir positive Energie erzeugen können, die anziehend und heilend wirkt. Ich habe festgestellt, daß diese Energie unerschöpflich ist, wenn wir bei allen unseren Beziehungen mit Tieren, Pflanzen und Menschen, mit unserem Wohnort und mit der Natur Harmonie walten lassen. Solch eine Beziehung aufzubauen, hat nichts mit einer Theorie über Tierdressur zu tun. Es ist eine ständige Art des Daseins, eine praktische Aktivität, die es uns ermöglicht, Offenheit mit anderen zu lernen und zu teilen. Mitgefühl ist der Schlüssel zu dieser offenen positiven Energie. Durch liebevolle Aufmerksamkeit lernen wir, unsere Erfüllung in Harmonie mit anderen zu finden – Menschen oder Tieren. Auf diese Weise erkennen wir, daß alle Lebewesen im Grunde gutherzig sind. Das ist eine reiche Quelle für Einsicht und Verständnis.

Die Natur ist voller Tiere, in uns und um uns herum. Die Tiere besitzen die Kenntnis und die Weisheit, die wir benötigen, um viele unserer menschlichen Probleme zu lösen. Wer mit Tieren in Harmonie leben kann, lebt in Frieden, weil sie Frieden sind. Mit harmonischer Energie dressieren oder konditionieren wir Tiere nicht, sondern lassen sie so sein, wie sie sind. Wir lernen, gemeinsam etwas Schöneres aus unserer Beziehung zu machen. Die Techniken zum Dressieren von Tieren sind weniger wert als selber zu lernen, sich durch mitfühlende Aufmerksamkeit in harmonischer Energie zu befinden. Das haben mir mein Vater und Großvater Horseman mit ihren Handlungen gezeigt.

Einige der bekanntesten Pferdetrainer des neunzehnten Jahrhunderts lernten ihre Kunst im nordamerikanischen Westen. Unter den berühmtesten waren die »Flüsterer«. Sie wurden so genannt, weil sie den Pferden ganz sanft in die Ohren flüsterten. Nach alten Berichten konnte ein Flüsterer ein widerspenstiges, gefährliches Pferd binnen kurzer Zeit besänftigen, wenn alle anderen versagt hatten. Sie begannen ihre Arbeit mit einem Pferd, indem sie mehrere Stunden bei ihm im Stall verbrachten, ohne irgendwelche Ablenkungen. Auf diese Weise bauten sie eine starke Verbindung mit dem Pferd auf, wurden sein Freund, ließen es wissen, daß sie ihm nicht wehtun, sondern vielmehr helfen würden. Ein Flüsterer brauchte nur kurz auf einem Pferd zu reiten und konnte danach genau sagen, wie es dressiert und behandelt worden war. Flüsterer, so sagt man, lieben Pferde und bevorzugen ihre Gesellschaft.

Der Horseman sagte, in seiner Familie würden die Pferdetrainer von jungen Jahren an mit Hengsten eine Verbindung herstellen. Das erreichten sie auf vielerlei Art. Das Wichtigste war, mit ihnen zu spielen. Er sagte, sein Vater sei jeden Tag hinausgegangen und habe mit den jungen Hengsten gespielt. Er spielte mit ihnen so, als sei er selber ein junges Pferd. Er machte Luftsprünge und spielte nach ihren Regeln. Auf diese Weise wurde er zu einem Mitglied ihres »Stammes«. Dann folgten sie ihm. Dieser ganze Prozeß hatte nichts damit zu tun, das Pferd oder seinen Stolz zu brechen. Gebrochene Pferde, sagte er, seien geschädigt. »Das Geheimnis eines Reiters«, erklärte er einmal,»ist es, immer sein Bestes zu geben, so daß auch das Pferd ermutigt wird, sein Bestes zu geben.« Das sind nur einige der Dinge, die Vati und Großvater Horseman mir über das Zusammenleben mit Hunden, Pferden und anderen Tieren beibrachten. Und mit sich selbst und anderen Menschen zusammenzusein, ist auch nicht anders. Diese Art des Harmonie mit Tieren sollte man auch deswegen praktizieren, weil man mit Weisheit in der Natur und mit den Menschen leben kann. Lösen wir uns von unseren Begierden, Ambitionen, Ängsten und von dem Drang, die Tiere und die Natur zu beherrschen, und bringen wir unsere Energie mit ihrer in Einklang, dann erleben wir keine Spaltung im Geist. Wir begegnen dem anderen in kooperativer Harmonie. Und gemeinsam erschaffen wir etwas Schöneres, als wir es allein könnten.

Mein Vati erzählte mir, daß er einmal beobachtete, wie Sioux-Indianer ihre Ponies bei einer Vorführung ohne Sattel ritten. Er bewunderte ihre Fähigkeit, oben sitzen zu bleiben, während das Pferd sich wild gebärdete, galoppierte, in die Luft sprang, sich drehte und wendete. Er fragte einen älteren Sioux, der neben ihm stand, wie es die jungen Krieger schafften, auf dem Pferd zu bleiben. Der Ältere dachte einen Augenblick nach, lächelte dann, faltete die Hände vor sich, bewegte sie gemeinsam wild herum und sagte dabei»nicht zwei, nicht zwei«. In dieser Einheit waren die zwei eins, die Gegensätze wurden zu Ergänzungen. Wenn sich unsere Beziehung zu Tieren als ein einigender Prozeß erweist, dann erkennen wir unser höheres ökologisches Selbst und die spirituellen Kräfte der Natur, an denen wir alle teilhaben. Unsere Handlungen erlangen Schönheit.

Großvater Horseman machte mich eines Tages auf die Landschaft aufmerksam. Wir ruhten uns an einem Paß aus und konnten eine ganze Wasserscheide überblicken. Es war eine wilde unberührte Landschaft. Er wies mich darauf hin, daß alles am rechten Platz sei, daß alles harmonisch zusammenpaßte und das Ergebnis eindrucksvolle Schönheit war. Dann sagte er, daß dies auf alles, was der Mensch mache, zuträfe. Handeln wir so, daß unsere Handlungen schön sind, dann handeln wir richtig. Wir sollten so handeln, daß wir einen Beitrag zur gesamten Schönheit der Welt leisten. Ich habe über die Jahre hin immer wieder an diese Beobachtungen gedacht und erkannte, daß er eine ganze Philosophie, eine Lebensart damit zusammengefaßt hatte. Wenn ich die Monokulturen und die Kahlschläge des industriellen Ackerbaus und der Forstwirtschaft betrachte, finde ich sie häßlich und deplaziert. Ökologisch unverantwortlich. Sehe ich Land- und Forstwirtschaft, deren Ergebnis schön ist, dann bin ich überzeugt, daß sie recht sind. Denke ich darüber im Zusammenhang mit meinem eigenen Leben nach, dann wird mir klar, daß sich meine Wahrnehmung grundlegend verändert hat, und das hängt damit zusammen, was ich als mein eigenes Selbst identifiziere.

Eine der besten Arten, das auszudrücken, besteht für mich darin, es mit den Worten der transpersonalen Ökologie zu beschreiben. Zu Beginn sind wir eins mit der mütterlichen Matrix (Natur). Dann werden wir uns allmählich unserer Individualität bewußt. Zu diesem Prozeß gehört eine unterschiedlich starke Differenzierung von der natürlichen Matrix. Selbst-Bewußtsein kommt in Individuen auf, die Teil einer menschlichen Gemeinschaft sind und Zeit außerhalb der Gemeinschaft verbringen, wie bei den Visionssuchen. Sie erkennen, was an ihnen verschieden und was gleich ist.

Die moderne abendländische Kultur scheint in einer Form von Individualismus festzusitzen, bei der der Mensch sich mit einem Ego identifiziert, das vollkommen von der Natur und unseren eigenen, wilden Gefühlen getrennt ist. Diese Entfremdung stellt ein Problem dar, aber auch eine Chance. Denn dadurch, daß wir hinausgehen, können wir wieder nach Hause kommen mit einem erweiterten Gefühl von uns selbst oder unserem Selbst, das wir das ökologische Selbst nennen. Dieses Selbst ist alles was wir sind, einschließlich des Ortes und des Kontextes, ohne den wir uns nicht definieren könnten, ohne den wir nicht einmal existieren könnten.

Das moderne Denken versucht, sich von Ort und Kontext zu befreien, in reinen Abstraktionen zu verweilen. Doch wenn unser Bewußtsein entwurzelt ist, dann verliert es seinen Bezug zu Werten, die der Natur innewohnen. Wir verlieren die Orientierung. Wir müssen mit einer erweiterten Identifikation zu einem Ort und zu einem Kontext zurückkehren. Dann gelangen wir in den transpersonalen Bereich. Wir gehen aus von dem Präpersonalen (prä-egohaft) und entwickeln dann ein soziales und personales Selbst (Ego). Reifen wir weiter, entwickeln wir ein transpersonales Bewußtsein (trans-egohaft). Das führt uns über die enge historische Zeit hinaus. Es führt uns auch zurück zum Ursprung, dem Urgrund menschlich selbst-bewußter Existenz. Dies ist der wilde und ursprüngliche Urgrund, der immer schöpferisch hervortritt. Daran voll und ganz teilzunehmen bedeutet, ein weltliches Leben in der Gegenwart des Sakralen zu führen. Es bedeutet, das Heilige in jeder auch noch so beiläufigen Handlung zu ehren und zu respektieren.

Sind wir mit Tieren auf diese tiefe rezeptive Art zusammen, die wir oben beschrieben haben, dann verwirklichen wir transpersonales Bewußtsein. Dies ist ein zeitloses, formloses, universales Bewußtsein, an dem alle Lebewesen teilhaben, bei dem alle mithelfen zu schaffen und zu bewahren. Selbst wenn wir noch viele ungelöste Konflikte und tief verborgene Schattenseiten in uns haben, können wir doch mit Tieren in dieser Weise zusammensein. Es ist eine Art, unsere eigene Schattenseite zu entdecken und zu enthüllen und eine ökologische Tiefe zu gewinnen. Lernen wir es, mit Tieren zusammenzusein, vertiefen wir dadurch unser Wissen davon, wer und was wir sind. Wir kennen Tiere, Natur und andere mit all ihren innersten Werten nur dann, wenn wir sie mit dem Herzen der klaren Energien des Mitgefühls kennen. Wir müssen sie an ihren Orten lieben. Dies ist die Weisheit, die mich die Tiere mit Hilfe von Vati und Großvater Horseman lehrten. Ich danke ihnen allen für diese Weisheit. Laßt uns die Tiere unserer Umgebung und die Tiere in uns lieben. Mögen sie alle gedeihen!

Den Weg nach Hause finden

Ich höre auf Tiere. Ich besitze die Fähigkeit, die Gedanken und Gefühle von Lebewesen wahrzunehmen, die jenseits der gesprochenen Sprache kommunizieren. Ich glaube, daß alle Menschen einmal bis zu einem gewissen Grad diese Fähigkeit besessen haben. Da die meisten Eingeborenen der Welt diese Fähigkeit als selbstverständlich ansehen, habe ich das Gefühl, daß sie nicht allzu weit vom Zugriff »zivilisierter« Menschen entfernt ist. Wir müssen uns nur erinnern. Als Kind »hörte« ich Tiere und Pflanzen deutlich zu mir »sprechen«. Ich habe keine hörbaren Laute wahrgenommen, wir kommunizierten einfach miteinander. Gedanken anderer Lebewesen kamen mir mühelos auf angenehme und natürliche Art in den Sinn. Ihre Gefühle und Empfindungen strömten in mein Bewußtsein. Dieses Wissen half mir dabei, mit Wesen in Beziehung zu treten und mich mit ihnen zu »unterhalten«, die in anderen Körpern steckten als die Menschen. Als ich mit meinen Eltern über diese »Unterhaltungen« sprach, versicherten sie mir, daß es sich um meine Phantasie handele und nicht um Tiere und Pflanzen. Niemand, betonten sie, könnte richtig mit Tieren sprechen. Da begann ich, an mir zu zweifeln und mich anders als die anderen Menschen in meiner Umgebung zu fühlen. Ich fragte mich, was wohl wirklich sei. Damals war ich erst drei Jahre alt.
Glücklicherweise tauchte jemand auf, der mir half. Es war ein Kater, ein orange und cremefarben getigerter Kater. Ich nannte ihn Dusty. Dusty »erzählte« mir, ich solle den Versuch aufgeben, meine Eltern dazu zu bringen, zu verstehen oder zu akzeptieren, was ich tat. Er sagte, ich könne diese Erlebnisse mit ihm teilen, und er würde sich freuen, wenn er mir helfen könne, mit anderen Wesen zusammenzusein und von ihnen zu lernen. Ich war erleichtert und dankbar. Endlich verstand mich jemand! Die nächsten drei Jahre waren voller herrlicher Erforschungen und Unterhaltungen mit Katzen, Hunden, Schildkröten, Leuchtkäfern, Eichhörnchen und allen möglichen krabbelnden, schwimmenden und fliegenden Geschöpfen. Ich erfuhr von den Bäumen, wie gern sie uns beschützen und uns mit Sauerstoff versorgen. Ich erfuhr, daß die Rosen ein Liebesverhältnis mit der Sonne, dem Regen und der Erde hatten, und daß die Schildkröten die Erde riechen, um

herauszufinden, was am nächsten Tag für Wetter sein wird. Es war eine magische Zeit.

Als ich fünf war, kam ich in den Kindergarten. Das machte mir Spaß, aber ich freute mich immer darauf, wieder nach Hause zu kommen und Dusty von den anderen Kindern zu erzählen und was wir zusammen gemacht hatten. Die Schule kam mir wesentlich fremder vor als der Kindergarten. Trotzdem war es ein neues Abenteuer. Ehe ich in die erste Klasse kam, eröffnete mir mein Vater, daß ich ab jetzt mehr Zeit unter Menschen verbringen sollte. Er riet mir dringend, auf sie zu hören und mit Menschen ebenso vertraute und feste Beziehungen einzugehen wie mit meinen Nichtmenschen. Ich versprach, das zu tun, solange ich auch noch Zeit für meine nichtmenschlichen Freunde hatte. Er versicherte mir, daß sie immer für mich da seien. Nach unserem Gespräch widmete ich mich wirklich voll und ganz der Schule. Ich fand menschliche Freunde und lernte lesen. Ich hatte richtig Spaß daran!

Dann, eines Nachts im Oktober, kletterte Dusty zu mir ins Bett, als ich gerade einschlafen wollte, und sagte mir: »Ich bin sehr stolz auf dich. Du machst das alles großartig. Doch nun ist unsere gemeinsame Arbeit beendet.« Ich schlief ein, umgeben von seinen sanften Worten und seiner tiefen Liebe. Am nächsten Tag war er fort. Von einem Auto auf einer lebhaften Straße überfahren, nur wenige Meter von unserer eigenen entfernt. Mein Schmerz war unermeßlich. Ich bekam eine schwere Mandelentzündung, und meine Fähigkeit, mit nichtmenschlichen Wesen zu kommunizieren, verschwand allmählich. Mit Dustys Tod war all die Freude daran verloren, mein Herz zu öffnen. Niemand konnte ihn ersetzen. Ich glaubte, es sei besser, mein Herz zu verschließen und die Fähigkeit, die Gedanken anderer Wesen zu empfangen, zu verlieren, als noch einmal solch einen tiefen Schmerz zu erleben. Als ich acht war, war es soweit. Ich konnte sie nicht mehr hören. Ich war ein »normales« Kind geworden.

Sehr viele Leute erinnern sich an besondere Beziehungen zu Tieren, zu einem Wäldchen, einer Wiese, einem Teich ... Wenn wir uns an diese unschuldige Liebe erinnern und sie akzeptieren, bauen wir uns eine Basis, auf der wir unsere Fähigkeit, jenseits von Worten zu kommunizieren, wiedergewinnen können. Wenn wir gewillt sind, tief in unser Gedächtnis einzudringen bis zu wehmütigen und manchmal schmerzhaften Erinnerungen, dann sind wir in der Lage, die Teile von uns loszulassen, die uns zurückhalten, und jene anderen Teile zu fördern, die zuhören können. Und wenn wir dann hinhören, erinnern wir uns wieder daran, daß dieser Planet, ja, daß dieses ganze Universum von »empfindenden« Wesen belebt ist.

Durch sehr viel persönliches Heilwerden ist meine Fähigkeit, Tiere und Pflanzen zu hören, zurückgekehrt. Jetzt verbringe ich einen Großteil meines Lebens damit, mit Angehörigen anderer Spezies in Verbindung zu treten. Meistens arbeite ich mit einzelnen Menschen und Familien und vertrete dabei die Tiere, mit denen sie zusammenleben, so daß sie mehr voneinander lernen können. Häufig diene ich als Stimme für Tiere, die wegen einer Krankheit behandelt werden. Diese Tiere bekommen die Möglichkeit, genau wie wir zum Ausdruck zu bringen, wie sie sich fühlen oder wo es ihnen weh tut. Ich halte Workshops, um Menschen dabei zu helfen, mit den subtilen »Sprachen« der anderen Lebewesen ihrer Umgebung wieder in Kontakt zu kommen. Dieser Prozeß ist für jeden einzelnen einzigartig und besonders. Ich kann nicht versprechen, daß jeder so zu »hören« lernt, wie ich es kann, aber ich garantiere, daß die Reise, wenn man sie nicht abbricht, zu einem sehr viel tieferen Verständnis der nichtmenschlichen Lebewesen unserer Umgebung führen wird, der Ganzheitlichkeit und Verbundenheit allen Lebens auf diesem Planeten. Während sich diese Beziehung immer weiter vertieft, fühlt man sich mehr in Einklang mit der Natur, mehr mit allen Lebewesen verbunden und lebt in tieferem Frieden mit sich selbst.

Als ich den nicht-verbalen Wesen meiner Umgebung zuhörte, lernte ich, daß Tiere Individuen mit hochentwickelten Gedanken und Emotionen sind. Ich lernte, daß sie in ihrem Leben Entscheidungen treffen. Ich erfuhr, daß die Tiere, die am engsten mit uns zusammenleben (Hunde, Katzen und Pferde) sich in der Regel bewußt dazu entschlossen haben, in einer engen Beziehung mit uns zu leben, weil sie uns dabei helfen wollen, die Liebe zu finden, die unser Geburtsrecht ist. Aufgrund der tiefen Liebe und Verpflichtung solcher Tiere erinnern sich viele von uns wieder daran, was Liebe wirklich ist. Andere Tiere helfen den Menschen, die sich zu ihrer jeweiligen Einzigartigkeit hingezogen fühlen: Vögel, Kaninchen, Meerschweinchen, Mäuse, Ratten, Wüstenspringmäuse, Hamster, Frettchen, Fische ... Indem sie mit uns leben und ihr Leben mit uns teilen, unterstützen sie uns auf besondere und unzählige Arten. Ein Hund hat es einmal so beschrieben: »Ich bin der Teppich unter deinen Füßen, der die Härte des Lebens abfängt.« Viele Hunde leben mit uns und bieten uns damit ein sicheres Fangnetz, eine tägliche Dosis bedingungsloser Liebe, die uns bei unseren Geschäften mit der Welt unterstützt. Katzen geben uns im allgemeinen Lektionen im Loslassen und darin, wie man physische, emotionale und psychologische Traumata heilen kann. Pferde geben uns die Gelegenheit, uns mit ihnen in vollkommener Liebe und Vertrauen zusammenzuschließen, so daß wir die Ekstase der Einheit erleben können. Sie erinnern uns daran, daß wir dieses Geschenk verlieren, wenn wir versuchen, sie zu beherrschen oder zu manipulieren. Alle Tiere lehren uns, daß der Tod einfach nur bedeutet, daß ein bestimmter Körper nutzlos geworden ist. Er ist nicht das Ende, da die Seele weiterlebt, in nie endenden neuen Ausdrucksformen.

Eine meiner Klientinnen rief mich ein Jahr nach dem Tod ihrer Hündin, einer jungen, lebhaften Viszla, an. »CC« war eine jener besonderen, ungewöhnlichen Begleiterinnen gewesen, und Lisa vermißte sie furchtbar. Sie hatte ihren Kummer und ihre Schuldgefühle nie überwunden. Lisa rief mich an, um herauszufinden, ob mit CC alles in Ordnung sei. Jenseits von Zeit und Raum versicherte CC ihr, daß alles in Ordnung sei. Sie sagte Lisa, daß ihre kurze Zeit bei ihr, in Gestalt der Hündin, wunderbar gewesen sei, und daß sie sehr viel gelernt habe. (CC drang zu mir durch mit einer geradezu überwältigenden Freude und Liebe zu Lisa.) Lisa wollte, daß CC zu ihr zurückkehre, und CC versicherte ihr, daß dies möglich sei. Gemeinsam erforschten wir die Möglichkeiten eines neuen verkörperten Lebens für CC. Lisa entschied sich für den Körper eines australischen Schäferhundes und studierte die Züchter. CC suchte sich eine Mutter aus, die nach ihrem Gefühl die beste war. CC wurde wiedergeboren, und Lisa unternahm die lange Reise, um sie zu sehen. Voller Erregung, aber auch etwas besorgt, wählte Lisa einen Hund aus. Einige Wochen nach ihrer Rückkehr mit dem Hund schrieb mir Lisa: »Ich muß Ihnen einfach schreiben, um mit Ihnen meine Freude an Cissy zu teilen, der neuen Liebe meines Lebens. Je mehr sie bei uns ist, um so mehr liebe ich sie, wenn das überhaupt möglich ist. Jeden Tag fühle ich mich mehr und mehr mit ihr verbunden. Sie ist so aufgeweckt, so reif, so intelligent. Und mit jedem Tag sehe ich mehr von meiner kleinen CC in ihr. Dieses kleine neue Lebewesen hat mir jedoch das Beste von CC gebracht, so daß es jetzt noch besser ist als zuvor. Ich spreche manchmal zu ihr und danke ihr dafür, daß sie zu mir und meiner Familie zurückgekehrt ist. Wir lieben einander sehr und freuen uns auf unser gemeinsames Leben.«

Durch die Liebe zu einem Hund und durch ihren eigenen Mut hat Lisa ihren Kummer und ihre Schuldgefühle geheilt und ihr Herz für eine außergewöhnliche Möglichkeit geöffnet – die Wiedervereinigung mit demselben Wesen in einem anderen Körper. Lisas Verständnis von Leben und Tod hat sich dadurch für immer verändert.

Ich habe festgestellt, daß viele wilde Tiere sich entscheiden, diesen Planeten und das Netz des Lebens auf ihm, das ein Geschenk der Mutter Erde ist, zu unterstützen. Wissenschaftler haben zugegeben, daß wir eigentlich das komplexe Lebensmuster dieses Planeten nicht wirklich verstehen. Ich denke, es ist an der Zeit, daß wir die Wesen, mit denen wir diesen Planeten teilen, fragen, was sie eigentlich beabsichtigen. Ich glaube, sie können uns vielleicht helfen zu verstehen, wie wir den Schaden wiedergutmachen können, den wir als Menschheit angerichtet haben. Sie geben uns vielleicht einen Einblick in andere Arten des Seins auf dieser Welt, Arten, die sich ganz dramatisch von der Art unterscheiden, in der der »zivilisierte« Mensch jetzt lebt. Doch wenn wir uns auch weiterhin allen anderen überlegen fühlen, wenn wir es nicht für möglich halten, daß wir um Rat zu ihnen zurückkehren können, dann ist es sehr unwahrscheinlich, daß wir jemals innehalten und Fragen stellen oder zuhören.

Es gab bereits viele Vorläufer, die uns den Weg gezeigt haben. Henry David Thoreau muß etwas Wertvolles zu diesem Thema zu sagen gehabt haben, sonst hätte sein Werk nicht 150 Jahre überlebt. Lao Tsu, Loren Eisler, Emily Dickinson, John Muir, Rachel Carson, Aldo Leopold, George Wald, Edward O. Wilson und viele andere haben über das »Zuhören« geschrieben und zahllose Ältere unter den Eingeborenen haben darüber gesprochen. All das ist nichts Neues, es ist lediglich dringlicher geworden – für das Überleben der Menschheit und zahlloser anderer Spezies auf diesem Planeten.

Ich wollte den Tieren in diesem Buch eine Stimme verleihen, und die Elefanten drangen zu mir durch mit einer Beschreibung ihrer Rolle und einer Opfergabe:

»Wir sind die Ohren der Mutter Erde. Wir singen für sie ununterbrochen – Wiegenlieder, Lieder über die Herrlichkeit des Morgens, Festlieder, Lieder des Kummers . . . Durch uns hört die Mutter Erde, was auf der Oberfläche geschieht, spürt den Puls des Lebens, das sie unterstützt und nährt. Wir stimmen uns in den Rhythmus des Lebens auf der Erde ein – Leben geschieht um uns herum, Leben geschieht auf der anderen Seite des Planeten. Wir singen den Lauf der Zeit. Wir singen von neugeborenem Leben. Das Wiegenlied einer Elefantenkuh für ihr Junges hat sich seit Jahrtausenden nicht verändert. Die Mütter singen: Oh mein Geliebtes, oh du neugeborenes Wesen, du bist die Zukunft, du bist verkörpertes Licht. Begrüße jeden Morgen die Dämmerung mit einem Lied. Begrüße den Sonnenuntergang mit einem Lied, und die ganze Welt wird heil werden. Singe, wenn du voller Freude bist. Singe, wenn du voller Traurigkeit bist. Erinnere die Wesen, die mit dir gehen, daran, daß jeder Moment wertvoll ist, daß jeder Atemzug rein ist. Höre zu und trinke den Rhythmus der Großen Mutter. Singe wieder, was du jeden Tag lernst. Das ist dein heiliges Vertrauen, der Sinn deines Lebens.

In den Meeren singen die Buckelwale für die Mutter Erde. Die Lieder sind gleichsam ein Echo der Lieder ihrer irdischen Schwestern, der Elefanten. Die Wale singen meistens Töne, die über denen liegen, die der Mensch hören kann, und die Töne der Elefanten liegen meistens darunter. Alle Spezies haben Lieder, aber diese beiden spielen den ›basso continuo‹, den Grundton, um den herum die Symphonie der gesamten Schöpfung sich gestaltet – durch, über und unter diesem Planeten. Diese Musik hat einen ganz tiefen Sinn. Sie harmonisiert die Frequenzen der Erde. Sie wirkt auf alles Leben dieses Planeten ausgleichend, glättend und beschleunigend. Ohne diese Musik gäbe es kein Leben, so wie wir es kennen.«

Wir können die Lieder der Elefanten und Wale mit unseren Ohren und mit unseren Herzen hören. Es gibt viele Arten des Hörens, so wie es auch viele Arten des Sehens gibt. Jetzt ist die Zeit gekommen. Jeder von uns hat die Möglichkeit, seine oder ihre Art, in dieser Welt zu wandeln, zu ändern. Sehen Sie sich die Realität Ihrer Umwelt an. Ist sie schön? Fördert sie Bruder- und Schwesterschaft, Mitgefühl, Zusammenarbeit und Liebe? Macht sie Sie glücklich? Man kann die Welt zu einer anderen Realität machen. Eden ist in Reichweite und wird von einzelnen erschaffen, die daran glauben, daß das Paradies möglich ist. Wenn Sie nicht wissen, wo Sie anfangen sollen, schauen sie einem nichtmenschlichen Kameraden in die Augen und stellen Sie die Frage: »Wo fange ich an?«

Jim Nollmann

Mythen schaffen ...

Einen Mythos zu schaffen, bedeutet, so scheint mir, daß sogar wir, die
Gattung Mensch, in der Lage sind, eine sehr alte Verbindung wiederauf-
leben zu lassen, die vor langer Zeit einmal eine harmonische Beziehung
zwischen unterschiedlichen Lebewesen bezeichnet hat.
Zu diesem Schluß komme ich als einer, der drei Sommer lang gelegentlich ins Meer gesprungen ist, in dem sogenannte Killerwale umher-
schwammen. Zu jener Zeit hielt man diese Tiere für mindestens so gefährlich wie Löwen. Als ich im Jahre 1975 zum ersten Mal dort
schwamm, gab es für eine solche Verrücktheit kaum einen Präzedenzfall. Und selbst wenn dies doch schon einmal der Fall gewesen sein
sollte, war mir persönlich nicht bekannt, daß ein Mensch jemals in ein
Meer gesprungen war, in dem wilde und gesunde Killerwale lebten.
Warum habe ich dies getan? Ganz einfach. Mit meinem ungeübten
Auge erschienen mir die Wale nicht wild und böse. Und auch damals
schon glaubte ich nicht viel von dem, was ich in Zeitungen las.
Zudem habe ich die Tiere niemals als Killerwale bezeichnet. Für mich
waren sie immer Orcas, und diese bewußte Namensgebung war unge-
mein hilfreich dabei, zwischen uns eine freundliche Beziehung herzustellen. Ironischerweise schien mir bei einem solchen Zusammentreffen
eine Gefahr wirklich nur dann zu bestehen, falls die Wale mich als
Mensch wahrnähmen. Es ist immer wieder das gleiche, daß ich als böse-
gesinnte Kreatur ihrer Gattung lange und auf gewalttätige Weise Schaden zugefügt habe. Die Wale könnten zu ihrem eigenen Schutz sogar zu
defensiven Maßnahmen gezwungen sein. In der Tat haben sie dies vielleicht einmal ein oder zwei Minuten lang getan, ihr Zutrauen war jedoch immer atemberaubend. Das Ereignis, über das ich hier berichte,
fand im Jahre 1978 statt.
Ein Fotograf fragte mich, ob er Aufnahmen machen könnte, wenn ich
im Wasser bei den Walen Musik machte. Ich war einverstanden, und
bald machten wir uns auf in die Straße von Vancouver Island, auf der
Suche nach einer freundlichen Walgruppe. Wir trafen auf zwölf Orcas,
die sich in einer kleinen Bucht auf der nordöstlichen Seite der Straße
von Johnstone aufhielten. Ich zog meinen Schwimmanzug an und nahm
mein unter dem Begriff »Waterphone« bekanntes Instrument mit.

Das Waterphone ist nach seinem Erfinder Richard Waters benannt. Es sieht aus wie von einem anderen Stern und besteht aus Messingarmen, die mit einem Pizzateller, einem Staubsaugerrohr und einer Salatschüssel zusammengeschweißt sind. Das Instrument schwimmt jedoch auf dem Wasser wie Kork und trägt mein Gewicht ganz ausgezeichnet. Streicht man mit einem wasserfesten Cellobogen die Arme rauf und runter, so erzeugt dies einen Ton, der im Wasser und in der Luft laut und ätherisch erklingt, wie aus einer anderen Welt. Der Ton wird beschrieben als der einer Heavy-Metal-Geige, die man durch eine Schüssel mit Wackelpudding spielt.

Meiner Gewohnheit folgend, die Wale niemals zu jagen oder direkt mitten in ihre Gruppe hineinzuplatzen, glitt ich einige hundert Meter entfernt von der Herde ins Wasser und begann bald mit dem Spielen des Waterphones. Ein klarer Ton erklang. Die Wale konnten ihn hören.

Der erste Wal, der sich näherte, war ein riesiger Bulle mit einer sehr stark gewellten Rückenflosse. Er kam von unten aus dem Wasser auf mich zu. Daß er recht nahe neben mir war, bemerkte ich eigentlich erst, als ich plötzlich das Weiße seines Auges bemerkte, in dem sich die grüne Farbe des Meeres widerspiegelte, und er sich ungefähr einen Meter vor mir befand.

Mich überrascht es immer wieder, wie riesig die Orcas erscheinen, wenn man sie im Abstand von nicht mehr als 20 Zentimetern über der Wasseroberfläche ansieht. Der Orcabulle kam senkrecht an die Wasseroberfläche und starrte mir direkt ins Gesicht. Mit seiner über einen Meter langen Rückenflosse, die an einen Wolkenkratzer erinnerte, sah er sogar noch viel größer aus. Ich spielte das Waterphone ohne Unterbrechung. Der Fotograf fing an, mich anzufeuern und zu schreien: »Mach weiter, mach weiter«. Anscheinend gelangen ihm ein paar gute Aufnahmen.

Der große Bulle blieb nicht länger als zehn Sekunden und tauchte dann wieder unter. Ihm folgte sogleich ein weiteres großes männliches Tier mit einer sehr geraden Rückenflosse. So nah wie der andere Wal kam dieser nicht an mich heran, auch wenn ich sehen konnte, daß sein Körper direkt unter mir vorbeiglitt. Unmittelbar nach diesem Bullen folgten zwei Weibchen, die in ganz geringem Abstand an mir vorbeischossen, um dann in dieselbe Richtung wie die anderen zu verschwinden.

Ich habe die Erfahrung gemacht, daß die Wale, wenn sie einmal an mir vorbei sind, solange schwimmen, bis sie aus meinem Blickfeld verschwunden sind. Diesmal jedoch hielt die ganze Herde gerade einmal hundert Meter entfernt von mir an. Ich fuhr fort auf meinem Instrument zu spielen.

Plötzlich drehten zwei erwachsene Orcas um und kamen mit voller Geschwindigkeit geradewegs auf mich zu. Ich sah sie kommen, sie sahen aus wie Rennboote, wie sie mit ihren Körpern das Wasser zerteilten. Wie lange es dauerte, daran kann ich mich nicht mehr erinnern, aber kurz bevor sie mich eigentlich hätten umpflügen müssen, tauchten sie zusammen ab. Mir blieb beinahe das Herz stehen. Ich hörte auf zu spielen. Aber der Fotograf jubelte und klatschte in die Hände. »Das ist unglaublich«, schrie er, »mach weiter«.

Dann sah ich die beiden Wale knapp unter meinen herabhängenden Beinen. Die Tiere standen aufrecht im Wasser und sahen direkt zu mir hin. Ich schaute an ihnen herunter und sie an mir herauf. Ich konnte nicht weiterspielen. Meine Muskeln versagten ihren Dienst. »Hol mich hier raus«, schrie ich, »hol mich raus aus dem Wasser!«

Der Fotograf warf den Motor seines Bootes an und fuhr schnell zu mir herüber. Er half mir ins Boot und beschwerte sich, weil die Wale immer noch da waren und er vielleicht noch bessere Bilder hätte schießen können. Ich konnte kaum atmen, lag mehrere Sekunden lang reglos auf dem Boden, zitterte am ganzen Körper und dachte verwundert, was um Himmels willen ich damit hatte beweisen wollen.

Plötzlich kam der Bulle mit der gewellten Flosse längsseits des Bootes an die Wasseroberfläche und drehte sich so, daß sein reinweißer Bauch nach oben zeigte. Mir blieb der Mund offen stehen, als ich mich über den Bootsrand beugte und ihn so liegen sah.

Im Nachhinein habe ich erkannt, daß das, was wir als eine Geste der Verwundbarkeit ansahen, auch gut auf ganz andere Weise hätte interpretiert werden können. In diesem konkreten Zusammenhang habe ich es aber als ein sehr deutliches Zeichen von Freundschaft gedeutet, und auch als Entschuldigung. Der Wal bestand darauf, mir klar zu machen, daß es keine Gefahr mehr gab und auch, daß ich, falls ich dies wollte, doch wieder ins Wasser kommen sollte. Dann tauchte er ab und verschwand.

Bevor ich mich nochmals ins Wasser begab, ruhte ich mich noch ein paar Minuten aus. Die Wale hielten sich noch in der Nähe auf. Ich fing an, mit meiner Hand über die Arme des Waterphones zu streichen und spielte das Instrument schließlich mit Hilfe des Cellobogens. Die Wale kamen etwas näher, bis sie schließlich auf der Wasseroberfläche gerade einmal 30 Meter von mir entfernt waren. Aus früheren Tests mit dem Waterphone wußte ich, daß die Orcas in dieser Distanz die Musik recht gut hören konnten. Was auch immer es war, was sie gehört oder gefühlt oder nicht gehört und nicht gefühlt hatten, sie verweilten höchstens fünf Minuten lang, bevor sie wieder durch die Meeresenge davonschwammen. Und ich kletterte bald darauf wieder ins Boot.

REBECCA FITZGERALD

Delphin-Träume

Ich war im letzten Jahr meines Studiums für den Magister in Psychotherapie. Da ich nur sehr langsam lesen konnte, hatte ich es mir zur Gewohnheit gemacht, früh ins Bett zu gehen und morgens um vier Uhr aufzustehen und für meine Kurse zu lernen. Ich ging um halb acht zur Arbeit, und so benutzte ich die wenigen Stunden morgens und abends, um die vorgeschriebenen Bücher zu lesen.

In dieser Zeit wachte ich einmal nachts auf. Ich öffnete meine Augen und sah mit weit offenen Augen dieselbe Szene, die ich gerade im Traum gesehen hatte. Ich sah türkisblaues Wasser, nicht sehr tief, und ich trieb auf der Oberfläche dahin, während sich zwei gefleckte Delphine um mich herumtummelten. Es herrschte eine freudige Stimmung. Ich lag einfach glücklich da auf der Wasseroberfläche, während sich sie um mich herumtobten, pfiffen und Purzelbäume schlugen. Sie kreisten immer weiter um meinen schwimmenden Körper, und da spürte ich ganz genau, daß sich in mir physisch etwas veränderte. Obwohl ich vollkommen entspannt war, hatte ich ein intensiveres Bewußtsein. Ich begriff, daß ich im Bett lag, im Dunkeln, in meinem Schlafzimmer, aber ich wußte auch, daß ich eingetaucht war in wunderschönes warmes Wasser und mich in der Gesellschaft zweier gefleckter Delphine befand. Allmählich verblaßte die Szene, und ich spürte nur noch, daß ich im Bett lag und aus einem Traum aufwachte. Obwohl ich die Delphine nicht richtig gesehen hatte, hatte ich ihre Gegenwart doch ganz intensiv gespürt. Ich saß einige Minuten lang aufrecht da, starrte in die Dunkelheit und versuchte, etwas zu sehen. Dann legte ich mich wieder hin und schlief ein. Der Traum wiederholte sich, und ich wachte am nächsten Morgen mit einem Gefühl von Enthusiasmus und einer Art Verbundenheit auf. Ich habe das nicht besonders ernst genommen, freute mich aber über diese Erfahrung.

Am nächsten Abend ging ich wie gewöhnlich früh zu Bett. Ich machte es mir bequem, knipste das Licht neben meinem Bett an und begann zu lesen. Ich hatte einen Block und einen gelben Markierstift auf meinem Nachttisch und studierte vor dem Einschlafen immer ein wenig. Nach einer Stunde schaltete ich das Licht aus und kuschelte mich unter meine Bettdecke. Als Nächstes spürte ich, wie ich wieder mit diesen

Delphinen im Wasser war, nur waren es diesmal sehr viel mehr Tiere als vorher. Ich war umgeben von einem ganzen Schwarm gefleckter Delphine, und das Wasser war belebt mit Klängen. Es gab Geräusche wie quietschende Türen, Pfeifen und Jaulen in höchsten Tönen. Manches klang wie Vogelgezwitscher, anderes wie kleine Kätzchen. Ich war inmitten eines komplexen Orchesters aus Tönen, und es kribbelte von Kopf bis Fuß. Ich hatte vorher noch nie die Stimmen von Delphinen gehört, aber es fühlte sich so vertraut an und hatte auf eine noch undefinierte Weise sogar einen Sinn. Ich erwachte, und die Stimmen von Delphinen klangen mir im Ohr und im ganzen Körper. Ich saß da, hellwach, und mein Schlafzimmer und ich waren erfüllt von den Schwingungen dieser Laute.

Obgleich es erst die zweite Nacht war, hatte ich doch das Gefühl, mit diesen Erlebnissen und eben diesen Delphinen vollkommen vertraut zu sein. Ob ich nun wach war oder träumte, ich spürte ihre Nähe. Für mich war es sehr interessant, daß sich dies wie eine Erinnerung anfühlte. Es war keine neue Erfahrung, sondern eine altbekannte. Ja, eine geradezu antike. Meine Beziehung zu diesem Schwarm besaß und besitzt auch weiterhin eine Zeitlosigkeit, und deswegen war ich entspannt und fühlte mich wohl dabei. Ereignisse schienen sich zu offenbaren und nicht erschaffen zu werden.

Über die nächsten zehn Jahre hin kommunizierte ich sehr eng mit diesen Delphinen. Die Erfahrungen blieben jedoch nicht auf die Traumzeit beschränkt. Auch während des Tages schienen sich die normalen Grenzen meiner Realität zu vergrößern und zu erweitern. Ich konnte durch die Stadt fahren und mich auf die Straße vor mir konzentrieren, und die Luft vor mir konnte sich plötzlich zu einem größeren Raum hin öffnen, und ich konnte Energiegestalten von Delphinen erkennen, die in jener Dimension herumschwammen. Ich möchte betonen, daß ich niemals irgendwelche Drogen genommen habe. Ich strengte mich sehr an, jeden Morgen zu meditieren, aber aufgrund meiner unvollendeten Aufgaben und meiner grundsätzlichen Faulheit blieb es bei nur kläglichen Versuchen. Ich habe keine Erklärung für diesen veränderten Bewußtseinszustand. Ich hatte nicht um eine Beziehung zu wilden Delphinen gebeten, zumindest nicht bewußt, aber ich entwickelte eine solche sehr schnell.

Nach einigen Tagen dieser Erlebnisse ging ich in eine öffentliche Bibliothek. Ich war neugierig, was die Gestalt und das Aussehen meiner Traumdelphine betraf. Wie die meisten US-Amerikaner kannte ich nur einen einzigen Delphin, und zwar »Flipper« aus dem Fernsehen. Sie erinnern sich vielleicht noch, Flipper war ein grauer großer Tümmler mit keinen besonderen Merkmalen. Die Delphine dagegen, mit denen ich kommunizierte, waren voller Flecken oder Sprenkel. Sie waren kleiner, hatten aber eine schnittigere Form. Meine Frage war, ob ich sie mir nur ausdachte oder ob es tatsächlich Delphine gab, die so aussahen. Ich fuhr auf den Parkplatz der Bibliothek, ging direkt zum Katalog und schaute in allen Büchern über Delphine nach. Es gab nicht sehr viele. Ich öffnete zuerst die dicken Bände mit Farbfotos und großer Schrift. Da, zu meinem größten Erstaunen, gab es einen Abschnitt über den Fleckendelphin. Auf dem Foto war eine Gruppe von kleineren Fleckendelphinen zu sehen, die in klarem türkisfarbenem Wasser schwammen. Da waren sie also! Ganz genau so. Ehrlich gesagt hat mir das einen Schock versetzt. Irgendwie schaffte ich es, mich gleichzeitig zu freuen und verwirrt zu sein. Ich wollte laut schreien über die Bestätigung meiner Traumbilder, aber, um ehrlich zu sein, es war schmerzlich nicht zu wissen, woher diese Bilder in mir kamen. Benommen verließ ich die Bibliothek.

Die nächtliche Kommunikation ging weiter und nahm Wortgestalt an. Die Delphine tauchten jetzt schon auf, ehe ich eingeschlafen war. Es war ein tief entspannender Prozeß. Ich wußte, daß ich kurz vor dem Einschlafen war, war aber noch nicht ganz weg, und da konnte ich ihre Gegenwart ganz bewußt spüren, da konnte ich sie sehen. Ich kann dies nur als eine Art Wachtraum bezeichnen. Der Übergang vom Wachen zum Schlafen war mir bewußt. Vom Schwimmen und sich miteinander Sonnen glitten wir in eine eher intellektuell-emotionale Beziehung. Sie fingen an, mich in etwas zu unterweisen, was wie eine Art Geometrie aussah. Es war eine Art Lektion über Zeit und Raum. Als ich da im Wasser hing, schwammen sie zu einer geometrischen Figur, vielleicht einem Oktagon. Ich war an einem Punkt der Figur, und mir wurde gesagt, ich solle diese Figur »spüren«, um ein physisches Verständnis vom Oktagon zu bekommen. Ich konnte es, und als ich es vollständig begriffen hatte, schwammen sie zu einer anderen Figur zusammen. So gingen wir von Dreiecken zu Kreisen, Quadraten, Hexagons, Pentagons, Rechtecken, sternartigen Figuren und geometrischen Konstruktionen, die ich zuvor weder gekannt noch verstanden hatte. In meinem Traumzustand war ich ein mathematisches Genie! Ich begriff all die Konzepte und verstand all die Figuren auf holistische Weise. Es war so, als hätte jede Figur einen Klang und eine Farbe. Es war ein wunderbares Spiel, und ich spielte mit grenzenloser Begeisterung mit. Es war faszinierend, daß sich jede Konstruktion auf mein physisches Selbst auswirkte. Das Gefühl eines Dreiecks unterschied sich ganz gewaltig von dem eines Quadrates, und ich hatte ganz bestimmte Vorlieben. Eines Nachts, nach einer besonders anstrengenden »Stunde«, wachte ich auf und hörte eine Stimme sagen: »Schreib das auf! Wir geben dir spezifische Informationen, und du vergißt sie alle, wenn du aufwachst.« Von da an hatte ich immer einen Block und Stift neben meinem Bett und versprach pflichtbewußt, alle Instruktionen aufzuschreiben.

Die Nächte vergingen, und ich bekam spezifische Informationen über mich und mein Leben. Es gab Orte, zu denen ich reisen sollte, und Übungen, die ich machen sollte, um weitere Einsichten in mein Leben hier zu gewinnen. Sie vermittelten mir die Vorstellung, daß wir uns schon seit langer Zeit kannten und daß unsere Beziehung weit über den physischen Bereich hinausging. Ich hatte das schon selber gespürt und fühlte mich wohl angesichts der Tiefe und Vertrautheit unserer Verbindung. Bei einer entspannten und eingehenden Durchdringung zweier Lebewesen folgt ganz natürlich ein sich gegenseitiges Akzeptieren. Ich fühlte mich wohl und zu Hause bei diesen Delphinen. Ich erlebte eine geradezu einzigartige Kombination von ekstatischer Freude und friedlicher Erfüllung. Ich habe nur noch ein einziges Mal solch ein tiefes Gefühl von Vollendung erlebt, und zwar bei der Geburt meiner Tochter. Obwohl ich nur neun Monate lang schwanger war, hatte ich mein ganzes Leben lang auf sie gewartet, und ich wußte es in dem Moment, als ich sie sah. Die Delphine machten einen ähnlichen Eindruck auf mich. Sie erschienen scheinbar plötzlich und ungebeten, doch spürte ich, wie ein riesiges Stück meines Selbst endlich an seine richtige Stelle rückte. Etwas war vollendet, und ein Teil von mir, der so lange unruhig und verspannt gewesen war, fand schließlich seine Ruhe. Die Träume gingen noch eine Woche weiter.

Ich glaube, während dieser Zeit meines Lebens beeindruckten mich am meisten nicht so sehr die Daten, die ich von den Delphinen empfing, sondern die Veränderungen meines mentalen und emotionalen Zustandes. Jeden Morgen wachte ich glückdurchtränkt auf. Mein Energieniveau nahm zu, ich fühlte mich wacher, und obwohl ich es nicht die ganze Zeit über wußte, so hatte doch ein neues Kapitel in meinem Leben begonnen. Ich erwähne das hier, weil es meine nächste Entscheidung um so verblüffender macht.

Ich bereitete mich wie gewohnt aufs Schlafengehen vor, legte Bücher und Stifte zurecht, schlurfte in meinem weißen Nachthemd herum. Schließlich ging ich ins Bett, schaltete das Licht an und fiel nach nur wenigen Minuten des Lesens in diesen ruhigen Zustand vor dem eigentlichen Schlafen. Ich fühlte mich allerdings geistig klarer als sonst. Als ich mich immer mehr dem Schlaf hingab, spürte ich plötzlich ein leises scharfes Klicken. Ohne nachzudenken kündigte ich mir und der nahenden Delphinenergie an, daß es Zeit sei, die Kommunikation zu beenden. Ich stand einen Monat vor meinem Examen, und ich zog es vor, daß dieser veränderte Bewußtseinszustand aufhörte, damit ich meiner Karriere nachgehen konnte, ohne daß mir meine Psyche dazwischenfunkte oder was auch immer die Dimension war, in der all dies geschah. Sofort war die Energie verschwunden. Die Gewißheit meiner Empfindungen war so stark, daß ich niemals zurückschaute. In der Nacht schlief ich in der altgewohnten Weise ein, wachte am nächsten Morgen auf, ohne mich an besondere Träume zu erinnern, und ging meinem alltäglichen Leben nach.

Ich hatte mit den Traumdelphinen eine solch tiefe und vertraute Süße und Nähe gespürt, daß es mich erstaunte, daß ich das so unmittelbar ändern konnte. Ich bin jetzt allerdings zu dem Schluß gekommen, daß wir einige Sachen tief in uns wissen. Dieses Wissen ist so sicher, daß es dabei kein Überlegen und kein Grübeln gibt. Ich glaube, ich kannte meine Zukunft. Ich wußte, daß meine Beziehung zu den gefleckten Delphinen zu Ende gehen würde und daß es andere Aufgaben zu erfüllen galt, ehe wir uns wieder begegnen konnten. Und die gab es in der Tat.

Vier Jahre später begann ich mit einem Projekt, bei dem ich kleine Gruppen von Leuten mitnahm, um mit zahmen Delphinen bei den Riffen vor der Küste Floridas zu schwimmen. Ich verband Gruppentherapie mit Interaktionen mit Delphinen und bemerkte, wie sich viele Menschen dadurch vollkommen verwandelten. Ich machte mit dieser meiner besonderen Art von Therapie weiter, doch fühlte ich mich nicht ganz wohl bei dieser Kombination. Ich war schon immer auf Spiritualität ausgerichtet gewesen und glaubte, wie C. G. Jung, daß die meisten desorientierten und entfremdeten Seelen, die sich um Hilfe an ihn wandten, deswegen krank waren, weil sie sich ihrer eigenen spirituellen Erlebnisse nicht bewußt oder von ihnen getrennt waren. Meine Therapie schien jedoch nichts mit dem zu tun zu haben, was die Delphine zu bieten hatten.

Eines Nachts im September kam ich nach Hause, nach New Mexico, und saß, wie es meine Gewohnheit war, vor dem Schlafen im Bett und meditierte. Ich ließ meine Gedanken los und geriet in einen größeren Raum. Da blitzten Bilder aus meiner Kindheit kurz, aber sehr intensiv vor meinem inneren Auge auf. Jede Szene war positiv. Da waren Erinnerungen an besonders glückliche Weihnachten, an den Tag, an dem mein Vater mir Wasserskifahren beibrachte, an den Geheimplatz in dem riesigen Felsen hinter unserer Berghütte, wo ich immer hinging und mich versteckte, um allein zu sein, an die Samstage mit meiner Schwester morgens im Doppelbett, als wir noch klein waren und über alles kicherten, Erinnerungen daran, wie ich von meinem Hochsitz in unserem Avocadobaum in Kalifornien in den Himmel schaute, wie ich meiner Mutter beim Backen von Apfelkuchen half und dabei meine eigene Schürze trug, die sie mir selber genäht hatte, wie mich meine Großmutter in ihrem alten hellbraunen Schaukelstuhl schaukelte, Erinnerungen an die auf dem Dachboden versteckte Kiste mit den Heften, die nur für mich bestimmt waren, und Dutzende anderer, längst vergessener süßer Erinnerungen. Ich weiß nicht, wie lange das dauerte, aber nach einer Weile öffnete ich meine Augen, bemerkte, daß ich mich sehr wohl fühlte und schlief ein. Dieses besondere Phänomen wiederholte sich noch zwei Nächte lang. Interessant für mich war vor allem, daß diese Erinnerungen so in Vergessenheit gewesen waren, daß ich vorher noch nie an sie gedacht hatte. Einige reichten zurück in die Zeit, als ich noch in der Wiege lag, weniger als ein Jahr alt. In der dritten Nacht dieser Erinnerungen setzte ich dieser Träumerei ein Ende und öffnete in der Dunkelheit meine Augen ganz weit. Laut sagte ich: »Wer macht das?« Ich hatte das Gefühl, als würde jemand etwas mit mir machen. Ich hatte mich nicht willentlich an diese Fragmente meiner Kindheit erinnert, sondern es war eher so, als würden diese Erinnerungen meinem Geist aufgedrückt. Mit klaren und geöffneten Augen erblickte ich etwas, was so aussah wie ein energetischer Schwarm von Delphinen, der nahe meiner Zimmerdecke schwamm oder hing. Ich hatte das Gefühl, daß diese Delphine sehr viel mit all dem zu tun hatten. »Was macht ihr denn?« wollte ich wissen. Daraufhin war mir, als würde ich von einer Informationslawine überrollt, und ich hörte oder schnappte Worte auf, die ein Verständnis symbolisierten. Ich begriff allmählich, daß die Prozesse, durch die ich in meiner eigenen Therapie und in meiner eigenen therapeutischen Ausbildung hindurchging, sich auf Schmerz und auf Verhalten konzentriert hatten, das aufgrund von Leiden erlernt worden war. Gnadenlos wurden da negative Erlebnisse untersucht und immer wieder wurde von Kummer und Verletzungen berichtet. Die Delphine sagten mir jetzt anscheinend, daß sie wollten, daß ich meine positiven Kindheitserinnerungen ebenso stark erinnere, damit ich nicht mehr denke, mich hätten nur die schmerzhaften geformt. Sie stimulierten meine Erinnerungen an süße und zarte Ereignisse, und ich dachte neu über meine Kindheit nach. Das Denkwürdigste jedoch, das in jener Nacht geschah, waren diese Worte der Delphine: »Du wählst dir deine Erinnerungen. *Triff eine neue Auswahl!*« Da saß ich in meinem Bett, und diese Worte dröhnten mir in den Ohren. Kein Wunder, daß ich mich bei der mit Interaktionen mit Delphinen kombinierten Therapieform nicht wohlgefühlt hatte. Sie boten Freude, ich bot Traurigkeit. Ich war erstaunt, wie vieles aus meiner Jugendzeit ich vollkommen vergessen hatte. Es hatte in meinem Leben einen großen Prozentsatz von Freude und Glück gegeben, doch hatte ich mich selber davon überzeugt, daß der Alkoholismus meines Vaters und die Depressionen meiner Mutter alles andere überschattet hatten und daß ich hoffnungslos in Traurigkeit und Elend verstrickt war. Noch erstaunlicher war es, daß ich nicht einmal wußte, daß ich das glaubte. Es war einfach nach und nach zu einem Teil meines Denkens und meiner Welt geworden. In jener Nacht veränderte sich mein Leben noch einmal. Es dauerte eine Weile, ehe diese Einsicht wirklich eingesunken und integraler Bestandteil meines Bewußtseins geworden war. Doch diese Veränderung geschah relativ schnell.

Im Jahre 1988 hatte ich bei den Bahamas einen Schwarm wilder Delphine entdeckt, der denen meiner Traumdelphine entsprach. Ich fuhr auf einem Forschungsschiff mit, um ihnen zu begegnen. Die ganze Nacht über hatte es gestürmt, und ich wachte am Morgen mit derselben Energie auf, die ich 1983 gespürt hatte, als die Delphine mich im Schlaf besuchten. Die anderen Passagiere schliefen noch, erholten sich von der unruhigen Nacht, in der sie hin- und hergewälzt wurden und seekrank waren. Ich hatte in meinem Badeanzug geschlafen, und als ich spürte, wie die Delphinenergie durch meinen Körper und Geist zirkulierte, stand ich schnell auf und kletterte an Deck. Nur ein Mann war dort, der Naturwissenschaftler, der zur Besatzung gehörte. Er bot mir eine Tasse Kaffee an. Es war noch nicht einmal sechs Uhr morgens. Ich sagte ihm, daß die Delphine kämen, daß ich sie spüren könne, und er schmunzelte in sich hinein und versuchte die Tatsache zu verbergen, daß er die Augen verdrehte und vor lauter Vergnügen den Kopf schüttelte. Er beugte sich zum Boden, um nach der Thermoskanne mit dem Kaffee zu greifen, und da konnte ich über ihn hinweg mindestens zwölf Rückenflossen durch das blaue Wasser schneiden sehen. Sie kamen direkt auf unser Schiff zu. Ich jauchzte wie ein kleines Kind und rannte zur Seite und zeigte auf die Delphine, die auf uns zukamen. Da er Blue Jeans und einen Pullover anhatte, konnte er nicht sofort ins Wasser. Die anderen Passagiere waren noch unten und schliefen. Er gab mir die Erlaubnis, allein ins Wasser zu gehen, und ich sprang mit Atemmaske und Schwimmflossen über Bord. Kaum war ich unter die Wasseroberfläche gesunken, war ich umringt von Delphinen und der vollen Wirkung ihrer unglaublichen Töne ausgesetzt. Wie in meinen Träumen war ich eingehüllt in eine Welle aus Delphinenergie und Delphinkadenzen. Sie schwammen schnell im Kreis herum, über mir und unter mir. Als meine Tauchermaske schließlich klar war und ich aufhörte, Seewasser zu schlucken, konnte ich ihre Gesichter erkennen. Außergewöhnlich! Ein sehr kleines, bräunlich-graues Auge machte den Eindruck vollkommenen Akzeptierens und vollkommener Freude. Die nach oben gebogenen Mundwinkel, für immer lächelnd. Das Lächeln der Mona Lisa, rätselhaft und unwiderstehlich. Ihre Haut war schöner als ich erwartet hatte. Die Jungen hatten weiße Bäuche und bekamen mit dem Älterwerden Flecken. Die älteren Delphine hatten so viele Flecken, daß sie geradezu miteinander verschmolzen und dann wie Granit aussahen. Ich war von ihrer Schönheit überwältigt und bin es immer noch.

Wir schwammen über eine halbe Stunde lang in vollkommener Harmonie. Wir spielten, tauchten, überschlugen uns zu zweit, sie machten mich nach und ich sie. Ich war überglücklich und verlor jegliches Gefühl für Zeit oder Begrenzung. Ich schwamm besser, stärker, schneller und länger als je zuvor in meinem Leben. Es gab keine Schwäche, kein Gefühl von Müdigkeit. Ich hatte mich noch nie so sehr wie ich selbst gefühlt wie in dieser halben Stunde. Wenn es überhaupt ein Gefühl des nach Hause Kommens gibt, dann war es das. Jahre des Unbehagens, der Traurigkeit, Verwirrung und Desorientierung fielen einfach von mir ab und sind nie wiedergekommen. Dieses großartige Gefühl der Wachheit, das ich während meiner Träume 1983 gespürt hatte, wurde nun zu einer physischen Realität und verließ mich nie wieder. Dort in den türkisfarbenen Wassern der Bahamas, umgeben von wilden gefleckten Delphinen, wurde ich wiedergeboren.

Schließlich beruhigte ich mich etwas und stieg langsam zur Oberfläche auf. Die Delphine blieben nahe bei mir, schwammen nur wenige Zentimeter entfernt an meiner Seite und neben meinem Kopf. Sie brachten Laute hervor, und ich antwortete unwillkürlich mit bestimmten Tönen. Ich konnte einfach nicht schweigen und habe dasselbe später bei den meisten Leuten festgestellt. Das Verlangen nach Kommunikation kann man nicht unterdrücken. Als ich auf den weißen Sand unter mir blickte, erschrak ich beinahe, denn ich entdeckte ein Lichtmuster von der Morgensonne auf dem gekräuselten Sandboden. Ich kannte es aus meinen Träumen. Als ich um mich schaute, merkte ich, daß ich bereits dieselben Bäuche im Traum gesehen hatte, dieselben Rückenflossen, dieselben kleinen Fische, die sich auf dem Grund versteckten. Ich hatte dieselben Gesichter gesehen, hatte diese wunderschönen Laute gehört und die Sonne auf meinem Rücken gespürt, in genau diesem Wasser. Als wir langsam zusammen dahinschwammen, uns auf den Bauch und Rücken rollten, einander in die Augen blickten, formulierte ich ganz klar und deutlich eine Frage in meinem Geist. So direkt ich konnte schickte ich telepathisch eine Botschaft zu diesen Delphinen, die so nahe an meinem Gesicht und Körper schwammen. »Seid ihr dieselben Delphine, die mich in meinen Träumen besucht haben? Seid ihr ganz genau diese Delphine?«

Ich war kaum fertig damit, meine Gedanken zu konzentrieren, da sprangen alle Delphine, die bislang ruhig neben mir hergeschwommen waren, plötzlich voller Freude in die Luft. Sie sprangen und drehten sich und überschlugen sich frohlockend. Das Wasser wurde zu lauter weißen Blasen, ich konnte nichts mehr sehen, aber ich konnte das hohe Pfeifen und Klicken hören. Das Wasser war lebendig und voller Aktivität. Ich dachte, mein Herz würde mir im Leibe zerspringen. Mein ganzes Selbst war erfüllt mit einem hallenden »Ja«. Ich schwamm wie eine Besessene! Ich tauchte hinunter und stieß mich dann so kräftig wie möglich ab, um hoch aus dem Wasser herauszuschießen. Ich rollte mich zu einem Ball zusammen, als ich wieder hinuntertauchte und mich unter Wasser unzählige Male überschlug. Ich quietschte vor Vergnügen und griff nach dem Sand auf dem Grund. Als hätte ich den Verstand verloren! Das Glücksgefühl war unbezähmbar, und es dauerte, bis ich vollkommen außer Atem war. Ich hatte mich völlig verausgabt, jenseits der Grenzen meiner physischen Kräfte, und da erst merkte ich, wie weit wir uns vom Schiff entfernt hatten. Es sah ganz klein aus, und mir wurde klar, daß ich noch lange schwimmen müßte, um zurückzukommen.

Die nächsten zehn Minuten paddelte, schwamm und kraulte ich meinen Weg zurück zum wartenden Schiff. Die Delphine blieben an meiner Seite und begleiteten mich bei meinen erlahmenden Anstrengungen die meiste Zeit. Ich war nicht nervös und machte mir um meine Sicherheit auch keine Sorgen. Die Besatzung beobachtete mich vom Schiff aus, es gab ein Schlauchboot, mit dem man mich im Notfall holen konnte, und mein Glück über die Begegnung mit den Delphinen hielt mich bei guter Laune. Auf meinem Rückweg füllten mich die Delphine mit Botschaften, ich solle wiederkommen und andere Menschen mitbringen. »Wir werden eure Anwesenheit ehren«, waren die Worte, die ich zum Schluß hörte, als ich mich an der Leiter zur Taucherplattform hochzog, die am Schiff angeschweißt war. Alle waren jetzt auf und hatten die Aktivitäten von der anderen Seite aus beobachtet. Überraschenderweise war niemand sonst ins Wasser gegangen. Es war mir vergönnt gewesen, diese Erfahrung ganz allein zu machen.

Mein Delphin-Schwimmprojekt ist jetzt sieben Jahre alt, und ich nehme immer wieder kleine Gruppen von Leuten mit hinaus, um mit diesem Delphinschwarm zu schwimmen. Mit der Zeit sind die Delphine sogar noch interaktiver geworden, noch mehr bereit, mit den Menschen zu kommunizieren. Viele von ihnen haben Junge bekommen, und so ist der Schwarm größer und zugänglicher geworden. Die Kleinen sind fasziniert von den Menschen, die meisten waren schon mit uns geschwommen, als sie noch im Uterus waren. Ich pflege meine Beziehung zu diesem Delphinschwarm, und ein anderer Schwarm von großen Tümmlern in derselben Gegend hat mit mir Kontakt aufgenommen. Im Frühling letzten Jahres schwammen etwa fünfzehn von ihnen neben mir, als ich allein im Wasser war, und blieben ungefähr zwanzig Minuten da. (Das ist ganz ungewöhnlich für einen Schwarm von Tümmlern.) Sie ließen mich telepathisch wissen, daß der Schwarm von gefleckten Delphinen ganz besonders an Interaktionen zwischen Delphin und Mensch interessiert sei, und da diese Beziehung nun gefestigt sei, sei ihr Schwarm von Tümmlern daran interessiert, mitzumachen. Der Delphin sprach dann über geometrische Energiegitter, die in der Gegend niedergelegt seien, und darüber, welchen Einfluß es auf Menschen ausübe, die darin umherschwimmen. Dann zeigten sie mir diese Gitter und natürlich waren es dieselben geometrischen Figuren, die ich Jahre zuvor in meinen Träumen gespürt hatte.

Der Einfluß, den Delphine auf Menschen haben, ist so individuell wie jeder einzelne Mensch. Bei einigen wirkt es sofort, bei anderen scheint die Veränderung erst allmählich einzutreten. Die Delphine nennen es »neu verdrahten«. Bei mir war es wie eine unmittelbare Antwort auf ein Wissen, das tief in mir schlummerte. Dieses Wissen bin ich. Die enorme Größe der Existenz, der menschlichen Existenz, wird zum größten Teil geleugnet oder unterdrückt. Wir sind uns nicht sicher, wie wir alles, was wir wissen und sind, zum Ausdruck bringen können. Es ist einfacher, sich mit dem zu beschäftigen, was geschieht, anstatt mit dem, was ist. Wir sind multidimensionale Geschöpfe, wir wissen, wie wir uns uneingeschränkt durch Zeit und Raum bewegen können. Die Delphine gaben mir diese Erfahrung bei vollem Bewußtsein, und sie gaben sie mir mehrmals, häufig genug, daß ich sie in meine Alltagsrealität integrieren konnte. Mit dieser Integration bin ich gesünder, glücklicher und ein vollständigeres Ganzes geworden.

Heutzutage empfange ich Eindrücke von Buckelwalen. Vor einer Woche träumte ich, ich würde in einem tiefen, dunkelblauen Meer schwimmen. Als ich gewissermaßen in dem Wasser »saß«, tauchte ein riesiger Buckelwal unter mir auf und schaute mir eine ganze Weile in die Augen. Er schien mich zu lesen, alles zu wissen, was ich bin, und darüber nachzudenken. Als er bei mir im Wasser blieb, spürte ich, wie ich Angst bekam. Ich merkte, daß ich mich in einem Graben im Meer befand, viele Kilometer vom Land entfernt. Allem Anschein nach war ich Hunderte von Metern unter der Wasseroberfläche, und als ich den Größenunterschied zwischen mir und dem Buckelwal erkannte, fing ich an zu zittern. Er spürte mein Unwohlsein sofort, ich sah, wie er es in seinem Körper registrierte. Dann schaute er mich noch einmal lange an und tauchte dann wieder hinunter. Ich wollte ihn rufen und bitten zurückzukommen. Ich zitterte, weil ich Angst vor ihm hatte, Angst vor meiner eigenen Kleinheit. Reuevoll blieb ich in dem finsteren Wasser. Er war fort, und ich vermißte ihn, sehnte mich schmerzlich danach, ihn wiederzusehen. Da wachte ich auf.
Am nächsten Tag rief mich der Kapitän des Schiffes zu sich, um mit mir einige logistische Fragen unserer Delphinexpedition zu besprechen, und fragte dann so ganz nebenbei: »Wie wär's mit ein paar Trips, um Buckelwale zu sehen?« Mein Traumbild tauchte wieder auf, und ich spürte, wie meine Haut kribbelte. Ich wußte, daß der Traum irgendwo unter Kuba in einem Graben spielte. »Wo würden wir dazu hinfahren?« fragte ich mit wachsender Begeisterung. »Zu dem Meeresgraben bei der Inselgruppe Turks & Caycos.«
Ich weiß nur so viel: Ich werde diesem Wal und seiner Familie begegnen. Wie der Traum, so entfaltet sich auch mein Leben. Und genau so wie im Traum verschwinden Gelegenheiten, wenn ich Angst habe anstatt zu akzeptieren. Dann verschwindet die Liebe. Was die Delphine mich lehrten, ist nur der Anfang. Die Kommunikation ist subtil und komplex. Je aufrichtiger ich aufpasse, um so tiefer bringen mich die Lektionen. Man muß dazu wenig mehr tun als sich zu verlangsamen und es dem Bewußtsein erlauben, an die Oberfläche zu kommen. Wir sind alle in einem komplizierten Gewebe des Lebens miteinander verbunden, einem Gewebe, das aus Bewußtsein besteht. Es ist möglich, mit Tieren, Pflanzen, Sternen, mit Hunderten von Lebensformen zu kommunizie-

ren. Ich begann meine Reisen zu anderen Spezies bei Blumen. Ich habe mit einem Wolf gesprochen, mit Spinnen, Hunden, Delphinen und Walen. Die subtilste nichtmenschliche Kommunikation, die ich je erlebt habe, war mit einem Lichtmuster, das nur einige Minuten existierte. Für diese kurzen Momente verstand es den Sinn seiner Existenz. Wie außergewöhnlich!

Es gibt eine Würde in der Natur und in den Tieren, die wir erkennen und wertschätzen. Diese Würde müssen wir selber verdienen und besitzen. Ich bin durch meine Beziehung zu den gefleckten Delphinen veredelt und verbeuge mich demütig vor ihrer Intelligenz. In den Delphinen und Walen lebt eine Weisheit, und wenn wir unsere alten Denk- und Wahrnehmungsgewohnheiten aufgeben, dann sind wir in der Lage, die Stimme einer alten Spezies zu hören, die gewillt und imstande ist, den riesigen Schatz ihres Verständnisses von Evolution mit uns zu teilen.

In den Armen eines lebendigen Wesens

Die Sonne auf meinen Schultern, als ich in den späten Nachmittag hinaustrete, die sommerliche Süße aufsauge, mich in der Weite der offenen Landschaft bade. Gehen – ich bin schon kilometerweit gegangen über die grasbedeckten Hügel der Küstenregion –, einfach gehen. Die Landschaft in den Rhythmus meiner Schritte fallen lassen, die Sonne bis in mein tiefstes Inneres dringen lassen, einfach gehen. Den Geist sich ausruhen lassen von der schweren Arbeit, die Fülle der Beziehungen zwischen Menschen und Bäumen zu erfassen. Einfach ausruhen, während ich gehe. Vom Grat schaue ich über das Knights Tal zum Mount Saint Helena und zum Table Rock, orientiere mich an den Zeichen der Landschaft. Im Westen liegt das Santa Rosa Tal, und die Hügel erstrecken sich bis zur Bodega Bucht. Goldenes Weideland und dunkelgrüne Wälder folgen den Biegungen des Landes. Meine Augen schweifen in die Weite, die Abwesenheit von Hindernissen ist mir angenehm, entspannt in der Vertrautheit von Unendlichkeit. An den gewölbten Umrissen des weichen Erdkörpers taucht der Nachmittagsnebel auf, wie ein seidener Schal, Geschenk für einen heiligen Lama. Der Tag bleibt an dem Ruhepunkt in der Stille der nachmittäglichen Wärme hängen. Gehen, ich gehe weiter durch die Landschaft, trinke den Reichtum von Entfernung und Perspektive.

Auf diesem Spaziergang führen meine Füße, sie folgen dem Rhythmus von Ruhe und Bewegung. Ich mache es mir in der Ökonomie stromlinienförmiger Bewegung bequem, entspanne meine Hüften und Schenkel, vertraue der Intelligenz meines Kontaktes mit dem Boden. Meine Tierfüße pressen leicht gegen die Erde, hüpfen über Baumwurzeln, achten auf Mulden und Löcher, flitzen um Felsen und Steine herum. Mit dem unausgesprochenen Verständnis, daß ein Schritt zum nächsten führt, lasse ich die Füße wieder zurückgehen in die Landschaft, verbinde Tiergeist mit Tierkörper, Tierkörper mit Tierzuhause.

In dem parkähnlichen Schauplatz der offenen Savanne bestimmen die Eichen den Charakter der Landschaft. Die Eichen der Küstenregion machen auf den trockenen Hügeln den Blaueichen Platz, die die Trockenheit besser ertragen können. Dünner und luftiger, schimmern sie blaß bläulich-grün in der Nachmittagshitze. Hier und da ragt eine Schwarzeiche mit dunklem, gefurchtem Stamm und dunkelgrünen Blättern aus dem blauen Baldachin heraus. Die mehr abgerundeten Eichen des Tals breiten sich liebenswürdig unter den aufrechten Blau- und Schwarzeichen aus.

Die Blaueichensavanne – man bezeichnete sie als das Äquivalent der pazifischen Küste zur Serengeti-Ebene. Weideland mit verstreuten Eichen beherrscht die Vorgebirge, die das Central Valley einrahmen, von den nach Süden hin abfallenden Hängen des Russian River bis zu den offenen Hügeln des Salinas Tals und der Sierra Nevada an den Seiten. Die Anordnung der verstreuten Bäume in einem Meer aus Gräsern und wildwachsenden Blumen beschwört die Landschaft unserer Vorfahren in Afrika herauf. Hier wohnten die ersten Menschen, hier sind sie zum ersten Mal auf Füßen gegangen. Seit zehn Millionen Jahren gibt es diese Eichen in Kalifornien, lange ehe die ersten Menschen in Afrika herumgingen.

Ich gehe in diese weite Zeit hinein, dieser Körper meiner Ahnen dringt in die Landschaft der Ahnen ein. Ich entspanne mich mit dem Trost, daß ich in der Lage bin, in alle Richtungen zu schauen. So kann mein Körper Gefahren erkennen und entspannt sich deshalb, zuversichtlich, daß er sich selbst schützen kann. Der Boden ist fest, man kann leicht auf ihm gehen, die Bäume offen und kameradschaftlich. Kaum gefährlich und mit wenigen Hindernissen scheint die Eichensavanne für Menschen wie geschaffen, von Natur aus zum Überleben geeignet.

In der Wärme der Nachmittagssonne gehe ich vom Weg fort in ein Arboretum aus blauen Eichen und Oregon-Eichen. Mit ihrem kompakten Baldachin aus krummen Ästen erreichen die blauen Eichen nur neun Meter Höhe. Demgegenüber haben die Oregon-Eichen die klassische Form, ihre astlosen Stämme sind gerade, ihre Blätter weit gelappt. Verschiedene andere Eichen haben unsymmetrische unterschiedliche Blätter, vielleicht Mischlinge aus den beiden anderen.

Meine Füße suchen nach einem geeigneten Halteplatz. Sie möchten sich von dem Gewicht, das sie tragen, befreien. Sie gehen auf eine ganze Menge Eichen zu, feine und gütige, einladende und vertraute. Aber keine ruft laut genug »Komm, setz dich neben mich«. Ich gehe weiter auf einem schmalen Wildwechsel, einen kleinen Hügel hinauf, suche nach einem Aussichtspunkt. Stop! Hier ist der Baum, sagen die Füße. Schau dir diese großartige blaue Eiche an. Der Baum hat einen beachtlichen Umfang, mit Leichtigkeit zweieinhalb Meter. Sein Baldachin überspannt gut dreißig Meter. Jeder der acht großen Äste ist so groß wie der Stamm einer gewöhnlichen blauen Eiche. Der Baum ist alt. Abgebrochene verwitternde Äste liegen auf dem Boden verstreut. Alle neuen Triebe befinden sich am Ende der Zweige, in der Mitte bleibt der Baum offen. Die horizontalen Zweige werfen gekrümmte dunkle Schatten auf das Gras. Ich kann der Gesellschaft dieser umwerfend schönen Eiche nicht widerstehen.

Ich lehne mich an den massiven Stamm und schüttele meine Schuhe von den Füßen. Sich im Schutz dieses soliden und robusten Kameraden auszuruhen, ist schon eine Belohnung nach dem kilometerlangen Gehen. Wie andere vor mir suche ich bei diesem Baum Schutz, einen sicheren Platz, eine Zuflucht zum Ausruhen. Über mir behauptet ein Trupp von Spechten sein Revier und seinen Eichelvorrat. Waka-waka-waka-waka, rufen die clownsgesichtigen Vögel, beherrschen die akustische Landschaft, übertönen das Gezwitscher von Zaunkönigen und Schwarzmeisen. Ein Eichhörnchen springt von Ast zu Ast. Ein Fliegenschnäpper und zwei Grasmücken jagen Insekten. Hier herrscht ein reger Reiseverkehr! Kaum eine Gegend für Schweigen und schöngeistige Betrachtungen.

Nach einem ganzen Tag des Wanderns bin ich bereit für einen Halt, einfach ausruhen und nichts tun. Obwohl mein Geist noch die Geschichten beschädigter Bäume, einsamer Überlebender und vielfältiger Uneinigkeit über Bäume mit sich herumschleppt, ist es Zeit, auch diese Angelegenheiten jetzt ruhen zu lassen. Denn das kann ich von den blauen Eichen lernen. Sie sind Meister im Ausruhen, besonders während der trockenen Sommerszeit. Die meisten Eichen sind entweder immergrün oder sie werfen wie Laubbäume ihre Blätter ab, doch die blauen Eichen können beides, abhängig von der Regenmenge. Die Blätter haben einen wachsartigen Überzug, mit dem die Feuchtigkeit festgehalten wird. Das verleiht ihnen diesen bläulichen Schimmer. Die innere Struktur der Blätter wird durch Zellulose und Lignin verstärkt, die während der trockenen Jahreszeit nach und nach immer dicker werden, um den physischen Streß des Wasserverlustes auszuhalten. So können die Blätter bis zu dreißig Prozent ihres Wassers verlieren, und die Zellen passen sich dem mit ihrem Salzgehalt an, um dem Verwelken vorzubeugen. Mit dieser Fähigkeit, die kumulative Wirkung der lang anhaltenden trockenen Hitze des Sommers zu überleben, übertreffen sie sogar die Mesquitsträucher der Wüste und die Eisenbäume. Bei extremer Trockenheit lassen die blauen Eichen lieber ihre Blätter fallen, als daß sie gegen die Sonne ankämpfen. Die Bäume ruhen dann in einer Art Sommerschlaf, verhalten sich still, bis der Regen kommt.

In Anbetracht dessen, daß Ausruhen als langfristige Strategie großen Nutzen bringt, gleite ich in eine Traumlandschaft unserer Ahnen hinein, wandere unter dösenden Löwen und äsenden Gazellen umher. Genug nachgesonnen und nachgeforscht, genug schwerfälliges Überlegen für heute. Laßt mich ein Tier sein, laßt mich einen Weg mit Bäumen finden, den es schon vor den Menschen gab. Laßt mich auf der weichen Erde ruhen und die Hitze des Tages aufsaugen, dem Beispiel der Eichen folgend, Energie sparen, Aktivitäten reduzieren.

Ich wache mit einem Ruck auf, als ein kleiner Ast auf den Boden fällt. Waka-waka-waka, die randalierenden Spechte sind immer noch da, die Party in der Luft hört niemals auf. Ich werde von dem Wunsch überwältigt, den Boden zu verlassen und auf den Baum zu klettern. Alle Nervenschaltkreise sind in ihren tierischen Zustand zurückgefallen. Laßt mich ein Affe sein und diesen Baum von allen Seiten erforschen. Lange genug zu Füßen der Älteren gesessen! Laßt mich den Stamm dieser einladenden Eiche hinaufkraxeln und aus seinen Zweigen herausschauen wie ein Eichhörnchen oder ein Falke. Laßt mich den Instinkten meiner Urahnen, der Affen, folgen und sehen, was sie von Bäumen wissen.

Ich springe auf, voller Energie, um den massiven Baum zu besteigen. Aber die erste Astgabel ist qualvoll hoch. Obwohl ich meine Affenarme so weit ich nur kann ausstrecke, scheint diese Route unmöglich. Vielleicht gibt es einen anderen Weg? Ich frage mich, ob ich wohl auf einem der festen, weiten Äste aufsteigen könnte. Aber das ist leichter gesagt als getan. Aber ich bin so erpicht darauf, in diesem Baum zu sein, daß ich gewillt bin, jeden Affentrick auszuprobieren. Ein hilfreicher Ast hängt tief genug, um für den ersten Schritt zu dienen. Der äußere Teil des Astes ist dünn und federnd, aber er hält mein Gewicht aus. Vielleicht funktioniert das, ich will, daß es funktioniert. Trotz meines Primatendranges bin ich evolutionsmäßig vollkommen aus der Form, ganz zu schweigen davon, daß ich ein bißchen groß und schlaksig geraten bin. Egal, ich mache mit unverminderter Ungeschicklichkeit weiter. Ich greife nach den nächsten Ästen, klettere die ersten paar Meter hinauf, lasse den Tierkörper seine natürliche Fortbewegungsart finden. So weit, so gut. Ich bin drei Meter hoch, etwa ein Drittel bis zur zentralen Astgabel.

Weiter oben am Stamm finde ich jedoch keinen Halt mehr für meine Hände und Füße. Tatsächlich kann man sich dort an gar nichts anderem mehr festhalten als an dem Hauptast. Mit verkrampftem Bauch, Arme und Beine um den dünnen Zweig geschlungen, sehe ich eher aus wie ein Faultier als wie ein agiler Affe. Es ist lächerlich! Ich versuche es mit der

Raupentechnik, schiebe mich Zentimeter für Zentimeter vorwärts. Jetzt geht es unter mir gut vier Meter hinunter, und der Boden sieht hart und weit entfernt aus. Ich klammere mich an meinen Ast mit weniger als affenartiger Zuversicht und stelle fest, daß ich nicht mehr weiter kann. Ich bin mir nicht einmal sicher, ob ich zurück kann. In dieser gefährlichen Position, nach knapp sechs Metern Abenteuer, bin ich zum Rückzug gezwungen.

Was für eine Enttäuschung! Mein klopfendes Herz und meine zitternden Knie erinnern mich an die beschränkenden Aspekte der Sterblichkeit. An diesem äußerst ruhigen Ort hatte ich erfolgreich Drama und Gefahr in mein Leben gebracht. Ist das nicht archetypisch menschlich? Aber ich bin fest entschlossen. Es muß einen anderen Weg geben.

Mit bemerkenswerter Vitalität steigt meine genetische Intelligenz im Affenkopf auf. Steine, Werkzeuge benutzen – eine Rückblende in die Evolution. Der Urmensch schleppt eifrig einige flache Steine zum Baum und stapelt sie kreativ am Fuße des Stammes auf der Bergseite aufeinander. Ja, das wird funktionieren. Ich balanciere auf dem Stapel aus Steinen, strecke mich und erreiche nun ganz einfach die erste große Gabel im Stamm. Ich bin sehr zufrieden mit dem Einfallsreichtum meines biologischen Erbes. Ich ziehe mich hinauf mit meinen Primatenarmen und ergreife den Hauptstamm, schwinge ein Bein über die Gabelung und fühle mich zu Hause, frei. Oh, der Triumph der Vernunft! Endlich bin ich hier in den Armen dieses wunderbaren Baumes.

In diese blaue Eiche zu klettern, hat all die vertrauten Gefühle davon, wie es in einem Baum ist, zu neuem Leben erweckt – wie herrlich, sich hier auszutoben, wahllos herumzuklettern, zu erforschen, jeden Ast, jede Spalte auf einen bequemen Rastplatz hin auszuprobieren. Ich kraxele die großen Seitenzweige hinauf, suche nach einer guten Aussicht, nach passendem Halt für die Hände und nach weiteren Annehmlichkeiten des Baumlebens. Das Ahnentier ist es zufrieden. Diese Eiche ist eine ausgezeichnete Wahl. Sie ist geradezu ideal als Wohnung, Zufluchtsstätte und Rastplatz. Aber sofort taucht eine Erinnerung auf. Ich denke an meinen alten Freund in Santa Cruz, eine herrliche Eiche an einem Steilufer. Mir war nicht bewußt gewesen, wie sehr ich einen neuen Freund brauchte, der mir helfen konnte, über den Verlust meines alten Freundes hinwegzukommen. In die Arme dieser Eiche hinaufzuklettern bedeutet ein Willkommen, nach Hause kommen, gibt mir das Gefühl einer vollendeten Geschichte, einer aufgelösten Verspannung.

In dieser Eiche ruhend denke ich an den großen Apfelbaum im Hinterhof, den ich als Sechsjährige in Buffalo, New York, kannte. Mein Schlafzimmerfenster im zweiten Stock schaute hinaus auf den reifen Baum, dessen Zweige beinahe die kleine weiße Veranda hinter dem Haus berührten. Ich kannte die verzweigten Wege des Baumes und seine berauschenden Gerüche ganz genau. Vergraben in dem Dickicht seiner Blätter und Früchte spielte ich stundenlang, allein oder mit einem Freund, versunken in die kindergroße Welt des Bauminneren. Ich fühlte mich über dem Erdboden vollkommen zu Hause, war erfüllt in meinem waldigen Habitat.

Eines Tages, als ich ganz ruhig auf der Veranda spielte, schaute ich hin und her zwischen den Zweigen des Baumes und den spitzenartigen Schatten auf der Veranda. Mehrere Stunden lang war ich geradezu hypnotisiert von den sich bewegenden Licht- und Schattenmustern. In dem Moment verstand ich etwas sehr Wichtiges davon, wie die Zeit vergeht und sich die Perspektive der Sonne auf den Baum verändert. Ich konnte es jedoch nicht in Worte fassen. Was ich damals erkannt hatte, war die Kraft der Beziehung zu einem anderen, und das beruhte natürlich auf der Gnade und der Wahrheit meiner Zeit in einem Baum.

Jetzt sitze ich hier in einer großen blauen Eiche, mit dem Rücken gegen den Stamm gelehnt, meine Füße auf einen Ast gestützt, und ich fühle mich wieder ganz ruhig, ganz zu Hause. Ich empfange das Echo meiner ersten Verbindung zu Bäumen, und das Licht über mir verändert sich. Ich bin eingehüllt in den Baum, er umarmt mich, hält mich. Ich kann die heilende Kraft in den Bäumen spüren, die ich als Kind instinktiv gekannt hatte.

Richard St. Barbe Baker, der bekannte Heilige Englands, der Bäume pflanzte, verbrachte immer mindestens zehn Minuten pro Tag mit seinen Händen am Stamm eines Baumes. Er sagte, daß ihm das seine Energie wiedergebe, indem es ihn mit dem kraftvollen Kreislauf des Baumes verbinde. Es war ihm sehr ernst damit. Er empfahl es als natürliche Heilung bei Unwohlsein, Streß und anderen Entartungen des Körpers und des Geistes. Ich nehme an, er wußte, daß die Wurzel des Wortes *Druide*, jemand der Bäume liebt, dieselbe war wie die des englischen Wortes für Wahrheit, *truth*. Ein Baum ist seine eigene Wahrheit, und mit dieser Wahrheit reinigt er andere, die in den Bereich der Baumenergie kommen.

In einem Baum zu sein ist nicht dasselbe wie neben oder unter einem zu sitzen. Wenn ich den Raum in einem Baum betrete, begegne ich dem Baum auf seinem eigenen Territorium, unterwerfe mich den Bedingungen seiner Gestalt und Geschichte. Ich passe meinen Körper dem Baumkörper an. Ich trete in das Netz der Baumbeziehungen und verlangsame mich auf Baumzeit. Keine Gedanken, keine Vorstellungen, keine Richtung, keine Erwartungen. Einfach nur der leichte Windhauch über unsere Schultern, Insekten krabbeln über unsere Körper, die Sonne bewegt sich Minute für Minute, reinigt den wirren Geist. Die Heilkraft kommt einfach daher, daß man in dem Baum gegenwärtig ist. Das verstärkt den Drang zur Wahrheit, zum Heilsein. Während ich von einem lebendigen Wesen gehalten werde, habe ich Anteil an seiner mächtigen Kraft. Ich betrete die heilende Gegenwart des Baumes und verschmelze mit der mächtigen Wahrheit dieser großartigen blauen Eiche. Ich ruhe in den Armen des Ahnenbaumes, fühle mich in meinem Tierkörper zu Hause, ruhig und entspannt in unserer gemeinsamen Zeit.

Der Hornissenbaum

Ich stand dicht an den Stamm einer großen Ulme bei Byron's Pool in Granchester, England gedrängt, als sich die Himmel öffneten und ein Regen- und Hagelschauer herunterprasselte, der mich bis unter die Haut durchnässen würde. In jenem wilden Moment der Verzweiflung dachte ich an den gefürchteten Hornissenbaum. Wir Kinder kannten den Hornissenbaum alle, aber keiner von uns wagte sich jemals nah an ihn heran. Es war ein alter Baum, ein knorriger Veteran, sein Stamm aufgespalten in einer klaffenden, offenen Wunde, in die sich sogar ein Erwachsener zwängen konnte. Das Innere jedoch war eine unbekannte Größe, denn eine Kolonie von Hornissen lebte in der Spalte und war dort immer sehr aktiv, und so machten wir stets einen großen Bogen um diesen Baum.

Ein gegabelter Blitz schoß nieder durch die Luft, ganz in der Nähe, und schon Sekunden später folgte ein schockierender Donnerschlag, der mir in den Ohren dröhnte. Plötzlich schien es so, als bestehe die Luft nur noch aus Wasser und Eis, vermischt mit einem tödlichen Sperrfeuer aus Ästen und Zweigen. Der sanfte Luftzug hatte sich jäh in einen Sturm verwandelt, der lebendes und totes Gehölz aus den Bäumen riß und es durch die Luft sausen ließ, ohne sich um einen kleinen Jungen zu kümmern. Es ging nun nicht mehr nur darum, ob ich wohl naß würde. Jetzt brauchte ich dringend einen Unterschlupf.

Ich rannte also los, ehe ich es mir noch richtig überlegt hatte, und nach einer Minute, während ich halbblind in dem Platzregen durch die Bäume rutschte und glitt, zwängte ich mich in den Hornissenbaum. Da stand ich still, ängstlich, bestürzt über mein übereiltes Handeln. Vorsichtig schaute ich mich im Dämmerlicht um, aber es war keine einzige Hornisse zu sehen. Meine Augen gewöhnten sich allmählich an die Dunkelheit, und ich blickte genau in alle Ritzen und Spalten, aber allem Anschein nach war die Luft rein. Ich seufzte erleichtert auf. Ich war vor dem Sturm sicher, und das Innere des Hornissenbaumes war groß genug, daß ich mich umdrehen und es mir bequem machen konnte.

Einige Minuten lang hörte ich auf das Lärmen des Sturmes und schaute zu, wie seine Wut die Bäume vor mir peitschte. Dann wurde mir ganz allmählich ein anderer, sehr viel näherer Klang bewußt. Ich konnte ein ganz tiefsitzendes, unaufhörliches Summen hören, ein tiefes, unaufhörliches, monotones Dröhnen ganz in meiner Nähe. Meine Arm- und Nackenhaare sträubten sich, als ich ganz langsam hochschaute. Dort, direkt über mir, war ein riesiges, papierartiges Nest, das den gesamten Raum des Baumstammes über meinem Kopf ausfüllte. Ich schluckte. Darum herum krabbelten einige tausend Hornissen innen am Baumstamm, ihre Flügel langsam öffnend und schließend. Sie waren riesig, mindestens zweimal so groß wie die gewöhnlichen gelbschwarzen europäischen Wespen. Hornissen sind gefürchtet, und man geht ihnen aus dem Weg. Und sie wußten, daß ich da war.

Langsam setzte ich mich hin, einfach deswegen, weil meine Beine unter mir nachgaben. Meine Energie erstarb. Ich hatte furchtbare Angst, und all die Horrorgeschichten von Killerwespen und Hornissen, die ich je gehört hatte, kamen mir in den Sinn. Der alte Mann, der in seinem Garten von Wespen zu Tode gestochen wurde. Das kleine Mädchen, das Wespen auf der Dorfwiese zu Tode stachen. Der Hund, der an einem Wespenstich in seiner Kehle erstickte. Ein Nachbar, der sofort ins Krankenhaus gebracht wurde, weil ihn eine Hornisse gestochen hatte. Voller Angst starrte ich hinauf zu dem Hornissenschwarm und wartete darauf, daß sie herunterkommen und angreifen würden.

Sie wußten ganz offensichtlich, daß ich da war, denn die meisten hatten sich mir zugewandt. Ihre Antennen zitterten forschend, und immer mehr strömten aus dem Nest heraus, um mir gegenüberzutreten. Und die ganze Zeit schien ihr Summen immer lauter und aggressiver zu werden. Da steckte ich also unbequem am Fuße des Baumstammes fest und konnte unmöglich schnell fliehen. Sehnlichst wünschte ich, ich wäre bei der Ulme geblieben und naß geworden. Das Risiko herumfliegender Äste schien jetzt kaum mehr der Rede wert, als ich wie hypnotisiert auf die Hornissen starrte. Sie kamen näher. Ein paar schwirrten umher, und ließen sich schließlich ganz in der Nähe meines Kopfes nieder, doch der Schwarm krabbelte weiter, immer näher. Mein Mund war ausgetrocknet, ich war echt in Schwierigkeiten. Um hinauszukommen, hätte ich aufstehen müssen, und das hätte bedeutet, meinen Kopf in den jetzt dicht mit Hornissen besetzten Raum zu strecken. Ich machte meine Augen zu, um alles einfach abzuschalten, mein Herz pochte seine Angstbotschaft hinaus.

Obwohl das Dröhnen lauter und intensiver geworden war, merkte ich doch einigermaßen erstaunt, daß es eine besänftigende Qualität besaß und keinesfalls drohend wirkte. Ich beherrschte meine panische Angst und öffnete wieder meine Augen. Die Hornissen umgaben mich nun überall, ihre dunklen bräunlichen Körper waren sehr nahe, doch aus irgendeinem seltsamen Grund fühlte ich mich weniger bedroht. Als ich da so saß und mir nicht sicher war, was ich tun sollte, passierten zwei Sachen gleichzeitig. In demselben Moment, in dem eine seltsame, fast unnatürliche Ruhe über mich kam, hatte ich innerlich die ganz klare Erkenntnis, daß die Hornissen mir nichts tun wollten. In den folgenden Jahren spekulierte ich oft darüber, was wohl genau geschehen war, doch untersuchte ich es immer mit Logik und Verstand. Es kam mir nie in den Sinn, daß das, was geschehen war, nicht im entferntesten logisch gewesen war. Es war mystisch.

Mit frappierender Klarheit wußte ich plötzlich, daß die Hornissen mir etwas vorsangen. In einem tiefen summenden Dröhnen, das auf eine merkwürdige Art nie von dem wütenden Krachen des Sturmes übertönt wurde, kommunizierten die Hornissen mit mir. Dies war kein wilder Tagtraum eines ängstlichen Jungen. Dies war eine Realität, die tief in mein Bewußtsein eindrang und die zeitlose Weisheit berührte, die wir alle im Inneren besitzen. Ihr Lied hatte einen ganz bestimmten physischen Klang, denn ich konnte seine intensive und durchdringende Monotonie hören, aber auf einer anderen Bewußtseinsebene kommunizierte es mit mir in schweigenden Bildern. In meinem Geist sah ich in ihr Nest hinein. Ich sah Tausende von Kammern mit ihren Eiern und Babys, als sähe ich eine Holographie, und ich sah auch die riesige Königin des Schwarms. Ich erfuhr, daß die Hornissen nichts von der geistlosen Wildheit ihrer Wespenverwandten haben. Obgleich sie ihr Nest und ihre Königin beschützen, sind sie doch von Natur aus viel sanfter. Gemeinsam sangen sie meine Angst fort, und sie sangen mich in ihre Herzen. Ich kann das nicht genau erklären, aber meine Einsicht offenbarte mir, daß das Bewußtsein des Schwarms mich akzeptiert hatte und daß ich in Sicherheit war. Aber nicht nur das, sondern ich hatte das Gefühl, daß der Hornissenbaum jetzt immer eine Zufluchtsstätte für mich sein würde.

Das Unwetter verzog sich, der prasselnde Regen wurde zu einem leichten Nieseln, der Boden war bedeckt mit frischen grünen Blättern und zerstreuten Ästen. In der Stille sangen die Hornissen weiter, malten in meinem Geist Bilder von Wiesen und Bächen und von hohlen Ästen in großen alten Bäumen. Ich erfuhr, daß sie zahlenmäßig weniger wurden, da ihre Größe auf die Menschen bedrohlich wirkt und sie Angst vor ihnen haben, kann sie auch ihre Sanftmut nicht vor Massenvernichtungen beschützen. Und ich erfuhr auch, daß sie das akzeptierten.

Gedämpft und überwältigt ging ich nach Hause, Traurigkeit in meinem

Herzen. Als ich den Baum verließ, hatte ich mich langsam gestreckt, die Hornissen waren ruhig geblieben. Sie waren nur Zentimeter von meinem Gesicht entfernt, als ich aufstand. In meinen Füßen prickelte es. Ich hatte ungefähr eine Dreiviertelstunde in dem Baum gehockt, als ich mir langsam meinen Weg aus dem tiefen Spalt heraus bahnte, sorgfältig darauf bedacht, auch nicht ein einziges Insekt zu zerdrücken, denn sie waren überall um mich herum.

Ich habe meiner Familie und meinen Freunden nie etwas davon erzählt. Es gibt einige Sachen, die man nicht so einfach vermitteln kann, und erst jetzt habe ich das Gefühl, daß ich die Fertigkeit besitze, das Erlebnis so zu schildern, wie es sich ereignet hat. Obwohl ich zuerst zögerte, ging ich recht häufig zurück und zwängte mich in den hohlen Baum, um mit den Hornissen zusammenzusein. Sie sangen mir nie wieder etwas vor, aber ich hatte immer das Gefühl, daß sie mich angenommen hatten. Traurigerweise schienen bei jedem Besuch weniger Hornissen dort zu sein, und ich wußte wirklich nicht, was ich tun sollte. Jetzt sehe ich die Natur mit anderen Augen, denn ich habe von der Einheit erfahren. In dem Erleben der Einheit gibt es keinen Verlust. Ich weiß jetzt, daß die Hornissen innerhalb des Bewußtseins weiterleben, und daß ich mit ihrer Kontinuität verbunden bin. Innerhalb meines Bewußtseins ist ihr Gesang in der Ewigkeit des Jetzt immer vorhanden und nicht in einer entfernten vergessenen Vergangenheit verloren.

LINDA TELLINGTON-JONES

In der Gemeinschaft großer Lehrer

Kommunikation zwischen unterschiedlichen Spezies gewinnt immer mehr internationale Anerkennung und erobert sich einen Platz in den Herzen sehr vieler Menschen, die als Kinder von einer besonderen Beziehung zu Tieren träumten und die jetzt als Erwachsene erkannt haben, daß telepathische Kommunikation mit Tieren möglich und sogar recht einfach ist.

Ich hatte das große Glück, in einer Familie aufzuwachsen, in der tiefe Liebe zu und Respekt vor Tieren zu meinem Erbe gehörte. Von klein auf lernte ich, vierbeinige, gefiederte und gruselig krabbelnde Freunde zu achten und mit ihnen zu kommunizieren.»Tut anderen, was ihr wollt, das sie euch tun sollen« hing in meinem Kinderzimmer in einem zierlichen Rahmen an der Wand. In unserem Haushalt wurde diese goldene Regel nicht nur auf Menschen, sondern auch auf Tiere angewandt. Großmutter Caywood ließ es nie zu, daß in ihrem Haus eine Spinne getötet wurde. Als ich sechs Jahre alt war, wurde der alte Opa Hood oft von einem Kaninchen geweckt, das er gerettet hatte. Es hoppelte die Treppe hoch und weckte ihn, indem es in seinem Bart raschelte. Kommunikation und Verbindung verschiedener Spezies wurde in unserer Bauernküche von einer Mutterkatze demonstriert, die in ihren Haufen Neugeborener drei gerade geschlüpfte Enten aufnahm, die mein Vater aus einem Nest mitbrachte, das durch eine von Pferden gezogene Sämaschine zerstört worden war. Ein anderes Bild hat sich in meinem geistigen Erinnerungsbuch eingenistet, wie meine Mutter nämlich sorgfältig eine überraschte und klebrige Springmaus abwusch, die in der Speisekammer in einen offenen Topf Sirup gefallen war. Mutters Vater, Will Caywood, schrieb seinen Erfolg als Rennpferdtrainer zum großen Teil seiner Kommunikation mit den Tieren zu. Er sagte, er würde nie ein Pferd an den Start schicken, wenn es ihm nicht mitteilte, daß es sich fit genug fühlte, um gewinnen zu können.

Tiere kommunizieren auf vielerlei Art mit uns, wenn wir lernen zuzuhören. Die Arbeit mit Pferden ist für mich so natürlich wie das Atmen, und ich habe als Kind gelernt zu erkennen, wann ein Pferd Durst, Angst oder Vertrauen hatte oder stolz auf einen Preis war, den wir gemeinsam gewonnen hatten. Dieses Wissen stammte aus einer tiefen

Verbindung, die sich über lange Jahre hin entwickelt hat und über jede Art von Kommunikation hinausgeht, die ich mit meiner eigenen Spezies habe. Aber dieses Wissen vermittelte sich mir normalerweise nicht in Worten, sondern eher in Empfindungen. Die erste wirkliche Kommunikation, die ich in Worten wahrnahm und an die ich mich erinnern kann, stammte von einer Klapperschlange im Jahre 1964. Wie alle Viehzüchter lernte ich, wie man Klapperschlangen tötet, weil sie eine Gefahr für das Vieh darstellen. Damals hatten mein Mann und ich eine Ranch und Pferdezüchterschule im Vorgebirge der Sequoia-Berge im Südosten von Fresno, Kalifornien. Zwei unserer Pferde und eine unserer dänischen Doggen waren im ersten Jahr von Klapperschlangen gebissen worden.

An einem warmen Frühlingstag fuhren wir auf unserer schmalen gewundenen Bergstraße nach Hause. Da kreuzte plötzlich eine riesige Klapperschlange unseren Weg. Ich hielt unseren Lieferwagen an und kletterte hinaus mit der Absicht, die Gegend von dieser gefährlichen Schlange zu befreien. Ich hob einen großen Stein auf und schleuderte ihn gegen die Schlange, die sich ganz unschuldig über den Weg schlängelte.

Zuerst beachtete sie mich gar nicht. Eine Welle von Kummer floß durch meinen Körper, als der Stein in ihren Körper krachte, doch war ich davon überzeugt, es sei meine Pflicht, die Hinrichtung zu Ende zu führen. Als ich meine Arme zum dritten Angriff erhob, spürte ich ganz deutlich einen Gedanken von der Schlange: »Sie hat die Absicht, mich zu töten.« In dem Moment wandte sich die Schlange von ihrem Fluchtweg ab und kam absichtlich auf mich zu. Ich war wie betäubt! Nicht aus Angst davor, daß die Schlange auf mich zukam, denn man kann ihr leicht aus dem Weg gehen, sondern weil ich diesen bewußten Gedanken aufgeschnappt hatte. Ich kletterte zurück ins Auto und fühlte mich schrecklich, weil ich sie so unerbittlich angegriffen hatte. Ich entschuldigte mich vielmals bei der Schlange und betete, daß sie nicht allzusehr verletzt war und überleben würde.

Einige Wochen später bekam ich ein Exemplar von J. Allen Boones Buch »Kinship with all life«, eines der einflußreichsten Bücher über Natur und Tiere, das ich kenne. Dort las ich über die respektvolle Beziehung zwischen den Eingeborenen des alten Nordamerikas und dem Reich der Tiere, besonders den Klapperschlangen. Wegen des gegenseitigen Respektes betrachtete man Klapperschlangen nicht als eine Bedrohung, sondern als »kleine Brüder«.

Daraufhin erklärte ich dem gesamten Personal der Ranch, daß man mich in Zukunft sofort benachrichtigen solle, wenn eine Klapperschlange auf der Ranch entdeckt würde, und daß keiner Schlange etwas angetan werden dürfe. Innerhalb eines Monats wurde eine große Klapperschlange in der Gegend entdeckt, in der unsere Pferde Sprungübungen machten. Ich fuhr im Wagen dorthin, um die Schlange mit zwei Holzstücken zu entfernen, ohne sie zu verletzen. Die Schlange bewegte sich langsam, ohne sich stören zu lassen. Ich ging ruhig auf sie zu, stellte ihr eines der Holzstücke vorsichtig in den Weg, entschuldigte mich telepathisch für die Störung und ließ sie dann wissen, daß sie nicht an einem guten Platz sei. Dann bat ich um Erlaubnis, sie zu einem anderen Ort begleiten zu dürfen.

Die Schlange hielt inne und blieb still liegen, als lausche sie. Für alle, die sich mit Klapperschlangen nicht auskennen: sie können nur angreifen, wenn sie aufgerollt sind, und auch dann nur mit einem Drittel ihrer gesamten Länge. Ich entwarf ein sehr deutliches Bild in meinem Kopf und teilte ihr telepathisch mit, daß wir uns umdrehen und etwa dreihundert Meter den Berg hinunter zum Tor gehen müßten. Ich deutete die Wendung mit meinem anderen Holzstück an, und ohne Umstände und ohne zu zögern änderte die Schlange ihre Richtung, und gemeinsam gingen wir langsam, Seite an Seite, zu unserem Springplatz im Freien. Ab und zu deutete ich die Richtung mit den Holzscheiten an.

An dieser Stelle war mir nicht klar, wie ich die Schlange von unserem Land herunterbekommen und einige Kilometer weit auf eine Weide mit einigen Kühen leiten konnte. Aber da ich unsere Verbindung spürte, entschloß ich mich, die Schlange zu bitten, unter eine der großen Metalltonnen zu kriechen, die wir zum Springen benutzten.

Als wir an der Tonne ankamen, bat ich meinen schuppigen Freund, einen Moment zu warten. Dazu deutete ich den Halt wieder mit dem Holz an und erzeugte ein klares telepathisches Bild von meiner Bitte. Ich kippte die Tonne auf die Seite und ohne daß die Schlange irgendwelche Angst zeigte, rollte ich die Tonne direkt vor ihre Nase und gab ihr sanft mit dem Hölzchen einen Schubs.

Ich fuhr zurück zur Ranch, fand einen großen Plastikeimer mit hohem Rand und kehrte zur Schlange zurück. Die Frage war nun: Wie konnte ich die Schlange aus der Tonne in den Eimer bringen, ohne sie zu beunruhigen? Im Vertrauen darauf, daß unsere Verbindung bestehen blieb, legte ich den Eimer vor die Tonne und deutete der Schlange an, sie solle in den Eimer gehen. Ohne zu zögern glitt sie hinein. Vorsichtig stellte ich den Plastikeimer aufrecht. Darin aufgerollt, weder klappernd noch aggressiv, berührte sie vorsichtig den Rand mit ihrer Nase, so als wolle sie das Gelände erkunden. Ganz vorsichtig trug ich den Eimer ohne Deckel dann zum Lieferwagen, und fuhr einige Kilometer weit zu einer verlassenen Kuhweide. Hier nahm ich den Eimer vom Wagen herunter und legte ihn sachte auf die Seite. Ganz ruhig glitt die Schlange heraus ins Gras und entfernte sich ungefähr drei Meter weit. Dann hielt sie inne, rollte sich auf, mit dem Kopf im Zentrum, wandte sich mir zu und erzeugte mit ihrem Atem einen seltsamen Ton, der wie thhhhh thhhhh klang. Sie nahm ganz offensichtlich mit mir Verbindung auf. Ich setzte mich entspannt auf den Boden, und zwanzig Minuten lang saßen wir schweigend beieinander und kommunizierten mit dem Atem. Schließlich dankte ich meinem neuen Freund für dieses bemerkenswerte Erlebnis und fuhr voller Verwunderung nach Hause.

Dieses Erlebnis öffnete mir eine vollkommen neue Welt, und ich sehe die Tiere jetzt aus einer ganz anderen Perspektive. Über die Jahre hin sind mir Klapperschlangen sehr oft über den Weg gelaufen, und meistens lehrten sie mich Lektionen, die auf andere Lebenssituationen übertragbar waren. Sie boten mir mehrere Gelegenheiten, etwas über Angst und Selbstbeherrschung zu lernen. Bei einer Gelegenheit lag eine große Klapperschlange während einer Reitstunde mit einem Dutzend Schülern aufgerollt in der Reitarena. Wir experimentierten mit nicht-verbaler Kommunikation, um zu sehen, wie weit wir gehen konnten, ohne die Schlange zu alarmieren und ohne daß sie zu klappern und anzugreifen begann. Natürlich befanden wir uns außerhalb ihrer Reichweite, sollte sie tatsächlich angreifen. Wer es schaffte, seinen Geist ruhig zu halten und langsam und gleichmäßig zu atmen, konnte ganz nahe an sie herangehen und still bei ihr stehen, ohne daß die Schlange unruhig wurde. Andere, deren Atem, Körpersprache und geistiger Zustand Unsicherheit verriet, konnten längst nicht so nahe herangehen. Der Erfolg schien darin zu liegen, seine Angst zu überwinden und mit der Schlange Kontakt aufzunehmen. Ein besonderer Zauber entsteht offenbar immer dann, wenn wir uns von diesen Erlebnissen mit wilden Tieren tief berühren lassen.

Tiere kennen viele Arten der Kommunikation. Gaia war ein Affenweibchen, die sechzehn Jahre lang zu einem Forschungslabor der Abteilung für Psychologie im Hunter College mitten in New York City gehörte. Sie hatte all die Jahre allein in einem Stahlkäfig zugebracht, der nur knapp achtzig Zentimeter mal einen Meter groß war, mit einem »Boden« aus Draht, soliden Stahlseiten und einem Meter Platz nach oben. In dem kleinen, fensterlosen Raum gab es noch fünf weitere Affen, die sie hören, aber nicht sehen konnte.

Als die Forschungsstipendien des National Institute of Health ausblieben, entschloß man sich, die sechs Schweinsaffen für medizinische Forschungen zu verkaufen. Das Personal und die Studenten der Abteilung für Psychologie suchten verzweifelt nach einer anderen Lösung. Carolyn Bocian, die am Hunter College an ihrer Promotion über Primaten arbeitete, rief mich an. Wir waren uns einige Jahre zuvor begegnet, als ich eine Informationsveranstaltung für das Personal des National Zoo in Washington D. C. gab. Damals arbeitete sie dort als Pflegerin der Primaten. Carolyn erinnerte sich an unser Animal Ambassador-Programm und dachte sich, daß ich vielleicht helfen könnte.

Ich sagte zu, daß ich nach einem Zufluchtsort für die Affen suchen würde, doch nach vielen erfolglosen Telefonaten entschloß ich mich, Gaia und Isha, einem der anderen Affen, selbst ein Zuhause zu bieten. Wir kamen überein, daß wir auch die anderen vier übernehmen würden, wenn wir es schafften, diese beiden zu sozialisieren.

Man hatte am Hunter College vergeblich versucht, Gaia und Isha, einen etwas jüngeren Schweinsaffen, zu sozialisieren. Ich hatte mich verpflichtet, ihnen ein reiches soziales Leben zu verschaffen und besorgte eine ganze Reihe verschiedener interessanter und stimulierender Früchte und Gemüse. Bisher lebten sie ausschließlich von speziellem Affenfutter und Würfeln aus Bananenpulver, die wie Wackelpudding aussahen.

Als wir sie erst einmal in mein Zentrum nach New Mexico gebracht hatten, war es äußerst befriedigend zu sehen, wie gern sie Maiskolben öffneten, Tomaten spalteten, Kirschkerne ausspuckten und wie sie die neuen Nahrungsmittel untersuchten.

Mit Musik, Visualisierungen, Interspezies-Kommunikation und sehr viel Zuwendung dauerte es nur knapp eine Woche, bis sie mit dem Personal und allen häufigeren Besuchern schmusten. Innerhalb weniger Monate liefen sie in allen zehn Räumen meines Zentrums herum, zogen von einem Zimmer zum anderen, um die Sonne auszunutzen, wenn ihr Platz draußen im Schatten lag. Erstaunlicherweise schenkten sie besuchenden Hunden und Menschen wenig Aufmerksamkeit, schwänzelten lediglich um Fremde herum, wenn sie draußen herumliefen.

Gaia war ein besonderes Geschöpf – ganz anders als Isha oder die anderen vier Schweinsaffen, die später zu unserer kleinen Truppe dazustießen. Gaia war in Indonesien gefangen worden, als sie etwa vier Jahre alt war, und hatte sechzehn Jahre lang in vollkommener Isolation verbracht, hatte die anderen fünf nur hören, aber nie sehen können. Ich bin selten einem so sanften und rücksichtsvollen Tier begegnet. Es gibt viele Beispiele für Interspezies-Kommunikation, die von ihr ausgingen, aber drei besondere Fälle muß ich einfach mit Ihnen teilen. Gaia liebte Kinder und saß oft still bei oder manchmal auch inmitten von kleinen Gruppen von Schulkindern, die zu Besuch kamen, um etwas über Affen zu lernen. Carol Lang, die Direktorin unseres Animal Ambassador, betreute eine Gruppe von Kindern im Vorschulalter. Unter ihnen befand sich ein stilles, vierjähriges Mädchen, das immer hinten in der Gruppe blieb. Gaia wurde von Carol ins Zimmer eingeladen, um die Kinder kennenzulernen. Gaia hielt an der Tür einen Augenblick inne, schaute im Zimmer umher und erspähte die schüchterne Vierjährige. Langsam ging sie zu dem Kind hinüber, um es nicht zu erschrecken, und ergriff ganz vorsichtig die Hand des kleinen Mädchens, führte sie an ihre Lippen und küßte sanft ihre Finger. Dabei schaute sie dem Kind die ganze Zeit aufmerksam in die Augen.

Es war schwer zu glauben, Gaia könne so bewußt behutsam sein. Aber als sie ihr erstes Kätzchen bekam, wurde uns klar, daß sie in der Tat ganz bewußt kommunizierte. Ein ausgesetzter grauer Kater – wir nannten ihn Dusty – wurde in der Nähe unseres Büros am Straßenrand gefunden und zu uns gebracht. Dusty war erst vier Wochen alt. Einige Monate zuvor hatte Gaia bereits eine ältere Katze namens Angel adoptiert und aufgezogen, und Angel hatte nie Angst vor Gaia gehabt. Aber bei Dusty war das anders. Er war scheu und fauchte, wenn Gaia ihm zu nahe kam. Gaia besänftigte ihn so vorsichtig und bewußt, wie ein sensibler Mensch auf ein nervöses Tier zugehen würde. Sie saß ganz still einige Meter entfernt, wandte sich zur Seite, um weniger bedrohend zu wirken, und »sprach« zu ihm, wobei sie ihr Kinn vorschob und leise Schwatzgeräusche von sich gab. Als Dusty sich entspannte, rückte sie ein wenig näher oder drehte sich zur anderen Seite. Es dauerte nicht lange, und sie konnte auf ihn zugehen und ihn aufheben. Bei ihrem ersten Kätzchen wußte Gaia nicht, wie man es aufhob, und so schleifte sie es einfach am Hinterbein herum. Doch bei Dusty erwachte ein mütterlicher Instinkt, und innerhalb von Tagen saß er gegen ihre trockene Brust gedrückt und saugte.

Als er größer wurde, sprang er auf Gaia herum und spielte mit ihr wie mit einer Katze, wobei er sich oft wie wild mit seinen Hinterbeinen in ihren Bauch krallte. Sie rollte mit ihm auf dem Boden herum und schloß einfach die Augen oder drehte den Kopf weg, um ihm aus dem Weg zu gehen. Sie machte nie einen Gegenangriff, aber spielte sie stundenlang mit ihm. Wir mußten ihm schließlich Kappen für seine Krallen verpassen, weil er zu grob spielte.

Gaia liebte auch kleine Hunde. Eines Tages kam ein zwei Monate alter Labrador ins Büro. Gaia machte sich sofort an ihn heran. Sobald er seine Unsicherheit dieser merkwürdigen Kreatur gegenüber verloren hatte, begann er zu spielen, schnappte nach ihren Vorder- und Hinterfüßen, und sie saß da und versuchte, ihn an sich zu kuscheln. Einmal wurde er allzu ausgelassen. Da ergriff sie äußerst behutsam seine Vorderpfote und drückte sie vorsichtig, bis er aufhörte. Er kühlte ein wenig ab, und dann ging ihr Spiel in ruhigeren Bahnen weiter.

Wir haben ein Foto von ihr, als sie gerade einem kleinen blinden Chihuahua vorgestellt wird. Sie ging noch vorsichtiger und langsamer als gewöhnlich auf ihn zu, berührte seine Pfote sanft mit ihrer Hand, und ganz behutsam berührte sie mit ihrer Zunge seinen winzigen Mund. Sie war recht kreativ und ging auf jede neue Situation anders zu.

Ich werde nie den Tag vergessen, als sie in meinem Büro auf dem Boden herumlungerte und ich mit dem Computer beschäftigt war. Ich stand auf, um mich zu strecken, setzte mich neben sie auf den Boden und aus irgendeinem unbekannten Grunde und vollkommen entgegen meinem normalen Verhalten schaute ich sie an und sagte: »Kutschi kutschi ku.« Sie schaute mir geradewegs in die Augen, stand auf, stolzierte zu mir herüber, ergriff sanft aber bestimmt meinen bloßen Arm mit beiden Händen, hielt ihn an ihren Mund, preßte ihre Zähne gegen meinen Arm, aber ohne mir wehzutun, schaute mir direkt in die Augen und so klar, als hätte sie die Worte ausgesprochen, bedeutete sie mir: »Kutschi ku mich nie wieder!« Dann drückte sie meinen Arm hinunter, drehte mir den Rücken zu und marschierte aus dem Zimmer hinaus.

An dem Tag begriff ich, daß sie ein Lebewesen mit einer Intelligenz war, die das Normale weit übertraf. Ihre besondere Gabe, mit anderen Spezies zu kommunizieren, hat das Herz so mancher Zweibeiner berührt.

Mit den Jahren habe ich gelernt, Interspezies-Kommunikation als Teil meines alltäglichen Lebens zu akzeptieren. In den letzten paar Jahren habe ich die Teilnehmer an meinen einwöchigen Pferdetrainings-Seminaren eingeladen, auf geistiger Ebene mit den Tieren, die sie einmal gekannt hatten, Verbindung aufzunehmen. Einige waren noch lebendig, andere hatten schon vor langer Zeit den Schleier zur anderen Seite durchschritten. Vor jeder Gruppensitzung setzen wir uns in einem Kreis hin, und ich bitte alle, ihre Augen zu schließen und sich im Zentrum unseres Kreises eine Säule aus Licht vorzustellen, die den Himmel mit dem Kristallkern der Erde verbindet. Dann bringen wir das Licht in uns und um uns herum. Jeder stellt sich einen Lichtstrahl vor, der aus dem Zentrum der Lichtsäule heraus in sein Herz dringt. Nun gibt man dieses Licht an den, der links neben einem sitzt weiter, bis der ganze Kreis von einem Menschen zum anderen durch Licht verbunden ist. Wir rufen in den Kreis den Geist all der Tiere, die wir gekannt haben, den spirituellen Rat der Tiere und die Lehrer, Engelwesen und Führer, mit denen jeder einzelne Verbindung hat. Beinahe immer kommuniziert ein Tier dadurch, daß es Bilder, Worte oder Botschaften der Liebe oder Vergebung übermittelt, und das öffnet das Herz.

Ich hatte viele Monde lang eine innige Beziehung zu Bäumen. Es begann mit einer Kommunikation, die ich schon mit Tausenden von Menschen in vielen Ländern geteilt habe und die sich 1982 in Australien ereignete. Es war meine erste Kommunikation, und sie geschah vollkommen unerwartet. Ich besuchte Michael und Treenie Roads in der Nähe von Byron Bay in Australien und plante, auf einen Vorschlag Michaels hin, hinauszugehen und ihren eintausend Jahre alten Morton Bay-Feigenbaum zu besuchen. Dieser Baum mißt mehr als dreißig Meter von einer Astspitze zur gegenüberliegenden, und die Wurzeln sind sechzig Zentimeter hoch und reichen bis zu zehn Meter weit vom Baumstamm weg. Ich hatte keinerlei Erwartungen. Michael hatte mir damals noch nichts von seiner Beziehung zu diesem wunderbaren Baum erzählt.

Eines Morgens machte ich mich in aller Frühe auf den Weg zu ihm. Ich nahm ein Notizbuch mit und wollte mir die Ereignisse der letzten Tage aufschreiben. Als ich auf den Baum zutrat, kamen mir diese Worte in den Sinn:

Komm, setz dich neben mich. Ich werde dir eine Geschichte erzählen. Sitz auf mir. Irgendwo in der Sonne. Vor langer Zeit gab es viele Bäume wie mich. Wir lebten schon lange auf diesem Planeten und hatten große Weisheit erworben. Unser Verständnis und unsere Liebe sandten positive Schwingungen aus, die weitreichende Auswirkungen hatten. Dann kam der Mensch mit seinem Mangel an Verständnis. Um die Erde wieder ins Gleichgewicht zu bringen, wieder auszugleichen, müssen deine Leute das Reich der Pflanzen, das Reich der Tiere, der Mineralien und der Naturgeister wieder als eine Einheit erkennen und als etwas, das für das Überleben dieses Planeten lebenswichtig ist. Daß deine Spezies Gott im Inneren erkennt, ist nur der Anfang. Daß ihr erkennt, daß wir mit euch eine Einheit bilden im Gleichgewicht des Daseins, das ist der Schlüssel – nicht nur zum Überleben, sondern zum Himmel auf Erden.

RACHEL ROSENTHAL

Tatti Wattles – eine Liebesgeschichte

Lieber Tatti. Ich liebe dich, und du fehlst mir. Von allen Tieren, die bei mir gelebt haben, warst du mir körperlich am nächsten. Du hast so viel Zeit auf meinem Körper verbracht, auf meinen Schultern, meinem Arm, in meiner Hand und auf meinem Schoß. Ich habe den Geruch deines Fells geliebt, deine zarten, kleinen Pfoten, die immer so sauber und gepflegt aussahen, oder deinen langen Schwanz, der so viele Menschen entsetzt hat. Ich habe deine widerspenstigen Schnurrhaare geliebt, deine runden, zart durchscheinenden Ohren, deine lackschwarzen, glänzenden Augen und deinen warmen, weichen Bauch. Ich habe dir gern beim Fressen zugesehen, wenn du dich geputzt hast oder einfach nur durchs Haus geflitzt bist. Und ich mochte es, wenn du mich mit deiner Schnauze angestupst hast. Ich danke dir für deine Geduld bei all den Aktivitäten, in die ich dich verwickelt habe, und deine Geduld mit all den Leuten, die uns dabei begegnet sind. Oh Tatti. Mein kleiner Freund. Du fehlst mir so. Meine Schulter ist so schrecklich leer, und meine Hand sucht vergeblich nach deinem kleinen Körper.

Du warst ein wunderbares Wesen, Tatti Wattles. Und das möchte ich der ganzen Welt erzählen. Denn die Welt kennt deinesgleichen als Feind, Ungeziefer, anonymen Fleischvorrat für abscheuliche Laborexperimente oder als Schlangenfutter. Ich habe dich als Individuum kennengelernt, und so möchte ich dich der Welt vorstellen. Denn nur, wenn wir andere als Individuen sehen, als einzigartig, als wertvoll und unersetzlich, nur dann sind wir bereit für wahre Menschlichkeit. Nur wenn wir bereit sind, anzuerkennen, daß andere Lebewesen, ob Mensch oder Tier, das gleiche Recht haben, mit Würde und Achtung zu leben und zu sterben und Selbsterfüllung zu erlangen, nur dann können wir all das auch für uns selbst beanspruchen.

Tatti war wieder zu Hause! Ich konnte es kaum glauben. Ich hatte solche Angst, daß er in der Tierklinik sterben würde. Drei Tage war er dort. Ich besuchte ihn morgens und abends, saß bei ihm und versuchte heilende Kraft auf ihn zu übertragen.

Er lag in meiner Hand, bleich, matt, hechelnd, mit geschlossenen Augen. Man kann es an der Schnauze und den Ohren erkennen, wenn ein

Pelztier bleich ist. Ich hatte seine Röntgenaufnahmen gesehen. Sie machten mir Angst. Sein kleines Herz war so vergrößert, daß es die Aorta gegen die Wirbelsäule drückte. Das Negativbild zeigte fadenförmige Spuren in der Lunge: Flüssigkeit. Und dann seine Heilung – es war ein Wunder. Am Freitag, dem 6. August, durfte ich ihn mit nach Hause nehmen – mit zahllosen Medikamenten. Er fraß und putzte sich. Ich gab ihm sein Lieblingsfressen: Maiskolben. Er fraß ein wenig Vollkornbrot und eine halbe Weintraube. Ich war im siebten Himmel!

Ich versuchte, ihn nicht zu viel zu berühren, um ihn nicht zu ermüden. Aber ich sprach sehr viel mit ihm und wiederholte immer wieder: »Oh Tatti, ich liebe dich so sehr!« Große Schuldgefühle plagten mich. War ich nachlässig gewesen? Hatte der Geruch der Farbe – ich hatte mein Haus außen neu anstreichen lassen – dieses Herzversagen ausgelöst? Tatti hatte rasselnde Herzgeräusche, das wußte ich. Ich dachte, wir könnten sie noch rechtzeitig mit Medikamenten behandeln und kurieren. Es passierte so schnell ... Eines Abends war Tatti krank. Ich wartete bis zum Morgen. Wahrscheinlich hätte ich ihn sofort zum Tierarzt bringen sollen. Und der Luftreiniger, den ich in dem Raum, in dem er schlief, aufgestellt hatte ... hatte der ihn vielleicht auch irritiert? Vielleicht war unsere Reise nach Kanada zu viel für ihn gewesen ...

Ich hatte zuwenig Rücksicht auf Tattis Gesundheitszustand genommen, und nun starb er. Ich machte mir wahnsinnige Vorwürfe. Ich hatte angenommen, daß ich, wenn ich auch nichts anderes in meinem Leben erreicht hätte, so doch mindestens gut zu Tieren gewesen war. Aber ich hatte versagt. Tatti war erst etwas über zweieinhalb Jahre alt. Der Tierarzt, ein Rattenexperte, sagte, drei Jahre wären das Maximum für eine Ratte. Doch andere sagten mir vier, fünf, sogar sechs ... Ich glaubte fest daran, daß Tatti alle Rekorde brechen würde. Es war also viel zu früh für ihn, jetzt zu sterben. Ich konnte es einfach nicht akzeptieren.

Tattis Verdauung funktionierte immer schlechter. Er hatte seit Tagen nichts mehr gefressen und war sehr dünn. Er schlief viel, und ich ließ seinen Käfig neben meinem Bett stehen. Am Samstag hatte ich mich zum Mittagessen auf meinen Bettrand gesetzt und meinen Teller auf einen Hocker gestellt. Tatti bekam immer eine Kleinigkeit von meinem Essen ab. Aber diesmal wollte er nichts. Er wurde ein wenig unruhig, und ich schloß die Käfigtür. Der Tierarzt hatte ja gesagt: »Keine Aufregung. Halten Sie ihn ruhig.«

Plötzlich fing Tatti an, an der Käfigtür zu nagen. Ich öffnete sie. Er rannte seine gewohnte Bahn zum Schrank. Dabei stockte er immer wieder und rang nach Luft. Ich wußte nicht, was ich tun sollte. Er erreichte den Schrank, und ich half ihm hinauf zu seinem Nest auf meinem Koffer. Er sprang sofort herunter und wurde immer aufgeregter. Ich machte mir große Sorgen, hob ihn auf und ging zum Käfig zurück. Als ich dort ankam, hatte sein Herz aufgehört zu schlagen. Ich war außer mir, versuchte, Luft in seine Schnauze zu blasen, er keuchte. Er taumelte ein wenig und rang nach Luft. Er wollte nicht sterben, er war noch nicht bereit. Sein Körper kämpfte, aber sein Herz arbeitete nicht mehr mit. In meinem Kopf dröhnten die Worte: »Er stirbt! Er stirbt!« Ich schaute hilflos und verzweifelt zu. Seine Pfötchen schlugen in die Luft, seine Augen waren geschlossen, seine Schnauze öffnete und schloß sich noch einige Male. – Dann war er tot. Ich hob seinen schlaffen Körper hoch, und hielt eine Stunde lang Totenklage über ihn. Ich konnte nicht aufhören. Ich hatte das Gefühl, als hätte man mir einen Teil meines Körpers herausgerissen.

Meine Tränen tropften auf sein Fell. Es wurde naß und unordentlich. Ich legte ihn aufs Bett und rückte seinen Körper zurecht, bis es aussah, als schliefe er. Ich legte seinen Schwanz neben seine Pfötchen und putzte ihn ein letztes Mal. Dann räumte ich sein Fressen weg, seinen Käfig, sein Rattenklo, das Nest auf meinem Schrank, alles, was ihm gehört hatte. In einem Schuhkarton breitete ich ein Handtuch aus und legte Tatti darauf. Danach schloß ich den Karton und stellte ihn in den Kühlschrank.

Jetzt rief ich meine Freunde an, um ihnen von der Zeremonie am nächsten Tag zu erzählen. Es war der 7. August 1982. Ich hatte das Gefühl, meine Seele verloren zu haben.

Nagetiere waren nicht gerade meine Lieblingstiere. Ich war schon immer total auf Katzen und Hunde fixiert gewesen. Aber Tatti, das passierte einfach. Und er war eines der wenigen Tiere, die mein Denken und Fühlen veränderten. Er lehrte mich mindestens ebensoviel wie ich ihn.

Alles begann, als ich meinen Mann im Jahre 1978 verließ und allein im Zentrum von Los Angeles zu leben begann. Eines Morgens besuchte ich die Ausstellung zeitgenössischer Kunst. Dort sah ich einen zylindrischen Metallkäfig. Daneben stand ein Schild: »Homer, die homosexuelle Ratte«. Ich blickte nur beiläufig hin, doch plötzlich fühlte ich, wie mein Blutdruck stieg. Es rauschte in meinen Ohren und das Blut pulsierte und klopfte in meinen Schläfen – »Tieralarm«! Es waren immer die gleichen Symptome. Ich ging auf den Käfig zu und sah eine kleine, schwarze Fellkugel. Eine ganz junge Ratte kauerte in dem Käfig und schaute vollkommen verlassen drein. Der Gitterkäfig hatte nicht einmal einen soliden Boden und stand direkt auf dem Betonboden der Galerie. Im Käfig lagen ein winziges, dreckiges Stück Stoff, viel zu klein für ein Nest, ein paar Erdnüsse und eine Untertasse mit etwas schmutzigem Wasser. Ich spürte das charakteristische Prickeln im Nacken und ging zum Direktor der Galerie. »Wer kümmert sich um die Ratte? Hat der Besitzer irgendwelche Anweisungen zu ihrer Pflege und Nahrung hinterlassen?«, fragte ich. Die Antwort war negativ.

Ich ging zum Käfig, öffnete ihn und nahm das kleine Geschöpf heraus. Es war zahm und teilnahmslos zugleich. Ich streichelte die kleine Ratte sanft. Es war ein Männchen. Seine Hoden waren beinahe so groß wie sein ganzer Körper. Ganz still saß er in meiner Hand und sah mich an. Seine Augen schimmerten wie kleine schwarze Perlen. Der weiße Bauch und die weißen Socken bildeten einen hübschen Kontrast zu seinem glänzenden schwarzen Fell.

Wie benutzte sein Besitzer ihn wohl für seine Vorstellung? Ich fragte voller Sorge nach, denn der Mann war berühmt-berüchtigt für seine schlimmen Aufführungen. Vor einigen Jahren hatte er einmal ein Stück aufgeführt, das zeigte, wie er vier lebende Ratten in Brand steckte und zu Tode verbrennen ließ, ehe man ihn daran hinderte, noch mehr Ratten zu töten. Er kam dafür ins Gefängnis, aber in Kunstkreisen wurde seine Aktion zu einem gefeierten »Kunstwerk«, das einen Galeriebesitzer seinen Arbeitsplatz und sehr viel Druckerschwärze kostete, um seine Aktion anzugreifen und zu verteidigen. Daraufhin hielten sich andere Galeriebesitzer sehr zurück und planten keine ähnlichen Veranstaltungen mehr. Es ist traurig, aber wahr, daß mehrere Performance-Künstler Tiere für ihre »Kunst« mißbrauchten und damit die ganze Branche in Verruf brachten.

Obwohl ich keine Ahnung hatte, wie man eine Ratte hält, erwarb ich Homer sofort. Mir war natürlich klar, daß zahme Ratten Zuchtvarianten von Laborratten sind, daß die Mehrzahl für medizinische und wissenschaftliche Forschungen verwendet wird oder um alle nur erdenklichen Produkte auszutesten, ohne jeglichen Schutz des Tierschutzgesetzes der Vereinigten Staaten. Einiges von dem Überschuß der Züchter geht an Tierhandlungen, die die Tiere meist als Nahrung für Schlangen verkaufen. Einige wenige Ratten haben Glück und werden als Spiel- und Streicheltiere für Kinder gekauft, enden dann aber auch meist vergessen in ihren Käfigen, wenn der anfängliche Spaß vorbei ist.

Homer erwies sich als eine außergewöhnlich interessante kleine Persönlichkeit. Er war äußerst ernsthaft und sehr vorsichtig und trotzdem zahm und zutraulich. Er hatte einen großen Appetit und war normalerweise nicht ängstlich. Von Anfang an nahm ich Homer überall mit hin. Er versteckte sich unter dem Zelt meiner damals noch langen Haare und dachte nicht im Traum daran, sich von meinem Körper zu entfernen. Wir gingen gemeinsam zu Vernissagen, Vorstellungen und Partys. Bei meinem Unterricht und meinen Workshops war Homer das Maskottchen. Er liebte die Aufmerksamkeit, die Leute, die Geräusche, die Gerüche. Homer orientierte sich schnüffelnd. Er streckte seine kleine rosa Schnauze in die Luft, die sensiblen Schnurrhaare ausgebreitet wie einen Fächer. Stimmte etwas nicht, informierte er mich, indem er an mir leckte. Ein bestimmtes Lecken bedeutete, daß er sich unsicher fühlte – zu viel Lärm, zu viel Rauch... Hektisches Lecken hieß »Toilette«. Ich ging dann auf die Toilette, setzte ihn auf etwas Klopapier, und er erleichterte sich pflichtbewußt. Als wir in mein neues Haus umgezogen waren, zeigte ich ihm ein paarmal einen kleinen Karton, und er hatte es sofort begriffen.

Als er erwachsen war, beobachtete ich ihn bisweilen, wie er auf meinem Bett herumhuschte, und ich dachte: »Mein Gott, er ist eine Ratte!« Am schönsten waren seine Bewegungen. Diese ganz besondere Art, wie er seinen Rücken bogenförmig nach oben krümmte und auf seinen winzigen Füßchen tänzelte, so daß es manchmal aus der Entfernung wirkte, als würde er durch die Luft schweben – ein Körper ohne Pfoten – wie eine mechanische Maus auf verborgenen Rädern.

Es war auch schwer, sich an seine Größe zu gewöhnen. Er war so klein! Wie streichelt man ein so zerbrechliches Wesen? Wie umarmt man es? Ich konnte mich nicht von Anfällen spontaner Zuneigung hinreissen lassen. Nein! Ein Zeigefinger, der Daumen, ein paar andere Finger, ganz vorsichtig vielleicht... und das war alles.

Als Homer zu Tatti wurde und für eine zahme Ratte relativ groß geworden war, entwickelte ich orthodoxere Methoden, meiner Zuneigung Ausdruck zu verleihen. Aber bei dem winzigen Homer war ich eingeschüchtert.

Homer besuchte mich im Bett. Als ich ihn anfangs hochnahm, hatte er die schreckliche Angewohnheit, seine messerscharfen Zähnchen in meinen großen Zeh zu bohren. Ich glaube, er betrachtete dies nicht als Teil meines Körpers, sondern dachte wahrscheinlich, es sei ein Stück Knackwurst. Ich schrie jedesmal verzweifelt auf, und innerhalb kurzer Zeit hörte er damit auf. Unsere Zusammenkünfte im Bett wurden entspannter.

Ich habe schon seit langem das Gefühl, daß es etwas ganz besonderes ist, mit Angehörigen einer anderen Spezies zu kommunizieren. Wir kommunizieren sprachlich mit anderen Menschen. Die meisten unserer Beziehungen zu Tieren basieren deshalb auf dem Versuch, ihnen Worte beizubringen. Wir geben ihnen Befehle: »Sitz!« »Bleib stehn!« »Bei Fuß!« »Halt!« und so weiter. Wir werden ungeduldig und wütend, wenn die Tiere das nicht »verstehen«. Wir halten sie für schlecht, dumm oder denken, man müßte noch mehr mit ihnen trainieren. Die meisten Haustiere werden wie Sklaven behandelt. Man gibt ihnen Wohnung und Essen gegen ihre »Dienste«. Sie müssen Wächter sein, Kameraden, Jäger, Helfer, Mäusefänger, sehende Augen und hörende Ohren, sie müssen dekorativ und elegant sein, ein gutes Statussymbol, liebevoll, ergeben und loyal. Man muß es Katzen hoch anrechnen, daß sie es schaffen, die Vorteile des häuslichen Lebens zu nutzen, ohne etwas in Form solcher Verhaltensweisen zurückzuzahlen. Deshalb mögen so viele Menschen keine Katzen.

Viele Leute geben zu, daß sie ihre Tiergefährten lieben. Aber wie viele respektieren sie voll und ganz, wie einen Angehörigen ihrer eigenen Spezies? Man muß sein Menschsein vollkommen akzeptiert haben, um die ganz erhebliche Kluft überbrücken zu können, die uns von nichtmenschlichen Tieren trennt. Menschen, die das schaffen, kennen die volle Bedeutung von Liebe – Liebe, die nicht klammert, ohne Projektion unserer persönlichen Bedürfnisse und Neurosen. Eine Liebe, die dem anderen seine Freiheit läßt, die sein Leben vollkommen respektiert und akzeptiert und nicht nur selektiv gewisse Charakterzüge und Verhaltensweisen fördert, die bequem sind oder uns an uns selbst erinnern. Vor allem aber haben diese Menschen ein Gefühl für das Heilige. So schön und wunderbar auch die Liebe und das vollkommene Verständnis zwischen zwei Menschen sein können, Liebe und vollkommenes Verständnis zwischen zwei Individuen verschiedener Arten gehen weit darüber hinaus – in einen numinosen und transzendenten Bereich.

Es scheint, als hätten die Menschen mit wenigen Ausnahmen ihre Fähigkeit für das Wunder und den Zauber der zwischenartlichen Kommunikation verloren. Dennoch faszinieren uns die Tiere immer noch – in Mythen und Märchen, in denen sie spirituelle und übernatürliche Kräfte verkörpern. Und sie verfolgen uns in unseren Träumen, in denen sie die tiefen Schichten unserer Natur symbolisieren, von denen wir uns selbst schon gelöst haben.

Tiere oder besser gesagt die Vorstellung, die wir von Tieren haben, besitzen eine sehr starke Kraft. Wir haben Angst vor den Tieren, mit denen wir so gut wie nie in Kontakt kommen: Fledermäuse, Schlangen, Wölfe ... Ratten. Die meisten Menschen verabscheuen und ekeln sich vor Ratten. Diese Reaktionen auf bestimmte Bilder schlummern in unserem Unterbewußtsein und in unseren Erinnerungen und wurden uns dort eingeprägt, weiß Gott wann und wodurch.

Unsere Kinder wachsen immer noch mit Tieren aus der Märchenwelt auf: Reinecke Fuchs, Isegrim der Wolf, Nobel der Löwe, Grimbart der Dachs, der Froschkönig, das häßliche Entlein, Mecki der Igel und Micky Maus. Doch wie vielen dieser Kinder wird in der Schule gesagt, sie sollten ein lebendiges Tier mitbringen, damit man es im Physiologieunterricht sezieren kann[1]. Dieser Unterricht lehrt nur falsche Lebenslektionen: Es ist in Ordnung, aus Neugier zu töten; um Leben verstehen zu können, muß man töten; ein toter, zerstückelter Frosch ist pädagogisch wertvoller als die Beobachtung eines lebendigen Frosches in seinem natürlichen Lebensraum; Liebe und Respekt lassen sich nicht mit Wissenschaft und Technologie vereinbaren, das heißt also mit einer zivilisierten Gesellschaft. Glücklich sind die Kinder, deren Eltern oder Lehrer aufgeklärt genug sind, ihnen die Geduld und Sensibilität beizubringen, die nötig ist, um ein lebendiges Tier wirklich kennenzulernen und dieses Wissen dann kreativ auf die Bewahrung des Lebens anzuwenden, nicht auf die Beschleunigung des Sterbens.

Der Tod kommt. Tod ist Teil des Spiels. Ich lerne mehr über meinen eigenen Tod bei jedem mir bekannten Tier, dessen Sterben ich miterlebt habe. Und ich habe gelernt, daß der Tod unter gewissen Umständen ekstatisch sein kann. Mit diesem Verständnis kommt das Akzeptieren, und mit dem Akzeptieren zieht Frieden ein.

Tiere geben uns Lektionen über Leben und Tod, wenn wir sie lassen. Und dazwischen auch über Liebe, Haß, Zärtlichkeit, Wut, Schmerz, Brutalität, Loyalität, Freundschaft, Schlauheit, Resignation – alle nur möglichen Gefühle mit ihren unendlichen Schattierungen und Färbungen.

Ich hatte mit der Zeit eine tiefe Verwandtschaft zwischen Tatti und mir festgestellt. Tatti hatte ein Problem: Seine Zähne wuchsen zu schnell. Wenn man nicht aufpaßte, behinderte ihn das beim Essen, und er würde dann sogar verhungern. Oder sie konnten durch seinen Gaumen hindurch in sein Gehirn wachsen. Nagetiere in der freien Natur können ihre Zähne an harten Oberflächen abschleifen. Aber Tatti hatte alle diese Instinkte verloren. Er liebte ausschließlich weiche Nahrung. Und

---

1 Diese Aussage bezieht sich auf die Verhältnisse in USA

so mußte er alle zwei oder drei Wochen zum Tierarzt, der ihm seine scharfen Zähne beschnitt. Er haßte das und ich ebenfalls. Er wand sich in meinen Händen, protestierte lauthals und versuchte, an mir hochzuklettern, um dem Knipser zu entkommen. Aber – schnipp, schnapp – seine kleinen Zähnchen mußten einfach gestutzt werden. Nicht ein einziges Mal bei diesen grauenvollen Operationen versuchte Tatti zu beißen, weder mich noch den Arzt.

Ich war erstaunt. Bis ich erkannte, daß Laborratten so gezüchtet werden: übersanft, wie Beagles, die auch ausgiebig für schmerzhafte Laborversuche benutzt werden. Tatsächlich würde es ja wenig nutzen, in die Hand zu beißen, die einen der Strahlung aussetzt, die einen mit Krebs infiziert, die einem Elektroden ins Gehirn oder in den Schwanz einpflanzt (Rattenschwänze sind äußerst sensibel, deswegen werden Elektroschocks über den Schwanz verabreicht), die einem zwangsweise massive Giftmengen einflößt, bis einem der Magen platzt. Laborratten sind also in der Tat die süßesten kleinen Geschöpfe der Welt, für unsere Zwecke so vorgefertigt von der Zauberei der Genmanipulation.

Als wir vom Tierarzt nach Hause fuhren, schnüffelte der arme Tatti in meinem Ohr herum, erleichtert nach vielem Streicheln und Trösten, und mir wurde klar, daß auch ich an einer ähnlichen Krankheit litt. Von Kindheit an war mir beigebracht worden, meine Wut zu unterdrücken und negative Emotionen als schlecht und tadelnswert anzusehen. Als ich klein war, bedrohte mich die Wahrnehmung solcher brutalen Empfindungen so sehr, daß ich überwältigt war von lähmender Angst und Schuldgefühlen. Ich entwickelte frühzeitig nervöse Störungen und Zuckungen im Gesicht. Ich hatte eine Gouvernante, die mich total beherrschte. Und sie züchtigte mich sowohl körperlich als auch seelisch. So lernte ich schon bald die Kunst der passiven Aggression: Ich wurde eine Schmollerin und Verschwörerin und schmiedete Rachepläne, die ich jedoch niemals ausführte. Ich widersprach ihr nie, weinte nie, schrie nie und verpetzte sie nie. Ich zeigte nie, wie verletzt ich war, wieviel Angst ich hatte oder daß ich vor Wut kochte. Im Alter von sieben Jahren war ich die stoische Ruhe in Person. Selbst heute noch habe ich Schwierigkeiten, mich zu verteidigen, wenn ich angegriffen werde. Wenn ich eine Spitze bemerke oder, noch schlimmer, eine offene Beleidigung, dann erstarre ich. War jemand gemein zu mir, dann lächelte ich eifrig. Ich muß jeden Tag in mir einen Kampf ausfechten, um diese alten Tendenzen zu überwinden. Aber eines war sicher: durch Züchtung und Züchtigung hatten Tatti und ich den Schneid verloren.

Diese Erkenntnis gab mir den Ansporn zu meinem nächsten Auftritt, und ich beschloß, daß Tatti dabei mein Partner sein sollte. Das Stück hieß: »Bonsoir, Dr. Schön!«. Es waren einige ganz schön brutale Szenen darin, in denen Tatti auf meinem Kopf ritt und sich in Todesangst an meinen Haaren festhielt, während ich Kracher zündete und laut schrie. Ich schrie: »Ich bin ein Vampir!« Da beschloß Tatti, auf meine Schultern herunterzukommen, wo es sicherer war: Er wählte den Weg über meine Wangen. Als ich mich drehte, hielt er sich dort mit seinen kleinen Krallen fest, und Blut tröpfelte mir übers Gesicht. Tatti hatte ein gutes Gefühl für den richtigen Zeitpunkt. Ich hatte ihm kleine Vampirflügel gebastelt und schrie ihn an: »Auch du bist ein Vampir!« und »flog« ihn mit seinen glänzenden schwarzen Flügeln auf der Bühne umher. Tatti war erleichtert, als ich ihn nach dieser Szene wieder in seinen tragbaren Käfig setzte.

»Dr. Schön« war das erste von drei Stücken, die ich mit Tatti Wattles aufführte. Er war ein richtig guter Mitspieler, und ich hatte das Gefühl, als habe er sehr viel zu dem Stück beigetragen. Interessanterweise wurde er in keiner einzigen Kritik erwähnt. Es war so, als wäre er gar nicht dabeigewesen. Hatten die Leute ihn bewußt ausgeblendet? War er ihnen zu frivol für eine ernsthafte Kritik? Oder hatten sie ihn einfach nicht gesehen? Ich war enttäuscht. Ich hatte erwartet, daß Tatti in der Zeitung erwähnt würde. Aber in den folgenden zwei Jahren widmeten ihm die Medien ihre volle Aufmerksamkeit. Man hatte ihn endlich zur Kenntnis genommen.

Der Winter 1980/81 war voller persönlicher und finanzieller Probleme. Ich litt an Schlaflosigkeit und wachte mitten in der Nacht schweißgebadet auf. Tatti war im Himmel: Aktivität um drei, vier Uhr morgens! Großartig. Ich starb fast vor lauter Sorgen, und Tatti wollte SPIELEN! In jenen schwierigen Zeiten schien er meine einzige Verbindung zum Leben. Durch Tatti Wattles, durch die körperliche und emotionale Empfindung meiner Handfläche, die ihn hielt, durch meine Finger, die ihn streichelten, spürte ich mich mit dem Leben wie mit einem dünnen, aber stabilen Faden verbunden. Ich sagte seinen Namen, und er gluckste zurück. Dieser dürftige Dialog reichte aus, um mich zu erden, wenn es so aussah, als hätte sich der Boden unter meinen Füßen gefährlich verschoben.

Wenn Tatti und ich nach draußen gingen, kannten uns die Leute allmählich schon. Nach einer Weile entdeckte ich gewisse Muster in den Reaktionen der Leute. Es dauerte gar nicht lange, und ich schätzte die Menschen nach ihren Reaktionen auf uns und besonders auf Tatti ein.

Es war geradezu ein Rorschachtest. Es gab Leute, die auf Tatti flogen, nachdem sie schnell noch um Erlaubnis baten, ihn zu streicheln. Viele Frauen sagten, Tatti gefalle ihnen von vorne, seine Rückseite jedoch sei widerlich. Eine Frau schrie und zog sich hastig zurück: »Seine Nase ist ja ekelhaft! Wie die Schnauze eines Schweins!« Das war mir wirklich ein Rätsel. Einmal, weil die Nase einer Ratte überhaupt nicht wie die Schnauze eines Schweins aussieht, und zweitens: was ist denn an der Schnauze eines Schweins ekelhaft? Welche Ästhetik erklärt einige Auswüchse der Evolution für schön und andere für häßlich?

Tatti hatte eine erzieherische Wirkung auf die Menschen. Er bekehrte fast jeden. Die Leute hörten mir zu, wie ich allgemein über Ratten redete, ihren besonderen Charakter und ihre Anpassungsfähigkeit, und ihre schreckliche »Verwendung« in der biochemischen Forschung. Die meisten waren fasziniert. Ganz unten auf meiner Liste standen die, die einfach nach Tatti griffen, ohne erst zu fragen. Die Schwester einer guten Freundin von mir kam einmal zu Besuch. Sie war Ärztin. Als sie Tatti sah, hob sie ihn geschickt mit einer Hand hoch, hielt ihn sich baumelnd vors Gesicht und untersuchte ihn. Das war eine Geste, die ich sofort erkannte: eine Wissenschaftlerin, die eine Experimentierratte nach pathologischen Anzeichen untersucht. Ich bekam eine Gänsehaut. Diese Handlung zeigte ganz deutlich den mangelnden Respekt vor Tatti als Individuum und vor meinen Gefühlen. Diese Geschwindigkeit, und mit welcher Geschicklichkeit sie ihn mit einer Hand aufhob ohne die andere Hand unterstützend dazuzunehmen! Die zweite Hand war nämlich frei und bereit für eine andere Art der Berührung, beispielsweise eine Spritze zu verabreichen oder was auch immer. Ihre Worte verdeutlichten die Sprache ihrer Hände: »Oh, ich kenne solche Ratten...!« Das glaube ich dir gerne! Ich wollte sie zur Rede stellen, aber es ging nicht. Einfach deshalb, weil sie mit meiner Freundin verwandt war. – Deprimierend!

An einem anderen Abend ging ich zu einer Vernissage, und eine Künstlerin trat auf mich zu. Sie redete eine Weile, ohne Tatti zu bemerken. Als sie ihn dann entdeckte, erschrak sie und schlug mir so kräftig vor die Brust, daß Tatti in hohem Bogen durch die Luft flog. Zum Glück war die Galerie voller Leute, und er landete elegant auf der Schulter eines anderen Besuchers. Schafften es die Leute, ohne daß ich es merkte, irgendwie unverschämt nahe an Tatti heranzukommen, hoffte ich immer, weil er ja nicht biß, daß er sie zumindest anpinkelte. Doch leider hatte Tatti die Angewohnheit, eher die Leute anzupinkeln, die er liebte.

Tatti und ich entwickelten eine wunderbare Künstlerpartnerschaft.

Nach »Naxos« erfand ich »Soldier of Fortune«, ein Wortspiel: »fortune« bedeutet Glück und Reichtum. Das Stück thematisierte meine katastrophale Beziehung zum Geld. Bei der Live-Aufführung gab es auch eine begrenzte Anzahl von künstlerischen Büchern mit demselben Titel, in denen ein ganz banaler Text über menschliche Brutalität und Schuld Bildern vollkommenen Hedonismus gegenübergestellt waren. Man fotografierte mich, wie ich sieben Gänge in sieben der modischsten und teuersten Restaurants von Los Angeles aß. Zu vieren nahm ich Tatti mit. Bei *Trumps* bekam er rohen Lachs zu essen, eine dicke Spinatsuppe im *West Beach Café*, Käse und Beeren bei *Michael's* und französisches Gebäck im *L'Ermitage*. Die Küchenchefs reden immer noch davon. Eine Ratte bei *Trumps* ...!

Die letzte und beste Rolle, die Tatti spielte, war in »Traps«. Es war eine Aufführung über die Bombe. Am Ende des Stückes, nach einer Stunde der Raserei und des Schimpfens über unseren menschlichen Schwachsinn, holte ich Tatti unter einem Tisch hervor mit den Worten: »... solange es noch Quellen der Zuneigung und Zärtlichkeit in dieser Welt gibt, ist noch nicht alles verloren.« Und ich ging mit Tatti auf der Bühne herum, hob imaginäre Beeren auf und fütterte ihn damit, während man eine wunderschöne Etüde von Chopin hörte, und riesige Dias mit meinen Händen, die Tatti streichelten, wurden auf die Wand projiziert. Tatti hatte eine großartige Bühnenpräsenz. Er liebte es, für Fotografen und Kameraleute zu posieren. Er stand gern im Rampenlicht und verbarg seine Hinterseite weder, noch zeigte er sie. Auf allen Fotos sieht er schön aus, schaut in die Kamera, und bei der Aufführung weiß er immer genau, wo sich sein Licht befindet. Tatti Wattles ging mit »Traps« auf Tournee durch ganz Kanada und wurde auf einem halben Dutzend Flügen mitgeschmuggelt.

An dem Tag als er starb sollte ich »Traps« wieder aufführen. Ich war untröstlich. Aber ich wollte Tatti ehren. Ich spielte das Stück bis zu dem Moment, in dem ich normalerweise Tatti hervorgeholt hätte, und da unterbrach ich die Aufführung und erklärte, daß Tatti gestorben sei und daß ich normalerweise den Rest des Stückes mit ihm gemeinsam gespielt hatte. Dann ging ich auf der Bühne umher, als wenn Tatti dabei wäre, und die Etüde von Chopin spielte, und ich weinte hinter meiner Maske.

Später schickte ich eine Todesanzeige an die L. A. Weekly. Sie wurde gedruckt und am Jahresende noch einmal unter der Rubrik: »Wir konnten es kaum glauben, als wir die Post öffneten ...« veröffentlicht. Dort stand:

274

»Dies ist zweifellos unsere Lieblingstodesanzeige des Jahres:

Gestorben:	Tatti Wattles, die Ratte
Wann:	Samstag, den 7. August 1982
Wo:	Zu Hause
Wie:	Herzinfarkt

Tatti Wattles, die Ratte, war zweieinhalb Jahre alt und starb zu Hause an einem Herzinfarkt. Berühmt in Künstlerkreisen hatte Tatti an drei Produktionen von Rachel Rosenthal teilgenommen. Er war auf Tournee in Kanada, man sah ihn auf Vernissagen überall in der Stadt, er war Gastgeber bei vielen Ereignissen und Maskottchen für Rosenthals Workshops und Unterricht. Tatti war dem Schicksal einer Laborratte entkommen und zu einer Person geworden.«
Ich bat Leute, mir ihre Erinnerungen an Tatti zu schicken. Und ich organisierte einen Gottesdienst und eine Beerdigung für ihn. Es war eine sehr kunstvolle Zeremonie mit einigen meiner besten Freunde. Es wurde gesungen, getrommelt, ein schöner spiritueller Kreis erschaffen. Tatti wurde unter einem großen Baum in einem schönen Garten beigesetzt.
Es gibt so viele denkwürdige Momente: Tatti, der furchtlos die schwarze Katze Mackenzie in ein Kissen zurückdrängte und dann ganz ruhig in seinem Käfig an einem Salatblatt knabberte, während Mackenzie sich neben ihm zusammenrollte und ihm beim Essen zuschaute. Tatti, wie er mich begrüßte, wenn ich ihn zu Hause gelassen hatte und die Treppe hochkam: er rannte ans Ende vom Bett und quietschte vor Vergnügen. Tatti, wie er sich auf dem Flugplatz weigerte, sich in meiner Tasche zu verstecken, und ich so oft auf die Toilette ging, daß der Wachposten argwöhnisch wurde und ich ihm furchtbar gut zureden mußte, uns doch noch ins Flugzeug zu lassen ... Tatti war eine Person, wie ich schon sagte. Jeder Mensch und jedes Tier ist eine »Person« für mich.
In allem gibt es Geist, Seele, Bewußtsein und Wunder. Das zu sehen und zu glauben ist einfach, und doch ist es die radikalste Weltsicht, die es gibt. Eine kleine Ratte mit gutem Karma war hier, um es zu beweisen.

Andere Sinne

Während der letzten fünfzig Jahre habe ich mich mit der Heilung von Tieren mittels Radionik-Therapie, einer Biofeedback-Methode, beschäftigt und lernte ihre Kooperation und ihr Verständnis schätzen. Sie sind weitaus befriedigendere Patienten als Menschen. In vielen Fällen hatte ich das Gefühl, sie wüßten viel mehr als ich – über sich selbst und ihre Umwelt. Sie sehen Dinge, die ich nicht sehen kann, wie Devas und Feen. Sie behalten ihre Erinnerung an frühere Inkarnationen und an ihre Zuneigung zu Menschen- und Tierpersönlichkeiten. Tiere leben ganz leicht und selbstverständlich in diesen beiden Welten.

Ich war immer eher auf Katzen eingestellt, aber als eine Freundin von mir starb, erbte ich zwei kleine Schnauzerhündinnen, und so entstand meine erste enge Beziehung zu Hunden. Tessa, die ältere der beiden, nahm mich als ihr Mündel an, für das sie sich verantwortlich fühlte. Sie folgte mir wie ein Schatten, und ich stolperte ständig über sie. Ging ich aus dem Haus, setzte sie sich ans Fenster, wartete auf meine Rückkehr und begrüßte mich dann immer überschwenglich, wenn ich wiederkam, egal ob ich nun eine Stunde oder eine Woche fortgewesen war. Manchmal warf sie ihren Kopf zurück und heulte wie eine Banshee (eine Todesfee), wenn ich ging, und das war in meinem Haushalt gar nicht beliebt. Eines Tages, als ich mit ihr über die Felder spazierenging, setzte sie sich plötzlich hin und starrte auf einen Baumstumpf, steif und vor Angst zitternd. Ich konnte nichts Ungewöhnliches sehen und hatte große Schwierigkeiten, sie zu beruhigen und wieder nach Hause zu bringen. Glücklicherweise habe ich eine begabte Freundin, die mit Tieren kommunizieren kann, und so bat ich sie, Tessa zu fragen, was sie da gesehen habe und was ihr solche Angst eingejagt habe. Tessa zögerte, es zu sagen, weil es mich aufregen könnte, doch schließlich, nach langen Überredungskünsten, erklärte sie, daß es ein Mann gewesen war, der scheußlich stinkend in dem Baum gehangen habe. Sie hatte also nicht nur den lange abgeschlagenen Baum und den darin hängenden Mann gesehen, sondern auch das verwesende Fleisch gerochen. Ich fand später heraus, daß früher einmal die Grenzen von Gloucestershire bis zu diesem Feld reichten und daß Kriminelle, die von den Schwurgerichtssitzungen in Gloucester verurteilt worden waren, tatsächlich an jenem Baum aufgehängt worden waren.

Als Tessa traurig und altersschwach wurde und keine Freude mehr am Leben hatte, ließ ich sie sanft und mit viel Liebe ziehen. Ihre erste Besitzerin kam zu ihr, und man konnte sehen, wie Tessa aus ihrem Körper heraus in die Arme von Liz sprang, die sie als kleine Hündin gekauft hatte. Seitdem kann man die beiden manchmal gemeinsam im Garten spazierengehen sehen.

Die andere kleine Hündin hieß Tina und hatte einen vollkommen anderen Charakter. Sie war sehr zurückhaltend, kümmerte sich um ihre eigenen Sachen und war verliebt in den Mann meiner begabten Freundin. Sie erinnerte sich nämlich an ein früheres Leben, in dem sie ihm in Gestalt eines Wolfshundes gehört hatte. Wie sehr sich ihre äußere Gestalt auch verkleinert hatte, ihre Liebe war noch genau so groß, und sie erhob heftig dagegen Einspruch, wenn es irgendwelche Anzeichen von Zuneigung zwischen ihrem ehemaligen Meister und seiner gegenwärtigen Frau gab, auf die sie schrecklich eifersüchtig war. Sie beanspruchte immer seine volle Aufmerksamkeit.

Als Tessa gegangen war, änderte sich Tinas Einstellung mir gegenüber vollkommen. Sie übernahm Tessas Pflichten und adoptierte mich, fühlte sich für mich voll verantwortlich. Tina schien Tessa nicht zu vermissen, denn sie waren sich nie sehr nahe gewesen. Doch nun wich sie nicht von meiner Seite und war ausgesprochen besorgt um mein Wohlergehen. Ständig sagte sie meiner begabten Freundin, daß es mir nicht gut gehe und daß sie etwas unternehmen solle.

Ihre Beziehung zu meinem siamesischen Kater Basil war von einer Haßliebe geprägt. Basil neckte sie gnadenlos und sprang sie an, um zu verhindern, daß sie ins Haus kam. Er hatte einen lebhaften Sinn für Humor, sie dagegen hatte gar keinen, denn sie nahm das Leben sehr ernst. Traurigerweise kam der Tag, als ich mich auch von ihr verabschieden mußte. Sie war dreizehn Jahre alt, litt an einem schwachen Herzen, und die Sommerhitze war einfach zu viel für sie gewesen. Sie zögerte nur deswegen zu gehen, weil sie sich Sorgen machte, wie ich wohl ohne sie überleben könnte. In Hundejahren gerechnet war sie einundneunzig – ich hingegen war erst achtundachtzig und hatte immer noch zu arbeiten. Darum sagten wir ihr, daß sie sich immer noch von einer anderen Ebene aus um mich kümmern könne, und tatsächlich tut sie das, und ich kann sie oft im Haus umhergehen sehen. Liz kam nicht, um sie abzuholen. Statt dessen kam ein struppiger Terrier, den ich nicht kannte, der sie aber wie ein alter Freund begrüßte und sie mitnahm, aus dem Garten heraus, aber nicht aus unserem Leben.

Ich habe viele Tiere in vollkommener Stille miteinander kommunizieren sehen. Meine Hunde können es einfach nicht begreifen, daß ich so dumm sein kann, nicht zu verstehen, was sie mir sagen, außer wenn es um ganz offensichtliche Sachen geht, wie Essen und Spazierengehen. Und das kann sogar der größte Dummkopf verstehen. Meine Tiere sind viel schlauer als ich ... Obgleich sie ihre eigene Sprache und ihre eigenen Kommunikationsmittel haben, können sie Worte in jeder Sprache lernen, und wenn man zum Beispiel gedämpft »lauf« sagt, beiläufig und ohne besonderen Ausdruck, verstehen sie das sofort. Meine Katzen kennen das Wort »Kaninchen«, das in ihnen eine unmittelbare Reaktion hervorruft, während »Hühnchen«, die ihnen ziemlich egal sind, keine Reaktion hervorruft. Wenn ich ein totes Kaninchen auf der Straße auflese und mit nach Hause bringe, dann wartet Basil schon an der Garage, einfach so, für alle Fälle. Sage ich ihm dann, daß ich ein Kaninchen habe, setzt er sich auf die Gartenmauer und wartet darauf, daß ich es auf das Feld werfe, an eine Stelle, die ich sein »Speisezimmer« nenne. Dann beginnt ein Ritual, das ich nicht ganz verstehe. Er sitzt auf der Mauer und schreit etwa eine halbe Minute lang so laut er kann, ehe er sich über das Kaninchen hermacht. Ich weiß nicht, ob er damit »vielen Dank« sagen will oder »das Kaninchen gehört mir und sonst niemandem«.

Twiggy, seine Nichte, ist sehr klein und hat einen ganz anderen Charakter. Sie ist äußerst ängstlich und unglaublich scheu gegenüber Fremden oder plötzlichen Bewegungen und Lärm, und sie erbeutet sich lieber selbst ihre Nahrung. Einmal, und das werde ich nie vergessen, kletterte sie an einer Glyzinie hoch und kam mit einem Rebhuhn, beinahe so groß wie sie selbst, in mein Schlafzimmer. Das ist schon eine ungewöhnliche Art, aufgeweckt zu werden. Nachdem ich aus dem Bett gesprungen war und Basil und die Hunde aus dem Zimmer geworfen hatte, ließ sie den Vogel los, der völlig unversehrt schien. Dann verwies ich seine Fängerin des Zimmers, sah aber keinen Sinn darin, ein völlig verwirrtes Rebhuhn unter meinem Bett hervorzuscheuchen. Daher zog ich mich an und ging hinunter in die Küche. Nach dem Frühstück, umringt von enttäuschten Tieren, die sich auf ein lebhaftes Spiel und anschließendes Festmahl gefreut hatten, ging ich zurück zu meinem Zimmer: Ich hatte mich mit einem Fangnetz ausgerüstet und war nun meinerseits auf eine lebhafte Jagd gefaßt. Zu meiner Überraschung fand ich das Rebhuhn ganz zwanglos auf meinem Bett sitzen, scheinbar vollkommen gelassen auf seine Rettung wartend. Ich fing es mühelos ein, gab ihm Bachblütenmedizin gegen den Schock und ließ es auf der Wiese frei – es flog auf und davon, als habe es keinerlei Störung seiner alltäglichen Routine gegeben.

Ich weiß nicht, wie das bei Vögeln ist, aber wenn ein Pferd ein ähnlich traumatisches Erlebnis hätte, sähe seine Reaktion, glaube ich, ganz schön anders aus. Pferde besitzen ein zentrales Gedächtnis, das alle Erinnerungen an Ereignisse und Emotionen speichert, und das kann ihre ganze Persönlichkeit beeinflussen. Und, ebenso wie Elefanten, vergessen Pferde nie etwas.

Seit einigen Jahren nehme ich nur noch Pferde als Patienten an. Das lag ursprünglich daran, daß ich meine Praxis einschränken wollte, um mehr Zeit für ein anderes Projekt zu haben, aber das Schicksal wollte es anders. Damals behandelte ich pro Tag etwa fünfzig Tiere. Diese Zahl verdoppelte und verdreifachte sich im Laufe der Zeit, und heute behandele ich im Durchschnitt vierhundert Pferde am Tag.

Bei einer Radionik-Analyse geht es darum, die eigentliche Ursache eines Problems herauszufinden, von dem das Individuum heimgesucht wurde, sei sie nun physisch oder psychologisch. Dabei kann auch Unerwartetes ans Licht kommen: Ich hatte einmal ein Pferd mit einem hartnäckigen und heftigen Husten in Behandlung. Es senkte seinen Kopf und stampfte wild, als würde es ersticken. Alle normalen tierärztlichen Behandlungen hatten versagt, keine hatte eine Heilung gebracht. Eine ausgiebige Analyse zeigte, daß das Grundübel Selbstmitleid war, und schon eine Behandlung brachte alles wieder in Ordnung. Der Husten war seine Art zu zeigen, daß es nicht die Pflege und Aufmerksamkeit bekam, die es seiner Ansicht nach verdiente. Als dies einmal erkannt und behandelt worden war, hörte es mit diesen Demonstrationen auf. Pferde sind sensible Wesen, und viele ihrer Probleme kommen von ihren Besitzern, entweder von gedankenloser Behandlung oder übertriebener Pflege. Ein nervöser Reiter macht auch sein Pferd nervös, aber ebenso effektiv werden positive Eigenschaften wie beispielsweise Selbstvertrauen übertragen.

Viele Rennpferde fristen ein sehr langweiliges Dasein. Jeden Tag die Routine beim Training, anschließend sind sie lange Zeit in ihren Boxen eingesperrt und haben nichts zu tun. Das kann dazu führen, daß sie unruhig werden, nervös in ihrer Box hin- und hergehen und Verhaltensstörungen entwickeln. Eine bekannte Pferdetherapeutin gibt den Pferden Spielsachen, die ihre Langeweile vertreiben und der Entwicklung schlechter Gewohnheiten vorbeugen. Einige verständnisvolle Trainer ermuntern ihre Pferde dazu, Beziehungen mit anderen Tieren einzugehen. Ich kannte eine äußerst nervöse Stute, die nur dann glücklich und zufrieden war, wenn sie ein Kaninchen bei sich in der Box hatte. Das führte dann allerdings zu Problemen, als das Kaninchen, das nach Lust und Laune kam und ging, eine Menge kleiner Karnickel bekam. Ich hatte ein Jagdpferd, das unsterblich an einem Esel hing und kaum überredet werden konnte, ihn zu verlassen, selbst wenn es zu einem Rennen ging. Einige Pferde nehmen ihre Gefährten mit zu einem Rennen, und es ist durchaus nicht ungewöhnlich, auf dem Parkplatz einer Rennbahn bei den Pferdeboxen Schafe und Ziegen zu sehen.

Obwohl ich meine Tage am Schreibtisch verbringe und umgeben von Radionik-Instrumenten und siamesischen Katzen die Analysen für die Pferde ausarbeite, baue ich offenbar ganz automatisch ein enges Verhältnis zu meinen Patienten auf. Denn obschon ich ihnen nur selten und bei besonderen Anlässen begegne, behandeln sie mich dann immer wie eine alte Freundin. Oft wundern sich die Besitzer, weil ihr Pferd sich bei Fremden sonst nie so verhält. Pferde haben anscheinend die Gabe einer hochentwickelten Telepathie, die uns fast vollständig entgeht.

Einmal rief mich ein Pferdebesitzer zu seinem Pferd, das den Reiter abgeworfen hatte und nach über einer Stunde intensiver Bemühungen nicht eingefangen werden konnte. Ich stand fünf Minuten außerhalb des Rings, ging dann zu dem Pferd hinüber und nahm die Zügel in die Hand – zum Erstaunen aller, mich selbst eingeschlossen.

Ursprünglich hatte ich in meiner Praxis mit allen möglichen Tieren zu tun, einschließlich eines Löwen namens Boy, dem Stolz von George Adamson. Er war ernsthaft von einem Büffel verletzt worden: Er konnte weder jagen noch sich verteidigen und war deshalb zu dem erbärmlichen Ende verurteilt, draußen im Busch zu sterben. George Adamson blieb die ganze Nacht über bei dem Löwen, tröstete und beschützte ihn. Am nächsten Morgen flogen meine Freunde Tony und Sue Harthoorn, beide Tierärzte, hinaus, um zu sehen, wie man ihm helfen könne. Man beschloß, ihn zu operieren. Boy bekam ein Beruhigungsmittel, wurde hinten auf einen Landrover verfrachtet und zu Joy Adamsons Camp gebracht. Dort wurde eine dreieinhalbstündige Operation durchgeführt und ein dreißig Zentimeter langer Stahlstift in den gebrochenen Oberarmknochen getrieben. Wir planten, Boy zu Joys Haus in Nyvasha zu fliegen, wo er gesundgepflegt werden konnte. Dieser Plan wurde durch einen abenteuerlichen Flug verwirklichlicht: Er ging beinahe tödlich aus, als sie über den Aberdare auf über dreitausend Meter hochgehen mußten.

Sue schickte mir ein Haarbüschel von Boy, und ich gab ihm eine Radionik-Behandlung. Diese Art der Behandlung funktioniert auf jede Entfernung, wenn man eine Probe wie ein Haarbüschel oder Blut hat. Die Schulter heilte nicht richtig. So mußten die Harthoorns erst noch eine fünfstündige Operation durchführen, von der er sich langsam erholte, bevor er schließlich wieder ganz gesund wurde. Es gab da allerdings einen Schatten am Horizont. Ein junger Meru namens Stanley war beauftragt gewesen, sich um Boy zu kümmern, und hatte ihn anscheinend respektlos behandelt, als er schwach und hilflos war. Der Löwe zeigte seinen Groll, indem er knurrte und ihm drohend mit den Augen folgte. Nachdem er in die Wildnis entlassen worden war, wurde Boy unberechenbar und fing an, Joy und Stanley und auch andere Arbeiter bei seinen Besuchen im Camp leicht zu beißen. Das endete in einer Tragödie, als Boys Groll auf Stanley überhand nahm und er eines Tages richtig zubiß und ihn tötete. George, dessen Lieblingslöwe er gewesen war, mußte ihn mit großem Bedauern erschießen.

Die Beziehung zwischen Menschen und wilden Tieren ist ein verzwicktes Problem. Ich nehme an, daß alle Tiere am Anfang wild sind. Doch durch Domestikation über einen langen Zeitraum hinweg entwickelt sich Vertrauen und Verständnis, und dann sind die beiden Arten voneinander abhängig. Richtige wilde Tiere haben andere Werte, und man kann ihnen keine Vorwürfe machen, wenn sie bei Streß auf diese zurückgreifen.
Menschen neigten schon immer dazu, Tiere zu benutzen anstatt eine Partnerschaft zu erschaffen. Zu einem großen Teil sind wir abhängig von ihnen, und nicht sie von uns. Sie verdienen es, mit Respekt und Dankbarkeit und nicht als Besitztümer oder Werkzeuge behandelt zu werden. Die Natur hat ihre eigenen Gesetze, und viele von diesen erscheinen uns grausam und rücksichtslos, aber ich glaube, daß Tiere philosophischer sind als wir. Sie akzeptieren den Tod als eine Tatsache, sie kämpfen bis zum Tode, wenn es darum geht, ihre Jungen zu beschützen, aber sie lassen sie ziehen, wenn sie groß genug sind, sich um sich selbst zu kümmern. In vielen Fällen bestehen sie sogar darauf, indem sie sie davonjagen.
Wir haben festgestellt, daß Tiere, die in Gruppen leben, anscheinend einen Gruppengeist besitzen, der anhand einer einzelnen Probe von einem beliebigen Mitglied der Gruppe behandelt werden kann. So waren wir imstande, von einem einzelnen Haar aus eine ganze Viehherde auf Maul- und Klauenseuche sowie Fehlgeburten hin zu behandeln. Achten Sie auch einmal auf eine Schar von Staren, die sich gemeinsam

niederlassen und dann zusammen wie ein einzelnes Wesen durch die Luft fliegen. Beobachten Sie, wie alle plötzlich gleichzeitig wenden und den perfekten Augenblick dazu wählen, kontrolliert von etwas außerhalb ihrer selbst – Sie werden sehen, was ich meine. Demgegenüber ist ein Hund oder eine Katze ein Individuum mit einer einzigartigen Persönlichkeit und einem einmaligen Geist.

PENELOPE SMITH

Das alte Bündnis wieder herstellen

Wenn mein Mann und ich mit unseren Lamas oder afghanischen Windhunden spazierengehen, werden wir manchmal von anderen Spaziergängern gefragt, ob unsere Tiere intelligent sind. Was meinen die Leute damit? Möglicherweise wollen sie ausdrücken: »Was für ein Verhalten und welche Reaktionen haben Ihre Tiere im Vergleich zu den Menschen? Wie empfänglich sind sie für eine Dressur? Wie gehorsam folgen sie den Befehlen der Menschen?«

Menschen, die solche Fragen stellen, haben die Vorstellung akzeptiert, nach der Tiere biologische Maschinen und uns Menschen intellektuell unterlegen sind. Sie distanzieren sich von Tieren, sehen sie als interessante Objekte an, betrachten sie jedoch ganz gewiß nicht als intelligente Mitgeschöpfe. Sie gehen davon aus, daß Tiere nichts oder nur wenig von ihrer Umwelt verstehen, zumindest nicht auf die »sinnvolle, intelligente« Art der Menschen.

Ferner nehmen sie an, daß Tiere überhaupt keine Kommunikation oder Konzepte der Menschen begreifen. Oder würden Sie mich etwa in Gegenwart meines Mannes nach dessen Intelligenz befragen?

Selbst viele Menschen, die sich sehr um Tiere kümmern, zeigen unbewußt herablassende Verhaltensweisen gegenüber Angehörigen einer anderen Art. Durch soziale Scheuklappen behindert erkennen sie nicht das Bewußtsein und die Intelligenz, die in jedem Lebewesen gegenwärtig sind, egal zu welcher Spezies es gehört, es sei denn, sie kommen äußerlich den menschlichen Ausdrucksweisen nahe oder ahmen diese nach.

Die meisten Untersuchungen über die Kommunikation zwischen verschiedenen Arten beschäftigen sich immer noch hauptsächlich mit der indirekten Kommunikation mit Tieren. Man versucht, sie dazu zu bringen, unsere Symbole zu lernen und mittels der menschlichen Sprache zu kommunizieren oder auf unsere Stichworte zu reagieren. Doch wächst die Erkenntnis – eine Art erwachendes kulturelles Bewußtsein – immer mehr, daß wir alle miteinander verbunden sind – physisch, geistig und spirituell. Diese Verbindung ermöglicht eine direkte Kommunikation mit anderen Arten jenseits der engen biologischen Grenzen, durch einen Gedankenaustausch, durch Emotionen, geistige Bilder und Gefühle.

Bei diesem tiefgründigen Austausch können wir die reichen Tiefen der Zwiesprache und Weisheit entdecken, die in der Beziehung zu unseren Tierbrüdern und -schwestern möglich sind. Menschen, die sich in ihrer eigenen geistigen Komplexität verlieren, vergessen ihr tieferes spirituelles Wesen. Entfremdet von den Angehörigen aller anderen Tierarten oder sich diesen auch überlegen fühlend, werden sie geistig, emotional und spirituell gestört, und diese Unruhe kann vernichtende Auswirkungen auf die Biosphäre haben.

Angehörige anderer Arten sind in der Lage, uns Menschen zu helfen, nicht in die Irre zu gehen. Viele Naturvölker wissen seit Jahrtausenden, daß es für die Menschen unbedingt notwendig ist, das Band zu anderen Arten zu ehren, um in Harmonie und im Gleichgewicht zu bleiben. Indem Menschen lernen, als Lebenspartner auf dieser Erde mit Tieren in Beziehung zu treten, können sie bewußte, frohe und integrierte Mitglieder eines planetarischen Ganzen werden. Möglicherweise kann der Schaden, den wir am Ökosystem dieses Planeten angerichtet haben, und unsere einseitige Beziehung zur übrigen Natur, die auf den menschlichen Vorstellungen von Trennung, Herrschaft und Überlegenheit beruht, zum einem großen Teil durch Respekt und Verständnis unter den Arten aufgelöst werden.

Mein Leben lang habe ich telepathisch mit Tieren kommuniziert und seit 1971 Heilungen und Beratungen über den Umgang der Arten miteinander mit vielen Tausenden von Tieren (menschlichen und nichtmenschlichen) durchgeführt.Unzählige Male haben die Tiere mich mit ihrer Intelligenz, Weisheit, Gutmütigkeit, Geduld und ihrem liebevollen Verständnis in bezug auf die Menschen beeindruckt.

Sie haben Eigenschaften an den Tag gelegt, die unsere Gesellschaft normalerweise nur den Menschen zugesteht, wie Aufrichtigkeit, Vertrauen, Liebe, Hingabe, Anerkennung, Loyalität, Einfühlungsvermögen, Freundlichkeit, Freude, Selbstlosigkeit und Weisheit. Bei telepathischen Beratungen demonstrieren die Tiere immer wieder ihre Fähigkeit zu kommunizieren, zu verstehen und Entscheidungen zu treffen, indem sie ihr Verhalten deutlich erkennbar positiv verändern. Normalerweise sind sie zu einer großzügigen Zusammenarbeit bereit, wenn ihre Ansichten von den beteiligten Menschen verstanden wurden.

Entgegen der Lehre einiger Biologen habe ich erlebt, daß Tiere sich nicht nur ihrer selbst bewußt sind, sondern auch anderer Angehöriger ihrer eigenen und anderer Arten und auch des Zustands ihrer Umwelt, selbst in einem globalen Sinne. Ich möchte Ihnen dazu einige Geschichten erzählen.

Coco, ein Tucuman-Papagei, lebte mit zwei anderen Papageien derselben Art, mit vier kleinen australischen Papageien und einem Menschen in einer Wohnung in Helsinki, Finnland. Ihr Schutzengel Eva hatte die Papageien aus einer Situation gerettet, in der sie mißhandelt wurden, und sie flogen nun zusammen frei in ihrer Wohnung umher. Manchmal zankten sich die Vögel, besonders wenn Eva wegging, und ich wurde gebeten, mich mit ihnen zu beraten. Die zwei jüngeren Papageien vermittelten mir verschiedene ihrer Gedanken über ihr gemeinsames Leben und den Grund ihrer Streitigkeiten. Aufgrund dieser Informationen, durch ein paar Änderungen im Zusammenleben und weil Eva nun mit ihnen in einer umfassenderen Weise kommunizierte, konnten die Probleme ganz leicht gelöst werden.

Coco war ein stiller Vogel. Eva hatte sie in einem furchtbarem Zustand in einer Tierhandlung gefunden, in der sie viele erbärmliche Jahre zugebracht hatte. Eva fragte mich, ob Coco wohl vollkommen blind sei, weil sie immer im Kreis herum in alle möglichen Sachen hineinflog. Ich spürte Cocos Sehfeld als eine weiße Fläche, ohne Schatten und Formen. Es hatte tatsächlich den Anschein, als sei sie vollkommen blind.

Während unserer Beratung saß Coco vollkommen still auf ihrer Stange, nur einen Meter von mir entfernt, und blickte in die entgegengesetzte Richtung. Ich stellte Coco als erstes Fragen zu ihrem Leben, und als ich ihre Antworten für Eva in unsere Sprache übersetzte, drehte Coco plötzlich mit ungläubigem Staunen ihren Kopf in meine Richtung. Sie platzte mit den Gedanken heraus: »Wer bist du? Du kannst unmöglich ein Mensch sein. Du hörst zu und verstehst. Du bist bestimmt ein Vogel. Was bist du?«

Ich erklärte ihr, daß ich ein Mensch sei, der mit Tieren telepathisch kommunizieren könne, und daß es noch weitere Menschen gäbe, die auch zuhören und verstehen könnten. Sie reckte ihren Kopf verblüfft in meine Richtung. »Das kann gar nicht sein«, rief sie aus, »Menschen verstehen überhaupt nichts!«

Coco projizierte mir ihre Gedanken, Gefühle und geistigen Bilder davon, wie sie als kleiner Vogel großartige Erwartungen hatte, mit Menschen eine liebevolle Beziehung zu haben, doch ständig enttäuscht worden war. Statt der Kameradschaft, die sie sich wünschte, wurde sie mißhandelt, oft isoliert und bekam nicht genug zu essen. Nach Jahren dieser Mißhandlungen gab sie es auf und zog sich in ihre eigene Welt zurück – ohne ihr physisches Augenlicht. Sie hatte dreißig Jahre lang (so die eigene Einschätzung ihres Alters) hier und da gewohnt, einschließlich vieler Jahre in der Tierhandlung, und jetzt bei Eva.

Sie erkannte Evas Freundlichkeit und liebevolle Pflege ihr gegenüber, doch fühlte sie sich oft isoliert und mißverstanden. Die anderen Vögel pickten oft nach ihr, und sie fühlte sich unsicher, wenn sie herumflogen und sie nicht wußte, wo sie landen würden. Wir sprachen darüber, daß sie einen sicheren Platz in einem Käfig haben könnte, wenn Eva fort war, und Coco stimmte dem zu.

Coco streckte weiterhin ihren Körper zu mir herüber, aufrecht und wachsam, während ich mein Verständnis von dem, was sie dachte und fühlte, demonstrierte. Sie wiederholte, wie erstaunt sie sei, daß ein Mensch, ein *Mensch*, imstande war, wie ein Vogel zu kommunizieren und zu verstehen. Sie weinte beinahe vor Erleichterung und strengte sich an, mich nicht nur geistig, sondern auch körperlich zu sehen.

Als ich ihr sagte, daß ich bei meinem Aufenthalt in Finnland einen Workshop halten würde, in dem ich anderen Leuten beibringen könnte, wie man telepathisch mit Tieren kommunizieren kann, war sie wieder erstaunt. Ich fragte sie, ob sie daran teilnehmen und Eva und den anderen dabei helfen wolle. Sie war begeistert, bei dem Workshop mithelfen zu können, und bat nur darum, daß die Leute sie nicht anfassen sollten.

Bei dem Workshop saß Coco zufrieden in ihrem tragbaren Behälter aus Plexiglas. Er stand neben mir, und so konnte sie erleben, was vor sich ging, und helfen, wenn Leute mit ihr kommunizieren wollten. Wir machten eine Übung, bei der die Teilnehmer angeleitet wurden, sich ganz sanft auf die Tiere im Raum zu konzentrieren, um über die physischen Gesten hinaus wahrnehmen und Energien, Gedanken und Gefühle spüren zu können. Der Raum war angefüllt mit unglaublichem Frieden und einer Leichtigkeit des Seins, und alle waren aufeinander eingestimmt.

Plötzlich fing Coco an, wie wild auf der Stange in ihrem Käfig herumzuwirbeln. Eva war beunruhigt über das ungewöhnliche Verhalten ihres Papageis, und rief nach mir. Ich bedeutete ihr, ruhig zu bleiben und einfach zuzuschauen. Coco drehte sich noch eine kurze Zeit lang weiter im Kreis herum.

Als die Übung zu Ende war, fragte ich Coco, was geschehen war. Der ekstatische Papagei erzählte mir, daß ihr das Herz vor Freude im Leibe hüpfte, Freude darüber, daß all diese vielen Menschen so voller Frieden, Verständnis und Einheit mit anderen Tieren sein konnten. Coco nahm wahr, daß der Raum mit intensiv strahlendem weißen Licht gefüllt war. Sie schaute immer weiter im Raum umher und dann hinunter in ihren Käfig, wo sie flink ein paar Krümel Essen aufpickte. Coco konnte sehen! Ich bat Eva, mich auf dem Laufenden zu halten, wie es Coco ginge. Eva konnte nicht feststellen, daß Coco besser sehen konnte, als sie nach Hause kam, doch bemerkte sie, daß die Pupille eines Auges mehr Farbe bekommen hatte. Coco zeigte mehr Selbstbewußtsein und strahlte Glück aus.

Cocos Augenlicht war anscheinend nicht vollständig oder dauerhaft wiederhergestellt, doch war dies auch nicht ihre wichtigste Erfahrung von dem Workshop. Die erneuerte Hoffnung eines Papageien auf die Menschheit bleibt für uns alle eine bewegende Lektion.

Ich sehe andere Tiere nicht als Menschen in Pelz- oder Federkleidung. Sie sind sie selbst – Individuen mit anderen Sinnesorganen, einer anderen Art zu denken, anderen Mitteln sich auszudrücken und einer anderen Lebenseinstellung. Freude kommt immer dann auf, wenn man mit anderen eine spirituelle Verbindung eingeht und jeder die Welt des anderen teilt. Dann benötigt man keine Kategorien und Hierarchien, die trennend wirken und zu Überheblichkeit und Entfremdung führen. Man feiert die Erfahrung von Unterschiedlichkeit und freut sich an der Einheit unserer wesentlichen spirituellen Natur. Das öffnet die Tür dazu, daß man voneinander lernen, Weisheit miteinander teilen und gemeinsam in Harmonie wachsen kann.

Mehr als alles andere beeinflußt Ihre Einstellung Tieren gegenüber, wie empfänglich Sie sind für deren Kommunikation und wie gewillt diese sind, mit Ihnen zu kommunizieren.

Respektieren und ehren Sie Tiere als Gefährten – mit einer anderen Körpergestalt als der Ihren, aber mit demselben spirituellen Wesen und Potential. Wenn Sie überheblich auf Tiere zugehen und glauben, sie seien Ihnen von der Intelligenz oder dem Bewußtsein her unterlegen oder sie seien in irgendeiner anderen Weise Lebewesen zweiter Wahl, dann begrenzen Sie damit Ihre Fähigkeit, sie so zu sehen und zu verstehen, wie sie wirklich sind. Betrachten Sie sie hingegen immer mehr als intelligente Gefährten, dann lassen Sie es zu, daß die Tiere sich Ihnen gegenüber tiefgründiger und umfangreicher ausdrücken. Auf diese Weise wird Ihr Verhältnis sich entwickeln, reifen, sich ausweiten und Sie beflügeln.

Wenn Sie sich allein auf die biologischen Aspekte eines Tieres konzentrieren, obwohl auch die für sich genommen schon faszinierend und wunderbar genug sind, verhindert das, daß Sie das wahre spirituelle Wesen und die Weisheit hinter der physischen Gestalt erkennen.

Seien Sie demütig und empfänglich, und lassen Sie sich von den Tieren etwas beibringen.

Mein Erlebnis mit Drew, einem Zwergesel, war ebenfalls eine sehr bewegende Geschichte. Er war aus den Händen von Tierquälern gerettet worden und zeigte jetzt äußerst ungewöhnliche Verhaltensweisen: Er stolperte dauernd und biß sich dabei in seine Beine. Außerdem häufte er all sein Stroh in einer Ecke seines Stalles auf; manchmal war er zutraulich, doch dann rannte er wieder vor Menschen davon. Oft schrie er auf eine rauhe und gequälte Art.

Drew lebte in einem kleinen Gehege in der Scheune, wo er sich so wenig wie möglich verletzen konnte und die Leute sich gut um ihn kümmern konnten. Er hatte eine wunderbare Ziege zur Gefährtin, die unter einer Stange hindurch entkam, wenn Drew zu ausgelassen wurde. Obgleich sich Drew unnormal verhielt, zeigte er, daß er die Nähe und liebevolle Pflege durch Menschen würdigte.

Als ich Drew begegnete, waren seine Augen stark getrübt und seine Augenlider schienen geschwollen. Er blickte mich an und wurde ganz ruhig. Als er anfing, mit mir über sein Leben und seinen Schmerz zu kommunizieren, konnte ich starke Krämpfe in seinen Muskeln spüren und eine schmerzhafte Verrenkung der Wirbelsäule. Die Leute waren überrascht, daß er sich während unserer gesamten Kommunikation nicht ein einziges Mal ins Bein biß – was er mittlerweile ständig tat – , sondern ruhig auf mich konzentriert blieb.

Drew erzählte mir, daß er, ehe er als Esel geboren wurde, als geistiges Wesen aus einer anderen Dimension auf die Erde gekommen war und den Menschen Licht und Liebe bringen wollte. Die Menschen und ihr Verhalten waren ihm nicht vertraut, und so glaubte er, alle Menschen seien gut und würden seine Geschenke annehmen. Er hatte seine Begegnung mit den Menschen nicht sorgfältig genug geplant.

Drews sogenannte Besitzer waren Menschen, die ihn mißbrauchten. Sie kämpften mit ihm als eine Art Sport, behandelten ihn immer sehr grob und verwundeten andauernd seinen Körper, seinen Geist und sein Herz. Drew konnte diese Leute nicht verstehen und mußte all die Jahre furchtbar leiden. Er fing an, in seine Beine zu beißen, als sie sich als Folge der dauernden Verletzungen seiner Wirbelsäule und seines ganzen Körpers taub anfühlten. Der Energiefluß durch die Nerven war blockiert. Der kleine Esel lernte, sich ein Nest aus Stroh zu bauen und versuchte, sich zu trösten und seine Schmerzen zu lindern.

Drew und ich arbeiteten zusammen, ich führte ihn beratend durch seine Traumata und heilte ihn dabei mit spiritueller Energie. Als der Esel schmerzhafte Perioden seines Lebens wieder erlebte, schrie er in seiner Qual so fürchterlich auf, daß es mir durch Mark und Bein ging. Mit jedem lauten Schrei ließ er mehr Schmerzen und Verwirrung los. Nach einer zwanzigminütigen Heilung stand er gerader da, schaute mich mit großen, klaren Augen an und dankte mir für mein Verständnis. Wir seufzten und lachten gemeinsam vor Erleichterung.

Drew hatte einen überaus reinen Geist – liebevoll, freundlich, dankbar. Er hatte die Menschen so sehr geliebt und war überhaupt nicht auf ihre Schattenseiten vorbereitet gewesen, auf ihre spirituelle Entfremdung, die in Brutalität gegenüber Tieren und sich selbst zum Ausdruck kam. Er hatte erwartet, daß die Menschen einen ebensolchen Geist hätten wie er selbst, und er hatte sich in Qualen über ihre Grausamkeit gewunden.

Nach unserer Sitzung sagte er mir, daß er bei Menschen sein und ihnen helfen wollte, wie er es ursprünglich vorgehabt hatte, indem er ihnen Liebe und Licht brächte. Er hatte das Gefühl, er solle jetzt ganz vorne auf der Weide stehen und alle Leute begrüßen. Seine Augen glänzten.

Ich empfahl sanfte Physiotherapie und eventuell ein paar Wochen später homöopathische Medizin zur Nachsorge, wenn er die Ergebnisse unserer heilenden Behandlung verarbeitet hätte. Drew verhielt sich nie wieder seltsam. Monate später berichteten mir seine Leute, er sei zutraulich, ausgeglichen und glücklich.

Unsere Einstellungen haben einen starken Einfluß darauf, wie offen wir für die Kommunikation der Tiere in unserer Umgebung sind. Tiere leben bei weitem bewußter als die meisten Menschen glauben. Weise Lehrer anderer Arten sind täglich unter uns und warten geduldig auf Menschen, die sich öffnen und verstehen. Ich gebe hier die Botschaft von einem von ihnen wieder:

Es war ein kühler Abend im Februar und mein Mann und ich kamen gerade nach Hause. Vor unserer Tür – zur Tür hin gewandt, als wollte er hineingehen – saß ein strahlend grüner Baumfrosch. Ich nahm ihn sanft hoch und wollte ihn in die Pflanzen im Garten setzen. Aber er hatte andere Pläne. Anstatt wegzuhüpfen, wie ich es erwartet hatte, weigerte er sich, meine Hand zu verlassen und krabbelte sofort wieder zurück, wenn ich versuchte, ihn hinunterzulocken.

Deshalb brachte ich ihn nahe an mein Gesicht, um herauszufinden, warum er bleiben wolle. Ganz ruhig und klar vermittelte er mir seine Wärme und Dankbarkeit. Ich spürte eine uralte Verwandtschaft. Dann sagte er, ich solle die Leute wissen lassen: »Wir brauchen reines Wasser! Wir brauchen reine Luft!«

Ich wußte, er sprach im Namen aller Amphibien dieser Erde – Frösche,

Salamander, Molche, deren große Anzahl weltweit auf alarmierende Weise zurückgeht. Er wollte mit mir einen Augenblick verbringen, denn er hatte das Gefühl, es sei wichtig, daß wir Verbindung zueinander aufnähmen und seine Botschaft weitergegeben würde. Am Schluß drehte er sich sachte in meiner Hand, und als ich die Hand senkte, sprang er davon. Später hörte ich seine Stimme und die einiger seiner Kameraden, wie sie nach dem so sehr nötigen Regen riefen.

Jetzt ist es an der Zeit, das zurückzugewinnen, was wir verloren haben, die Verbindung wiederherzustellen und Verständnis für unsere Gefährten anderer Arten zu entwickeln. Um unser angeborenes Verständnis wiederzuerlangen, die universale Sprache der telepathischen Kommunikation, müssen wir langsamer werden, wir müssen offen sein, warten, beobachten, lieben und zuhören.

Mit Tieren von Herz zu Herz und von Geist zu Geist in Kontakt zu kommen und von ihnen zu lernen, ist ein Weg zur Ganzheit, der uns dazu führt, das gigantische Puzzle unseres unendlichen spirituellen Potentials zusammenzufügen. Wir Menschen *können* mit all unseren Beziehungen den riesigen Schatz an heilender Kraft wiedererlangen, die Weisheit und die Liebe zum Leben, und uns einer gegenseitigen Zusammenarbeit und Harmonie mit allen Lebewesen dieser Erde erfreuen. Die Tiere warten, neugierig und hoffnungsvoll.

Die Augen des Wolfes

Nachdem ich in meiner Kindheit einen Film über Wölfe gesehen hatte, umgab ich mich mit allem nur greifbaren Wolfsbrimborium, von Büchern und Statuen bis hin zu Schmuckstücken und Postern. Das war gar nicht einfach, weil dieses Tier damals sehr viel weniger populär war als heute. Mit Hilfe meiner Eltern verfaßte ich einen Brief an unseren Präsidenten, in dem ich bemängelte, daß der Wolf in diesem Land so schändlich behandelt wurde, daß er nun vom Aussterben bedroht war. Ein sehr aufrichtiger und ernsthafter Brief, zumindest für meinen siebenjährigen Verstand. Irgend jemand im Innenministerium besaß die große Freundlichkeit, meinen Brief zu beantworten. Über Nacht war ich zu einer sehr wichtigen Siebenjährigen geworden, bereit, im Alleingang den Krieg zu beenden, der gegen die Wölfe geführt wurde. Damals verstand ich noch nichts von Politik, Jägern, Bürokratie, Behördenkram und ähnlichen Dingen. Als ich etwas älter wurde und erkannte, wie riesig das Problem Wolf tatsächlich war, wurde ich zum Opfer meiner Trägheit und verlor zunächst meinen Enthusiasmus. Ohne meine Liebe zu dem Tier zu verlieren, zog ich mich in die Sicherheit einer normaleren Kindheit zurück und umgab mich mit Hunden, Katzen und Pferden. Ich ging aber immer noch häufig allein in den Wald, setzte mich am Fuße eines alten, wild aussehenden Baumes nieder und rief nach den Wölfen. Ich war ganz sicher, daß es in all den Wäldern von Connecticut mindestens noch einen Wolf geben müsse, und wenn dieser mein Bedürfnis und meine Aufrichtigkeit bemerkte, würde er zu mir kommen und mich von den Schmerzen in meinem Herzen erlösen. Obwohl mir ziemlich genau bewußt war, was meine Wolfsbesessenheit in mir auslöste und ich die Körperteile spüren konnte, die bei meinem Verlangen, unter Wölfen zu sein, eine Rolle spielten, so hatte ich doch keine Ahnung, wo das herkam. Jeder Einblick in mögliche Szenarien aus meiner Vergangenheit, in denen Wölfe vorkamen, beruhte lediglich auf meiner sehr lebhaften und hochentwickelten Phantasie – zumindest sagte man mir das. Als meine Besessenheit in meiner Teenagerzeit stärker wurde, war ich mir ziemlich sicher, daß ich niemals erwachsen werden würde, sondern frühzeitig an einem gebrochenem Herzen sterben würde, das einzig und allein den Wölfen gehörte.

Ich hatte mich nach einer greifbaren physischen Wirklichkeit unter Wölfen gesehnt, doch hatte ich kein Interesse an den konventionellen oder akzeptierten Methoden, das zu erreichen. Eine Karriere im Zoomanagement ließ mich völlig kalt, denn ich fand die meisten Zoos deprimierend. Die Forstwirtschaft war mir zu wissenschaftlich. Ich suchte nach der Wildheit des Tieres, nach dem Wolfsgeist. Ich konnte mir nicht vorstellen, ganz mechanisch die Routine durchzuführen, einem Exemplar eine Beruhigungsspritze zu verpassen, es dann zu wiegen, zu katalogisieren, ihm ein Halsband zu verabreichen und dabei gleichzeitig völlig überwältigt zu sein von der gewaltigen Großartigkeit der Gegenwart des Tieres, von seiner Aura, seinem Wesen! In gewisser Weise hatte ich das Gefühl, daß ich den Wölfen damit keinen Dienst erweisen würde. Tiere auseinanderzunehmen, um sie besser zu verstehen, banalisiert die Wichtigkeit der Frage, wer in die Verpackung eingewickelt ist, mit deren Studium wir so beschäftigt sind. Schließlich wußte ich, daß ich nach einer Karriere suchte, die mir mein Bedürfnis erfüllte, mit wilden Wölfen zu kommunizieren. Dieser Beruf sollte ein geeignetes Umfeld für eine spirituelle Erfahrung und Erforschung unter den Wölfen bieten und mich außerdem noch finanziell unabhängig machen. Der Traumberuf, den es anscheinend nicht gab.

Mein Weg zu einer Verbindung mit den Wölfen schien schon beendet, ehe er richtig begonnen hatte. Ich mußte mich dem Druck beugen, meinen Lebensunterhalt im wirklichen Leben zu verdienen. So verdrängte ich meine Leidenschaft aus meinem Geist, begann ein inkohärentes Leben und versuchte, einem Leben ohne Wölfe einen Sinn zu geben.

Die nächsten zwanzig Jahre ging ich bei Pferden in die Lehre, hauptsächlich als Hufschmiedin, dann als Physiotherapeutin und Trainerin. Irgendwie schafften sie es dabei, mir eine Menge über mich selbst beizubringen, über Spiritualität, Kommunikation und Sinn. Aus den engen Grenzen der Hufschmiedekunst heraus machte ich zahlreiche Vorstöße auf andere Gebiete, die mit Tieren zu tun haben, von den konventionellen bis hin zu den ganzheitlichen Ansätzen. Aber ich fand niemals wirklich eine Antwort auf die Frage, warum ich ständig dieses Bedürfnis nach einer Verbindung mit dem Wolf mit mir herumschleppte.

Als ich in Vermont auf dem Land lebte, ging ich einmal zu einem Diavortrag eines jungen Forschers, der gerade ganz allein über den Brooks Range im Nordwesten gewandert war. Ich hoffte, er hätte auch ein oder zwei Wölfe fotografiert. Wie gebannt folgte ich seiner Präsentation. Als er seine Begegnung mit einem großen männlichen Wolf am Lagerfeuer in einer besonders magischen Nacht beschrieb, saß ich plötzlich ganz aufrecht, fast stehend da und mir wurde klar, daß mich gerade eine ganz reale Kraft in meinem Kopf und Herzen getroffen hatte.

Er hatte mit wenigen Worten, vielleicht auch mit einem ganzen Satz, den Blick der Augen des Wolfes beschrieben, wie er dasaß, unbeweglich, ohne zu blinzeln, unmittelbar außerhalb des Lichtkegels des Feuers. Ich kann mich nicht mehr an die genauen Worte erinnern, die er damals benutzte, um sein Erlebnis zu erklären. Doch erinnere ich mich noch daran, daß ich das Gefühl hatte, als hätte ich plötzlich meinen Atem verloren, als wäre ich nicht in der Lage, den verlorenen Atem mit einem neuen Atemzug zu ersetzen. Mein Gesicht und meine Hände waren vor Tränen ganz feucht, obwohl ich mir in diesem Augenblick nicht bewußt war, daß ich weinte. Mein Kopf und mein Herz fühlten sich so an, als hätte etwas sie aufgebrochen, wie zerrissener Stoff, den man nicht wieder flicken kann. Aus irgendeinem mir unbekannten Grund konnte ich meine Tränen und die auf mich hereinstürzenden Emotionen nicht zurückhalten. Einen kurzen Moment lang machte ich mir Sorgen, daß ich womöglich die Kontrolle über meinen Verstand verlieren würde – doch dann wurde mir klar, daß ich jedes winzigste Detail der Bewegung in der Seele, die entsteht, wenn man in gelbe Wolfsaugen blickt, kannte. Ich war mir sicher, daß ich es schon erlebt hatte oder daß zumindest irgendein Teil von mir diese Erinnerung hatte. Ich war mir auch so gut wie sicher, daß es nicht in diesem Leben gewesen war, nicht bei der Art von Bildern, die ich bei diesem segensreichen Ereignis empfing. Ich hatte eine Seelenverbindung zum Wolf erlebt, einfach dadurch, daß ich ihm gegenüberstand, vollständig und ohne Angst, sicher in meiner Vorstellung von mir selber. Und hier, möglicherweise mehrere Lebzeiten später, hatte ich versucht, den Ursprung und Sinn dieses Wolfsfadens zu entdecken, der sich durch mein ganzes Leben, durch viele Leben hindurchzieht, dieses Beharrliche, gerade unter dem oberflächlichen Teil des Rätsels, das sich weder finden noch ganz vergessen ließ. Informationen drangen mit großer Geschwindigkeit zu mir durch, beinahe zu schnell für mich, um sie aufzunehmen. Ich hatte den Wolf erkannt, nicht im Labor oder im wissenschaftlichen Sinne, sondern auf eine ganz tiefe, spirituelle Art. Aber auch auf die Art, nach deren Ausleben ich mich in diesem Leben am meisten sehnte, auf die körperliche nämlich. Ich wußte alle wirklich wichtigen Sachen. Wie das Tier aufgebaut war, jedes Detail des Wolfskörpers, von dem feuchten, dunklen Gewebe der Nase bis zu der Biegung des Schwanzes. Ich kannte die Mienen der Wölfe und war vertraut mit ihrer Sprache. Mir war ihr Geruch gut bekannt, selbst ihr Geschmack! Ich wußte alles über sie und hatte alles mit ihnen erlebt. Auch hatte ich ein Verständnis von ihrer Natur, nicht von meßbaren und auffallenden Dingen, Informationsmengen, die sich durch monate- und jahrelange Forschungen hoch aufgetürmt hatten, sondern von den Aspekten des Individuums, die sich durch die Verschmelzung getrennter Wesen mit dem Bewußtsein von dem nur Einen offenbarten. Das war möglich, weil ich akzeptierte, daß es zwischen Menschheit und Wolfheit keine Trennung gab.

Ich erinnerte mich an das Unfaßbare, an Dinge, die ich in meiner gegenwärtigen Ausdrucksform nicht hätte lernen können. Ich hatte ein Bild von mir, als Individuum, das nicht ich war, das all die Dinge mit den Wölfen tat, nach denen ich mich immer gesehnt hatte. Dieses Ich, dieses individuelle Selbst war vereint mit dem Wolf und all den wunderbaren magischen Erlebnissen, die mit seinem Namen und seiner Existenz verbunden sind. Damals kam mir der Gedanke, daß dieser andere Aspekt meines Selbst dieses Leben, nach dem ich mich gesehnt hatte, schon gelebt hatte, das Leben einer Gefährtin der Wölfe. Dieser Weg war bereits vor mir durch mich gegangen worden.

Der Weg, der nun noch vor mir lag, in dem der Faden des Wolfs weiterlief, mußte einer der spirituellen Vereinigung mit dem Lebensprinzip dieses großartigen Tieres sein. Meine Lektionen mußten diesmal von dem Lehrmeister im Reich der Natur kommen.

Ich kann die Tatsache akzeptieren, daß ich in meiner körperlichen Existenz die Wildheit des Wolfes nicht mit ihm teilen werde, das habe ich bereits hinter mir. Nun eile ich darauf zu, an ihrem Wesen teilzuhaben, selbst eine Lehrerin, die von Lehrern geführt wird. Ich sehe das Geschenk der Botschaft des Wolfes darin, daß Mauern, die die Menschheit von der natürlichen Welt trennen, zerstört werden oder zusammenbrechen … Sie lehren eine Welt der Möglichkeiten und der Phantasie, in der das, was kleine Kinder sagen, nicht etwa von deren fehlgeleitetem Verstand kommt, sondern von einem ungetrübten und unschuldigen Verständnis für die Vorstellungen der Wirklichkeit. Die Wölfe lehren auf höchst sanfte Weise, auf subtile Art, und führen die Menschheit zu einem Ort der Stille, der Würde, der Einheit, der Unverwüstlichkeit und der Selbstmotivation. Diese spezielle Welt erschaffe ich mir selbst und in dieser ist der Wolf immer gegenwärtig. Er hält den Schlüssel zu einer umfassenden Erkenntnis jenseits des Intellekts, und ich kann fühlen, daß sie in greifbarer Nähe ist.

Auch wenn ich keinen körperlichen Kontakt zu Wölfen habe, so teile ich doch seit vielen Jahren mein Leben mit Hunden wölfischer Abstammung. Ihre ungewöhnliche Intelligenz und die Tiefe ihrer Gefühle erinnert mich ständig an die höhere Natur des Wolf-Clans und ich muß anerkennen, daß ich viel von dem Reichtum meines Lebens ihrer »Führung« verdanke.

Ich laufe durch die Nadelwälder in der Nähe unseres Hauses, mit all meinen Tieren um mich herum. Wir sind vereinigt in unserer Antwort auf den Gesang des Wolfes, als noch einmal Wolfsenergie durch meine Venen schießt. Ich stehe da, mit meinen Wolfs-Mischlingen an meiner Seite und als unsere Atemzüge sich einander angleichen, fühle ich die Einheit, die zwischen Mensch und Natur möglich ist. Blaue Augen blinzeln langsam, einmal, zweimal, und ich drehe mich im Geiste um, schaue dahin zurück, von wo ich gekommen bin. Und dieses Mal wähle ich mit dem Wolf, dem gelbäugigen Riesen, der die ganze Zeit ein Stück meiner Seele mit sich geführt hat, den Weg zurück in die Gesellschaft meinesgleichen, und ich weiß, daß mein Herz wieder einmal nach Hause gekommen ist.

ALICE LYNN FITCH

Meine Heilung durch die wilden Tiere

Die Tiere waren immer da für mich – sie traten immer genau dann in mein Leben, wenn ich sie brauchte. Snowball, ein wunderschöner weißer Kater mit goldenen Augen, begleitete mich in meiner frühen Kindheit. Er war mein bester Freund, ein besonderes Lebewesen, das mich tröstete und meine Traurigkeit heilte. Snowball war die Verkörperung reiner Liebe. Im Laufe der Jahre waren so viele für mich da: Katzen, Hunde, Pferde, Wüstenspringmäuse, Feldmäuse und Fische. Mein Verhältnis zu jedem von ihnen war anders, doch haben sie mir alle Gelegenheit gegeben, ihre Liebe mit mir zu teilen.

Auch die Wildnis faszinierte mich. Ich sammelte Muscheln, Steine und sogar tote Insekten. Als ich größer wurde, wollte ich Naturwissenschaftlerin werden, damit ich meine ganze Zeit unter Tieren in der Wildnis verbringen konnte. Ich wuchs in der Stadt auf, und daher hatte ich nur begrenzt Kontakt mit der Wildnis. Wie ich viele Jahre später entdeckte, war eine Verbindung zu wilden Wesen Teil meines Lebensweges, und da ich nicht in die Wildnis gehen konnte, kam sie zu mir. Sie kam in Gestalt eines Luchses namens Junior. Damals war ich zwanzig, ging zum College und arbeitete nebenher. Mein Partner kündigte an, er wolle einen kleinen Luchs kaufen. Ich ging an die Decke. Ich war fest davon überzeugt, daß wilde Tiere in die Wildnis gehörten, nicht in Gefangenschaft. Ich bettelte, flehte und drohte ihm sogar in meinem Bemühen, ihn umzustimmen. Er hörte nicht auf mich, und im nachhinein bin ich ihm dafür dankbar.

Seit Snowball hatte ich nicht mehr solch eine Liebe zu einem anderen Lebewesen gespürt. Junior besaß etwas ganz besonderes, das ich nicht genau beschreiben konnte. Andere Menschen fühlten das auch. Er strahlte Schönheit aus. Nicht nur körperliche Schönheit, selbst wenn er tatsächlich großartig aussah, sondern auch spirituelle Schönheit und Anmut. Das Wesen der Wildheit, das Junior innewohnte, war Teil dieser Pracht, doch strahlte er auch ein Gefühl von Frieden aus. Ich konnte nicht in seiner Gegenwart sein, ohne mich wie ein Magnet zu ihm hingezogen zu fühlen. Schon sehr bald hatten wir eine Beziehung gegenseitiger Liebe und Respektes. Und obgleich es bisweilen eine Herausforderung war, mit ihm ein Heim zu teilen, akzeptierte ich Junior bedingungslos –

ich erwartete und wollte nie, daß er seine »Luchsigkeit« änderte. Er brachte bereits ein großes Opfer, indem er in den anstrengenden Beschränkungen der Gefangenschaft lebte.

Trotz unserer Nähe war Junior nicht »mein« Luchs. Drei Jahre später, als ich wegzog, um die Hochschule zu besuchen, ging ich allein. Das war sehr hart. Kurz bevor ich wegging, kam Boots, ein Hauskater, zu uns. Er und Junior hatten schon bald eine liebevolle verwandtschaftliche Beziehung, sie wurden zu Brüdern. Ich hielt meine Beziehung zu Junior aufrecht, besuchte ihn, so oft ich konnte, und freute mich schon auf den Tag unserer Wiedervereinigung. Von ihm getrennt zu sein, war schwierig. Es verging kein Tag, an dem ich nicht an ihn dachte.

Als wolle sie meine Einsamkeit heilen, kam die Wildnis wieder in mein Leben. Diesmal in Gestalt eines elternlosen Backenhörnchens. Ich wurde ihre Leihmutter, zog Pita auf und pflegte sie wie Snowball und Junior. Pita war meine Adoptivtochter, meine Freundin und meine fröhliche und lustige Gefährtin. Wie andere Backenhörnchen liebte Pita das Leben und wußte die guten Dinge zu schätzen, die das Leben anzubieten hatte: die Wärme der Sonne zu fühlen, die frische Luft zu riechen, sich nach einer guten Mahlzeit auszustrecken, spontan herumzutollen, wenn ihr danach zumute war – und natürlich Pecannüsse! Sie brachte Liebe in unser Heim und in mein Herz.
Innerhalb zweier Jahre verbanden Pita und ich uns mit meinen Partnern Boots und Junior. Pita starb im darauffolgenden Jahr. Das Härteste am Leben ist es, jemanden, den man liebt, leiden zu sehen, ohne daß man etwas dagegen unternehmen kann. Ich hielt Pita, als sie verschied. Vollkommen hilflos wie ich war, konnte ich nichts anderes tun, als sie zu lieben. Ich war am Boden zerstört, denn die Trauer, die ich fühlte, war überwältigend. Dabei wollte ich ihr noch so viel mehr Liebe schenken. All die Liebe, das Licht und das Leben, das sie mit mir geteilt hatte, waren jetzt nur noch Erinnerungen. Ich hatte das Gefühl, als wäre mir ein Stück aus meiner Seele gerissen worden.
Obwohl ich damals unfähig war, es zu verstehen, so hatte Pitas Tod doch für uns beide einen Sinn. Jahre später wurde mir dann klar, daß sie aus ihren eigenen Beweggründen heraus beschlossen hatte, fortzugehen, und indem sie mich verließ, gab sie mir die Gelegenheit, in mich selbst hineinzuschauen. Die Qualen und die Trauer, die ich aufgrund ihres Verlustes fühlte, spiegelten sehr alte Empfindungen wider, die ich seit vielen, vielen Jahren tief in mir vergraben hatte. Jetzt traten diese Gefühle direkt vor mich hin, und ich konnte mich entweder von ihnen zer-

stören lassen oder mich ihnen stellen. Sie hatten bereits begonnen, mich zu zerstören.

So gab ich mir die Schuld an Pitas Tod und geriet in einen Zustand selbst auferlegter Strafe. Es ging bergab mit mir, immer tiefer und tiefer in eine Verzweiflung hinein, und ich lehnte alles ab, was mich hätte trösten können. Mein Leben war in Dunkelheit gehüllt. Junior hielt das Licht, aber ich weigerte mich, es zu sehen. Statt dessen wurde ich von der Angst besessen, ihn zu verlieren. Jahre vergingen, die dunkelsten Jahre meines Lebens, doch die Schmerzen vergingen nicht.

Wieder tauchte die Wildnis auf und versuchte, mich zu retten. Allie, ein kleiner weiblicher Luchs, stand aufgrund der Brutalität der Menschheit ihr gegenüber selber am Rande der Zerstörung. Ich machte mich daran, sie zu retten. Unglücklicherweise war Allie ein typisches Beispiel dafür, was mit den meisten wilden Tieren geschieht, die als Haustiere gekauft werden. Während ihres kurzen, zweijährigen Lebens hatte sie bereits mindestens vier verschiedene Besitzer gehabt. Jeder kaufte sie als eine Neuheit, ohne Rücksicht auf die Verantwortung, die die Pflege eines wilden Luchses mit sich brachte. Sie hatten fälschlicherweise angenommen, Allie würde sich wie eine normale Hauskatze verhalten. Bei dem Bemühen, sie zu zwingen, etwas zu sein, was sie nicht war, waren ihr die Zähne abgeschliffen worden, alle vier Füße waren deformiert, weil ihr die Krallen gestutzt worden waren, und sie war körperlich mißhandelt worden. Diese Menschen hatten die Schönheit ihres wilden Geistes vollständig ignoriert, ihn statt dessen verachtet und versucht, ihn zu beherrschen. Als ich Allie bekam, hielt man sie in einem dreckigen, 1,20 Meter x 1,20 Meter großen Drahtkäfig in der Ecke einer dunklen Garage. Sie hatte verständlicherweise panische Angst vor Menschen, und diese Angst manifestierte sich als aggressives Verhalten. Nur ihr hartnäckiger Überlebensdrang hatte sie nicht verrückt werden lassen. Allie in unser Haus zu integrieren, erwies sich als schwierig. Es kostete uns alle sehr viel Geduld. Ein Vertrauensverhältnis zu ihr aufzubauen war ein langsamer und manchmal frustrierender Prozeß. Ihr unglaublicher Mut bewirkte zusammen mit meiner Akzeptanz und meiner Einsicht in ihre Ängste, daß wir schließlich Freundschaft schlossen. Die Gegenwart und Hilfe von Junior waren ebenfalls sehr wichtig: Er gab Allie die familiäre Beziehung, die sie so dringend benötigte.

Allies ehemalige Entbehrungen führten dazu, daß sie die Pflege, die sie jetzt bekam, sehr zu schätzen wußte. Sie nahm nichts als selbstverständlich hin. Obwohl sie immer noch sehr viel Angst hatte, schien sie sich bei uns wohlzufühlen. Das erneuerte meine Geduld und gab mir den Mut, weiter mit ihr zu arbeiten. Allmählich vertrauten wir einander, aber es dauerte noch einige Jahre, ehe wir eine enge Beziehung entwickelt hatten. Auf ganz andere Weise gab mir Allie, ähnlich wie Pita, die Gelegenheit, mich selber anzuschauen. Sie war mir in sehr vieler Hinsicht ein Spiegelbild. Aber ich war immer noch nicht bereit, das zu erkennen. Ich wurde weiterhin von Unglück verzehrt und kümmerte mich nicht genug um mich, als daß ich nach einer Veränderung gesucht hätte.

Die Zeit verging und wieder wurde ich mit dem Fortgehen konfrontiert. Diesmal war ich es, die fortging, um eine Gruppe gefangener Schimpansen zu untersuchen. Ich plante, nur so lange fort zu bleiben, bis ich alle Daten, die ich für meine Doktorarbeit benötigte, gesammelt hätte, also sechs Monate. Ich wollte nicht fortgehen, aber glaubte, keine Wahl zu haben. Schließlich war ich gewohnt, Dinge zu tun, die ich tun »sollte«, auch wenn es sich nicht richtig anfühlte. Junior hatte jedoch andere Pläne für meine Ausbildung. Seine erste Lektion war: Folge deinem Herzen, nicht deinem Kopf! Und so kam es dann, daß ich nicht fortging: Monatelang, als ich mich auf mein Fortgehen vorbereitete, ging es mit Juniors Gesundheit ganz allmählich und kaum merklich bergab. Sein Appetit nahm ab und ebenso das Niveau seiner Aktivitäten. Ab und zu bekam er leichtes Fieber. Die Ursache kannten wir nicht, und er reagierte auch nicht auf Antibiotika. Es ging ihm immer schlechter, und er fing jetzt an, Gewicht zu verlieren. Juniors Tierarzt zog einen Internisten für Katzen zu Hilfe. Endlich stand die Diagnose fest: Histoplasmose, eine systemische Pilzerkrankung, die buchstäblich jeden Teil des Körpers befallen kann. Zu diesem Zeitpunkt war die Krankheit schon sehr weit fortgeschritten. Der Pilz befand sich bereits in Juniors Milz und Knochenmark und hatte wahrscheinlich auch noch andere Teile seines Körpers angegriffen. Es gab nur zwei verschiedene Medikamente für Junior, die Aussichten standen schlecht. Junior lag im Sterben.

Das alles schien vollkommen unwirklich. Wir hatten etwas derart Ernstes und Lebensbedrohliches nicht erwartet: Es bedeutete, daß sich meine schlimmste Angst erfüllte, von der ich geradezu besessen war, nämlich Junior zu verlieren. Da erwachte ich aus meiner Erstarrung. Endlich war ich war bereit, diese Krankheit mit allen Mitteln zu bekämpfen. Ich war entschlossen, auf keinen Fall aufzugeben: Junior würde nicht sterben, er würde überleben. Ich nahm all meine inneren Kräfte zusammen.

Der Tierarzt, der uns half, kannte Junior seit über neun Jahren. Er liebte ihn aufrichtig. Ich zweifelte nicht daran, daß er alles, was in seiner Macht stand, tun würde, um ihn zu retten. Aber das allein reichte nicht aus. Auch ich selbst mußte etwas unternehmen. In Windeseile sammelte ich alle Informationen über diese Krankheit. So ging ich in die Bibliothek einer Tierarztschule und sammelte jeden Fetzen Literatur, den ich über diese Krankheit finden konnte, über mögliche Heilungen, Nebenwirkungen der Medikamente, verwandte Krankheiten, medizinische Versorgung wilder Katzen und einfach alles, was auch nur im entferntesten mit dem Thema zu tun hatte. Ich verschlang das Material geradezu. Außerdem rief ich Tierärzte im ganzen Land an, Tiergartenpersonal, Forscher und Professoren, und versuchte, jemanden zu finden, der noch mehr Informationen liefern konnte oder schon Erfahrungen mit dieser Wildkatzen-Krankheit gemacht hatte. Leider bekam ich keine Antwort, die mir weiter half, nichts, was mir nicht schon die Ärzte, die Junior behandelten, gesagt hätten.

Der Streß von zwei Untersuchungen in einer Woche und die dazu notwendigen Beruhigungsmittel hatten Junior geschwächt. Er litt außerdem noch an einer gefährlichen Blutarmut. Wir versuchten es mit einem der beiden möglichen Medikamente. Unglücklicherweise hatte es sehr schlimme Nebenwirkungen und brachte Junior an den Rand der Bewußtlosigkeit. Daraufhin versuchten wir es mit einer leichteren Dosierung. Ihm wurde furchtbar übel, und er aß nun überhaupt nichts mehr. Die einzige Alternative war ein Medikament, das es in den USA nicht gab. Mein Partner reiste ins Ausland, um es zu kaufen. Auch dieses Medikament hatte, wie das erste, das Risiko, Juniors Leber dauerhaft zu schädigen. Wir glaubten aber, wir hätten keine andere Wahl, als es zu versuchen. Also begannen wir mit der Behandlung und gaben ihm das Medikament. Es war herzzerreißend. Dieses Mittel belastete ihn außergewöhnlich stark: Sein Appetit blieb gedämpft und sein ganzer Körper verkrampfte sich beim Erbrechen. Trotz Zwangsernährung war er vollkommen ausgemergelt. An einem Punkt wurde seine Atmung so schwerfällig, daß wir in unserem Haus ein Sauerstoffzelt für ihn errichten mußten, das ihm etwas Erleichterung brachte. Während dieses gesamten Kampfes hatte ich wahnsinnige Angst. Ich blieb nächtelang auf und beobachtete ihn, weil ich befürchtete, er würde sterben, wenn ich schlief. Wir wichen nicht von seiner Seite. Schließlich zeigte sich mitten in diesem Alptraum ein Lichtblick.

Endlich wurde mir klar, daß Junior versuchte, mir etwas zu verstehen zu geben. Ich schaute ihn an und fragte: »Was willst du mir beibringen?«

Das war die wichtigste Frage, die ich je gestellt hatte. Was darauf folgte, hat unser Leben vollkommen verändert.

Indem ich erkannte, daß diese Tortur eine Lernerfahrung war, hatte ich mich der Botschaft geöffnet. Juniors Antwort drang laut und klar zu mir durch, nicht in Worten, sondern in Gestalt eines inneren Wissens, einer energetischen Veränderung meines Seins. Es war eine Erleuchtung – nach dieser Erfahrung gab es für mich kein Zurück mehr. Ich konnte nie wieder dieselbe Person sein. Juniors Botschaft besagte, daß ich zuerst einmal gewillt sein müsse, mich selbst zu heilen, ehe ich jemand anderen heilen konnte. Einfach und doch so tiefsinnig. Meine Vernunft war schon früher mit diesem Gedanken konfrontiert worden, aber er hatte mir damals nichts bedeutet. Ich hatte es nie wirklich in mir *gewußt*. Jetzt verstand ich es plötzlich.

Junior war gewillt gewesen, zu sterben, um meine Aufmerksamkeit zu gewinnen, um mich gesunden zu lassen und um mich zu lehren, was ich wissen mußte. Die Erkenntnis, daß ein anderes Lebewesen mich so sehr lieben konnte und sogar gewillt war, sein Leben für mich hinzugeben, war überwältigend. Sie zwang mich dazu, mir genau anzuschauen, welchen Wert ich mir selbst einräumte.

Zum ersten Mal in meinem Leben verpflichtete ich mich, heil zu werden. Es fing ganz allmählich an, ich las ein Buch nach dem anderen. Jedes führte mich zu mehr Material und zu einem besseren Verständnis davon, worum es beim Heilwerden eigentlich geht. Ich erkannte, daß Heilwerden bedeutete, sich auf einen Zustand des Ganzseins hinzubewegen, nicht nur körperliche oder emotionale Probleme zu beseitigen oder Symptome zu unterdrücken. Im Gegensatz zu der mechanistischen Einstellung der konventionellen Medizin konnte wahres Heilen nur dann geschehen, wenn man das jeweilige Individuum als ganzes ansprach, an jedem Aspekt des Ich gleichzeitig arbeitete, dem physischen, dem emotionalen, dem geistigen und dem spirituellen.

Meine Forschungen führten mich zu der Erkenntnis, daß Individuen energetische Wesen sind, die auf vielen Existenzebenen gleichzeitig leben, jenseits all dessen, was wir normalerweise sehen können. Als Energieformen bestehen wir aus komplexen Energieflüssen und Schwingungsmustern. Es wurde deutlich, daß alles, was diese Schwingungen ändern oder die energetischen Bahnen verwandeln konnte, eine Auswirkung auf das Individuum haben würde. Einflüsse also, die den Energiefluß unterbrechen oder Schwingungsmuster so verändern, daß es zu einem energetischen Ungleichgewicht kommt, erzeugen Unwohl-Sein. Andererseits erzeugen Einflüsse, die einen öffnen und die Energie fließen lassen oder Schwingungen so verändern, daß es zu einem energetischen Gleichgewicht kommt, Wohl-Sein. Hier war also endlich die Antwort, nach der ich gesucht hatte! Der Schlüssel für ganzheitliche Heilungen liegt darin, ein Individuum energetisch auszugleichen.

Es gibt viele Möglichkeiten, den Körper in einen Zustand größerer Ausgeglichenheit zu bringen, doch die Grundlage für jede Heilung liegt in der Ernährung. Die Lebenskraft, die in frischen Nahrungsmitteln enthalten ist, ist das wichtigste Energie-Element eines Individuums. Die Natur gibt allen Lebewesen diese lebensnotwendige Kraft durch die Nahrung. Aber darüber hinaus hält sie auch noch andere wertvolle Geschenke zur Heilung bereit: Homöopathie, Essenzen aus Blüten, Kräuter, Edelsteinelixire, Aromatherapie, Arbeit mit Steinen, Sonnenlicht und Farben. Das Schöne an all diesen Verfahren liegt in ihrer Sanftheit: Jedes von ihnen erlaubt dem Körper, mit seinem eigenen inneren Heilwissen in Berührung zu kommen. Diese Behandlungen ermöglichen und unterstützen die Bemühungen eines Lebewesens, in den Zustand energetischer Ausgeglichenheit zurückzukehren.

Alles, auf das ich stieß, war vollkommen sinnvoll und ich konnte die Wahrheit darin spüren. Junior hatte mich auf meinen Weg gebracht. Ich brach zu meinem Lebensabenteuer auf, eignete mir die Werkzeuge und Einsichten an, die ich brauchte, um mich selbst von Grund auf zu ändern und Junior bei seiner Heilung zu helfen.

Als erstes änderte ich Juniors Nahrung. Das stellte sich als der wichtigste Schritt in seinem Heilungsprozeß heraus. Alle drei Katzen bekamen bisher industriell hergestellte Nahrung, die für wilde Katzen gedacht war und die in dem Ruf stand, die beste Nahrung zu sein, die man bekommen konnte. Ich hatte das nie in Frage gestellt. Jetzt war mir klar, daß dieser Nahrung das wichtigste Element aller Nahrungsmittel fehlte: die Lebenskraft. Durch das Kochen und die Weiterverarbeitung hatten die einzelnen Bestandteile der Nahrung ihre Lebenskraft verloren. Außerdem wurden dadurch auch die natürlich vorkommenden Vitamine, Mineralien und Enzyme zerstört. Dieses Futter wurde durch bestimmte Dinge wie schädliche Konservierungsmittel, die den Lebensmitteln hinzugefügt worden waren, noch weiter verschlechtert. Was die Katzen gegessen hatten, war giftig und besaß keine Vitalität mehr – woher also hätten die Katzen ihre Vitalität beziehen sollen? Es war so offensichtlich, aber ich hatte es einfach immer übersehen. Was Junior brauchte – und eigentlich wir alle – sind rohe, organische Lebensmittel. Nach und nach änderte ich die Nahrung aller drei Katzen und gab ihnen rohes organisches Fleisch mit Knochen, organisches Gemüse, frische Weizenkeimlinge und Sprossen, und in kleinen Mengen auch gekochtes organisches Getreide. Ich wandte Verdauungsenzyme an, um ihrem System diese Veränderungen zu erleichtern, und fügte auch Vitamine und Mineralien hinzu. Abgesehen von lebenden Beutetieren, was damals nicht möglich war, war dies das beste, was ich den Katzen geben konnte. Ich war bereits aus ethischen Gründen Veganerin, aber zugunsten meiner Gesundheit fing ich an, meine Ernährung noch zu verfeinern.

Die Veränderung von Junior war phänomenal. Er wurde wieder stärker, aktiver und nahm auch zu. Innerhalb eines Monats nach dieser Nahrungsänderung vollbrachte Junior sportliche Kunststücke, die ich seit fünf Jahren nicht mehr gesehen hatte. Nachdem wir ihm sechs Monate lang die Medizin gegen den Pilz gegeben hatten, fand ich schließlich den Mut, sie abzusetzen. Das Erbrechen hörte auf, und sein Zustand verbesserte sich weiterhin. Seine Augen begannen wieder zu funkeln und zu strahlen. Junior bekam die Energie und die Nahrung, die er brauchte, ohne dabei mit Giftstoffen bombardiert zu werden. Jetzt wußte ich, daß er die Krankheit überleben würde, aber der Weg zur vollkommenen Gesundheit war noch lang, unsere Heilarbeit hatte gerade erst begonnen. Ich nahm die Hilfe von ganzheitlich denkenden Tierärzten in Anspruch, die Junior mit homöopathischen Mitteln unterstützten. Ich lernte, daß ein Heilungsprozeß viel Geduld und Zeit in Anspruch nimmt. Das körperliche Gleichgewicht wiederherzustellen war etwas ganz anderes als diese Blitzkuren der konventionellen Medizin. Juniors Heilung beruhte auf den gemeinsamen Bemühungen mehrerer leidenschaftlicher Ärzte, und ich empfinde tiefe Dankbarkeit für jeden einzelnen von ihnen. Sie alle setzten ihre Fachkenntnisse und Talente ein, um Junior das Leben zu retten. Sie überwachten und förderten seinen fortschreitenden Heilungsprozeß.

Was ich ohne Zögern für Junior getan hatte, mußte ich nun auch für mich selbst tun. Ich mußte um Hilfe bitten. Das war ein großer Schritt für mich, denn ich hatte große Schwierigkeiten damit, Menschen zu trauen. Bei ihnen fühlte ich mich einfach nicht sicher. Ich erkannte jedoch die Notwendigkeit und öffnete mich ganz allmählich der nötigen Unterstützung. Meine Arbeit war vorher rein akademisch ausgerichtet gewesen, nun orientierte sie sich zunehmend an Erfahrungen. Veränderte Bewußtseinszustände durch Hypnotherapie und Meditation erwiesen sich als besonders förderlich für meine Heilung. Meine Forschungen gingen weiter, und eine sehr starke Technik, das holotrope Atmen, brachte mir einen geradezu kathartischen Durchbruch. Ich fühlte mich nun wohler bei der Arbeit mit anderen und merkte, daß begnadete Heiler mitfühlende und sanfte Individuen sind, die sich selbst auf dem Weg der Heilung befinden.

Schließlich schaute ich nach innen. Pita und Allie hatten mir Jahre zuvor die Möglichkeit dazu geboten, doch ich hatte Juniors Beharrlichkeit gebraucht, um mich meinem Schmerz zu stellen. Jetzt war ich nicht nur bereit zu sehen, sondern auch zu empfinden.

Zwei Dinge ermöglichten die Arbeit, die ich tat. Erstens hatte ich mich der Heilung verpflichtet und das hatte mich geöffnet, Unterstützung vom Universum zu empfangen. Ich fand zur jeweils rechten Zeit all die Mittel, die ich benötigte. Wie von Zauberhand passierten voneinander unabhängige Dinge in zeitlicher Übereinstimmung. Zweitens leitete Junior mich an, das wunderbare, intuitive Geschenk zu nutzen, mit dem ich geboren war und das mich sehr stark machte. Ich konnte ganz leicht Gefühle und Informationen von anderen Individuen und anderen Orten spüren, doch weil ich diese Fähigkeit nicht verstanden hatte, war sie für mich eine Quelle des Leidens gewesen. So hatte ich beschlossen, all meine inneren Gefühle zu ignorieren, um zu überleben. Jetzt akzeptierte und respektierte ich meine Intuition ganz allmählich. Ich traf Entscheidungen auf der Basis dessen, was sich richtig anfühlte, und nicht, was ich im Kopf für richtig hielt.

Wie bei Junior, so war auch meine Veränderung ein reines Wunder. Ich hatte eine Erfahrungserweiterung eingeleitet. Dabei dehnte sich mein Bewußtsein, mein ganzes Dasein, weit über die früheren Grenzen aus. Mein Partner, mit dem ich seit fünfzehn Jahren zusammenlebte, war nicht bereit, bei der Heilung mitzumachen. Die Verwandlungen der Katzen und alles, was ich erlebte, ging weit über das hinaus, was er bereit oder gewillt war, zu tun. Gleichzeitig hielt seine Gegenwart uns von unserem vollen Potential zurück. Er ging, und zum ersten Mal war ich allein mit meinen Katzen. Es war das Beste für uns alle: Jetzt waren wir frei, und unser Heil- und Lernprozeß beschleunigte sich unglaublich. Zum ersten Mal konnte ich ganz deutlich sehen, daß wir uns unsere eigene Realität erschaffen. Ich beschloß, nicht mehr das Opfer zu spielen. Statt dessen entschied ich mich, eine Überlebenskünstlerin zu sein und aus meiner Vergangenheit zu lernen. Ich übernahm die Verantwortung für mein Leben und machte mich daran, es so zu erschaffen, daß es auch Glück miteinschloß. Ich erwachte endlich.

Meine Verbindungen zur Wildnis wurden stärker, während bestimmte Wesen mir Botschaften brachten, um mein Wachstum und mein Verständnis zu unterstützen. Sie waren immer dagewesen, gewillt, mir den

Weg zu zeigen. Ich mußte nur sehen, zuhören und fühlen, nicht mit meinen Sinnen, sondern mit meiner Seele. Vögel, Tiere, Reptilien, Insekten und Pflanzen lehrten, ermutigten und bestärkten mich darin, daß ich auf dem rechten Weg war. Selbst die Steine, die jahrtausende-alte Intelligenz in sich einschlossen, verrieten mir ihre Geheimnisse. Ein Rudel Wölfe trat in mein Leben, führte mich über meine Begren-zungen hinaus und beschützte mich während dieses Prozesses. Ich sah das Universum und meinen Platz darin allmählich ganz anders. Ich stellte es mir als ein einziges Kontinuum aus Energie und Bewußtsein vor, in dem wir als Seelen als verschiedene Schwingungen enthalten waren, alle miteinander verbunden, alle eins.

Mein Weg führte mich zu einer begnadeten Frau, die anderen bei der Heilung half, indem sie mit Tieren kommunizierte. Während die Infor-mationen, die ich von Nichtmenschen erhielt, als inneres Wissen zu mir kamen, hatte sie die Fähigkeit, sich richtiggehend mit anderen Le-bewesen zu unterhalten. Ihre Unterhaltungen mit Junior, Allie und Boots gaben mir wertvolle Details für deren Heilung. Basierend auf ihren Informationen konnte ich ihre Ernährung weiter verbessern und Entscheidungen darüber treffen, wie ich ihnen am besten beistehen konnte. Außerdem hatten diese Dialoge auch für mich eine therapeuti-sche Wirkung. Mit Hilfe unserer Freundin konnten Junior und ich auf einem ganz neuen Niveau kommunizieren. Es war eine Freude, seine Worte zu hören. Seine Botschaften waren mit Informationen angefüllt, die für mein Wachstum relevant waren, und durch alles hindurch strahlte der Humor und die Unbekümmertheit seiner Persönlichkeit. Junior bestätigte das Gefühl, das sich mir immer mehr aufdrängte, daß sich unsere Beziehung bereits über viele Leben hin erstreckte. Wir hat-ten früher schon gemeinsam Heilarbeit geleistet, und die Bande zur Wildnis waren tief in meiner Seele verwurzelt. Ich entdeckte, daß Juniors Weg des Wachstums und der Entwicklung die Lehren vieler an-derer Individuen einschloß. Er ist ein Lehrmeister, der anderen wilden Lebewesen Lektionen über die Menschheit erteilt. Ironischerweise hat Junior mir sehr viel über die Menschheit beigebracht. Snowball, Junior, Boots, Pita, Allie und ich dienen alle als Verbindungsglieder zu unseren jeweiligen Reichen, um das Verständnis, die Akzeptanz und den Re-spekt zwischen der Wildnis und der Menschheit fördern, sowohl auf in-dividueller Ebene als auch darüber hinaus. Ich fragte Junior, welche Botschaft er durch diese Geschichte der Menschheit gern zukommen lassen wolle. Er möchte uns die freie Wahl lassen.

Mir ist klar, daß ich jede meiner physischen Existenzen selbst gewählt habe. Unter Anleitung habe ich die Pläne dazu auf der Seelenebene entworfen. Es gab Gründe für meine Entscheidungen, bestimmte Lektionen, die ich lernen und bestimmte spirituelle Ziele, die ich erreichen wollte. Junior möchte klarstellen, daß die Menschen in dieser Hinsicht nicht einzigartig sind. Alle Lebewesen treffen eigene Entscheidungen. Nichtmenschen treffen ebenso Entscheidungen wie Menschen. Unter Anleitung schmieden auch sie Lebenspläne. Jedes Lebewesen folgt einem Weg, lebt selbstentworfene Muster und Umstände aus, die spirituelles Wachstum und Evolution ermöglichen. Dabei ist sein Weg nicht weniger bedeutsam als der der Menschen, nicht weniger einflußreich für die planetarische Entfaltung. Jedes Lebewesen ist auf der Suche, ist ein Abenteurer.

Aufgrund freier Entscheidungen sind die Leben miteinander verwoben, bei unseren Beziehungen gibt es keine Zufälle. Kooperation findet auf der Seelenebene statt. Dort führt unser höheres Selbst Verbindungen herbei, die dem Wohle aller dienen. Wir entscheiden uns für Interaktionen mit Individuen, deren Lebenswerk ergänzend zu unserem eigenen paßt. In dieser Hinsicht möchte Junior betonen, wie notwendig und wesentlich eine Kommunikation der verschiedenen Arten ist, nicht nur zum gegenseitigen physischen Nutzen, sondern auch für ein beidseitiges spirituelles Lernen und Wachsen. Ich glaube, unsere Geschichte ist ein vielsagendes Beispiel dafür. Ohne unsere gegenseitige Hilfe hätte keiner von uns diese physische Existenz überlebt. Wir haben uns buchstäblich gegenseitig das Leben gerettet. Darüber hinaus wäre die spirituelle Erweiterung, die wir erlebten, nicht ohne den jeweils anderen möglich gewesen. Schließlich ist das der Grund dafür, daß Junior und ich zusammen sind. Wie kann man aus dieser Perspektive der gegenseitigen Verbundenheit nicht alle Lebewesen und die ganze Schöpfung schätzen? Wir müssen es uns nur erlauben, uns dessen bewußt zu werden, und schon wird der Wert aller Lebensformen sehr deutlich. Die ganze Natur, alle Lebewesen, jeder Stein, jedes Wassermolekül ist Teil der Intelligenz des Universums und hat etwas zu lehren, etwas zu teilen.

Dieses Verständnis von kooperativen und sich gegenseitig ergänzenden Aspekten von Beziehungen hat meine Einsicht in die Dynamik meiner eigenen unmittelbaren Gruppe vertieft. Junior, Boots, Allie und ich bilden ein kompliziertes Netz, und wir haben uns frei entschlossen, Teil dieses Netzes zu sein. Gemeinsam lernen wir, zu wachsen und uns auf jeder Ebene unseres Seins zu entwickeln. All unsere Heilungsarbeit bringt uns gegenseitigen Nutzen, und wir sind füreinander zugleich Lehrer und Schüler. Jeder bringt in die Gruppe einen einzigartigen Geist mit, der es uns allen gestattet, unser Bewußtsein zu erweitern und das Leben auf andere Art zu erfahren. Pita brachte viele Geschenke. Sie war eine Verkörperung reiner Freude, die anmutig demonstrierte, wie ungeheuer kostbar das Leben ist. Mit Begeisterung zeigte Pita, wie wichtig es ist, im Augenblick zu leben. Sie würdigte jeden Moment des Lebens. Obgleich ihre Zeit nur kurz war, erlaubte dieser herausfordernde Weg es ihr, ungeheure spirituelle Fortschritte zu machen. Pita lehrte mich, in der Gegenwart zu leben, anstatt ständig auf morgen zu warten. Boots bringt unserer Gruppe Ausgewogenheit. Seine Häuslichkeit und Akzeptanz der Menschen liefert den notwendigen Ausgleich für die Wildheit der anderen. Boots dient als Beispiel für enorme Geduld und Toleranz. Sein Leben mit Pita, Junior und Allie zu teilen, erlaubte es ihm, mit seiner längst vergessenen Vergangenheit wieder in Berührung zu kommen und erinnerte ihn an seine eigene, uralte Wildheit. Er lehrt mich, ruhig und still zu sein. Allie besitzt das göttliche Wesen der Wildheit, sie vermittelt den Geist und die Energie der Mutter Erde. Ihr Mut und ihr unglaublicher Lernwille veranlaßten sie, den sehr schwierigen Weg eines wilden Tieres in Gefangenschaft zu wählen. Die Qualen, die sie aushalten mußte, gaben ihr ein ungewöhnliches Maß an Wachstum und Erleuchtung. Ebenso wie ich verändert sie sich in einem atemberaubendem Tempo und wir alle helfen ihr dabei. Allie hilft mir dabei, mich mit den Mißhandlungen meiner Vergangenheit abzufinden. Sie lehrt mich, ausdauernd zu sein. Mein Beitrag zur Gruppe besteht in der Hingabe und dem festen Entschluß, für unser Wohlergehen zu sorgen. Ich bringe Mitgefühl mit und spiegele den Teil der Menschheit wider, der sich verpflichtet hat, die Verwaltung dieses Planeten mit allen Spezies zu teilen. Junior ist das Zentrum, um das wir anderen uns drehen. Er liefert den Schutz und die Kraft, die uns einigt, und er leitet uns auch an, unsere eigene Kraft im Inneren zu finden. Seine Gaben strahlen nach außen, reichen weit über die Grenzen unserer Gruppe hinaus und berühren viele Seelen. Als Lehrmeister verkörpert Junior Weisheit und göttliche Wahrheit. Sein Wissen und sein Verständnis vom Universum gehen weit über das der Menschen hinaus, und er ist bereit, seine Einsichten mit anderen zu teilen. Wie Snowball, so manifestiert auch Junior die heilende Kraft der Liebe. Er kam in dieses Leben, um spirituell zu wachsen und zu lernen, und wir alle spielen eine wichtige Rolle bei diesem Prozeß. Junior lehrt mich viele Lektionen. Er benutzt seine eigene Gesundheit, um mir beizubringen, mich um mich selbst zu kümmern. Junior wußte, daß ich diese Lektion von selbst nie gelernt hätte. Wäre ich krank geworden, hätte ich einfach aufgegeben. Junior brachte große Opfer, um mir dabei zu helfen, mich selbst zu lieben. Wir alle teilen miteinander bedingungslose Liebe und Akzeptanz.

Mit der Hilfe und Anleitung meiner wunderbaren Gefährten habe ich in mir Fähigkeiten entdeckt, die ich nicht im Traum für möglich gehalten hätte. Ich lerne, aufzupassen, dem Leben zu vertrauen, mich selbst zu lieben und zu pflegen. Ich kann Veränderungen annehmen und Unglück als eine Gelegenheit sehen, mein Bewußtsein zu erweitern und zu wachsen. Ich habe Zugang zu einem Zustand des Friedens und der Gnade, der eine ganz erstaunliche Quelle für Heilung und Kraft ist. Ich bin imstande, mich zu freuen. Und doch habe ich erkannt, daß dies erst der Anfang meines Weges ist. Es gibt noch viele Stufen zu erklimmen, viele Lektionen zu lernen, mehr Kraft zu sammeln, mehr Liebe zu spüren und mit anderen zu teilen. Ich schaue mit Begeisterung voraus und freue mich schon auf die Abenteuer, die uns vier auf unserem gemeinsamen Weg erwarten. Unser Heilen wird weitergehen, während wir uns auf einer unendlichen Reise auf das Ganzsein zubewegen.

Während ich dies niederschreibe, spielen Junior und Allie Fangen. Ihre Stärke, Geschwindigkeit und Behendigkeit sind erstaunlich. Es erinnert mich an den Mut und die Ausdauer, die jeder einzelne von uns in den vergangenen Jahren in sich finden mußte. Wir sind draußen im strahlenden Sonnenschein und wärmen unsere Seelen, und die grünen Farbtöne der Pflanzen senden uns heilende Energie. Die Natur ist nicht mehr eine Zuflucht, die man aus lauter Verzweiflung aufsucht, sondern unser Ort des Friedens. Jetzt leben wir nicht nur in diesem Licht, sondern wir sind dieses Licht.

Ich bin täglich dafür dankbar, daß ich das Privileg habe, gemeinsam mit den wilden Tieren zu heilen.

SHELLEY DONNELLY

Ein Adept namens Fiorino

Fiorino, Echo einer kleinen Blume,
Gespenst einer Meisterseele,
Verkörpert in einer Symphonie aus Bewegung,
Würde und Urteilskraft.

Fiorino del Calcione verbrachte sein letztes Leben in Gestalt eines Italienischen Windspiels. – 18 Jahre lang lebte er unter meiner Obhut. Es war von Anfang an klar, daß ich ihm nichts beibringen konnte. Er wußte bereits alles. Meine Rolle war lediglich, ihn auf die Gefahren vorzubereiten, die er vermeiden mußte. Die Gefahren, die ihm von der Gesellschaft drohten, und die Risiken, die ein Leben in dieser modernen Gesellschaft mit sich brachte. Ansonsten traf er seine eigenen Entscheidungen.

In seiner Jugend gestattete Fiorino mir, an seinen irdischen Erlebnissen teilzuhaben, und er kommunizierte mit mir, wenn er wollte. Er lehrte sowohl mein Bewußtsein als auch mein Unterbewußtsein. Er war und ist der beste Lehrer, den ich je hatte. Als er reifer geworden war, gewährte er mir einen Einblick in seine tieferen Einsichten, indem er mir davon erzählte.

Als er mir sagte, daß er seinen Körper verlassen würde – ich reagierte darauf mit der typisch menschlichen Panik, wenn wir mit dem konfrontiert werden, was wir *Tod* nennen, und was Fiorino *einen einfachen Ebenenwechsel* nennt –, da fragte ich ihn, was ich ohne ihn machen sollte, ohne daß er mich all das lehrte, was ich noch lernen müßte? Er antwortete mir in seiner üblichen lakonischen, wortkargen Art: »Du brauchst einfach nur über unser gemeinsames Leben nachzusinnen, und du wirst alles wissen, was du wissen mußt. Trauere nicht, denn ich kann mit dir besser zusammenarbeiten, wenn ich keine Gestalt habe.« Und so kommt es, daß wir fast acht Jahre nach seinem *Tod* oder *Ebenenwechsel* tatsächlich immer noch zusammenarbeiten.

Als er noch lebte, beherrschte er seine Umgebung und alle anderen Hunde vollkommen, ohne eine einzige Ausnahme. Seine Spezialität war, Kämpfe anderer Hunde zu beenden. Nicht diese spielerischen Geplänkel von Miniaturpudeln – nein! – richtig kernige Hundeschlachten zwischen Schäferhunden und Dobermännern oder andere herausfordernde Nummern. Fiorino war ein winziger Windhund. Er gehörte zu diesen grazilen Italienischen Windspielen und war so zart, daß man immer fürchten mußte, ein Windhauch könnte ihn wegtragen. Aber er war ein wahrer David unter den Goliathen. Der Ablauf war immer der gleiche: Fiorino trippelte anmutig mitten in das Kampfgetümmel und stieß einige überraschende Laute aus. Das Ergebnis war sensationell: Die beiden kriegführenden Parteien, die lautstark darin verwickelt waren, sich als hochentwickelte und effektive Zerreißmaschine zu behaupten, preschten auseinander und rannten weg, als wäre der Teufel hinter ihnen her. Fiorino kratzte mit seinen winzigen Hinterbeinen über den Rasen und stolzierte von dannen, ohne sich auch nur ein einziges Mal nach den Kontrahenten umzudrehen. Dabei überprüfte er kein einziges Mal die Wirkung des Gesetzes, das er den raufenden Hunden unverzüglich auferlegt hatte, ehe er wieder seinen eigenen Beschäftigungen nachging.

Fiorino hatte ein Pflicht- und Verantwortungsgefühl, das gewissermaßen mit ihm, dem kleinen Welpen, mitgeliefert worden war. Es dauerte sein ganzes Leben an. Ja, es beherrschte sein Leben. Dieses Verantwortungsgefühl drückte sich darin aus, daß er in erster Linie als Beschützer auftrat und seine Pflicht erfüllte.

Die Kommunikation mit Fiorino fand auf mentaler Ebene statt. Es war keine Telepathie auf der Ebene des Sonnengeflechts. Dies wäre ein völlig anderer Prozeß gewesen. Unsere Kommunikation war immer ernsthaft und von Natur aus philosophisch. Triviale Kommunikation war ihm ein Greuel, entweder ernsthaft oder gar nicht.

Die Kommunikation mit Tieren ist keine Erfindung der New Age-Bewegung. Es ist vielmehr eine sehr alte Fähigkeit, die sowohl Menschen als auch Tiere besitzen. Jede Lebensform besitzt sie. Alles, was lebt, kann kommunizieren, denn es stammt von dem selben Lebensquell. Jede einzelne Lebensform, die von dieser Quelle kommt, kennt sich gegenseitig von Grund auf. Der Heilige Franz von Assisi verbrachte ein ganzes Leben damit, uns die Kommunikation zwischen Tieren und Menschen wieder nahezubringen. Aber so wie Jesus das Prinzip der bedingungslosen Liebe lehrte, und wir es nicht angenommen haben, so haben wir auch vergessen, was der Heilige Franz uns zu lehren versuchte: Kommunikation mit allen Lebensformen. J. Allen Boone hat uns in seinem unvergänglichen Klassiker »Kinship with all Life«, noch einmal daran erinnert. Und momentan gibt es in der Tat die Renaissance einer Strömung, die schon immer da war und die am stärksten in den Vereinigten Staaten ausgeprägt ist: Menschen, die in einem unmittelbaren telepathischen Prozeß mit Tieren kommunizieren können. Die beiden offensichtlichsten Arten dieser Kommunikation sind die auf der Ebene des Sonnengeflechts und die direkte Gedankenübertragung. Letzteres ist besonders wünschenswert und in der Regel auch am wenigsten verzerrend. Obwohl erstaunliche Ergebnisse erzielt werden können, war meine eigene Kommunikation mit Fiorino eher spärlich verglichen mit den Fähigkeiten anderer Menschen. Aber sie fand auf mentaler Ebene statt. Auch wenn ich zugeben muß, daß ich diesen Vorgang nicht willentlich beeinflußen konnte. Es geschah immer nur dann, wenn Fiorino sich dazu entschloß.

Nachdem Fiorino die Übergangszeit in seinem Windhundkörper beendet hatte, sahen ihn die Menschen, die ihn näher gekannt hatten, mindestens einmal, manchmal sogar öfter. Sie alle beschrieben genau dasselbe Phänomen: »Ein Gefühl von ausgedehntem Frieden, als wäre man eingehüllt in ein rosarotes Glühen absoluter Liebe«. Andere, die mit ihm kommunizieren konnten, sprachen mit ihm durch den flüchtigen Äther hindurch, nachdem er fortgegangen war. Einige Zeit nach seinem Tod, wie wir es nennen, informierte er mich darüber, daß es an der Zeit sei, daß ich einen Menschen fände, der mit ihm unmittelbar und willentlich kommunizieren könne. Und so kam es dann.
Wie sehr mich sein Anliegen auch erschreckte, ich machte mich auf die Suche nach diesem besonderen Menschen. Nach 18 Jahren mit Fiorino stellte man seine Forderungen einfach nicht in Frage, man nahm sie automatisch ernst und reagierte entsprechend darauf. Zu meinem Erstaunen dauerte es gar nicht lange, bis ich einen Menschen fand, der mit ihm kommunizieren konnte. Aber Fiorino schien immer in Eile zu sein, und manchmal war er sogar ausgesprochen abgeneigt. Die Suche ging also dauernd weiter, und jedesmal, wenn ich einen Hinweis fand, blockte er ab, und die Verabredung oder das Rendezvous platzte.
Schließlich verkündete Fiorino, daß er mir in den USA begegnen würde und nicht in Frankreich, wo ich lebe. Dort würden karmische Ereignisse stattfinden, und er würde mit mir zusammenarbeiten. Alles geschah, wie er gesagt hatte. Als das Schicksal oder die Vorsehung – manche fühlen sich vom Schicksal gezogen, andere sind geradezu hypnotisiert von Vorsehung – mich mit Kate Solisti in Verbindung gebracht hatte und Fiorino bestätigte, daß ich bei ihr ganz sicher an der richtigen Adresse sei, bildeten wir eine Dreier-Arbeitsgemeinschaft. Wir versuchen in unserer Arbeit, seelische Verbindungen mit einem Tier aufzubauen.

Wir hoffen, daß viele zu uns stoßen und mithelfen werden, im 20. Jahrhundert das gegenseitige Verständnis zwischen der Menschheit und dem Reich der Tiere wiederzubeleben. Unser Ziel ist, diese Renaissance auf unser alltägliches Leben auszudehnen, indem wir unsere Wahrnehmung ändern. So können wir unserer gegenseitigen Entwicklung mit Würde und Gleichheit – ja vollkommener Verwandtschaft – gerecht werden, damit wir in Schönheit und Harmonie zusammenleben und für einander von Vorteil sein können. Denn wir alle sind *eins*. Wenn wir das tun, erheben wir die Menschheit, nicht die Tiere. Denn die Tiere sind bereits an dem Punkt erhabener Würde, die wir auch als *edel* bezeichnen.

Warum all das? Fiorino drückt es so aus: »Jede Tierart auf diesem Planeten verwaltet eine kosmische Wahrheit. Man kann dies auch ein kosmisches Gedächtnis nennen.« Und dies wissen auch viele Menschen. Wir denken, daß jede Tierart einen Wirkungskreis besitzt, der für sich schon einen Teil des Ganzen, der göttlichen Gesamtheit vollendet. Jede einzelne unserer Tierarten – die menschliche eingeschlossen – ist die kosmische Realität eines Teiles von dem, was *ist*.
Lassen Sie uns bei den Hunden beginnen und sie ehren – diese Erscheinungsform, die Fiorino aus eigenem Entschluß in seinem letzten Leben verkörperte: ein graziler Windhund, geschmeidig und pfeilschnell. Er war ein Heiliger und ein Lehrer in seinem Geist und seiner Seele.
Alle Tiere besitzen, ebenso wie Menschen, sämtliche Eigenschaften in latenter Form. Hunde haben sich entschieden, bestimmte Eigenschaften zu entwickeln und ihrer Rolle auf diesem Planeten und ihrer Mission anzupassen: nämlich dem Dienst an der Menschheit. Der Hund hat die Botschaft der Liebe gewählt. Dies ist wahrscheinlich die schwierigste aller Missionen. Es ist eine Botschaft, nach der wir alle im Hier und Jetzt suchen und die wir alle in das menschliche Bewußtsein rücken wollen. Denn ohne wahre Liebe können wir weder in das Neue Zeitalter gelangen noch unsere Evolution vorwärtstreiben. Ohne diesen Erkenntnisschritt halten wir die planetarische Evolution auf.
Die Eigenschaften und Werte der Hunde in ihrer Reinform, wie sie ursprünglich festgelegt wurden, sind: *Altruismus, Gedächtnis, Dienst am Menschen* und *bedingungslose Liebe* durch *das Wissen um reine Liebe*.
Fiorino weist jedoch auf folgendes hin: »Gedächtnis und Altruismus sind für einen Hund dasselbe. Jede Erinnerung wird durch altruistische Großzügigkeit angeschaut. Für einen Hund geschieht all das gleichzeitig.«
Was bedeutet *durch das Wissen um reine Liebe*? Die Komponenten Altruismus, Gedächtnis, der Dienst an der Menschheit und bedin-

gungslose Liebe werden durch das Wissen um reine Liebe zusammengehalten. Wenn dieses uranfängliche Wissen um reine Liebe verlorenginge, dann würden die übrigen Eigenschaften, die die Hunde noch miteinander vermischen und aufrechterhalten können, in Unordnung geraten, gerade so wie unsere eigene menschliche Wahrnehmung von bedingungsloser Liebe uns größtenteils verlorengegangen ist. Liebe und Altruismus gehen nur selten Hand in Hand in unserer modernen menschlichen Gesellschaft. Wir sehen es ausnahmsweise bei jemandem wie Mutter Theresa, und dann erkennen wir es auch. Der Hund hält dies in seinem alltäglichen Leben aufrecht, während die Qualität der menschlichen Liebe zu einem Emotionalismus verwässert.

Die Existenz dieses ursprünglichen oder uranfänglichen Gedächtnisses, das die Hunde bewahren, ermöglicht, daß man sich an das Wissen um die reine Liebe erinnert, die sich an der Quelle dieses Planetensystems befindet. Mit anderen Worten, dieser innerste Teil ihres Wesens gestattet den Hunden, ihre unermüdliche Verbindung zur bedingungslosen Liebe zu bewahren.

Altruismus ist eine primäre subtile Form von Großzügigkeit durch Dienst an anderen. Die Kombination von Altruismus, Großzügigkeit und Dienen verursacht eine Energiebewegung, die dieses *Gedächtnis* erweckt, einfach deswegen, weil das *Gedächtnis* die Quelle all dessen ist. Dies ist nur eines der Naturgesetze über die Reihenfolge von Energieladungen, die den Kreislauf des Lebens vollenden.

Wir machen uns diese gewaltige und doch einfache Vorstellung, um die wunderbar fließende Existenz des Universums zu begreifen. Wir verstehen und identifizieren die einzigartigen Eigenschaften, die in der ursprünglichen Quelle des Wesens des Hundes liegen. Das hat mich Fiorino gelehrt.

»Wir dürfen nicht vergessen«, sagt Fiorino, » daß sich diese Handlungen für einen Hund nicht unabhängig voneinander ereignen. Sie geschehen gleichzeitig, ohne Intellekt, und man kann sie auch nicht durch den Intellekt erlangen. Es dreht sich darum, das zu sein, was tatsächlich an der Quelle *ist*.«

Wir zeigen hier einfach nur Teile des Ganzen. In Wahrheit streben wir Menschen danach, das im menschlichen Herz-Chakra zu entwickeln. Das wurde mir erst klar, als Fiorino erklärte, wie Hunde diese Eigenschaft der bedingungslosen Liebe erlangten. Anhand ihres Beispiels erfahren wir, daß dies unser nächster Schritt sein wird auf dem Weg in das neue Zeitalter.

Man hat uns jedoch nicht gezeigt, daß wir, um die nächste Stufe der Entwicklung zu erreichen, lediglich unsere Hundefreunde zu beobachten brauchen und lernen müssen, ihre Eigenschaften nachzuahmen, wenn wir das können. Die Handlungen des Hundes sind die eines unmittelbaren Lehrmeisters. Das wird nur dann offensichtlich, wenn wir die wesentlichsten Eigenschaften des Hundes erkennen. Jeder weiß, daß das Wort *fidelity* (Treue) für Fido, für Hund steht.

Im Lexikon wird eine der Bedeutungen des Wortes *Lehren* folgendermaßen definiert:«Zur Schau stellen, um es dem Geist einzuprägen.« Diese Definition beschreibt tatsächlich die ideale Elternrolle. Eltern fungieren ständig als subtiles Beispiel, um dem Geist des Säuglings die feine Ordnung des Lebens einzuprägen, damit sie von Generation zu Generation weitergegeben wird. Im Augenblick ist dies unter Menschen jedoch nur ein Ideal.

»DK«, der Tibetaner (berühmt geworden durch Alice Bailey) sagt: »Reine Liebe ist die Eigenschaft oder die Wirkung von reiner Vernunft ... und die Eigenschaft der reinen Liebe wird von einer wartenden Menschheit benötigt und verlangt (selbst wenn sie es nicht erkennt).« Kein Wunder also, daß viele Menschen ihre Hunde so lieben und dann oft von ihnen abhängig sind. Jene, die uns so gute Lehrer wären, wenn wir uns ihrer göttlichen Eigenschaft bewußt würden.

Selbst auf die Gefahr hin, daß ich mich wiederhole: Die Mission oder Gegenwart des Hundes auf diesem Planten spricht als dauernde Erinnerung an die bedingungslose Liebe, die uns zur reinen Liebe führt, wenn wir sie – ohne den Intellekt – mit unserem spontanen Wesen einmal begriffen und in die Tat umgesetzt haben. Diese Erkenntnis mag als ein erster Schritt dienen auf der langen Reise des Menschen zum Gipfel der Evolution – seine Rückkehr zur Quelle.

Eines Tages, als ich mich nicht länger zurückhalten konnte, fragte ich vorsichtig – Fiorino haßte leichtfertige Fragen –, ob es reiner Zufall sei, daß das englische Wort für Hund, *dog*, rückwärts gelesen *God* (Gott) ergibt. Und er antwortete: »Das eigentlich Wichtige an dieser Sache ist, daß die bedingungslose Liebe dem ziemlich nahe kommt, was die Menschen immer als Gott bezeichnet haben. Und natürlich brauchen die Menschen nicht lange nach diesen Eigenschaften zu suchen, sie brauchen nur ihre Hunde anzuschauen. Das ist die Botschaft in ihrer einfachsten Form.« Er schloß in seiner üblichen Wortkargheit: »Der Hund ist der Verwalter und das Tor der Menschheit. Er ist der Verwalter der kosmischen Realität, die die Menschen verloren haben: die reine

Liebe. Er ist das immer gegenwärtige, äußerst vollkommene Beispiel für das Tor, durch das die Menschheit zur *reinen Liebe* zurückkehren kann.«

Die Kommunikation, die wir mit Fiorino führten und noch heute führen, besitzt den Wert einer echten Verbundenheit zwischen Mensch und Tier, eine reiche Philosophie, durch die wir einen Einblick bekommen, wie licht und schön und welch ein Privileg es ist, das Gefühl des Einsseins mit anderen durch zwischenartliche Kommunikation zu teilen.

Wenn die Wahrnehmung des Einsseins aus dem *Wissen des Herzens* entspringt, das sonst auch als *Intelligenz* bekannt ist, dann sprechen wir alle dieselbe Sprache, eine Sprache universaler Qualität: Die Sprache des Schweigens. Die unmittelbare telepathische Sprache des Wissens.

... und das, und noch vieles mehr, lernte ich von Fiorino.

LINDA TELLINGTON-JONES

Bint Gulida

Ich hatte das Glück, auf einer Farm in Nord-Alberta, in Kanada, aufzuwachsen, umgeben von Pferden, Hühnern, Kühen und Schweinen und
mit dem Rückhalt einer Familie, die Tiere liebte. Mit sechs Jahren ritt
ich jeden Tag ungefähr 7 km in die Schule, und wenn ich zurückkam,
ritt ich noch ein bißchen weiter. Mit elf Jahren ritt ich jeden Tag außer
dem Weg zur Schule und zurück mehrere Stunden in einem Reitstall in
der Nähe und hatte das Gefühl, wie ein Pferd denken und fühlen zu
können.

Wer mit Pferden aufwächst, träumt oft von einer besonderen Beziehung
zu einem Pferd, einer Beziehung, so eng, daß keine Sprachbarriere mehr
trennend dazwischen steht. Eine Verbindung von Zelle zu Zelle sozusa-
gen, für die es keine Erklärung gibt. Als Kind habe ich ein Buch gelesen,
das »Silver Snaffle« hieß und von einem Schimmelpony handelte, das
auf märchenhafte Art mit den anderen Pferden im Stall sprechen
konnte, wenn es draußen dunkel und still wurde. Es wollte so gern auch
zu seinem jungen Reiter sprechen können, damit sie sich besser verstehen konnten. Ich hatte das Gefühl, daß ich zu denen gehörte, die die
Gedanken und Gefühle von Pferden auch ohne Worte kannten, und
ich sehnte mich nach einem »Silver Snaffle«, mit dem ich mich ohne
Worte verstehen würde.

Im Alter von 13 Jahren präsentierte ich anderer Leute Pferde auf der
großen Frühjahrsschau in Edmonton in verschiedenen »Pleasure«-Prü-
fungen, an denen oft 40 oder 50 Pferde teilnahmen und in denen es auf
Gang, Benehmen und Schönheit ankam. Ich hatte den Ruf, Pferde optimal vorstellen zu können, und gewann überdurchschnittlich viele
Schleifen.

Vermutlich beruhte mein Erfolg darauf, daß ich mich auf ein fremdes
Pferd setzen und in ein paar Minuten mit ihm eins werden konnte, und
zwar deshalb, weil ich jedes Pferd als Individuum respektierte. Ich ritt
nicht nur, um zu gewinnen, sondern weil ich gern wissen wollte, was wir
zusammen erreichen konnten, und es dem Pferd ebensoviel Spaß machen sollte wie mir, die ich das Privileg genoß, mich mit ihm verbinden
zu dürfen. Obwohl ich mich den Pferden nicht mit Worten mitteilte,
wie es heute viele tun, spürte ich eine tiefe innere Verbindung, die weit

über Worte hinausging – eine non-verbale Beziehung, die mir das Gefühl gab, von dem ich geträumt hatte, als ich damals von »Silver Snaffle« las.

Im Laufe der Zeit habe ich viele wunderbare Pferde gehabt, aber eine der ungewöhnlichsten Beziehungen hatte ich zu meinem ersten Distanzpferd, Bint Gulida. Gulida war eine Araberstute, die Wentworth, mein Mann, und ich 1960 für einen 100-Meilen-Distanzritt an einem Tag kauften. Sie war kaum an Halfter und Führstrick gewöhnt, als wir sie als gut Dreijährige kauften, und sie war so nervig, daß Went skeptisch war, ob sie sich überhaupt für Rennen eignen würde. Es stellte sich heraus, daß Gulida 40 Meilen (etwa 65 Kilometer) außergewöhnlich gut im Trab bewältigen konnte. Ihre Puls- und Atemwerte waren hervorragend, und unser tägliches Training schien ihr Spaß zu machen. Vor unserem ersten Distanzritt trainierte ich sie fünf Monate lang fünf Tage in der Woche über 30 bis 40 Meilen. Gulida war danach so frisch wie am Anfang, wenn wir vor Tau und Tag aufbrachen.

Wents Bedenken verschwanden, als sie bei ihrem ersten Distanzritt, dem berühmten Tevis Cup – 100 Meilen (ca. 160 km) an einem Tag – unter 130 Teilnehmern gleich den 6. Platz belegte. Sechs Wochen später gewann sie als erstes Pferd in Nordamerika den Konditionspreis und den Jim-Shoulders-Distanzritt in Oklahoma, ebenfalls über 100 Meilen, mit einem Vorsprung von 6 1/2 Stunden vor dem Zweitplazierten. Ihre Zeit blieb sieben Jahre lang ungeschlagen.

Damals lebte ich in Hemet in Kalifornien, und im Training war ich oft im Dunkeln geritten, um der sengenden Hitze des Wüstenklimas zu entgehen. Das war als Vorbereitung nötig, weil der Oklahoma-Ritt um 14 Uhr begann und die ganze Nacht hindurch dauerte, eine rabenschwarze Nacht, die auch von der dünnen Sichel des Neumonds kaum erhellt wurde.

Wenn man im Dunkeln reitet, entwickelt man eine ganz besondere Beziehung zu einem Pferd, anders als alles, was ich sonst erlebte. Gulida kam mir jedesmal wiehernd entgegengaloppiert, selbst wenn sie tagsüber mit einigen anderen Araberstuten draußen graste.

Zwei Wochen vor dem Tevis Cup fuhr ich mit der Stute in die Berge der Sierra Nevada und trainierte in der Nähe eines Wintersportortes, an der höchsten Stelle, über die der Tevis Cup führen würde. Dort hatte ich zwei Erlebnisse, die so ungewöhnlich waren, daß ich sie in den 30 Jahren seither nie vergessen habe. Sie sind mir heute noch so ergreifend und zauberhaft gegenwärtig wie damals, als sie passierten.

Ich kam am späten Nachmittag an und fand einen Platz neben einem malerischen Bach hoch oben in den Bergen, wo ich unseren Vierpferde-Transporter parken konnte. Hier hatte Gulida Wasser, Gras und Sonne, aber auch Schatten unter mächtigen Fichten. Went war zu Hause auf der Ranch geblieben, und mit Hilfe eines jungen Mädchens, das mitge-kommen war, zäunte ich mit Seilen, die wir von Stamm zu Stamm schlangen, eine große Koppel ab. Das war lange vor den heutigen prak-tischen E-Zäunen. Gulida kaute zufrieden ihr Heu und ihren Hafer, und wir machten uns auf einem Gasbrenner unser einfaches Abendessen warm und gingen dann schlafen. Meinen Schlafsack legte ich neben den Transporter, innerhalb der Umzäunung, so daß ich Gulida im Auge behalten konnte. Mit dem Murmeln des Bachs und den Geräuschen der grasrupfenden, kauenden Stute im Ohr schlief ich ein.

Irgendwann in der Nacht kam Gulida herüber, legte sich, mit der Nase knapp einen Meter von mir entfernt, hin und schlief ebenfalls ein. Wer nicht mit Pferden gelebt hat, weiß wahrscheinlich gar nicht, wie unge-wöhnlich dies ist. Aber vielleicht können Sie sich trotzdem vorstellen, wie kostbar mir dieser Augenblick war und wie friedlich ich schlief, un-ter den leuchtenden Sternen, in der weichen Bergluft und eingeku-schelt neben meinem Lieblingspferd.

Beim ersten Tageslicht wachte ich auf und entdeckte, daß Gulida ver-schwunden war. Ich setzte mich auf und sah gerade noch, wie sie sich ge-konnt unter dem Seil durchduckte und zielbewußt in ihrem gewohnt flotten Schritt die Straße hinunterzumarschieren begann. Ich brauchte ein paar Sekunden, bis ich richtig wach war und mir überlegen konnte, wie lange es dauern würde, eine Schüssel mit Hafer fertig zu machen, mit der ich sie überreden konnte, ihren Ausflug abzubrechen. Obwohl ich mir nicht wirklich etwas davon versprach, rief ich ihren Namen, in der Hoffnung, daß sie wenigstens stehenbleiben würde. Zu meiner gro-ßen Überraschung blieb sie tatsächlich stehen, drehte sich um und sah mich an, als ob sie sagen wollte: »Oh, du bist wach. Ich wollte mir nur mal ein bißchen die Gegend ansehen...« Und dann kam sie zurück zu mir. Während ich das schreibe, spüre ich immer noch dasselbe überwäl-tigende Staunen und Entzücken wie damals.

Ein paar Tage später fuhr ich noch weiter in die Berge bis zu einem Waldgebiet und schlug mein Camp in der Nähe einer kleinen Hütte auf, wo Tramper und Camper eine warme Mahlzeit bekommen konnten. In-zwischen war meine schon vorher enge Beziehung zu Gulida noch viel enger geworden, nachdem wir weitere drei Nächte zusammen unter dem Sternenhimmel verbracht hatten, sie neben mir im Stehen schlafend, während ich ins Land der Träume abdriftete. Nach einem dreistündigen schnellen Galopptraining auf einem Streckenabschnitt des Tevis Cup wusch ich sie gründlich ab, fütterte sie und machte mich zu Fuß auf den Weg zu der Hütte, die etwa eine Viertelstunde entfernt lag.

Ich war gerade mit einer herzhaften Mahlzeit beschäftigt, als Gulida in Sicht kam – sie kam den Pfad heruntergetrottet und blieb an der Eingangstür stehen, als ob sie auf eine Einladung wartete, hereinzukommen und mir Gesellschaft zu leisten. Ich hatte jetzt volles Vertrauen zu ihr und wußte, daß sie nicht weglaufen würde. Also begrüßte ich sie und erklärte ihr, daß es noch ein bißchen dauern würde. Daraufhin graste sie noch eine Stunde rund um die Hütte und wartete, bis wir gemeinsam zu unserem Camp zurückgingen.

Als wir sechs Wochen später den Jim-Shoulders-Distanzritt über 100 Meilen gewannen, versprach ich ihr, daß ich niemals eins ihrer Fohlen verkaufen würde. Dieses Versprechen konnte ich allerdings nicht halten, als ich sie später von dem in Distanzritten bewährten Hengst Bezatal decken ließ. Gulida wurde 28 Jahre alt, und ihre erfolgreiche Nachkommenschaft sichert ihr einen Ruf in der Welt der Distanzreiterei. Für mich wird sie immer das Pferd bleiben, mit dem ich die zauberhafteste und spirituellste Verbindung hatte, die zwischen einem Menschen und einem Pferd als Vertreter des Tierreichs denkbar ist.

Michael Tobias

Innige Verhältnisse

Seit vielen Jahren leben meine Frau und ich mit mehreren großartigen Papageien zusammen. Wir teilen alles mit diesen Freunden; wir lungern gemeinsam herum, kneifen uns, rennen hysterisch im Haus umher, schnäbeln verzückt miteinander, schütteln uns nach dem Bad das Wasser vom Leib, stolzieren, rufen, lachen, stöhnen und schlafen zusammen. Diese Vögel verkehren mit uns auf zwei Quadratkilometern Tropen, drinnen und draußen, und ich habe mein Leben vollkommen so eingerichtet, daß ich die meiste Zeit mit ihnen verbringen kann. So können wir so weit wie möglich die erlesenen Wunder der Welt miteinander teilen, einer Welt, die wir alle anders wahrnehmen. Insgeheim schätze ich mich sehr glücklich, denn es gibt kein größeres Wunder als diese Vögel. Sie können es sogar mit dem Sonnenlicht aufnehmen, und sie sind jedem wilden Geruch und jeder Vision ebenbürtig. Sie verkörpern das Außerirdische, die Erdgöttin, und all das Unwißbare, von dem die Philosophen seit Jahrtausenden nostalgisch geschwärmt haben. Es stimmt, daß ich manchmal darum gekämpft habe, sie zu »kennen«. Aber öfter noch bin ich einfach damit zufrieden, mich in dem Mysterium ihrer Freundschaft zu baden und von dem Unbekannten erfrischt zu werden, das wir aus den meisten Bereichen unseres Lebens vertrieben haben.

»Jeder Akt der Kommunikation ist ein Akt der Übersetzung«, erklärte der Literaturkritiker George Steiner. Das trifft ebenso auf Angehörige der gleichen Spezies zu wie auf die unterschiedlicher Arten. Alle Beziehungen bedürfen einer systematischen Bemühung. Das Ziel ist, und das habe ich mit meiner Lebenspartnerin schon längst entdeckt, Kameradschaft im Mysterium, nicht irgendeine Art künstlicher Regelmäßigkeit. Meine intensive Zeit mit den Vögeln und mit sehr vielen anderen Geschöpfen hat mich gelehrt, daß die Beziehungen, die ich am meisten bewundere und pflege, solche sind, von denen ich am wenigsten erwarte. Wenn man seine Wünsche aufgegeben hat, wie es die meisten Buddhisten erklären, ist die Wahrscheinlichkeit einer Begegnung auf ganz tiefer Ebene sehr viel größer.

Die folgenden Begegnungen deuten darauf hin, daß die meisten »Freundschaften« mit anderen Lebewesen normalerweise unerwartet, in flüchtigen Momenten eintreten. Und doch können sie lebenslange Eindrücke hinterlassen und uns Bilder, Gefühle und Einsichten einprägen, die für das eigene Wohlbefinden und das der ganzen Welt wichtig sind. Sie sind in der Tat die Botschaften, die unsere eigene Menschheit definieren. Ich bin mir sicher, daß ohne sie, ohne diese unerwarteten Geschenke, ohne diese wilden Eintagsfliegen, mein Leben so kalt, unorganisch und bedeutungslos wäre wie eine leere Badewanne. Erlauben Sie mir, einige dieser flüchtigen Begegnungen in der Wildnis zu beschreiben.

Vor vielen Jahren kletterte ich einmal an einem Frühlingsmorgen eine tiefe Schlucht in den Colorado Rockies hinauf. Da landete ein Eichelhäher auf meinen Schultern. Ich blieb bewegungslos stehen und sprach dann mit dem Neuen. Er (oder sie) zwitscherte neugierig. Ich setzte mich hin, der Vogel sprang mir auf den Schoß, und wir teilten uns einen Müsliriegel, den ich in kleine schnabelgerechte Stückchen zerkrümelte, die er/sie schlucken konnte, bakterielle Ansteckung einmal außer acht gelassen. Dies war der Auftakt zu einer Tagesreise in Begleitung zweier Vögel, dieses ersten und seines Gefährten, der kurz danach ankam. An dem Tag erklomm ich einen über viertausend Meter hohen Gipfel, und die meiste Zeit ritten sie dabei auf meinen Schultern mit. Beinahe ununterbrochen gaben sie einen Kommentar zu der Route ab, die ich ausgewählt hatte, und als ich auf dem höchsten Punkt angelangt war, flogen sie fort, scheinbar desinteressiert an dem Gipfel.
Bei meinem Abstieg in der Dämmerung waren sie wieder da, warteten auf mich. Jetzt waren es aber ein halbes Dutzend Vögel, obwohl ich die beiden, mit den ich die meiste Zeit des Tages verbracht hatte, sehr leicht ausmachen konnte. Alle Vögel ließen sich auf einem Felsen nieder, bei dem ich meinen Rucksack absetzte und einen Apfel und wieder einen Müsliriegel aß. Sie alle bedienten sich, hüpften auf den Felsen, meinen Schoß, meine Schultern und sogar auf meinen Kopf – ständig hinauf und wieder herunter. Sie kannten kein Zögern, keine Angst. Ich kam auf dem Wanderweg am Fuße des Berges an, der mich zum Parkplatz führte. Zu der Zeit war es dunkel, und die Vögel waren fortgeflogen.

Ein anderer Berg, der Eiger, um etwa sechs Uhr an einem schweizerischen Sommermorgen: Ich schlief in hohem Gras nahe dem Fuß der Nordwand. Als ich meine Augen öffnete, entdeckte ich kaum sechs Meter von mir entfernt zwei weidende Gemsen. Ich setzte mich in meinem Schlafsack auf, begann Melodien zu pfeifen, und die beiden ziegenähnlichen Antilopen setzten sich hin und hörten zu. Zwanzig Minuten lang pfiff ich Stücke von Händel, Mozart und Barber, und sie hatten sehr viel Freude an dem Konzert.

Ich tauchte mit meinem Schnorchel im Roten Meer in der Nähe von Nweiba, einem verlassenen Fleckchen auf der Landkarte. Das war viele Jahre bevor es ein Ferienort wurde. Eine riesige Rundschwanz-Seekuh kam vorbei, drehte um und schwamm zurück, um mich anzuschauen. Sie wog bestimmt hundertfünfzig Kilo, eine Riesin unter den anderen Geschöpfen, die sich um das Korallenriff scharten, einschließlich der Haifische, die solche Seekühe manchmal jagten. Die Seekuh schwamm geradezu in mich hinein und blieb dann dort, so daß sich unsere Körper berührten. Unsere Augen trafen sich. Ich ergriff ihre Flossen, und sie zog mich mehrere hundert Meter durch ihre Welt, ehe ich losließ und auftauchte. Sie folgte mir an die Oberfläche und verschwand dann wieder in der Tiefe.

Eines Abends saß ich auf einem kleinen Felsvorsprung, etwa drei Meter über einer Grizzlybärin mit ihrem Neugeborenen. Die Sterne funkelten, die Brise vom Tar-Meeresarm roch nach süßem feuchten Gras, Hornsträuchern, wilden Erdbeeren und dem unverkennbaren Duft des nahen Gletschers. Dieses Zusammentreffen war ein reiner Zufall: ich hätte mich niemals freiwillig an diesen Platz begeben. Als ich versuchte, meinen Weg über den steilen Abhang zurück zu finden, löste sich aus Versehen ein Stein und traf die Bärin an der Schulter. Sie richtete sich auf, in ihrer ganzen Größe von etwa zwei Meter siebzig, und brüllte mich an. Ich rannte über den Abhang, sprang von einer Steilwand viele Meter tief hinunter in einen steilen Geröllabhang hinein, der meinen Sprung glücklicherweise etwas abfing, so daß ich mir nicht die Wirbelsäule brach, sondern nur ein paar Schnittwunden an der Hüfte zuzog, die kaum der Rede wert waren. Ich rannte weiter der Küstenlinie des Fjords entlang. Die Bärin verfolgte mich mit ihrem Jungen zwei Kilometer weit. Als ich mein Zeltlager erreichte, waren ein halbes Dutzend anderer Leute bei ihren Zelten damit beschäftigt, Abendessen zu kochen. Die Bärin hielt inne und betrachtete überdrüssig diese seltsame Ansammlung von Menschen. Dann konzentrierte sie sich wieder nur auf mich. Sie schien mir klarzumachen, daß ich mein Territorium verlassen hatte, und damit hatte sie recht, obschon es nur ein Zufall war. Dann trottete die Mutter mit ihrem Kind ganz still durch das Geröllfeld oberhalb unseres Zeltplatzes und verschwand.

Sechs Wochen lang lebten wir an diesem Meeresarm, zusammen mit den Bären, die sich an unsere Gegenwart gewöhnten und kein einziges Mal Unfreundlichkeit zur Schau stellten. Wir alle ließen nachts die Nahrungsmittel außerhalb der Zelte. Anscheinend lebten dort an dem fünfzehn Kilometer langen Meeresarm etwa ein Dutzend Grizzlybären, aber nicht ein einziges Mal holten sie sich unser Essen. Sie waren zufrieden mir ihrem eigenen. Manchmal begegnete ich der Bärin an der engen Bucht beim Überqueren einer Sandbank oder wenn ich den Berg hinaufkletterte. Es gab genügend Momente, einander aus phantastischer Nähe zu beobachten. Sie trug ihr Baby immer mit sich, wußte jedoch nach unserer ersten Begegnung, daß ich in Ordnung war.

Am Ende meines sechswöchigen Aufenthaltes in der Gletscherbucht sah ich zufällig im schwarzen Schlamm die Fußspuren von einem Bären, die hinaus in den Meeresarm führten, dorthin, wo die Grizzlys häufig schwammen. Diese Fußstapfen waren aber fünfzig Prozent größer als die der Bärin, wie eine große Pizza. Ich nahm an, daß es ihr Partner war, den ich nie zu Gesicht bekommen hatte.

John Muir sagte einmal, daß der Anblick eines Grizzlybären, der schnell läuft oder tanzt, herumstöbert und herumtollt, das größte Erlebnis sei, das einem die nordamerikanische Wildnis schenken könne. Ich weiß, daß ich anderthalb Monate lang bei einer Gemeinschaft von Grizzlybären gewissermaßen zu Gast war. Wenn ich an jene Tage und Nächte zurückdenke, wird mir klar, daß ich mich nachts von ihnen beschützt fühlte und tagsüber wohlwollend beobachtet. In gewissem Sinne übten sie elterliche Kontrolle aus, und das fühlte sich richtig an.

In einem antarktischen Sommer hatte ich meine erste längere Begegnung mit der Frau, die meine Partnerin werden sollte: Jane. Drei Tage lang krochen wir beim Base Esperanza in Adelie in den Exkrementen von Pinguinen auf unseren Ellbogen, Bäuchen und Gesäßen herum und kommunizierten mit einer Kolonie, zu der Zehntausende gehörten. Das Wetter veränderte sich schnell in diesen zweiundsiebzig Stunden, vier Jahreszeiten fielen zusammen, schwungvoll und bisweilen turbulent, aber niemals gemein. Manchmal war es heiß, und wir zogen unsere Parkas, Pullover und Hemden aus. Aber das waren Banalitäten. Was wirklich zählte war die Tatsache, daß wir von Tausenden von »Fußgängern« akzeptiert wurden, die, es muß gesagt werden, schrecklich damit beschäftigt waren, ihre Pinguinzivilasition aufrechtzuerhalten. Zwei Neulinge unserer Ausmaße, die so nahe bei ihnen herumliefen, bedeuteten vergleichsweise, daß ein Saurierpärchen zu einem Supermarkt kommt, um zu sehen, wie es dort zugeht. Aber unser beiläufiger Besuch hatte nicht die Wirkung eines solchen kitschigen Kinogags. Wir wurden willkommen geheißen und eingeladen, uns hinzusetzen und eine Weile zu bleiben. Fragen strömten auf uns zu, mit charakteristisch gewandter zweibeiniger Unverfrorenheit gestellt, die wiederum unzählige andere Fragen aufwarfen – sie standen da mit flachen, weiten, riesigen, offenen Augen, Schnabel und Kopf nach oben geschoben, um die Bedeutung ihrer Vorstöße zu verstärken. Alles in allem eine wirklich aufrichtige Serie von Interaktionen, die uns mit dem neuesten Klatsch vertraut machte und uns mit Neuigkeiten versorgte, was unter den nahen Eisbergen passierte.

Die Gerüchteküche einer Pinguinkolonie arbeitet schnell und unerbittlich, voller Empathie und Altruismus, loses Mundwerk, ein urkomischer Sport. Wir befanden uns mitten drin, und nach drei Tagen und Nächten »kraakten« wir uns dumm und dämlich an Pinguinphilosophie, Pinguinkunst, Pinguinliteratur und Pinguinspiritualität. Wir waren initiiert worden und würden nie wieder Menschen sein, zumindest nicht vollständig.

Und natürlich war es eine erfolgreiche erste Begegnung.

Sich an nahe Begegnungen und erste Kontakte in der Wildnis zu erinnern, ist nicht nur eine Übung in Träumerei. Sie können unser Leben von Grund auf verändern, wenn man genügend darauf eingestimmt und ihnen gegenüber offen ist. Einem australischen Fetzenfisch, einem Seepferdchen oder einer Libelle nahezukommen, ist eine ebenso faszinierende Séance, als befände man sich auf einem anderen Planeten.

Freude und Schwindelgefühl – vorübergehende Transzendenz des eigenen, begrenzten menschlichen Egos – sind jedoch nicht die einzigen Lektionen. Botschaften aller nur vorstellbaren Art liegen verschlüsselt in dem Überlagerungsbereich verschiedener Spezies. Alle Organismen folgen auf der Ebene der Zellen und Moleküle im wesentlichen demselben planetarischen Modell. Die Unterschiede sind in den reichhaltigeren kognitiven Zentren unserer Verhaltensmuster verankert. Als gesellige Menschen, die nie gut Geheimnisse für sich behalten konnten, interpretieren wir solche Begegnungen wahrscheinlich auf dem Hintergrund unserer eigenen, artspezifischen Umgebung.

Daher also das Gefühl echter Freundschaft eines Mitternachts in Young, Arizona, als zwei weiße Stuten, die das wilde Gras fraßen, zu mir kamen, scheu, erregt und erstaunt, einen Menschen so spät nachts noch draußen herumlaufen zu sehen.

Die Wahrheit der Zerbrechlichkeit, wie man sie an einer winzigen Sandkrabbe beobachten kann, die sich in ihrem Gehäuse versteckt, das meine Frau eines Nachmittags auf einer abgelegenen Insel der Malediven aufgehoben hatte. Das Gehäuse war nur so groß wie eine Perle, und die kaum sichtbare Krabbe hielt sich drinnen versteckt. Sie streckte ihren Kopf heraus, starrte uns mit ihren beiden sehr intelligenten Augen an, wir starrten zurück, sie verlangte von uns, in Ruhe gelassen zu werden und verschwand wieder in ihrem Versteck, geborgen und für immer in Sicherheit.

Das Gefühl von Würde, als ich versteckt hinter einer Attrappe saß und beobachtete, wie zwei kalifornische Kondore zu ihrem kaum drei Meter entfernten Nest flogen und einander den Hof machten.

Die irrige Auffassung von Angst. Den ganzen Nachmittag liege ich in einer Hängematte im Khao Yai-Nationalpark in Thailand und warte auf den Besuch eines Tigers. Ich hing einen Meter zwanzig über dem Boden, über zehn Kilometer von nächsten Weg entfernt, und las »Don Quixote«. Ich war umgeben von dem Duft frischen Tigerurins und, ja, ich hatte Angst. Doch nach ein paar Stunden war die Angst fort. Und da hörte ich in der Nähe einen Tiger. Schließlich verschwand das Geräusch und wurde durch den Flügelschlag zweier Nashornvögel ersetzt, die über mich hinwegflogen. Später landete ein Nashornvogel, der im Stehen gut einen Meter maß, auf meiner Schulter, und wir putzten einander. Und dann sprang mir ein elternloser Hulock-Affe in die Arme, während ich einem wilden indischen Büffel den Rücken streichelte. Der Tiger war zu einem Element des gesamten Verschmelzens mit dem Wald geworden. Wir filmten einen Mahaut im Corbett-Nationalpark in Indien, den ein Tiger angefallen und die Kopfhaut zerfleischt hatte. Der Tiger hatte ihn dann über zehn Meter weit geschleift und sich auf ihn gesetzt, offensichtlich in Vorbereitung eines gemächlichen Abendessens. Der Mahaut bat den Tiger, fortzugehen, und der Tiger gab seinem Flehen nach. Es ist äußerst selten, daß ein Tiger einen Menschen angreift. Es passiert nur dann, wenn der Tiger zu verhungern droht oder sein Lebensraum vernichtet wurde. Und das trifft auf die meisten der ganz wenigen noch verbliebenen großen Katzen der Welt zu. Angst hat damit gar nichts zu tun. Das habe ich gelernt.

Hingebungsvoller Ehestand. Ich kraxelte an den vermoosten Felsen unter dem Mount Cook hinauf, auf der südlichen Insel von Neuseeland, und folgte in einigem Abstand zwei Kea-Papageien, die Seite an Seite nach Futter suchten. Innerhalb einer Stunde, so beobachtete ich, putzten sie einander, küßten und liebkosten sich über fünzigmal, das heißt beinahe einmal pro Minute.

Die Weisheit der Präzision. Meine Eltern und ich fuhren im Kanu auf dem großen See im Myaka River Preserve bei Sarasota. Es war zu der Zeit, als die weiblichen Alligatoren ihre Eier legten. Sie legen sie in ein Nest aus tiefem Schlamm, die Temperatur steigt und die Alligatoren können tatsächlich selber bestimmen, ob sie Männchen oder Weibchen ausbrüten. Bevölkerungskontrolle scheint dieser ihrer Geschlechtermanipulation zugrunde zu liegen.

Allgemeingültigkeit der Neugier. Eines morgens erwachte ich im Yosemite Park, und ein Kojote ruhte auf meinem Schlafsack. Als ich meine Augen öffne (es war etwa viertel nach fünf Uhr morgens, das Tal lag im Nebel), saß der Kojote nur einen halben Meter von meinem Gesicht entfernt ganz ruhig da. Wir schauten uns gut dreißig Sekunden lang in die Augen. Dann stand er plötzlich auf und trottete davon. Doch vorher konnte ich noch meine Hand ausstrecken und an meinem Handgelenk ein Lecken seiner Zunge empfangen.

Wie wichtig Spielen ist, wurde mir in einer Spätsommernacht übermittelt. Ich hatte mich in einem Zoo in der Schweiz versteckt. Die Wärter waren gegangen, die Tore verriegelt, doch die Tiger waren immer noch draußen in ihren Käfigen. Ich ging hinüber zu dem Gehege, das eine ganze Familie beherbergte. Sofort rasten die Jungtiere zu mir. Dann sang ich für sie. Die Eltern im Hintergrund entspannten sich. Nun rannte ich auf und ab, und alle Katzen machten mit, rannten mit mir. Fünf Minuten lang machten wir diese Übung. Dann legten sich die Katzen auf den Rücken und ich streckte meine Hand durch die Gitterstäbe (unter den meisten Umständen eine große Dummheit) und streichelte ihre Bäuche. Die Erwachsenen kamen herunter, um zu sehen, was los war. Ich streichelte die Jungen weiter, und die Erwachsenen schauten einfach nur zu, neugierig zwar, aber überhaupt nicht beunruhigt. Es war das Spielerische, das sie davon überzeugt hatte, daß ich gutmütig war. Dieselbe Erfahrung machte ich ein paar Jahre später in einem Zoo in Seattle. Dort konnte ich wilde Schneeleoparden streicheln – ohne das leiseste Zweifeln oder Zögern.

Das Verdienst von Konzentration. Ich wanderte in Britisch-Kolumbia und stieß auf eine große gelbe Bananenschnecke, die langsam über den feuchten humusartigen Waldboden kroch, auf irgendein Ziel zu. Ich folgte ihr eine Stunde lang, und in der Zeit legte sie beinahe fünfzehn Meter zurück. Während dieser intensiven Zeit lernte ich Britisch-Kolumbia in Details kennen, die mir vorher entgangen waren, obwohl ich schon oft dorthin gereist war. Jene fünfzehn Meter warfen an den äußeren Grenzen des für Menschen sichtbaren Spektrums unwahrscheinlich viele Details ab, die mir, wie oberflächlich auch immer, das Leben dieses wunderbaren Geschöpfes verständlich machten, die Konzentration auf seine Mission, seinen hartnäckigen Charakter, seine einfache Freude am Dasein.

Dieses Gefühl wurde eines Nachts noch verstärkt, als ich in der Oper von Santa Fe einem Stück von Richard Strauß zuhörte. Ein Nashornkäfer kroch während der Aufführung den Gang entlang. Ich brachte ihn aus der Gefahrenzone, denn die Pause würde gleich beginnen, und tausend Leute hätten diese großartige Kreatur zertrampelt. Ich setzte ihn in einem grünen Waldstück neben dem Gebäude aus, lehnte mich an die Wand und beobachtete die Reaktionen des Käfers auf die Oper. Er konnte die Musik hören, da war ich mir ganz sicher, und schien daran, soweit ich das beurteilen konnte, Freude zu haben (obwohl es die Oper »Salome« von Richard Strauß war, die mich persönlich nicht gerade in Verzückung versetzt). Aber nach kurzer Zeit ging der Käfer ganz genau auf seinem Weg weiter. Er beabsichtigte anscheinend, in der Nacht irgendwo hinzugehen. Es erstaunte mich, daß der Käfer zurück in den Gang krabbelte, auf dem dicken Teppich, und dann weiter zum Haupteingang der Oper. Er war recht dickköpfig, was diese Richtung und diese ganz bestimmte Route anging. Natürlich half ich ihm hinaus, so daß er den unzähligen Menschen entkam.

Die wahre Natur der Gesellschaft, wie sie mir Tag für Tag unter den Ameisen in den französischen Alpen gezeigt wurde. Ich lebte einen Sommer lang unter ihnen an einem Steilhang über Argentiere und beobachtete jede ihrer Bewegungen, bemerkte, wie bei ihren Prozessionen hin und her jede einzelne Ameise mit ihren beiden Antennen die des Nachbarn im Vorübergehen berührte, wie jeder dauernd innehielt, um zu fragen, zu begrüßen, und in versicherter Freundschaft weiterzuziehen. Eine Gemeinschaft, ganz anders als das, was die Menschen kennen. Ich glaube jedoch, daß uns solch eine Geselligkeit unerträglich wäre.

Nach seiner Poesie leben. Auf einem großen alten Bauernhof in Vermont, wo ich einmal wohnte, hatte ich zwanzig halbwilde Kühe, die mit mir auf dem höchsten Felshügel der Weide herumsaßen, und oft fielen meine Schriftstücke ihrem Appetit zum Opfer (wohl aufgrund des schmackhaften Öls meines Schreibstifts). Ich versuchte es zu verhindern, aber sie waren richtig trickreich. Sie lenkten mich ab, indem sie an meinen Zehen saugten oder versuchten, meine Jeans zu fressen, und dann zogen sie mir das Papier aus der Hand und kauten vergnügt darauf herum. Ich benutzte diese Begebenheit, um meinen Eltern zu beweisen, daß man seine Worte essen könne, eine wichtige Lektion für einen Schriftsteller.

Die Bedeutung ungelöster Rätsel. Im Juli 1976 begegnete ich in Ladakh, fünfzig Kilometer vom nächsten Ort entfernt, auf ungefähr fünftausend Meter Höhe einem Yeti. Wir waren zu viert, standen beieinander und haben ihn alle gesehen. Als wir wie wild herumfummelten, um unsere Kameras aus unseren Rucksäcken herauszuzerren, sauste der Yeti davon. Schon bald hatten wir den Ort erreicht, an dem wir ihn auf zwei Füßen hatten fortrennen sehen. Er schien etwa zwei Meter groß, dunkel, riesig, unglaublich kräftig. Doch seine Fußabdrücke waren lückenhaft aufgrund des tiefen Schnees, der Hitze und des Windes. Wir sahen ihn nie wieder, und bis zum heutigen Tag konnte ich den Eindruck dieses edlen Geschöpfes nicht vergessen. Wir alle stimmten darin überein, daß es der sogenannte Yeti gewesen war. Es hätte nichts anderes sein können. Ich bin mir da ganz sicher, und ich bete darum, daß die Existenz des Yeti nie bewiesen wird, daß man nie etwas über ihn herausfindet.

Im Norden von Kenia lernte ich die Lektion der Überbevölkerung. Sechs Hühner wurden am Straßenrand zum Verkauf angeboten. Zwei Jungen hielten sie an den zusammengebundenen Beinen fest, Kopf nach unten, und schwangen sie im Kreis herum. Die Tiere gingen dabei fast ein. Ich kaufte sie, legte sie hinten in meinen Lieferwagen und fuhr los, wie wild nach einem Ort ohne Menschen suchend, an dem ich sie aussetzen konnte – ein Flußufer mit dichtem Unterholz. Es war beinahe dunkel. Aber es gab keinen derartigen Ort, der nicht bereits bewohnt war. Bei jedem Flüßchen waren Hirten in der Nähe, die die Hühner sofort fangen und schmoren würden. Kenia hat fast dreißig Millionen Einwohner und ist ein ländlicher Staat. Es gibt überall Menschen. Am Schluß fand ich so etwas wie ein Naturschutzgebiet. Aber als ich davonfuhr, kamen einige Jungen mit ihren Hunden angelaufen um zu sehen, was da los war. In diesem ganzen Land gab es keinen Ort, an dem ein Huhn sein natürliches Leben führen konnte.

Die Lektion der Geisteskrankheit. Auf einer Straße in Bamako (das bedeutet »Krokodil«, obwohl es dort keine mehr gibt), der Hauptstadt des westafrikanischen Mali, wurden zweihundert seltene Papageien in erbärmlichen Käfigen gehalten. Sie standen da am hellichten Tag bei vierzig Grad, ohne Wasser, ohne Nahrung, ohne Schatten. Ich kaufte die Vögel, während die Menge mich auslachte und verrückt nannte. Ich verstaute alle Vögel sicher hinten auf einem Lieferwagen, deckte sie zu, und mein Kollege fuhr zwei Stunden zu einem der drei Nationalparks des Landes, während ich hinten saß und versuchte, den Staub der Erdstraßen von den Käfigen fernzuhalten. Dann, weit von allen entfernt, ließ ich sie an einem Fluß in dem Park frei. Die singhalesischen Papageien mit ihren langen anmutigen Schwanzfedern flogen als erste aus den geöffneten Käfigen heraus. Sofort machten sie sich daran, sich zu putzen und Stämme und Löcher im Erdboden zu finden, in denen sie sich niederlassen und wahrscheinlich auch paaren konnten. Manchmal des Nachts denke ich an all die verschiedenen Definitionen von »Geisteskrankheit«, die es in der Welt gibt. Die Leute sind wirklich von Ort zu Ort verschieden. Und ich bin mir nicht sicher, ob Bildung bestimmte Barrieren durchbrechen kann. Einmal stieß ich auf eine Gruppe von Leuten, die einen einzigen Goldfisch in einem mit Wasser gefüllten Glasgefäß beobachteten. Ein Mann hielt das kleine Gefäß vor dem lärmenden, schmutzigen Verkehrsgetümmel hoch, das die Marktgegend von Old Delhi, genannt Chadni Chowk, verseucht. Ich versuchte, den Leuten zu erklären, daß sie nichts, aber auch gar nichts dadurch gewännen, daß sie den kleinen Fisch quälten, der Millionen von Jahren darauf gewartet hatte, ein individueller Goldfisch zu werden, stolz, farbenprächtig und gutmütig, und sich dann in ein paar Zentimetern Wasser in einem kleinen Gefäß ausgesetzt findet. Aber die Leute dachten einfach, ich sei verrückt.

Die Vorstellung von Integrität. Im südlichen Bhutan stieß ich einmal auf eine Familie Schlankaffen. Sobald sie mich sahen, sprangen sie in den Dschungel und waren verschwunden. Ich konnte sie nur zehn Sekunden lang beobachten. Aber in der Zeit trafen sich unsere Augen, und ich glaube, ich sah etwas von dem erlesenen, kritischen Pakt, demgemäß sie lebten, und Primaten wie der Homo sapiens waren davon notwendigerweise ausgeschlossen. Ich war dankbar für die Lebhaftigkeit und wurde mir daraufhin noch mehr meiner eigenen Unbeholfenheit in der Natur bewußt. Tatsächlich bin ich ein Biest, gefährlich, unberechenbar, ohne Integrität. Was bedeutet Integrität eigentlich auf meine Spezies bezogen? Vollkommene Gewaltlosigkeit.

Die reine Schönheit der Natur und ihre kritische Rolle bei der Evolution. Jane und ich kletterten an einem frühen Morgen im April auf dem Mount San Jicento auf einen Baum, da wir plötzlich hoch oben an einem Berghang einem riesigen Berglöwen gegenüberstanden. Wir hatten uns einen neuen, vier Kilometer langen Weg auf den Berg gebahnt, als wir auf ihn stießen. Er beobachtete uns zehn Minuten lang. Meine Frau war vollkommen furchtlos und bestand darauf, daß wir auf die große Katze zugingen, die die Größe eines Afrikanischen Löwen hatte.

Ich flehte sie an, zu mir auf den Baum zu kommen, was sie schließlich auch tat. Allerdings bin ich davon überzeugt, daß sie und der Löwe prächtig miteinander ausgekommen wären. Zu sehen, wie die Katze sich bewegte, läßt jeden das Gewehr aus der Hand legen. Die Kirov sollten so froh sein. An den Korallenriffen von Bora Bora zeigte sich überall um mich herum wieder diese beispiellose Choreographie von Bewegung, Farbe und lebendiger atmender Bedeutung. Dort hatte ich im Zustand vollkommener Traumzeit tagelang getaucht. Einmal schwamm ich fast zwanzig Kilometer weit hinaus vor die Küste von Kauai, der nördlichsten der Hawaii-Inseln, von Sonnenaufgang bis spät in die Nacht hinein, und in der Zeit begleiteten mich einige gigantische Meeresschildkröten und ein paar Haifische.

Alles, was mir als Erinnerung an jene Momente im Gedächtnis blieb, war die Schönheit der Welt. Ein schwarzer Bär, der mir die Nase leckte, als ich in meinem Röhrenzelt aufwachte. Antarktische Seebären, die sich in der Wildnis von mir streicheln ließen. Ein weißer Hermelin und zahllose Murmeltiere, die mir hoch oben in den Rockies aus der Hand fraßen, mit mir redeten, den Tag mit mir besprachen. Zwei Tennesee-Laufvögel, mit denen ich Arizona durchquerte, die diese Diskussion förderten, die die erstaunliche, kumulative Herrlichkeit förderten, die unbeschreibliche Eleganz, die herzerweichende Schönheit dieser Welt. Jener Elch, der mich als kleines Kind in den Rockies in einen See jagte – die Erregung dieses Spiels! Und diese Nilpferde, bei denen ich die ganze Nacht nackt blieb, unterhalb des Kilimandscharo. Eine Elefantenherde in Amboseli, die ich bei Sonnenuntergang begleitete. Das Baby unter ihnen, das mich mit erstaunlicher Freude und Neugier anschaute, werde ich nie vergessen. Und das kleine Kaffernbüffelkalb, das mit mir sprach, mit zitternden Flanken, mitten in einem Fliegenschwarm, während die Sonne und der Staub seine rötliche Haut streichelten, seine Augen riesig und liebevoll. Augen, die ich eines strahlenden Morgens an Kyoto-Libellen gesehen habe, als sie um mein Gesicht herumschwirrten, Eichhörnchen, hunderte von Vögeln, ein kleiner Skorpion, ein Nest von Klapperschlangen, Ratten in unserer Küche, eine kamdoschanische Lachdrossel mit schwarzer Halskrause, die drei Monate lang mit mir über Dinge diskutierte, die ich nicht weitersagen kann, eine gigantische Korallenotter in Sinai, die sich zu mir gesellte wie auch Dickhornschafe im Napiqua-Tal der nördlichen Kaskaden, der größte Moskito, den ich je gesehen habe im südlichen Bangladesch, selbst die Flechten des Cordillera Darwin im südlichen Chile, die Regenwälder in Java, oben bei den Vulkanen über Bandung, die wilden Schafe der Santa Cruz-Insel, draußen im Pazifik die Del-

phine und die Riementangwälder, die großen weißen Haifische und tan-
zenden Wale, die in der »fruchtbaren Mondsichel« der Normannischen
Inseln herumschwammen, und die alles vergebenden gigantischen Red-
wood-Bäume im nördlichen Kalifornien und Oregon. Mir waren all diese
Geschöpfe sofort sympathisch, aber ich glaube, ich war ihnen auch sympathisch. In dieser Gegenseitigkeit liegt alles, was ich über mich weiß und
über die Natur der Schönheit.

Rückblickend bin ich überwältigt von den vielen wunderbaren Begegnungen, die ich von meiner Kindheit an bis heute hatte. Schönheit ist
kein Museumsbesuch, keine ästhetische Provinz isolierter Kostbarkei-
ten, sondern ein organisches Ganzes, dieser Urknall der Schönheit,
ihrer eigenen biologischen Methode folgend, das Überleben des Ökosystems, sowohl in der äußeren Welt mit ihrer Vielzahl an biologischen
Wundern, als auch in der inneren Welt, die mein alter Kollege Professor
Gregory Bateson »eine Ökologie des Geistes« nennt. Schönheit, und
das habe ich von all meinen Tierfreunden gelernt, liegt im Zentrum der
Evolution. Unsere Fähigkeit, Schönheit zu feiern und zu verehren, muß
der Schlüssel für unser Überleben sein.

Die bisher erwähnten Begegnungen repräsentieren lediglich einige der
Segnungen, die mir in meinem kurzen Leben zuteil geworden sind. Sie
und viele andere ähnliche haben die Basis geschaffen für eine Orientierung, die einzigartig erfüllend ist, weil sie von anderen Lebensformen
abhängig ist. Meine zwei frühesten Erinnerungen sind biologischer Natur. Ich erinnere mich noch ganz lebhaft daran, wie meine Mutter »Sei
still, kleines Baby... bitte wein' doch nicht« sagte, während ich wie ein
kleiner Pascha in meiner dekorativen Wiege lag. Und zwei Jahre später
begegnete ich einem Wolf in seinem Käfig im Zoo von San Francisco,
der hoffnungslos immer hin und herging und meinem pochenden un-
vorbereiteten Herzen sein ganzes Elend vermittelte. Wir starrten einander an, ich schaute zu meinem Vater hinauf, der mich an jenem Tag
begleitete, und der Schwall von Fragen war zu überwältigend für meine
eingeschränkte Fähigkeit, den furchtbaren Schrei zu artikulieren, der
wie eine unerträgliche Lawine unbeschreiblichen Leidens in meiner
Brust und Kehle aufgestiegen war. Diese beiden Erlebnisse – einerseits
Mensch zu sein und geliebt zu werden und andererseits die ganz offensichtlich menschliche Gewohnheit zu beobachten, die Natur zu ver-
stümmeln – waren so unvorstellbar gegensätzlich, daß sie mich für den
Rest meines Lebens betroffen machten, eine Erfahrung, die in einer
menschenfeindlichen Qual eingeschlossen war, die die anderen An-

gehörigen meiner Spezies vermieden. Eine geradezu fieberhafte Aufforderung zu erforschen, anzunehmen und Änderungen vorzunehmen im Namen der Milliarden anderer Menschen, die nichtmenschliche Tiere ignoriert oder mit Absicht gequält hatten. Echtes Gewissen ist ein Abfallprodukt eines Paradoxons, dessen tierischer Ursprung und Höhepunkt im Zentrum seines Ausdruckes steht, daß uns nämlich unser Menschsein Schmerzen bereiten sollte. Daß das, an das wir glauben und gern allgemein als erstes Prinzip anerkannt wüßten, daß nämlich Liebe und Empathie die biologische Welt durchdringen, in so krassem Widerspruch steht zur Gleichgültigkeit, Habsucht und Faulheit unseres eigenen Homozentrismus.

Wir werfen unseren Anker in den Häfen der Menschheit, unterhalten uns, erlangen das Notwendigste in der einen oder anderen Gestalt, setzen dann unsere Segel wieder und fahren hinaus in das Leben der Welt, die alles andere als human ist. Ob wir es hören, sehen, wissen oder nicht, sie existiert. Keine dumme anthropomorphe Logik oder Gleichung kann die Wahrheit einer wesentlich größeren Umgebung entkräften, in der der Homo sapiens nur flüchtig und zeitweilig aufrecht ist. All die lächerlichen Debatten in der Welt über die »Nichtmenschen« – ob oder ob nicht sie die Fähigkeit haben, vernünftig zu denken, zu lieben, zu erschaffen, zu wollen, zu bauen, zu arbeiten, zu haben oder nicht zu haben, zu machen, zu zerstören, zu streben, zu erfinden, zu sprechen, zu denken, nicht zu denken, loszulassen, aufzugeben, sich zu beherrschen, gehemmt zu sein, zu erwägen, zu überlegen, zu beten, zu sorgen, zu erlauben, sorgfältig zu sein, zu plaudern, herumzustöbern, zu lachen, zu spielen, intellektuell zu sein, zu analysieren, zu spekulieren, Mitgefühl auszusprechen, zu beschreiben, zu staunen, sich etwas vorzustellen, etwas ausfindig zu machen, sich zu freuen, etwas zu entwickeln, sich zu entwickeln, sich in andere hineinzuversetzen, zu geben, zu gestalten, zu zähmen, zu sozialisieren, etwas zu konstruieren, zu extrapolieren, mit Werkzeugen zu arbeiten, Gewalttätigkeit aufzugeben, Musik zu machen, betrunken zu sein, Selbstmord zu begehen, trotz äußerst widriger Umstände weiterzumachen, und, vor allem, ob sie leiden können – all das sind Beleidigungen für unsere eigene menschliche Stärke des Beobachtens und Fühlens. Unsere Spezies hat Kontakt aufgenommen zu anderen Spezies, wenn nicht durch Begegnungen, Austausch, Beobachtung und Wahrnehmung in der äußeren Welt, so doch zumindest aufgrund von Schlußfolgerung, Intuition und sich subjektiv vertiefen in hundert Milliarden verschiedener Milieus, Kontexte, Umstände und Momente (denn das ist die geschätzte Anzahl von Homo sapiens, die auf diesem Planeten bislang geboren wurden, und jeder einzelne hat in jedem Alter und in jeder Phase seines Lebens unvermeidlich eine Menge Nichtmenschen erlebt). Wir sind nicht allein auf diesem Planeten, ganz und gar nicht. Je mehr wir diese eindeutige Wahrheit leugnen, um so mehr haben wir nach klinischen Gesichtspunkten die psychische Krankheit der Persönlichkeitsspaltung.

Es ist eine Sache Gefühle und Gedanken, von denen wir als bestimmte Organismen durchdrungen sind, auch anderen zuzuschreiben, von denen wir nur ein ganz oberflächliches Wissen besitzen. Aber es ist etwas ganz anderes, aus einer Begegnung mit anderen Lebensformen hervorzugehen, die einen unauslöschlichen Eindruck im Lernzentrum unseres Gehirns und im Gefühlszentrum unseres Herzens hinterlassen hat. Langzeitliche Bekanntschaften mit Pflanzen und Tieren liefern eine reiche Quelle sicherer Impressionen, obwohl es ganz und gar nicht vorhersagbar ist, wie solche beiläufigen Wahrnehmungen die Fähigkeit menschlicher Ethik formen können. Denkt man an die vielen Schlachtungen und daran, daß die meisten Menschen Tiere und Tierprodukte essen, kann man eigentlich die Bedeutsamkeit solcher Bekanntschaften insgesamt nur bezweifeln. Wenn man beispielsweise daran denkt, daß Menschen ihr ganzes Leben lang mit Tauben zusammen sind, die auf ihren Plätzen leben, auf ihren Bürgersteigen und Dachrinnen, in ihren Parkanlagen und auf ihren Stromleitungen sitzen, so hat das doch keinerlei Einfluß auf die Anzahl ihrer schönen gefiederten Freunde, die dieselben Menschen ständig schlachten und verzehren, nicht notwendigerweise Tauben, denn diese werden ja eher vergiftet, man läßt sie verhungern oder entledigt sich ihrer auf andere Weise. In Städten wie Wien ist es ein unausgesprochenes Tabu, Tauben zu füttern. Tun Sie es trotzdem, werfen Ihnen alte Frauen finstere Blicke zu, und vielleicht werden Sie sogar verhaftet. Und während die Menschen schon seit langem Haustiere verhätscheln, sie zu einem Teil der Kultur geworden sind, so gibt es doch keinen Hinweis darauf, daß die Erlebnisse mit diesen Haustieren dazu führen, daß die Menschen zu Vegetariern werden. Die Trennung zwischen einer engen Beziehung und einem verallgemeinerten Mitleid liegt an der Wurzel der offensichtlichen Neigung von uns Menschen, die zu verschonen, die wir gut kennen, uns aber keine Gedanken darüber zu machen, wenn andere getötet werden.
Der Bauer, der Schweine aufzieht, um sie dann zu schlachten, nachdem er den Tieren Liebe und Vertrauen vorgegaukelt hat, vernichtet sie in doppelter Weise und zerstört zugleich die letzte Hoffnung auf eine

Theorie menschlicher Verantwortlichkeit unter so gut wie allen Umständen. So ist es dann auch nicht weiter überraschend, daß zahme Hamster die Toilette hinuntergespült werden, oder daß Pferde geschlagen werden – von Besitzern, die, statistisch gesehen, ebenso grausam gegen ihre angeblich Lieben vorgehen würden. Zahllose Wissenschaftler, die irgendeine Version von Tierrechten vertreten, halten ihre eigenen Versuchstiere unter furchtbarsten Bedingungen hinter Glas oder Gittern gefangen.

Von der Verzweiflung heimgesucht, daß das Problem der Gewalttätigkeit nicht lösbar ist, daß ich von einer Spezies überwältigt bin, zu der ich selbst gehöre und die so wenig Toleranz kennt, unfähig ist zu einem biologischen Altruismus und buchstäblich keinerlei Interesse an anderen Spezies zeigt, kann ich mich lediglich auf die tröstliche Tatsache meiner eigenen Seele stützen, die nur in dem Maße existiert, wie sie in jenen vielen Momenten, Stunden und Tagen der Liebe geformt und erweitert, erzeugt und verfeinert wurde, die ich zusammen mit anderen Organismen verbracht habe.

Ich möchte diese unzähligen Begegnungen gern »Beziehungen« nennen. Mit diesem tastenden Ausdruck hoffe ich, meine Sehnsucht zum Ausdruck zu bringen, daß es diese Beziehungen wirklich gibt. Die Menschen besitzen das Geschenk der Sprache, doch ist dies bei dem Streben nach Partnerschaft weder ein Vorteil noch ein Nachteil. Im Schweigen liegt eine große Wahrheit. Lärm verdunkelt diese Sehnsucht oft. Um irgend etwas auszugraben, das gegenseitig genannt werden kann, bedarf es einer Anstrengung, die ebenso gegenseitig sein muß. So sind diese »Beziehungen« also entweder das Ergebnis eines phantastischen Zufalls – ein Augenblick im Gesamtablauf des Universums, der zeitlich gesehen perfekt war und bei dem die Motivation irgendwie aufgrund eines astronomischen Glücksfalles übereinstimmte, bei dem das Unbelastete zur Gleichheit paßte – oder beeindruckende Geduld zum guten Willen. Eine Konservationsbiologie, wie sie von Leuten wie dem unlängst verstorbenen Roger Tory Peterson praktiziert wurde, aber auch von Rodney Jackson und Darla Hillard, George Schaller, Jane Goodall und zahllosen anderen, strebt nach dieser Gleichheit und Geduld, häufig auf allen Vieren, durch das Dickicht unerquicklicher Topographie, durch unfreundliche Wetterbedingungen oder was immer sonst noch beim Nacheifern und Beobachten vom Leben einer anderen Spezies mitspielt. Beziehung im gewöhnlichen Sprachgebrauch impliziert Vertrauen, in vieler Hinsicht gegenseitige Freude an dem Zusammensein mit dem anderen, sowie Loyalität, Freundschaft oder einfach nur die Faszination, die man unter Verliebten findet. Beziehungen mit Pflanzen und Tieren bekommen unzählige Schattierungen. Jede nur denkbare Charakterisierung ist einleuchtend und notwendig, will man versuchen, das größtmögliche Potential für die Interaktionen verschiedener Spezies zu begreifen. Anthropomorphismus ist nur eines unserer wichtigen Werkzeuge, um zu verstehen, was um uns herum passiert. Daß die meisten Wissenschaften einen menschlichen Bezug zur Wildnis vermieden haben, gehört ganz wesentlich zu der wissenschaftlichen Methode dazu, bei der die Menschen vermieden werden. Meine Ehe mit Jane kommt für mich einer Verkörperung des allgemeinsten Szenarios am nächsten, bei dem zwei vollkommen verschiedene Lebewesen zustimmen, zusammenzusein aus reiner Freude daran und dem reinen Wunsch danach, in der Gegenwart des anderen zu sein.

Ehe ist eine intime Beziehung, die wir verstehen können, selbst wenn mindestens die Hälfte unserer Ehen zerbrechen. Auch das verkörpert die Macht von Intimität, die Möglichkeit, sich zu trennen und fortzuziehen. Man sieht das bei anderen Lebewesen ständig, obwohl man es da nicht Scheidung nennt.

Die Ehe gewährt aber auch den wohl besten Schlüssel zum Verständnis von imaginativen Projektionen unter Organismen. Jane und ich leben mit zahllosen anderen Geschöpfen zusammen, nicht nur mit den Millionen von Haarbalg-Milben in unseren Augenlidern oder den schätzungsweise zweiundzwanzig Milliarden Bakterien, die wir alle unter unserer Achselhöhle mit uns herumtragen. Sondern ich spreche hier von den Pflanzen, Ratten, Opossums, Eichhörnchen und Hunderten wilder und halbwilder Vögel, einigen der schon erwähnten Papageien (augenblicklich Mac, Josey und Feather), die in unserem und um unser Heim herum leben. Von unserem Fenster aus können wir gelegentlich Wale sehen und einen konstanten Strom von Lebewesen – jede Minute, Tag für Tag – Ameisen, Ratten, Mücken, Fliegen, Spinnen und so weiter. Sie alle sind bei uns, leben und werden sterben.

Sie sind vorgedrungen zum Zentrum dessen, was wir am Zusammenleben lieben, als Ehepaar und als Teil dieser Erde. Sie sind die meiste Zeit unsere Gesprächsthemen. Oder wir beziehen uns auf sie in Analogien. Bei der Mehrzahl unserer Unterhaltungen dreht es sich um Tiere. Ich träume nachts von ihnen, und Jane und ich teilen diese Träume immer miteinander und stellen frappierende Übereinstimmungen fest. Unsere Metaphern und unser Wissen von uns selbst kommen von den

Tieren. Jane sagt, sie kann eine Beziehung zu mir haben, weil ich bei unserer ersten Begegnung ein Häufchen Kot von einem Deutschen Schäferhund, das den Ziegelweg zierte, der mich von ihr trennte, aufhob und in den Wald schleuderte. Sie fand diese unbewußte Geste so edel, sie war ihr so vertraut, daß sie – wie sie mir sagte – sich sofort in mich verliebte. Ich bin mir nicht sicher, ob nicht ein Viehzüchter, der Kuhdung aufhebt, ein Massai-Hirte, der die Exkremente eines Schakals beseitigt, ein Mann mit einer Schubkarre voll Dünger oder einer, der mit einem Besen Hasenköttel beiseite fegt, nicht dieselbe Leidenschaft in meiner flinken Frau entfacht hätte. Aber egal. Seine Hand nahe zur Erde zu bringen und Tierleben in seiner primitiven Wahrheit zu begegnen, das jedenfalls hat uns zusammengebracht.

Und, wie ich schon erwähnte, bei unserer wirklich ersten Verabredung krabbelten wir durch zentimetertiefe Pinguin-Exkremente, und küßten uns dort leidenschaftlich zwischen diesen Vögeln und hatten das Gefühl, als wären wir im Himmel. Und das waren wir auch! Die intimen Beziehungen der Pinguine steckten uns an, erweckten in uns dieselbe Leidenschaft, Lust und Begierde. Das kann den Menschen ganz klar geschehen. Es passiert jeden Tag. Und hoffentlich wird unsere Anfälligkeit gegenüber der Liebe anderer Lebewesen schnell zunehmen, weil immer mehr darüber diskutiert wird, eine aufrichtige innere Reflexion stattfindet, weil man voller Respekt und Liebe auf Begegnungen und nach außen hin bescheidenen Romanzen mit der Wildnis (und die ganze Welt ist wild) aus ist.

Dann werden auch wir weicher werden und uns ganz den notwendigen Freuden der Schöpfung öffnen sowie den echten Beziehungen, die angeknüpft werden wollen. Es bleibt uns nicht mehr viel Zeit. Wie bei jeder wahren Liebe muß man gewillt sein, solche Beziehungen zu erleben, an ihnen zu arbeiten, jenseits der flüchtigen Einblicke und der allzu häufig unterdrückten Regungen des Herzens.

Kurzbiografien der Verfasser

Lorri Bauston

Lorri Bauston ist Präsidentin und Mitbegründerin des Farm Animal Sanctuary, der führenden Viehschutzorganisation der Welt. Seit vielen Jahren hat Lorri Tausenden von mißhandelten und vernachlässigten Tieren das Leben gerettet. Zu den bahnbrechenden Kampagnen des Farm Animal Sanctuary gehören die von ihr eingerichteten Zufluchtsstätten für Opfer der Tierproduktion, die es jetzt im ganzen Land gibt. Sie brachte das erste Staatsgesetz durch, das das Quälen von aussortierten Tieren bei Viehmärkten und in Schlachthöfen verbietet. Sie initiierte beispiellose Untersuchungen zur Tierquälerei und die strafrechtliche Verfolgung von Menschen, die Vieh mißbrauchten, und sie hat die Aufmerksamkeit überregionaler Medien auf das Elend des Viehs gelenkt. Heute hat das Farm Animal Sanctuary über 50000 Mitglieder.

Marc Bekoff

Marc Bekoff ist Professor für Umwelt-, Bevölkerungs- und Organismusbiologie an der Universität in Boulder, Colorado. Als Empfänger des Guggenheim-Forschungsstipendiums ist er als eine der führenden Autoritäten der Welt auf dem Gebiet der Kojoten und Wölfe anerkannt. Anfang der siebziger Jahre schied er aus einem Forschungsprogramm aus, weil er sich weigerte, als Teil seiner Forschungen Katzen zu töten. Er weigerte sich ebenfalls, an Laborversuchen für Physiologie teilzunehmen, bei denen Hunde benutzt wurden. Heute ist er weltweit als führende Autorität auf dem Gebiet des vergleichenden Tierverhaltens anerkannt. Er schrieb bereits sechs Bücher und arbeitet gerade an einer ersten größeren Enzyklopädie über vergleichende Tierkommunikation und Tierfürsorge. Sein neues Buch »Readings in Animal Cognition« wird 1997 in den USA erscheinen.

Reinhart Brandau

Reinhart Brandau wurde 1936 in Thüringen geboren und verbrachte seine Schulzeit in England und Deutschland, arbeitete im Flugzeugbau und reiste in ganz Europa umher, ehe er sich als freier Künstler in Worpswede niederließ. Seit Mitte der achtziger Jahre beschäftigt sich Reinhart Brandau intensiv mit dem Verhalten und der Sprache der Vögel. Er hat seine Erlebnisse und Erfahrungen mit heimischen Vögeln, die er aufgezogen und in ihren natürlichen Lebensraum zurückgeführt hat, in Büchern dokumentiert (»Tagebuch einer Singdrossel«) und außergewöhnliche Filmaufnahmen gemacht.

Joseph Bruchac

Joseph Bruchac ist ein Abenaki-Indianer und lebt in Vermont. Er hat einen Doktortitel in vergleichender Literaturwissenschaft vom Union Institute in Ohio. Bekannt als Umweltschützer, traditioneller Geschichtenerzähler und Schriftsteller war er als Gelehrter zu Gast am Hamilton College, an der Columbia University und an der State University of New York in Albany. Seine Gedichte, Artikel und Geschichten erschienen in mehr als 500 Publikationen, einschließlich des »National Geographic« und des »Smithsonian Magazine«. Er schrieb über 60 Bücher für Erwachsene und Kinder. Zu seinen Anerkennungen zählen das Rockefeller Humanities-Forschungsstipendium, der Chirokee Nation-Preis für Prosa, der Buchpreis der American Young Readers und der Knickerbocker-Preis für Jugendliteratur. 1993 erhielt er von der Publisher's Marketing Association den Benjamin Franklin-Preis als »Person des Jahres«. In Deutschland veröffentlichte er das Buch »Der Windadler und andere Geschichten der Abenaki«.

O. Fred Donaldson

Dr. Fred Donaldson schrieb das Buch »Playing By Heart«, das für den Pulitzerpreis vorgeschlagen wurde. Er verfaßte außerdem viele Artikel und Buchkapitel und reiste in die ganze Welt, um mit Tieren zu spielen und anderen von seinen Entdeckungen zu erzählen. Zu seinen Tier-Spielkameraden gehörten Wölfe, Kojoten, Delphine, Elche, Elefanten, Bären und Schmetterlinge. In Südafrika arbeitete er bei der Einführung des Konzeptes von Spielen als Mittel, mißhandelten Kindern zu helfen, mit der Regierung zusammen. In Schweden hielt Donaldson Vorträge am »Institute for Training in Child and Adolescent Psychiatry« und stellte wieder das Spielen mit Menschen und anderen Spezies in den

Vordergrund. Er ist einer jener seltenen globalen biologischen Feldforscher, die sich nicht von Methoden und Erwartungen einschränken lassen. Er hat das Konzept vom »Spiel« als wichtigsten Bestandteil zum Verständnis vergleichenden Tierverhaltens und der Tierpsychologie eingeführt. Einen Teil des Jahres lebt Donaldson in Montana.

Shelley Donnelly

Shelley Donelly wurde 1939 in Südafrika geboren. Die angeblich unheilbare Erkrankung ihres Italienischen Windspiels Fiorino führte sie zu alternativen Heilmethoden wie Homöopathie und schließlich Radionik. Die Ergebnisse waren so enorm, daß sie Radionik studierte und mit einem akademischen Grad abschloß. Für ihre herausragende Forschungstätigkeit und die Arbeit zum Wohle der Tiere erhielt sie einen akademischen Grad ehrenhalber.
Shelley Donnelly erforscht und entwickelt zur Zeit eine völlig neue, umfassende Heilmethode für Tiere. Sie lebt in Südfrankreich und hält Vorträge, wo auch immer ihre Arbeit sie hinführt.

Lavender Dower

Lavender Dower ist eine berühmte englische spiritistische Tierheilerin und Tierärztin. Seit über 50 Jahren setzt sie sich für die Radionik-Therapie bei Tieren ein. Zu ihren »Klienten« gehören John Adamsons Löwe und berühmte englische Rennpferde.

Alan Drengson

Alan Drengson ist emeritierter Professor für Philosophie an der University of Victoria in Britisch-Kolumbien. Er ist Begründer und dienstältester Herausgeber der einflußreichen Zeitschrift »The Trumpeter: Journal of Ecosophy« und auch Gründungsmitglied und Mitherausgeber des »International Journal of Ecoforestry«. Zu seinen vielen Veröffentlichungen gehören die Bücher »Beyond Environmetal Crisis«, »The Deep Ecology Movement« und das unlängst erschienene »The Practice of Technology«. Er arbeitet bei verschiedenen freien Organisationen mit, die sich mit der Tierwelt beschäftigen.

Dorit Feddersen-Petersen

Dr. Dorit Feddersen-Petersen hat nach ihrem Studium der Tiermedizin am Institut für Haustierkunde der Universität Kiel gearbeitet und dort mit einer verhaltenswissenschaftlichen Arbeit über Pudel, Goldschakale und deren Hybriden promoviert.
Seit 1980 ist sie Fachtierärztin für Verhaltenskunde. Sie führt vergleichende Verhaltensuntersuchungen über Wild- und Haushunde durch, untersucht die Hund-Mensch-Beziehung und befaßt sich mit Verhaltensentwicklung, Sozialspiel, Ausdrucksverhalten und Aggression.
Dorit Feddersen-Petersen hat mehrere Bücher geschrieben (u. a. die »Hundepsychologie«), rund 50 Artikel veröffentlicht und weit über 150 Vorträge gehalten. Für ihr Buch »Hunde und ihre Menschen« und die damit verbundenen Forschungen erhielt sie 1992 den Felix-Wankel-Tierschutz-Forschungspreis.

Alice Lynn Fitch

Alice Lynn Fitch hat einen Abschluß als Bakkalaureus der Naturwissenschaften und Magister der Geisteswissenschaften auf dem Gebiet der Anthropologie. Gegenwärtig schreibt sie ihre Doktorarbeit in biologischer Anthropologie. Ihr Leben lang hat sie mit Tieren zusammengelebt und kann auf Kenntnisse in den Gebieten der Primatologie, Ökologie und Feldforschung verweisen.
Alice Lynn Fitch erweitert gegenwärtig ihr Verständnis für das ganzheitliche Heilen – in kreativer Wechselwirkung mit Mineralien, Pflanzen, Tieren und den Energien der Erde. Zum Lernen, Arbeiten und Spielen bewegt sie sich auf den Pfaden der Schamanen zu anderen Dimensionen. Sie setzt die Idee in die Praxis um, daß wir durch das Leben der eigenen Wahrheit und die bedingungslose Liebe am besten in der Lage sind, uns Menschen und allen Lebewesen zu dienen.

Rebecca Fitzgerald

Rebecca Fitzgerald fing vor vielen Jahren an, bei den Riffs vor Florida mit Delphinen zu schwimmen. Sie hatten eine tiefe Wirkung auf ihr Leben, besonders auf ihre Träume. In den letzten acht Jahren studierte sie systematisch den Einfluß von Delphinschwärmen auf die menschliche

Psyche, indem sie kleine Gruppen von Leuten regelmäßig in das offene Meer mitnahm, um mit verschiedenen Delphinschwärmen zu schwimmen. Ihre Forschungen über die Interaktionen von Menschen und Delphinen haben ihr einzigartige Einsichten in das Leben von Meeressäugetieren gegeben, die man anders nicht hätte gewinnen können.

Michael W. Fox

Dr. Michael Fox ist Vizepräsident der Human Society der USA, hat über vierzig Bücher verfaßt und schreibt in einer überregionalen Zeitung eine Kolumne »Fragen Sie Ihren Tierarzt«. Als beratender Tierarzt leitet er die »HSUS Abteilung für Bioethik und Tierschutz«. Er hat einen Doktor in Medizin und in Naturwissenschaften auf dem Gebiet Ethologie/Tierverhalten von der London University. Zu seinen jüngsten Veröffentlichungen gehören »The Boundless Circle-Caring for Creatures and Creation«.

Jane Goodall

Jane Goodall ist die führende Autorität auf dem Gebiet der Schimpansen und schrieb sechs bedeutende Bücher und zahllose Artikel. Sie erhielt zahlreiche angesehene Preise und ist eine der bekanntesten und geachtetsten Wissenschaftlerinnen der Welt. Sie hat die »wissenschaftliche Methode« zu Gunsten einer subjektiven und emotionalen Interspezies-Empathie abgelehnt, und diese Haltung hat ihr zusätzlich den Ruf eingebracht, eine der mutigsten biologischen Feldforscherinnen der Geschichte zu sein. 1995 feierte sie 35 Jahre ununterbrochener Forschung im Gombe-Schimpansen-Schutzgebiet in Tansania, Ostafrika. Goodall initiierte dieses Projekt, nachdem sie in den sechziger Jahren ihre Arbeit unter Louis B. Leakey aufgenommen hatte. Jetzt repräsentiert es das längste ununterbrochene Forschungsprogramm an einer anderen bestimmten Tierart, das jemals von einem Menschen durchgeführt wurde.

Darla Hillard

siehe Rodney Jackson

Gary Kowalski

Reverend Gary Kowalski ist Pfarrer an der »First Unitarian Universalist Society« in Burlington, Vermont, USA. Er hat sehr viel zum Thema Tier geschrieben und darüber, wie wichtig es ist, Tiere im Kontext der Theologie zu verstehen. Er ist für eine neue Interpretation der Bibel entsprechend ihrer tiefen ökologischen Wurzeln eingetreten.

Rodney Jackson und Darla Hillard

Rodney Jackson erhielt 1981 den »Rolex-Forschungspreis« für den Beginn seiner bahnbrechenden Studie über Schneeleoparden im entlegenen Westen von Nepal, denen er mit Hilfe von Radiosignalen folgte. Heute gilt er, was Schneeleoparden betrifft, als die führende Autorität der Welt. Neben zahlreichen wissenschaftlichen Aufsätzen verfaßte Rod auch viele populäre Stücke. Zusammen mit seiner Partnerin, Darla Hillard, schrieb er, basierend auf ihren Schneeleopard-Expeditionen, die Titelgeschichte des National Geographic vom Juni 1986. Darlas Buch »Vanishing Tracks – Four Years Among the Snow Leopards of Nepal« ist das maßgebliche Buch über diese Tiere. Jackson und Hillard forschen weiter in allen Ländern des Himalaja, in denen der Schneeleopard verbreitet ist. Aufgrund ihrer Forschungen sind Nationalparks und Naturschutzgebiete entstanden, und sie haben die Menschen außerdem über die Tierwelt in Tibet, Bhutan, Nepal, der Mongolei und Pakistan aufgeklärt.

Trebbe Johnson

Trebbe Johnson ist Dichterin und Filmproduzentin, die für die Tierrechte und die Umwelt kämpft und gemeinsam mit ihrem Mann im ländlichen Pennsylvania lebt. Ihre Publikationen erschienen in »Harpers Parabola«, »The Nation« und im »Amicus Journal«, und ihre Aufsätze zum Umweltschutz wurden vom Pacific News Service gekauft. Sie erhielt den John-Masefield-Preis der Poetry Society of America und ein Stipendium vom National Public Radio, um ein Dokumentarstück über den Landstreit zwischen Navajos und Hopis zu schreiben und zu produzieren. Ihr Videofilm »Only One Earth« wurde von den Vereinten Nationen für die Eröffnung der Feierlichkeiten zum zwanzigjährigen Bestehen des Umweltprogramms der Vereinten Nationen am Tag der Erde in Auftrag gegeben. Neben ihrer Tätigkeit als Schriftstellerin und Filmproduzentin leitet Trebbe auch Visionssuchen und erschafft persönliche Zeremonien für zeitgenössische Übergangsriten.

Christine Jurzykowski

Christine Jurzykowski gründete des »Fossil Rim Wild Life Center« in Nordtexas, das heute über 1100 Tiere beherbergt, verschiedene vom Aussterben bedrohte Arten sowie Löwen, Giraffen, Nashörner, seltene Vogelarten, Zebras und Antilopen. Ihr Leben hat sie der Aufklärung der Menschen über die Bedürfnisse und die außergewöhnlichen Wunder der Tierwelt gewidmet.

Stephanie Kaza

Stephanie Kaza ist Assistenzprofessorin für Umweltstudien an der University of Vermont und bekannt für ihre poetischen und scharf beobachtenden Arbeiten über die einheimische Ökologie. Ihr jüngstes Buch, »The Attentive Heart«, wurde 1993 veröffentlicht.

Red Levesque

Das Spektrum der Erfahrungen Red Levesques umfaßt bei Tieren insbesondere den Bereich alternativer Therapien und innovative Trainingstechniken für Pferde. Sie gehörte zu den ersten Schülern von Linda Tellington-Jones und leitete die New England Equine Re-Educational Association, in der TTEAM-Seminare angeboten wurden. Seit 1987 arbeitet sie als Ausbilderin für die berittene Bundespolizei, sie hält Vorlesungen in der Delta Society und hat Reitprogramme an die Bedürfnisse behinderter Reiter angepaßt.
Red Levesque ist veterinärtechnische Assistentin und Mitbesitzerin der Indigo Quill Healing Arts. Bei der Jahresversammlung der amerikanischen Vereinigung für ganzheitliche Tiermedizin hielt sie 1995 Gastvorträge. Als Reiki-Meisterin und –lehrerin hat Red Levesque Kurse und Anleitungen für Reiki bei Tieren entwickelt. Mit drei Menschen

und einer geliebten Schar von Pferden, Katzen und Wolfsmischlingen lebt sie gegenwärtig in den Bergen von Colorado.

Lorin Lindner

Dr. Lorin Lindner, Ph.D., M.Ph., ist klinische Psychologin in Los Angeles und Mitglied der psychologischen Fakultät des Santa Monica College. Sie betreut ferner als Psychologin eine Unterkunft für obdachlose Veteranen, ist in der Kommission der Direktoren der Psychologen für »Ethical Treatment of Animals« sowie für den »Fund for Wild Nature«. Dr. Lindner ist Mitkoordinatorin des »Earth First!« in Los Angeles und wird sehr geschätzt für ihre offenen Ansichten und ihren Umweltaktivismus. Sie gehört zum Beratungsgremium des »Road Removal Implementation Projects« und stellte fest, daß jedes Jahr die immense Zahl von 400 Millionen Tieren auf den Straßen getötet wird. Viele Jahre lang bot Dr. Lindner Vögeln ein Zuhause und hat sie dadurch sehr genau kennengelernt.

Michael Mountain

Michael Mountain ist Herausgeber der Zeitschrift »Best Friends« und einer der Gründungsdirektoren des Best Friends-Tierschutzgebietes, der in den USA größten Zufluchtsstätte für mißbrauchte und ausgesetzte Tiere, in der nicht getötet werden darf. Als Herausgeber der Zeitschrift »Best Friends« gewann er überall viele Anhänger unter den Tierfreunden. Diese Zeitschrift wurde zum Vorbild aller Organisationen für Tierfürsorge, um das Problem der »Haustierüberbevölkerung« zu beseitigen. Zur Zeit baut er im Microsoft Network das »Best Friends AnimalNet« auf. Diese erste elektronische Veröffentlichung für Tierfreunde und Haustierbesitzer bietet Nachrichten, Dokumentationen, Unterhaltung und eine umfassende Datenbank für Informationen aus aller Welt für Menschen, die sich um das Wohl von Tieren kümmern.

Ingrid Newkirk

Ingrid Newkirk ist Mitbegründerin und Vorsitzende der »Menschen für die ethische Behandlung von Tieren«, der mit 400 000 Mitgliedern größten Tierrechtsorganisation der Vereinigten Staaten. Sie tritt regelmäßig im Fernsehen auf bei Sendungen wie »The Today Show«, »Phil Donahue«, »The Oprah Winfrey Show«, »20/20« und gelegentlich »Nightline«. Newkirk schrieb vier Bücher und zahllose Artikel und war 17 Jahre lang Deputy Sheriff und Polizistin im Staat Maryland. Sie hatte die höchste Erfolgsrate bei der Überführung von Tierquälern. Sie leitete auch die Tierkrankheitskontrolle für die Commission of Public Health im Columbia District. Sie koordinierte die in der Geschichte der USA erste Verhaftung eines Wissenschaftlers wegen Tierquälerei, veranlaßte die bahnbrechende Schließung des geheimen »wound laboratory« des Verteidigungsministeriums und erreichte vollkommen neue Regelungen für den städtischen Hundezwinger, die es unter anderem der Regierung verbieten, Tiere an Labors zu verkaufen. In einer Titelgeschichte über Newkirk im »Los Angeles Times Sunday Magazine« wurde sie als eine der bedeutendsten Stimmen unserer Zeit für die Rechte der Tiere gepriesen.

Jim Nollman

Jim Nollman schrieb vier Bücher, die in mehreren Sprachen veröffentlicht wurden (u. a. »Die Botschaft der Delphine«), einschließlich »Dolphin Dreamtime – the Art and Science of Interspecies Communication«. 1978 gründete er Interspecies Communication für ein besseres Verständnis von dem, was zwischen Menschen und anderen Tieren vermittelt werden kann. Er ist wohl am besten bekannt für seine bemerkenswerten Musikaufnahmen, die er in der Wildnis vor Tieren aufführt. Seit 25 Jahren spielt er interaktive Musik mit Truthähnen, Fröschen, Raben und Affen. Doch am bekanntesten ist er für seine improvisierte Musik mit freischwimmenden Walen und Delphinen, besonders mit den Schwertwalen, die an der Nordostküste der Vancouver-Insel leben. Seine Arbeit wurde in zahllosen Dokumentarfilmen in den USA, in Europa und Japan aufgezeichnet.

Twylah Nitsch

Twylah Nitsch ist 82 Jahre alt, spirituelle Stammesälteste der Seneca und Großmutter, die im nördlichen New York lebt. Ihre Reflexionen über das Aufwachsen mit Tieren gewähren einen wunderbaren Einblick in den Glauben der Seneca und anderer Eingeborener im allgemeinen.

Val Plumwood

Val Plumwood ist eine australische Gelehrte, die auch Professorin für Women's Studies an der State University of North Carolina ist. Ihr jüngstes Buch heißt »Feminism and the Mystery of Nature«.

Michael Roads

Michael Roads ist ein bekannter australischer Ökologe, Schriftsteller und Spiritist. In Deutschland erschienen sind »Im Reich des Pan. Reisen ins Herz der Natur«, »An der Pforte zur Unendlichkeit« und »Mit der Natur reden«.

Anthony L. Rose

Anthony Rose erhielt seinen Doktortitel in experimenteller Psychologie von der UCLA. Dort war er auch Assistent am Institut für Gehirnforschung und führte Verhaltensstudien an Schweinsaffen durch. Später half er zusammen mit Carl Rogers bei der Gründung des »Center for Studies of the Person« in San Diego. Seine Arbeiten auf den Gebieten der Gesundheitspflege, Psychologie und Tierforschung kamen erst vor kurzem zusammen, als er das Biosynergy Institute in Südkalifornien gründete, das die Entwicklung von Programmen unterstützt, die die Wiedervereinigung der Menschheit mit der Natur vorantreiben.

Rachel Rosenthal

Rachel Rosenthal, eine Solo-Theaterkünstlerin, die aktiv für die Rechte der Tiere eintritt, wurde in Paris geboren und ist in New York aufgewachsen. Zu ihren Schauspiellehrern gehören Hans Hoffman, Merce Cunningham und John Cage. Seit 1989 diente sie als künstlerische Direktorin ihrer gemeinnützigen Rachel-Rosenthal-Gesellschaft, einer Theatergruppe, die in der ganzen Welt auftritt. Dreimal erhielt sie das Forschungsstipendium der National Education Association, war eine der Getty- und Rockefeller-Stipendiaten und gewann den OBIE-Preis. Sie war Gastprofessorin und Dozentin an der UCLA, NYU, der Carnegie Mellon Foundation und an Kunstinstituten in San Francisco, Chicago und anderen Orten. Annie Leibovitz photographierte sie für die Zeitschrift »Vanity Fair«. Ein Buch, das 1996 bei Johns Hopkins University Press erschien, beschreibt ihre Karriere und ihren Einfluß auf die Kunst. Seit Jahrzehnten tritt Rosenthal aktiv für die Belange der Tiere ein und nimmt häufig an der Rettung von Tieren und ihrer Überführung in Wildschutzgebiete teil.

Con Slobodchikoff

Professor Slobodchikoff ist Abteilungsleiter für Biologie an der Northern Arizona State University. Er hat sehr viel publiziert und ist weltweit anerkannt als Autorität auf dem Gebiet der Präriehunde, die für die Ökologie der Prärie und der Grassteppe eine ganz wesentliche Rolle spielen. Er ist wahrscheinlich der einzige Wissenschaftler, der tatsächlich die linguistischen Barrieren der Präriehunde und der Milchschlangen durchbrochen hat und einige Aspekte ihrer Sprache entschlüsseln konnte.

Penelope Smith

Penelope Smith ist Spezialistin für telepathische Kommunikation mit Tieren. Sie ist in den USA berühmt, hat aber auch viele Anhänger in Kanada, Europa, Australien und Japan. Penelope half Tausenden von Tieren und Tierhaltern zu einem gesteigerten Wohlergehen und einem besseren Verständnis. Sie schrieb das Buch »Animals – Our Return to Wholeness« und »Gespräche mit Tieren«. Durch ihre Videofilme, Tonbandaufnahmen und Workshops schließt sie eine Lücke, indem sie den Menschen dabei hilft, ein höheres Kommunikationsgeschick zu entwickeln und Verantwortung zu übernehmen. Das kann auf ganz dramatische Weise ihre Beziehungen zu anderen Spezies auf allen Ebenen transformieren – auf physischer, mentaler, emotionaler und spiritueller.

347

Kathryn Solisti

Kathryn Solisti wurde mit der Fähigkeit geboren, Tiere zu »hören«, verlor diese Veranlagung jedoch im Alter von acht Jahren, um sich anzupassen. 1980 ging sie vom Smith College ab und begann eine Karriere als Spendenbeschafferin für Umweltorganisationen wie »The Nature Conservancy«, »American Rivers« und »Hawk Watch International«. Durch eine innere Reise der persönlichen Heilung und Selbstentdeckung erweckte Kate mit 30 Jahren ihre Anlage für telepathische Kommunikation erneut zum Leben. Jetzt widmet Kate ihr Leben der Aufgabe, Menschen und Tiere zusammenzubringen, Mensch-Tier-Beziehungen neu zu definieren und anderen bei der Erweckung zu helfen. 1995 war sie Gastsprecherin bei der British Holistic Veterinary Conference. Ihre Schriften, Vorträge und Workshops über Interspezies-Kommunikation helfen den Menschen und Tieren der ganzen Welt. Mit ihrer Arbeit mit Tierärzten, bei der sie den Tieren als Stimme dient, rettet sie jeden Tag vielen Tieren das Leben. Und ihre Kommunikation mit wilden Tieren führt dazu, daß deren Wissen, Erfahrungen und Perspektive unsere Beziehungen zu allen Lebewesen auf diesem wunderschönen Planeten neu gestaltet.

Kelly Stewart

Kelly Stewart ist Forschungsassistentin in der Abteilung für Anthropologie der University of California-Davis. Sie war Assistentin von Diane Fossey und leitete zwei Jahre lang das Karisoke-Forschungszentrum in Rwanda. Dort schrieb sie ihre Dissertation über Berggorillas und erhielt dafür ihren Doktortitel in Zoologie von der Cambridge University. Stewart und ihr Mann lebten fünf Jahre in Rwanda und Zaire und zwei Jahre in Nigeria mit den Gorillas zusammen. Sie ist Autorin von über 25 wissenschaftlichen Artikeln, Herausgeberin der »Gorilla Conservation News« und Treuhänderin der African Wildlife Foundation und als eine der wenigen Autoritären der Welt auf dem Gebiet der Gorillas anerkannt.

Linda Tellington-Jones

Linda Tellington-Jones ist wahrscheinlich die berühmteste Frau der Welt mit der Fähigkeit, mit Tieren auf übersinnliche Art in Verbindung zu treten. Ihr »Tellington Touch« wurde zur allgemein anerkannten Methode, nervöse oder kranke Tiere zu heilen, besonders Pferde. Tatsächlich hat sie unzählige Pferde vor der Verzweiflung und vor dem Tod bewahrt. Sie ist so berühmt, daß ihre Anhänger sie in alle Teile der Welt riefen, um mit ihren Tieren zu sprechen und ihre »Wunderkräfte«, wie manche es nennen, auszuüben. Tellington-Jones hat zahlreiche Bücher in den USA und Europa (u.a. »Der neue Weg im Umgang mit Tieren«) veröffentlicht, veranstaltet Seminare und tritt häufig im Fernsehen auf.

Michael Tobias

Michael Tobias hat 22 Bücher geschrieben, über 100 Filme produziert und bei ihnen Regie geführt. Er lebte viele Jahre in der Wildnis auf verschiedenen Kontinenten. In Los Angeles unterhalten Tobias und seine Frau Jane ein kleines Tierschutzheim. Dort werden täglich mehrere hundert Vögel (unter ihnen drei vom Aussterben bedrohte Papageien), Backenhörnchen, Ratten, Mäuse und Opossums versorgt. Zu Tobias' jüngsten Büchern und Filmen gehören »A Vision of Nature – Traces of the Original World«, »A Day in the Life of India«, »World War II – Population and the Biosphere at the End of the Millenium« und »A Parliament of Souls – In Search of Global Spirituality«.

Padre Antonio Vieira

Padre Vieira ist ein brasilianischer Aktivist für Tierschutzgesetze, die führende Kapazität der Welt zum Thema Esel. Er verfaßte ein vierbändiges Werk in Portugiesisch über die Geschichte, Zoologie, Poesie, Folklore und Ökologie des Esels. Er dokumentierte die Folterungen und den Mißbrauch von Eseln in Südamerika und lenkte im Alleingang die Aufmerksamkeit der Welt auf eines der geheimnisvollsten und liebevollsten Geschöpfe dieses Planeten. Zusätzlich zu seinen Feldzügen, um den Eseln zu helfen, leitet Vieira auch Kampagnen gegen die grausame Sitte des »Vaquejada«, eine Form von Stierquälerei, die in ganz Brasilien vor Zuschauern aufgeführt wird.

Literatur

BRAIG, ANDREA und REINHART BRANDAU: Der Rabenhorst in Kampen. Reichl 1990.

BRAIG, ANDREA und REINHART BRANDAU: Mecki bei den Menschen. Reichl 1990.

BRANDAU, REINHART: Tagebuch einer Singdrossel. Bertelsmann 1993.

BRUCHAC, JOSEPH: Die Windadler und andere Geschichten der Abenaki. Recheis Indianer Bibliothek. Kerle Verlag 1987.

FEDDERSEN-PETERSEN, DORIT: Hunde und ihre Menschen. Franckh-Kosmos 1992.

FEDDERSEN-PETERSEN, DORIT: Hundepsychologie. Wesen und Sozialverhalten. Mit einem Vorwort von Konrad Lorenz. Franckh-Kosmos 1987.

FOX, MICHAEL W.: Partner Hund. Müller-Rüschlikon 1994.

GOODALL, JANE: Ein Herz für Schimpansen. Rowohlt 1991.

GOODALL, JANE: Mein Leben mit den Schimpansen. Rowohlt 1991.

GOODALL, JANE: Wilde Schimpansen. Verhaltensforschung am Gaube-Strom. Rowohlt 1991.

KOWALSKI, GARY: Dein Tier, eine empfindsame Seele. Silberschnur-Verlag 1992.

NOLLMANN, JIM: Die Botschaft der Delphine. Nymphenburger 1982.

ROADS, MICHAEL: An der Pforte der Unendlichkeit. Ansata 1995.

ROADS, MICHAEL: Im Reich des Pan. Reisen ins Herz der Natur. Ansata 1990.

ROADS, MICHAEL: Mit der Natur reden. Ansata 1991.

SMITH, PENELOPE: Gespräche mit Tieren. Zweitausendeins 1995.

TELLINGTON-JONES, LINDA, ANDREA PABEL und HILMAR PABEL: Die Linda Tellington-Jones Reitschule. Franckh-Kosmos 1996.

TELLINGTON-JONES, LINDA und SYBIL TAYLOR: Der neue Weg im Umgang mit Tieren. Die Tellington TTouch Methode. Franckh-Kosmos 1993.

TELLINGTON-JONES, LINDA und SYBIL TAYLOR: Die Persönlichkeit Ihres Pferdes. Franckh-Kosmos 1995.

TELLINGTON-JONES, LINDA: Liebe Linda. Pferdefreunde fragen Linda Tellington-Jones. Franckh-Kosmos 1997.

Erlebnis Tiere

Linda Tellington-Jones
Sybil Taylor

Der neue Weg im Umgang mit Tieren

Die Tellington TTouch Methode

Die Tellington-TTouch-Methode eröffnet neue Wege, um die Gesundheit und das Wohlbefinden unserer Tiere zu verbessern und tiefe Freude bei der Kommunikation mit anderen Lebewesen zu erfahren.

Die Autorinnen erläutern, wie Sie den Tellington-TTouch selbst erlernen.

272 Seiten, 81 Abbildungen
ISBN 3-440-06627-4

Erlebnis Tiere

Mit dem Recht der Tiere befaßt sich Gerhart Gerwecks engagiertes Buch. Die Themen reichen vom Schlachttiertransport über Massentierhaltung bis hin zu Zoo- und Zirkustieren.

Außerdem: Die aktuelle Rechtsgrundlage und Anschriften von wichtigen Organisationen.

208 Seiten, 20 Farbfotos
ISBN 3-440-07403-X

kosmos

Bücher • Videos • CDs • Kalender

zu den Themen : Natur, Garten- und Zimmerpflanzen, Astronomie, Heimtiere, Pferde, Kinder- und Jugendbücher, Eisenbahn/Nutzfahrzeuge